COLLECTION DE TEXTES
POUR SERVIR A L'ÉTUDE ET A L'ENSEIGNEMENT DE L'HISTOIRE

DOCUMENTS

RELATIFS A

L'HISTOIRE

DE L'INDUSTRIE ET DU COMMERCE

EN FRANCE

I

DEPUIS LE Ier SIÈCLE AVANT J.-C. JUSQU'A LA FIN DU XIIIe SIÈCLE

publiés avec une Introduction

PAR

M. Gustave FAGNIEZ

PARIS
ALPHONSE PICARD ET FILS, ÉDITEURS
Libraires des Archives nationales et de la Société de l'École des Chartes
82, RUE BONAPARTE, 82

1898

DOCUMENTS

RELATIFS A

L'HISTOIRE DE L'INDUSTRIE ET DU COMMERCE

EN FRANCE

MAURICE 1931

MACON, IMPRIMERIE PROTAT FRÈRES

COLLECTION DE TEXTES
POUR SERVIR A L'ÉTUDE ET A L'ENSEIGNEMENT DE L'HISTOIRE

DOCUMENTS

RELATIFS A

L'HISTOIRE

DE L'INDUSTRIE ET DU COMMERCE

EN FRANCE

I

DEPUIS LE 1ᵉʳ SIÈCLE AVANT J.-C. JUSQU'A LA FIN DU XIIIᵉ SIÈCLE

publiés avec une Introduction

PAR

M. Gustave FAGNIEZ

PARIS
ALPHONSE PICARD ET FILS, ÉDITEURS
Libraires des Archives nationales et de la Société de l'École des Chartes
82, RUE BONAPARTE, 82

1898

INTRODUCTION[1]

Dans les destinées économiques d'un peuple, une part notable doit être faite à la constitution géologique du sol, à son relief à l'importance des forêts et à la nature des essences au régime des eaux, à la faune et à la flore. L'adaptation physique de notre pays à un grand rôle historique a été admirablement mise en lumière par le plus grand géographe de l'antiquité dans

---

[1]. Le lecteur ne doit pas s'attendre à trouver ici une histoire, même abrégée, de l'industrie et du commerce. Cette histoire touche à trop de sujets et à des sujets trop différents, elle se mêle trop à celle de l'économie sociale en général pour pouvoir être traitée aussi sommairement. La multiplicité des aspects sous lesquels elle se présente, en même temps qu'elle nous interdisait de la resserrer dans un cadre aussi restreint, nous obligeait presque à expliquer comment les documents réunis par nous reflètent ces aspects, à marquer le lien qui unit ces documents, en un mot à écrire l'introduction qu'on va lire. En lui donnant pour centre l'évolution qui s'est opérée dans l'organisation économique du travail, nous nous sommes contenté d'effleurer les autres questions et presque toujours dans la mesure seulement où elles ont trouvé place dans notre recueil. Nous espérons que l'esquisse par laquelle s'ouvre ce volume atteindra le seul but que nous nous sommes proposé en l'écrivant, c'est-à-dire qu'elle suggèrera des vues et offrira un fil conducteur à ceux qui seraient tentés d'approfondir quelque partie du vaste sujet ébauché par nous. Pour conserver à cette introduction son unité, nous avons dû en exclure les renseignements que le plan de la collection donne droit d'y chercher sur les sources du recueil et sur la méthode qui en a dirigé la composition; nous avons réservé une place à part aux éclaircissements que nous devons au public sur ces deux points; on les trouvera à la suite de l'introduction.

un passage que nous ne pouvions, bien qu'il soit connu de tous, nous dispenser de reproduire en tête de notre recueil, parce qu'il est le prologue indispensable de notre histoire économique comme de notre histoire nationale en général. Le commerce, quand il a fait son apparition sur le théâtre de cette histoire, y a trouvé, autour du massif central, des plaines largement ouvertes aux communications, des collines faciles à gravir et à franchir, des cours d'eaux concourant par leur direction à l'union des deux mers. Italienne par le lien politique, la Narbonnaise l'est aussi par ses productions. Si les Cévennes limitent la zone de l'olivier et du figuier, si la vigne elle-même, à la différence de ce qui se passera plus tard, s'acclimate difficilement au nord de cette chaîne, les céréales abondent partout et aussi les prairies, car l'élevage de toutes les espèces est très développé. La population est si dense que les régions boisées et marécageuses elles-mêmes ne sont pas désertes, car les femmes gauloises sont fécondes et bonnes mères. Strabon est surtout frappé, et il y insiste, du concert que se prêtent, pour ouvrir la Gaule au commerce, les fleuves et les deux mers. Il lui paraît impossible de l'attribuer au hasard et d'y méconnaître un dessein de la Providence. Et il nous montre le Rhône remonté, dans une grande partie de son cours, par des bateaux lourdement chargés, les marchandises portées par lui et par ses affluents qui sont également navigables jusqu'aux lieux de consommation, ces marchandises passant dans la Saône puis dans le Doubs, conduites par terre jusqu'à la Seine, arrivant par elle à l'Océan et au littoral du pays de Lisieux et de Caux et traversant la Manche en moins d'un jour. D'autres, qui sont destinées à l'Auvergne et à la Loire, pour éviter les difficultés de la navigation du Rhône, surtout en amont, sont amenées par terre jusqu'au premier de ces fleuves (nº 1)¹.

C'est dans la Gaule conquise, déjà modifiée par la civilisation romaine, que s'opérait le mouvement commercial, dont Strabon nous a tracé l'itinéraire. Mais il y eut aussi une civilisation gauloise et, si aristocratique, si théocratique, si guerrière qu'on suppose la société qui y était parvenue, cette société n'était étrangère, est-il besoin de le dire, ni à l'industrie ni au commerce ; et même, parmi les populations qui la composaient, il y en avait qui y apportaient des aptitudes remarquables, qui trouvaient dans le trafic une source de richesse et de puissance politique. Celles de notre littoral occidental, Pictons, Santons, Vénètes surtout, avaient perfectionné l'art de la navigation et conquis sur mer une situation prépondérante. Ces derniers étaient à la tête d'une puissante confédération maritime. Assez expérimentés et assez hardis pour s'aventurer en pleine mer, ils se bornaient pourtant le plus souvent à exploiter le commerce entre la Bretagne insulaire et le littoral océanique de la Gaule, possédant dans les deux pays des ports de relâche, monopolisant les échanges de l'un et de l'autre, imposant à ceux qui voulaient y prendre part des droits de navigation, dissimulant ce que leurs voyages leur avaient appris de l'île dont ils entendaient se réserver le débouché et les produits (nᵒˢ 2, 3). Ces produits, c'était d'abord l'étain, dont l'île d'Ictis était le principal marché (nº 4), c'étaient aussi les peaux, les esclaves, les chiens de chasse et de guerre². La métallurgie mettait probablement déjà en œuvre les richesses minérales qui se trouvaient dans le

---

1. Cf. IV, I, 14 (éd. Didot).
2. Strabon, IV, V, 2.

pays des *Tarbelli*, c'est-à-dire entre l'Adour et les Pyrénées, dans le Périgord, dans le Berry et le Rouergue (n° 10)[1].

L'histoire doit à la Gaule indépendante un souvenir mais elle ne subit pas la séduction du succès, elle ne fait que se rendre à l'évidence de la vérité quand elle proclame que la conquête fut un grand bienfait pour la civilisation générale et pour la Gaule elle-même et que, pour emprunter les expressions du plus grand historien moderne de Rome, César, en mettant fin à l'existence politique de nos premiers ancêtres, inaugura leur existence nationale[2]. S'il n'était pas téméraire de vouloir déterminer avec une précision aussi rigoureuse la part des diverses influences de race et de culture qui ont contribué à la formation du caractère et à la destinée d'un peuple, on pourrait même aller jusqu'à dire que l'héritage qui, dans notre patrimoine moral, nous vient des Gaulois, se réduit presque exclusivement aux défauts, quelquefois sympathiques mais toujours funestes, qu'ont compromis l'effet des qualités dues à nos origines latine et germanique.

La civilisation romaine, on le sait, accomplit en deux fois la romanisation de la Gaule, et ce fut une colonie ionienne qui lui en ouvrit l'entrée. Grâce à Marseille, notre pays reçut le contact direct et sans mélange de la civilisation hellénique. Fondée dans une région calcaire qui était rebelle aux céréales et n'était favorable qu'à l'olivier et à la vigne, pourvue d'un port creusé dans le roc en forme de théâtre et exposée au vent du midi[3], Marseille avait été amenée par sa situation et le

---

1. Strabon, IV, II, 1, 2. César, *De bello gallico*, III, 21. VII, 22.
2. Mommsen, *Römische Geschichte*, III, 298.
3. Strabon, IV, I, 4, 5.

génie de ses habitants à chercher sa prospérité dans le commerce. Elle était entourée de populations celto-ligures belliqueuses et redoutables. Elle avait trouvé en partie la force nécessaire pour les repousser et les vaincre dans la constitution et les lois qu'elle avait apportées d'Ionie, dans ses six cents timouques à vie (τιμούχους) choisis parmi les pères de famille comptant trois générations au moins de citoyens, dans les trois délégations successives qui faisaient passer le pouvoir exécutif, en le fortifiant chaque fois, par deux comités, l'un de quinze personnes, l'autre de trois et enfin par un directeur unique. Les Ioniens fondèrent sur la côte ligurienne des colonies qui furent à la fois des places fortifiées et des stations maritimes. Tauroentium, Olbia, Antipolis et Niceæ furent destinées à en imposer aux Ligures des Alpes; Rhoda et Agatha s'élevèrent contre les barbares des bords du Rhône; l'Espagne eut aussi ses colonies pour tenir les Espagnols en respect. Cales sèches et de radoubs, arsenaux, Marseille eut, dès le temps où elle ne pouvait compter que sur elle-même, tous les établissements maritimes nécessaires au maintien de son indépendance et à son expansion commerciale et coloniale. Son alliance et celle de la confédération maritime qui reconnaissait sa suprématie avec Rome fut aussi ancienne que leur commune hostilité contre Carthage dont le rôle commercial lui échut. Cette alliance profita aux deux parties. La cité phocéenne, menacée par des voisins auxquels elle n'avait pas pu imposer d'une façon définitive sa domination, lui dut son salut et l'accroissement de sa prospérité. En 124 avant J.-C., le consul Sextius soumit les *Salluvii*, fonda, à un jour de marche de Marseille, le camp permanent d'Aix, refoula les barbares du littoral qui s'étend entre Marseille et l'Italie, rétablit ainsi la liberté des communications entre la république phocéenne et la péninsule et annexa au territoire de la première ce qu'il avait enlevé à ses ennemis. A la fin du iie siècle avant J.-C., le vainqueur des Teutons lui accorda le péage du canal (*Fossæ Marianæ*) qu'il avait fait creuser par ses soldats pour ouvrir une nouvelle issue à la navigation entravée par les atterrissements du Rhône et qui se jette dans le golfe de Fos. La guerre civile entre César et Pompée, dont Marseille embrassa la cause avec ardeur, entraîna sa ruine politique. Elle resta du moins commerçante et libre et se consola de la perte d'une grandeur qui lui avait permis de traiter avec Rome d'égale à égale, par la sécurité que lui laissèrent ses turbulents voisins transformés, sous la discipline romaine, en pacifiques agriculteurs, et par la gloire de devenir le foyer de l'hellénisme occidental [1].

Cependant elle ne tarda pas à perdre sa primauté commerciale elle-même. Elle lui fut enlevée, dès le 1er siècle après J.-C., par Narbonne, port principal des Volques Arécomiques, élevée en 118 avant notre ère au rang de colonie romaine. La fortune de cette ville lui vint de la nature et de la politique : elle était alors baignée par l'Aude et par le lac Rubrensis et, vers 26 avant J.-C., elle fut érigée en métropole de la Narbonnaise. Strabon estime qu'elle mériterait d'être appelée l'entrepôt de la Gaule entière, tant l'activité commerciale y dépasse celle qui règne ailleurs. Mais déjà il signale l'importance commerciale d'Arles qui éclipsera celle de Narbonne à mesure que Lyon et le trafic du Rhône prendront plus d'essor [2].

---

1. Strabon, IV, 1, 5, 9. Mommsen, V, 71-72.
2. Cf. Ammien Marcellin ed. Gardthausen, coll. Teubner, XV, XI, 18. Mommsen, V, 78.

Ce trafic profitera encore plus à cette dernière ville, dont la prépondérance économique, dépassant celle des trois premières, qui restent pourtant fort prospères encore, sera puissamment servie par son rang de capitale politique des Gaules, par sa situation géographique, par son génie tout romain. Parmi les nombreux avantages qui fonderont pour toujours sa grandeur, il faut aussi compter celui d'avoir été choisie par Agrippa, à cause de sa position centrale et stratégique, pour être la tête des lignes commerciales et militaires, auxquelles devait se rattacher tout le réseau des voies romaines. La première, franchissant les Cévennes, conduisait chez les Santons et les Aquitains; la seconde aboutissait au Rhin, la troisième à l'Océan par le pays des Bellovaques et des Ambiens, la quatrième à la Narbonnaise et au littoral Massaliote; une autre partait de Vienne, entrait en Savoie, contournait le lac Léman, franchissait le Jura à Orbe[1], passait à *Vesontio* et arrivait à Langres, où elle se bifurquait en deux rameaux, dont l'un gagnait le Rhin et l'autre l'Océan (n° 12).

On sait l'empressement de la Narbonnaise à se faire romaine. Les groupements ethniques, entre lesquels se distribuait la population indigène, se morcelèrent en cités romaines qui s'appelèrent *Nemausus, Avenio, Ruscino, Apta*, etc. L'immigration italienne dans la Province fut considérable; elle amena une nuée de commerçants et de spéculateurs, appartenant en grande majorité à la classe des affranchis, qui imposèrent à nos ancêtres gaulois leurs services de banquiers et de courtiers, leur donnèrent le goût et leur apprirent la science des affaires (n° 6). Le même fait se repro-

---

1. *Urba* dans le canton de Vaud.

duisit, avec les mêmes conséquences, dans la *Gaule chevelue*, quand César l'eut conquise et à mesure même qu'il en faisait la conquête [1], car la victoire ouvre presque toujours au conquérant le marché du peuple vaincu. Au 1er siècle de notre ère, les Gaules étaient le pays le plus riche de l'empire et on ne saurait souhaiter une affirmation plus expressive et plus autorisée de sa richesse que celle du juif hellénisant Flavius Josèphe (n° 18). Cette richesse provenait en grande partie de l'agriculture et de l'élevage. Le froment le plus blanc, le plus léger, le plus nourrissant, le plus recherché par l'Italie était le froment gaulois, qui portait dans la langue celtique le nom de *brace* [2] (n°s 13, 14). Le vin gaulois, au contraire, dont la production, nous l'avons déjà indiqué, était assez restreinte, ne sortait guère de notre pays (voy. cependant n° 15) et c'étaient les vins italiens qui venaient enivrer nos pères dont l'intempérance [3] allait si loin qu'il leur arrivait d'échanger un esclave contre une amphore (n°s 6, 8, 18). Le vin ligurien était âpre et sentait la poix (n°s 6, 16). Ce goût, qui dépréciait aussi les vins allobroges, venait de l'usage d'employer la poix comme moyen de conservation. Pour le dissimuler, on se servait de sel cuit et pilé, qui avait aussi l'avantage d'empêcher la moisissure (n°s 16). A côté de ces procédés de conservation, il faut signaler de véritables falsifications destinées à donner au vin une couleur et une saveur artificielles (n° 17).

On connaît la réputation du porc gaulois; les

---

1. César, *De bello gallico*, VII, 3, 42.
2. Plus tard ce mot a désigné l'orge fermenté servant à faire la bière.
3. « Vini avidum genus » Ammien Marcellin.

Romains appréciaient particulièrement les jambons cavares et séquanes (n° 7).

Les Ligures échangeaient contre l'huile et le vin italiens des bois pour la construction maritime et l'ameublement, du bétail, des peaux, du miel, des chevaux, des mulets, des saies et des tuniques, de l'ambre. Gênes était l'entrepôt de ce commerce (n° 6). Le transit de l'étain de la Grande-Bretagne continuait à passer par les mains des Gaulois (n° 4). Ils avaient inventé l'art d'incruster le bronze avec de l'étain qui faisait l'effet de l'argent et cela les avait conduits à appliquer le même procédé à l'argent lui-même et à s'en servir pour orner leurs harnais et leurs voitures. Alésia et les *Bituriges Cubi* s'étaient fait une réputation dans cette industrie (n° 20).

L'adoption des institutions et des mœurs romaines par la Gaule y introduisit, avec une foule de besoins nouveaux et d'industries nouvelles, l'organisation du travail et le système économique qui régnaient à Rome. Ce système qui, en ravalant les œuvres manuelles et l'activité mercantile, ne répudiait nullement l'usure et la spéculation, enrichissait une oligarchie agrarienne, financière, industrielle et commerciale. Les patriciens et les capitalistes de la fin de la République et de l'Empire ne se souciaient nullement de la contradiction qu'il y avait à mépriser le travail à cause de ses mobiles intéressés et en même temps à exploiter celui de leurs esclaves organisés en véritables ateliers, à prêter à usure, à se rendre adjudicataires des impôts et des revenus du domaine public. Cette concurrence de la main d'œuvre servile rendait la vie difficile à la classe des artisans et des commerçants libres. Cette classe existait en effet et c'était justement l'esclavage qui la recrutait. Si le nombre des esclaves était encore considérable, celui des affranchis augmentait tous les jours ; c'étaient le commerce, l'industrie, les affaires qui profitaient en grande partie de leur intelligence et de leur activité, c'étaient eux qui composaient les collèges d'artisans.

Ces collèges avaient été transplantés en Gaule et n'y avaient pas trouvé un terrain moins favorable qu'en Italie. Malheureusement c'est leur caractère professionnel, c'est-à-dire leur caractère le plus important, le plus intéressant pour nous, que nous connaissons le moins. L'indigence de renseignements d'où vient notre ignorance s'explique d'abord par la nature des documents qui se rapportent aux collèges ; jusqu'au IIe siècle de notre ère ces documents sont presque exclusivement des inscriptions et il n'est pas étonnant que des inscriptions nous montrent les collèges plutôt dans leur vie publique et extérieure, dans leurs rapports avec la société que dans leur vie intime et économique. Mais on peut donner du silence des textes sur ce point une raison encore meilleure et plus digne d'attention, c'est que les *collegia opificum*, tout en étant composés de gens voués à des occupations mécaniques et mercantiles, ne s'étaient pas précisément formés dans un but professionnel. C'est à une préoccupation plus désintéressée, à un besoin plus général qu'il faut rapporter leur origine, à la préoccupation et au besoin, communs à tous les temps et si manifestes dans la société romaine, de partager avec d'autres les mêmes dévotions, les mêmes plaisirs, de s'associer sous la protection du même patron terrestre, du même génie divin, de s'assurer les honneurs funèbres. Ni les textes épigraphiques, ce qui, nous avons dit pourquoi, ne doit pas nous surprendre, ni les textes législatifs et littéraires ne nous présentent jamais les *collegia opificum* sous le jour où nous apparaîtront plus tard les corporations d'arts et métiers du moyen âge, c'est-à-dire comme des associations de travailleurs jaloux de leur monopole et réglant la discipline de leur métier. Il n'en est pas moins vrai que l'union et le contact habituel des *collegiati* de même profession n'ont pu manquer d'amener le perfectionnement du travail, comme aussi d'en préparer la réhabilitation, en relevant la dignité et l'importance de ceux qui s'y livraient. Si cette réhabilitation n'a pu s'accomplir, de façon à créer cette classe moyenne qui a manqué à la civilisation romaine à son déclin, c'est que l'Empire fit retomber les membres des collèges, qui auraient pu la constituer, dans un esclavage non moins avilissant et peut-être plus dur que celui d'où ils étaient sortis.

Dans l'ensemble des textes épigraphiques relatifs aux collèges de la Gaule, la Narbonnaise, les vallées du Rhône et du Rhin occupent une place prépondérante. Ce n'est pas là l'effet du hasard. Narbonne, Arles, Lyon étaient encore les centres les plus importants du commerce de notre pays. Bien que les routes ouvertes par Agrippa dans l'intérieur et auxquelles étaient venues s'ajouter quatre grandes voies de communication avec l'Italie et l'Espagne fussent bien entretenues, les voies fluviales étaient très fréquentées et il n'est peut-être pas de collèges qui aient laissé plus de monuments de leur existence que ceux des nautes ou bateliers. On en trouve sur le Rhône, sur la Saône, sur la Durance, sur l'Ardèche, sur l'Ouvèze, sur la Moselle, sur la Loire et sur la Seine (n° 24, 25, 26, 27, 28, 31). Tout le monde connaît les nautes parisiens et l'autel dédié par eux à Tibère (n°s 24). Bien plus grande était l'importance des nautes du Rhône et de la Saône dont le siège était à Lyon (n° 27). Formaient-ils deux collèges distincts ou, dans le même, deux groupes dont l'un exploitait le fleuve et l'autre son affluent? Il semble qu'ils n'en formassent qu'un, dont le titre abrégé était *nautæ Rhodanici* (n° 27), le titre complet *nautæ Rhodanici et Ararici* (n° 34) et dont une partie faisait les transports sur le Rhône, une autre sur la Saône (*nautæ Rhodanici Arare navigantis*). Certaine inscription (n° 27) autorise à se demander si ce collège avait une existence indépendante et, à s'en tenir à la lettre de ce document épigraphique, on ne peut guère répondre que négativement, car il les range très nettement, ainsi que les marchands de saumures, dans la corporation des *fabri tignarii*. Ce qu'on peut dire, c'est qu'il existait entre les *nautæ* et les *fabri* un lien mais non une confusion, c'est que les *nautæ*, en se rattachant au collège plus étendu des *fabri tignarii*, n'en conservaient pas moins leur autonomie. Des *nautæ* on peut rapprocher les *navicularii*, dont l'importance était d'ailleurs plus grande, car c'étaient de véritables armateurs. On ne comptait pas à Arles moins de cinq corps de naviculaires dont les bateaux de commerce et de transport animaient les anses et les lagunes qui rendaient cette ville accessible même aux navires de fort tonnage (n° 26). L'épigraphie de la Gaule nous révèle encore l'existence des *centonarii*, des *dendrophori* (n° 34), des *diffusores olearii*, des *fabri ferrarii*, des *fabri subœdiani*, des *forenses*, des *lani*, des *lapidarii*, des *lapidarii structores*, des *negotiatores* et des *negotiatores vinarii*, des *sagarii*, des *scœnici*, des *scholastici*, des *tabernarii*, des *artifices tectorum*, des *ursarii*.

Cette énumération, on le devine, ne donne qu'une idée fort insuffisante du nombre et de la variété des collèges professionnels qui s'étaient multipliés dans notre pays.

Avant de devenir des institutions officielles et par cela même l'objet d'une copieuse législation, les *collegia* ont traversé une période d'indépendance et d'autonomie qui s'est écoulée dans l'obscurité dévolue le plus souvent aux institutions privées. Depuis la loi Julia par laquelle Auguste les avait tous abolis à l'exception de ceux qui avaient pour eux la légitimité et le temps (*legitima et antiqua*), aucun ne pouvait s'établir sans y être autorisé par un sénatus-consulte. Leurs statuts, pourvu qu'ils n'eussent rien de contraire à l'intérêt général, étaient librement adoptés par leurs fondateurs. On distingue chez eux des membres titulaires, des membres honoraires, des dignitaires et des employés, sans parler des patrons qui ne leur appartenaient que par des devoirs réciproques de protection et de déférence et, à l'exemple de la curie et d'autres corps voués à la vie publique (*ad exemplum reipublicæ* n° 27), ils se divisaient en décuries et en centuries. Leurs assemblées (*conventus*) se tenaient dans une salle commune (*schola*). Tels sont les traits génér aux des collèges; ils conviennent aussi bien aux collèges religieux, funéraires et des petites gens (*sodalitia, funeratitia tenuiorum*) qu'aux *collegia opificum*.

Les plus florissants parmi ces derniers, ceux qui tinrent la plus grande place dans cette organisation furent ceux qui, en même temps qu'ils satisfaisaient des intérêts particuliers, remplissaient un service public; de ce nombre étaient les *fabri*, les *centonarii*, les *dendrophori*, etc. Ce fut moins par le respect du droit d'association que par le sentiment des besoins généraux qu'ils étaient appelés à servir et du concours qu'il pouvait leur demander que l'État, dont le système fiscal avait toujours reposé autant sur des prestations en nature et en main-d'œuvre que sur des contributions pécuniaires, fut amené à autoriser les collèges. A mesure qu'il étendait son action aux dépens de l'activité privée et que celle-ci devenait à proportion plus impuissante et plus stérile, les collèges professionnels lui apparaissaient de plus en plus comme des instruments tout faits dont il n'avait qu'à s'emparer pour maintenir et relever la production qui baissait d'une façon inquiétante. Cette conception apparaît déjà très nettement dans un texte de Callistrate (n° 32), qui appartient au II° siècle de l'ère chrétienne. Cette réponse d'un prudent reconnaît aux *collegia opificum* l'immunité de certaines charges, mais il ajoute, au mépris de l'histoire, qu'ils ont été fondés pour assurer des services publics, et cette immunité est implicitement présentée comme le prix de ces obligations. Ce texte vise d'ailleurs une constitution d'Antonin qui interdisait l'entrée de ces collèges à ceux qu'un âge trop tendre ou trop avancé rendait incapables de travailler, interdiction qui confirme qu'au milieu du II° siècle déjà leurs membres étaient considérés comme redevables à l'État d'une partie de leur temps et de leur savoir-faire. L'immunité dont ils jouissaient s'appliquait à la fois à des charges civiles, comme la tutelle, et à certaines charges politiques, comme le décurionat. Toutefois, si le décurionat avait été accepté avant qu'on entrât dans le collège, on ne pouvait s'y soustraire, un rescrit de Pertinax obligeait à rester décurion. L'acquisition d'une certaine fortune faisait même perdre l'immunité et retomber sur ceux qui y parvenaient le poids des fonctions publiques (n°s 32, 35).

On trouve donc établi, dès le II° siècle, le système qui, à l'encontre de la grève, de plus en plus menaçante, des fonctionnaires et des producteurs, riva les uns et les autres à leurs fonctions et à leurs métiers, et ce fut le système où entrèrent toutes les professions quand, au siècle suivant, Alexandre Sévère eut groupé en collèges tous les artisans et commerçants isolés. Comme le curiale devient inséparable de sa curie, le colon de sa terre, le *collegiatus* le devient de son collège. Autant celui-ci s'ingéniera à rompre le lien (*nexus*) qui l'attache à une situation dont les charges l'emportent de plus en plus sur les avantages, autant l'administration impériale le resserrera. C'est d'abord les biens des *collegiati* qui sont affectés aux collèges et, en les leur abandonnant, les premiers peuvent recouvrer leur liberté. Puis c'est leur personne même qui appartient à l'association (n° 50) et bientôt ce ne sera plus seulement leur personne, ce seront leur famille, leurs enfants, leurs ayants cause. Par exemple, le naviculaire qui hérite d'un boulanger hérite aussi de ses obligations, et tous ses biens personnels y sont soumis. Il pourra néanmoins échapper à ces obligations en renonçant à l'héritage en faveur du collège ou des proches du défunt (n° 49). C'est en 315 qu'une constitution de Constantin lui accorde cette alternative, mais en 319 en voici une autre qui maintient dans le collège le boulanger qui, en se dépouillant de ses biens au profit d'un étranger, s'est rendu incapable d'exercer le métier et veut se substituer le nouveau possesseur. Cette ruse, que la constitution qualifie de détestable, sera inutile, le boulanger ne sera pas libéré et le successeur qu'il a voulu se donner servira à côté de lui (n° 50). Les alliances en dehors du collège sont défendues ou entraînent l'incorporation forcée. Le gendre d'un boulanger devient boulanger (n° 50). Le boulanger laisse-t-il en mourant des fils mineurs, ceux-ci n'exerceront pas le métier avant vingt ans et jusque là le collège leur trouvera des remplaçants; mais, quand ils auront atteint leur majorité et pourront tenir la place de leur père, ces remplaçants ne seront pas pour cela libérés (n° 56). Quand les naviculaires n'avaient pas de postérité, c'étaient leurs héritiers, quels qu'ils fussent, qui prenaient leur place (n° 67). Certains *collegiati*, espérant échanger leur servitude contre une servitude plus douce, cherchaient à entrer par le mariage dans un autre collège ou dans une autre condition. Des boulangers, par exemple, s'alliaient à des femmes de théâtre, à des écuyères. Cette tentative, eût-elle obtenu l'assentiment unanime de leurs confrères, était punie des verges, de la déportation et de la confiscation au profit du collège qu'ils avaient voulu délaisser (n° 74). A ces rigueurs se mêlent de vaines ou précaires faveurs. Constantin et Julien élèvent les naviculaires à l'ordre équestre (n° 65). En 364, Valentinien et Valens accordent au premier des deux patrons boulangers placés à la tête d'une boulangerie le droit de prendre sa retraite au bout de cinq ans en laissant à son associé l'établissement, le matériel, les animaux, la dotation originaire (n° 58). Ceux qui se sont distingués dans un métier quelconque obtiennent le titre de *comte du premier ordre* et sont rangés parmi les consulaires (n° 76). Ces honneurs avilis ne font pas illusion à ceux aux yeux desquels on les fait briller, et des moyens qui semblent devoir être plus efficaces, tels que l'incorporation des condamnés, se trouvent être aussi impuissants. Les vides se multiplient dans les collèges, la population urbaine s'éclaircit, les *collegiati* se réfugient dans la campagne, se cachent dans les bois, dans les déserts, trouvent un asile chez les grands propriétaires ruraux et y dissimulent leur origine dans la vie obscure du colon, s'expatrient chez les Barbares[1]. Arcadius et Honorius ordonnent qu'ils soient recherchés et ramenés à leur fonctions (n° 71).

La situation des ouvriers de l'État n'était pas, ne pouvait pas être pire. On sait que l'État fabriquait directement pour les besoins de la cour et d'un personnel administratif immense, qui était en partie payé en nature et que, d'autre part, il s'était réservé de nombreux monopoles. Au commencement du v° siècle, la Gaule comptait, par exemple, huit manufactures d'armes impériales (n° 72. Cf. n° 73). L'entrée dans les arsenaux impériaux n'était permise qu'à ceux qui ne se dérobaient, en y entrant, à aucune servitude légale (n° 75). Tous les ouvriers d'une manufacture d'État étaient responsables du délit et de la faillite de l'un d'eux. Ils héritaient les uns des autres quand ils mouraient intestats (n° 77). Ils étaient marqués au bras (n° 69).

Au moment où l'Empire arrivait à paralyser et à tuer tout ce que les institutions publiques sont appelées à protéger et à encourager, l'activité individuelle et collective, le goût du travail et de l'épargne, la jouissance des biens acquis, où ses sujets préféraient la misère et les dangers de l'isolement à des groupements artificiels qui faisaient retomber sur eux le poids de l'appauvrissement général, où les *collegiati* de tout genre se perdaient dans une foule mêlée et confuse, les Barbares s'ébranlaient pour l'envahir. Ce n'étaient pas pour lui des inconnus. Ils avaient fourni beaucoup d'esclaves à son immense population servile, des corps auxiliaires à ses armées, des colonies militaires à ses frontières ; ils avaient lutté, avec des chances diverses,

---

1. Code Theod. 10, 20 l. 6. 22 l. 5, 12, 1 l. 146.

contre ses forces militaires ; ils s'étaient laissés pénétrer par ses commerçants[1]. Si leurs invasions ajoutèrent aux souffrances de ses malheureux sujets, les conquérants germains, une fois établis en Gaule, leur procurèrent du moins la jouissance d'un régime plus tolérable parce qu'il ne les soumettait pas, comme le précédent, à une impitoyable fiscalité [2].

Quand ils s'y établirent, les Visigoths, les Burgondes et les Francs n'avaient guère dépassé cet état économique où le commerce s'opère au moyen du troc et où le travail a un caractère domestique et servile. Cet état n'était pas pourtant assez général, assez absolu pour ne pas se concilier d'une part avec un véritable commerce auquel se livraient surtout les tribus limitrophes des frontières en contact habituel avec les Gallo-Romains[3], de l'autre avec l'existence de travailleurs libres. Presque tous les Burgondes, par exemple, avaient une vocation particulière pour l'art de la charpente et ils en vivaient [4]. Ce n'étaient pas toutefois les Germains qui tiraient le meilleur parti des richesses naturelles de leur pays, c'étaient les Romains qui, en Germanie comme ailleurs [5], formaient des colonies

---

[1]. L'bil... multumque ad eos mercatores ventitant.... César, *De bello gallico*, IV.

[2]. ... Romanos ut socios modo et amicos fovent, ut inveniantur jam inter eos quidam Romani, qui mallat inter Barbaros pauperem libertatem quam inter Romanos tributariam sollicitudinem sustinere. Orosius, coll. Teubner, VII, 41, p. 298. — ...ut melius sit illis cum Gothis pauperes vivere quam inter Romanos potentes esse et grave jugum portare.... Isidorus Hispalensis, — ...malunt...in barbaris pati cultum dissimilem quam in Romanis injustitiam saevientem. Salviani *De gubernatione Dei*, éd. Halm. *Mon. Germ. hist.*, in-4, *Auctores antiquissimi*, t lib. v, p. 59.

[3]. Wackernagel, *Gewerbe, Handel u. Schiffahrt der Germanen* dans Haupt, *Zeitschrift f. Deutsches Alterthum*, IX.

[4]. Quippe omnes fere sunt fabri lignarii, et ex hac arte mercedem capientes, semetipsos alunt. Socrates, *Hist. eccl.*, lib. VII, cap. XXX. *Hist. de France*, I, 604.

[5]. Kornemann, *De civibus romanis in provinciis Imperii consistentibus*, 1892. Berlin.

de commerçants puissantes et actives[1]. Sur l'organisation du travail qui, sans exclure entièrement la liberté, se présentait le plus souvent comme inséparable du servage, on aperçoit trois choses dans les lois barbares : des distinctions personnelles fondées sur l'habileté de ces serfs artisans ; le groupement des artisans du même métier sous la direction d'un chef d'atelier (*ministerialis*) ; la faculté qui leur est accordée de livrer au public des produits, d'exécuter pour lui des travaux dont le profit se partage entre eux et leur maître (n° 84).

Il semble bien d'abord que tous les membres des collèges durent profiter de la ruine de l'autorité romaine pour les déserter et que ces cadres, une fois vidés et brisés, durent passer à l'état de simple souvenir historique. Mais il faut remarquer que les systèmes consacrés par les siècles, même quand ils sont arriérés, gênants, vexatoires, impopulaires, s'imposent longtemps aux habitudes, que l'esprit d'innovation, le progrès se complait souvent à respecter des formes surannées, à les approprier à de nouveaux besoins. Il n'est pas impossible, il est même assez vraisemblable que, tandis qu'une partie des membres des collèges entrait dans les *villæ* des grands propriétaires germains et gallo-romains, d'autres restaient attachés à ces corps affaiblis par la désertion, dont les servitudes dénuées de sanction et par suite inoffensives ne laissaient plus place qu'aux avantages de la vie commune. Si les premiers travaillaient pour les agglomérations rurales, c'était aux seconds, ainsi qu'aux travailleurs isolés dont le nombre avait été accru par la

---

[1]. Wackernagel, *Ouvr. cit.*, p. 350.

dissolution partielle des collèges, que recourait la population urbaine. Les indices de la persistance des collèges sont, il est vrai, bien rares; il en est deux pourtant que l'on trouve encore à une période avancée du moyen âge. Entre les marchands de l'eau de cette époque et les nautes parisiens de l'époque romaine on soupçonne une filiation, et dans l'hérédité professionnelle propre à certaines corporations de bouchers, on croit reconnaître un trait distinctif des collèges.

La population gallo-romaine dut peut-être aux Germains certains perfectionnements techniques dans des arts que ceux-ci, à raison même de leur degré de civilisation moins avancé, avaient poussés plus loin, dans la charpenterie, par exemple, mais elle n'eut rien à emprunter à une économie sociale qu'elle avait depuis longtemps dépassée. Parmi les populations germaniques il y en eut pourtant qui ne le cédèrent pas, pour le commerce maritime, aux populations gallo-romaines du littoral, qui firent faire des progrès à la navigation, qui inaugurèrent peut-être plus d'un usage adopté dans la suite par le droit commercial. Les Frisons et les Saxons furent de ce nombre. Pourtant les codes frison et saxon sont muets sur la navigation et le commerce et c'est dans un code rédigé pour les Gallo-Romains, c'est dans le Bréviaire d'Alaric qu'on constate la persistance au sein de la population visigothique, en grande partie maritime, du prêt à la grosse (n° 78) ainsi que d'une législation et d'une juridiction spéciales aux commerçants étrangers (n° 79).

Le désordre des temps n'avait pas découragé la classe des spéculateurs (*foeneratores, negociatores*) qui, dès la fin de la République, exploitaient la Gaule, ni empêché les grandes affaires. Les textes nous parlent d'opérations importantes sur les vins [1], sur les soies. Beaucoup passaient par les mains de négociants syriens[2]. Grégoire de Tours mentionne un riche négociant syrien de Bordeaux nommé Eufronius[3]. Un autre, nommé Eusébius, se fit élire, à force de présents, évêque de Paris en 591 et remplit le palais épiscopal de ses compatriotes[4]. Le parvis des églises étalait, à l'occasion de la fête patronale ou même d'une façon permanente, des marchandises de prix et était le rendez-vous des faiseurs d'affaires[5].

C'était là le commerce intérieur. Voulait-on aller chercher fortune à l'étranger, on faisait appel à d'autres commerçants, on se réunissait avec eux en caravane armée, qui se joignait à d'autres caravanes suivant en partie la même route et il arrivait parfois à ces expéditions, demi-commerciales, demi-militaires et à leur chef d'intervenir d'une façon décisive dans la destinée des peuples avec lesquels elles étaient venues échanger des produits (n° 82). La vallée du Danube, la région habitée par les Wendes (Bohême, Moravie, Autriche, Carinthie) étaient parcourues par ces caravanes qui répandaient dans l'Occident les produits naturels de l'Allemagne septentrionale et des pays de la mer Noire, ainsi que les créations de l'art byzantin.

Une partie de ces relations commerciales avait lieu par mer. Marseille, Narbonne, Arles étaient les principaux entrepôts des marchandises du Levant et de

---

1. Gregorii Turon., *Hist. Franc.*, VII, xlv; anno 585. Salvien, *De gubernat. Dei*, ed. Baluze, Paris, 1669, IV, p. 87.
2. ...turbæ negotiatorum et siricorum omnium, quæ majorem ferme civitatum universarum partem occupaverunt... Salvien, *De gub. Dei*, lib. IV ed. Baluze, p. 87. Cf. Heyd, I, *Gesch. d. Levanthandels* 24, n. 6.
3. *Hist. Franc.*, VII, xxxi.
4. *Ibid.* X, xxvi.
5. VI, xxxii. *De gloria martyrum*, CLVIII.

l'empire de Constantinople. On voyait affluer sur leurs quais les épices et les soieries de l'Orient, le papyrus et le lin égyptiens, les vins de Palestine, les parfums de l'Arabie, les produits de l'Afrique, de l'Espagne et de la Gaule [1].

La circulation des œuvres de l'art byzantin et italien dans le monde occidental, les voyages et l'établissement des artistes de l'empire grec et de l'Italie appelés par les rois et les chefs des grands établissements religieux entretinrent dans notre pays les traditions techniques et artistiques que les Romains y avaient laissées. Les rois et l'aristocratie germanique avaient, dès leur premier contact avec la civilisation romaine, subi la séduction du luxe gallo-romain, contracté le goût des matières précieuses, des œuvres d'une coûteuse et lourde somptuosité. C'était avec orgueil qu'ils montraient les joyaux de l'art antique conservés dans leur trésor. Il n'a manqué à plusieurs de ces rois que des historiens intelligents pour nous faire mieux apprécier en eux des admirateurs et des imitateurs de ce caractère de grandeur et d'utilité que les monuments publics et privés de la civilisation romaine présentaient à leurs yeux. Brunehaut a fait exécuter tant d'œuvres d'utilité générale que la tradition lui en attribue encore davantage. Dagobert aussi a laissé une grande mémoire et il la doit moins à ses victoires et à son gouvernement qu'à ce qu'il a fait pour les arts en même temps que pour les églises, particulièrement pour son sanctuaire favori, l'abbaye de Saint-Denis. L'intérieur de cette basilique fut magnifiquement

---

[1]. Diplôme de Chilpéric II de 716 cité par Heyd, I, 99. *Ibid.*, p. 28. Port, *Commerce de Narbonne*, notamment p. 15. Lettre d'Honorius et de Théodose II au préfet du prétoire des Gaules, 17 avril 418. *Mon. Germ. hist.*, in-4, *Epist.*, III, n° 8.

décoré. L'annaliste du roi, l'auteur des *Gesta Dagoberti*, ne nous a pas donné une description générale de l'édifice mais il signale à l'admiration l'absidiole voûtée en argent où reposaient les reliques des saints martyrs, un tronc en argent pour les aumônes, la grande croix en or ornée de pierres précieuses qui était placée sur le maître-autel également en or. Elle était l'œuvre de saint Éloi qui semble avoir exécuté ou dirigé toute la décoration, et les orfèvres du ixe siècle déclaraient qu'on n'en trouverait pas un parmi eux capable d'égaler l'art avec lequel les pierres précieuses y étaient serties et montées. Les murs, les colonnes et les arcades de l'intérieur étaient tendus d'étoffes de soie, tissues d'or et enrichies de perles. Saint Éloi avait épuisé tout son talent sur le tombeau de saint Denis et de ses compagnons et il en avait fait un monument unique en Gaule. Il fut encore l'auteur d'un grand nombre de reliquaires d'or et d'argent ornés de pierreries, dont son biographe saint Ouen nous a donné l'énumération. Ces œuvres exercèrent certainement une influence sur l'art et le goût public, mais ce qui en exerça bien davantage, ce furent les ateliers dirigés par le saint artiste à l'abbaye de Solignac (n° 84) et sans doute dans les autres établissements religieux dont il fut le fondateur. Tous les arts utiles à la vie monastique et au culte, c'est-à-dire presque tous les arts, y furent pratiqués dans un esprit d'application, d'obéissance et d'abnégation qui dut relever beaucoup le niveau moral et technique du travail, non seulement dans le Limousin auquel appartenaient ces établissements, mais aussi dans les régions où s'en trouvaient d'autres en rapport avec les premiers. Les maisons de Saint-Benoît en effet échangeaient entre elles leurs ouvriers et leurs artistes les plus habiles.

L'intérêt de Dagobert pour le sanctuaire de son patron, saint Denis, se serait manifesté d'une façon incomplète s'il s'était contenté de le fonder et de l'embellir; il établit encore en sa faveur une foire, dont les revenus furent attribués à l'abbaye et qui devint très importante et fort populaire sous le nom de Lendit. L'authenticité de l'acte qui a institué cette foire a été contestée, mais l'institution elle-même est universellement considérée comme l'œuvre de Dagobert. Ce diplôme nous apprend plusieurs choses intéressantes : les marchandises que les étrangers venaient principalement acheter à la foire : le miel, le vin et la garance; deux des ports où ils débarquaient, Rouen et Quentovic; enfin la nationalité des marchands qui semblent l'avoir en majorité fréquentée, Saxons, *Wigarii* (ou habitants de Quentovic), Rouennais, Lombards, Espagnols et Provençaux.

Ce fut au lendemain du règne brillant de ce prince que la royauté mérovingienne commença à donner des preuves de plus en plus manifestes de son impuissance à maintenir l'unité dans le gouvernement et à empêcher l'émiettement de l'autorité publique en autant de centres qu'il y avait de grands propriétaires. Le fait qui domine l'histoire des derniers Mérovingiens, ce sont les progrès, c'est le triomphe de l'aristocratie austrasienne, fortifiée par son contact et par ses luttes avec la Germanie, représentée et dirigée par une famille qui jouit d'une grande situation foncière entre la Moselle et le Rhin, par la famille de maires du palais qui devait fonder la dynastie carolingienne. Cette révolution politique coïncide avec une révolution économique ; l'absorption des petites propriétés par les grandes, la diminution de la classe libre, amenée par l'intimidation ou l'intérêt bien entendu à renoncer à sa liberté, tels sont les traits distinctifs de cette dernière. Les tristes annalistes de ce temps nous ont laissé ignorer l'influence qu'une pareille transformation dans la propriété foncière et l'état des personnes peut avoir eue sur l'industrie et le commerce. Force est donc de nous les représenter sous les traits que nous connaissons déjà : qu'on se figure des établissements religieux qui sont à la fois des fermes modèles, des maisons de commerce et des écoles d'arts et métiers ; de grandes propriétés laïques qui ne diffèrent, au point de vue économique, de ces établissements que parce que tout y est moins bien entendu et moins bien conduit, mais qui ont, comme eux, leurs ateliers et leurs gynécées, leurs manses colonaires et serviles assujettis à des redevances et à des services (n° 86) ; dans les villes le résidu des institutions romaines abâtardies et méconnaissables.

L'industrie et le commerce ne pouvaient être absents du plan organique que Charlemagne se traça pour la refonte de l'empire franc. Il s'en occupa à la fois avec le soin minutieux d'un riche propriétaire et les vues d'un chef d'État. Nous n'avons pu nous dispenser de reproduire, après tant d'autres, les articles du capitulaire *de villis* par lesquels il prescrit qu'on ne laisse pas manquer ses gynécées des matières premières nécessaires à leurs travaux et que chaque *judex* se procure dans son ressort (*ministerium*) de bons ouvriers de tous genres (n° 89). C'est la même vigilance, le même souci du détail qu'on retrouve dans le soin qu'il avait eu de se faire construire en haut de son palais un observatoire d'où il voyait tout ce qui y entrait et tout ce qui en sortait[1]. Un tel homme ne

---

1. Moine de Saint-Gall, *Hist. de Fr.*, V, 119.

pouvait manquer de porter aux travaux publics le plus grand intérêt. Il faisait appel, pour les exécuter, à tous les ouvriers de son Empire et imposait à tous les dignitaires de cet Empire la charge de participer aux frais des constructions neuves, telles que le pont de Mayence, qui fut l'œuvre commune de toute l'Europe [1]. Il protégeait le commerce de ses sujets avec les Slaves et les Avares en établissant des *missi* dans les villes frontières jusqu'où les premiers pouvaient s'avancer sans danger pour se livrer à des échanges avec les *Wenedi* ou *Sclavi*, qui habitaient au delà de la Vistule et dont la soumission n'était que nominale et les *Avari* ou *Hunni* qui n'avaient été que refoulés au delà de la Theiss; ces villes frontières étaient Bardowick, Schessel, Magdebourg, Erfurt, Hallstadt, Forchheim, Pfreimdt, Ratisbonne et Lorsch. L'importation des armes chez les populations insoumises situées au delà était interdite (n° 90) [2]. Ainsi ses succès militaires avaient ouvert au commerce des régions nouvelles, où les missionnaires n'avaient été avant lui que timidement suivis par les commerçants. Il restaurait le phare d'Odre élevé à Boulogne par Caligula [3]. En confirmant les péages fondés sur des titres ou la prescription et justifiés par les services rendus à la circulation, il abolissait ceux qui s'étaient arbitrairement multipliés pendant la décadence mérovingienne. Les bateaux qui n'amarraient pas dans un intérêt commercial, qui ne faisaient que passer, en étaient affranchis. Bien que les routes de terre fussent plus sûres que par

---

1. Moine de Saint-Gall, *Hist. de Fr.*, V, 118, 119 et les textes cités par Simson, *Iahrbücher... unter Karl d. G.*, II, 557-559 et par Dümmler, *Gesch. des Ostfränk. Reichs*, II, 660-664.
2. Cf. Simson, II, 332.
3. *Einhardi Annales* et Simson, II, 470 et n. 1.

le passé, le commerce paraît avoir préféré les voies fluviales. Le Rhin et le Danube étaient les grandes artères commerciales de l'Empire. En 793, Charles commença, pour les unir, un canal entre la Rednitz, affluent du Main et l'Altmühl, affluent du Danube, mais, par suite de la nature marécageuse du terrain, encore détrempé par des pluies continuelles, les fouilles furent comblées et l'entreprise fut abandonnée [1]. L'Escaut, le Mein paraissent avoir été animés par une batellerie fort active. Ce dernier cours d'eau servait notamment au transport des blés de la Germanie à Mayence, qui était aussi le terme de la grande route de Thuringe [2]. Le commerce dont cette ville était le centre, était surtout entre les mains des Frisons, qui formaient l'élément le plus important de sa population [3]. Quentovic, Boulogne, Gand, Wik-te-Duerstade, l'Écluse étaient les principaux ports et les principaux chantiers de l'Empire [4]. Parmi les articles d'exportation, les textes mentionnent le froment, le vin, l'huile, les chevaux et les mulets espagnols, les chiens de chasse, les draps frisons [5]. Les relations amicales entretenues par Charlemagne avec le calife Haroun-al-Raschid et d'autres princes musulmans, les présents échangés entre eux autorisent à croire que ces marchandises et d'autres encore dont les textes n'ont pas parlé, pénétraient dans les pays orientaux [6]. Au sujet des relations commerciales de

---

1. *Einhardi Annales* ann. 793. *Ann. Mettenses. Chron. Moissiacense. Ann. Fuldenses*, etc. *Poetæ Saxonici Ann.*
2. Vie de saint Sturm dans *Pertz SS.*, II, p. 369. Einhard, *Translation des ss. Marcellin et Pierre* 39, éd. Teulet II, 258.
3. *Ann. Fuldenses*, an. 886.
4. *Ann. Laurissenses maj.*, *Hist. de Fr.*, V, 60. Diplôme de Louis I de 831. *Hist. de Fr.*, VI, 572. *Ann. Bertiniani*, *Ibid.*, VII, 72.
5. *Mon. Sangallensis*, lib. II, cap. XIII, XIV. *Hist. de Fr.*, V, 126.
6. *Ibid. Ann. Laurissenses maj.*, *Hist. de Fr.*, V, 50. Heyd. I, 100-103.

l'empire carolingien et de l'Angleterre on n'est pas réduit à une conjecture et l'on peut se montrer tout à fait affirmatif : elles étaient importantes. Leur surveillance et la perception des droits de douane à laquelle elles donnaient lieu et dont le principal bureau de recettes était à Quentovic, avaient été déléguées à l'abbé de Saint-Wandrille, Gervold. Suspendues un instant à la suite d'un dissentiment entre Charlemagne et Offa, roi des Merciens, elles furent reprises sur les instances de l'abbé Gervold [1].

Les faveurs accordées aux Juifs décèlent un état économique où l'esprit d'entreprise est assez développé pour que les capitaux soient recherchés et où les entraves qui en paralysent l'emploi forcent à subir la loi de ceux qui jouissent de la liberté exclusive de les faire fructifier [2].

Tout ce qu'un homme de génie peut faire pour créer un esprit public et une unité politique, Charlemagne le fit; mais l'œuvre qu'il avait entreprise et qu'il laissait en apparence fondée était trop contraire aux tendances centrifuges de la société de son temps pour durer au delà de lui. Ces tendances qui, de son vivant, avaient obscurément suivi leur cours, éclatèrent sous ses successeurs, en même temps que le partage de la souveraineté entre les trois fils de Louis le Pieux consacrait la diversité des aspirations nationales et marquait à des nationalités nouvelles le domaine où elles allaient inaugurer leurs destinées particulières. L'industrie et le commerce, ces instruments puissants de

---

1. *Alcuini Epistola ad Colcum lectorem* ann. 790. *Hist. de Fr.*, V, 607. *Gesta abbatum Fontanellensium*, cap. 10. Pertz SS. (in-fol.), II, 291.
2. Voy. les préceptes de Louis le Pieux en faveur des Juifs. *Chartæ Ludovici Pii, Hist. de Fr.*, VI, nº XXXII, XXXIII, XXXIV.

rapprochement et d'union, se localisèrent comme le reste et entrèrent dans le système qui hiérarchisa, sans les tirer de l'isolement, toutes les forces sociales et qu'on a appelé la féodalité. Leur histoire doit être cherchée surtout dans les établissements religieux qui grandissent aux dépens de la royauté, empressée à se dépouiller à leur profit. Le rôle de ces établissements dans l'économie sociale n'est pas nouveau et nous l'avons déjà signalé sous la première race. Ce qu'il faut faire remarquer ici, c'est l'importance de plus en plus grande qu'ils acquièrent à ce point de vue et qui attire d'autant plus l'attention que le rôle économique des villes est plus insignifiant ou plus obscur. Les Mérovingiens avaient déjà commencé à accorder à ces établissements des préceptes d'immunité, mais les Carolingiens s'en montrèrent plus prodigues. Ces libéralités étaient de deux degrés. Tantôt elles conféraient l'exemption des droits de tonlieu, c'est-à-dire de tous les droits de circulation, soit en la limitant aux bateaux du monastère privilégié ou même à un certain nombre de bateaux et à certains fleuves, soit en l'étendant aussi aux transports par terre; tantôt elles y joignaient, au profit des bénéficiaires, la perception et le produit de ces mêmes droits. Même lorsqu'elles se réduisaient à la franchise des droits, cette faveur venait ajouter un avantage précieux à tous ceux que les monastères devaient déjà à leur position topographique, généralement fort heureusement choisie, à leur richesse territoriale, aux hommes intelligents qu'ils comptaient dans leur sein, à leur organisation fondée sur l'abnégation, la discipline et la coopération. Ces florissantes abbayes avaient des agents, des commis voyageurs qui allaient au loin placer leurs produits ou acheter les marchandises nécessaires à leurs besoins[1]. Centres importants de production, elles approvisionnaient le marché bien plus qu'elles n'y avaient recours. Les produits que leurs charrois et leurs bateaux livraient à la consommation étaient surtout des produits agricoles. Il est certain toutefois que tous les produits industriels qui sortaient de leurs ateliers n'étaient pas tous destinés à la communauté et qu'une partie en était vendue. Les uns et les autres étaient fabriqués par des frères convers et des ouvriers laïques ou fournis à titre de prestations par certaines tenures, par certains quartiers des villes qui s'étaient formées autour de l'abbaye et étaient sous sa seigneurie. Ainsi dans le bourg de Saint-Riquier, au milieu du IXe siècle, la rue des Marchands en gros livrait mensuellement à l'abbaye de Centule un *pallium* d'une valeur de 100 sols; la rue des Forgerons lui fournissait tous les engins de fer (*ferramenta*) dont elle avait besoin et dont la valeur était estimée 3 livres; la rue des Armuriers (*scutarii*), par une anomalie singulière, avait à sa charge les reliures des manuscrits évaluées 30 sols; la rue des Selliers livrait les selles nécessaires; la rue des Boulangers, cent pains par semaine; la rue des Cordonniers, la chaussure des serviteurs et des cuisiniers; la rue des Bouchers, quinze setiers de graisse; la rue des Foulons, tous les feutres. La rue des Pelletiers confectionnait toutes les pelleteries de l'abbaye; la rue des Marchands de Vin lui fournissait seize setiers de vin et un setier d'huile par semaine; la rue des Cabaretiers, trente setiers de cervoise par jour. On comptait

---

1. « Homo itinerarius missus est pro communi causa Mogontiam utique pro pannis laneis emendis... » Pertz, SS. II, 97. « ..... Nec de hominibus qui aforis in ejus villis ad negociandum... vel vina comparanda advenerint. » Dipl. de Charles le Chauve de 844, *Hist. de Fr.*, VIII, 455, 469.

cent dix chevaliers dans la rue de ce nom et chacun devait toujours être équipé d'un armement complet, cheval, écu, épée, lance, etc. La rue des Sergents était exempte de toute prestation. La chapelle fréquentée par les nobles était redevable, chaque année, de douze livres d'encens et de myrrhe (*thymiana*) ; de chacune des quatre chapelles où se rendait le commun peuple, l'abbaye tirait cent livres de cire et trois livres d'encens[1]. On pourrait multiplier les exemples[2] de ces redevances et de ces corvées industrielles; toutes présenteraient ce trait commun et digne de remarque d'être assignées sur des fonds de terre et non directement imposées à leurs détenteurs, d'avoir un caractère réel et non personnel, d'appartenir à une économie sociale où la propriété foncière l'emporte, dans la création de la richesse, sur le capital mobilier et sur le travail. L'exemple que nous avons emprunté à l'inventaire des cens et redevances de l'abbaye de Saint-Riquier offre cet intérêt particulier de nous faire entrevoir l'organisation industrielle d'une petite ville au milieu du IXe siècle. Ce document nous montre des marchands en gros (*negotiantes*), des forgerons, des armuriers, des selliers, etc., groupés par métiers dans les rues de Saint-Riquier, si bien que, pour désigner chacun de ces groupes, il désigne la rue qu'il habite. Comment se défendre de la pensée qu'entre les

---

[1]. *Inventaire des cens et redevances dus à l'abbaye de Saint-Riquier* [en 831], dans Horlulf, *Chronique de l'abbaye de Saint-Riquier*, ed. Lot, *Append.*, n° VII.

[2]. Citons seulement un passage des *Antiq. Fuldenses*, CXI, p. 43. *Exercitationes* : « Assignati certi fundi non solum ornandœ ecclesiœ sed ad faciendum omne opus artificum, tam in fabricatura quam et sculptura et cœlatura et oratura fabrili et mandatur camerario ut curet ne sit vacua fabrica abbatis. » Voy. aussi le dipl. de Charles le Chauve, *pro confirmatione partitionis monachorum S. Dyonisii anni 862*, *Hist. de Fr.*, VIII, p. 577.

membres de chacun de ces métiers, astreints à une redevance collective, devaient exister d'autres intérêts communs que celui de répartir entre eux et de recueillir cette redevance? Comment ne pas être tenté de voir là déjà des corporations? La chronique de saint Bertin nous apprend qu'en 881, les Normands ayant, pour la seconde fois, mis le feu à l'abbaye, l'abbé, qui était alors saint Foulques, la restaura, commença la construction d'une forteresse dans la ville et d'une enceinte à l'entour et y distribua par métiers la population (*per ministeria disposuit* [1]). Le chroniqueur reproduit ces expressions quand il relate l'achèvement de ces fortifications par l'un des successeurs de saint Foulques, Baudouin le Chauve, comte de Flandre, et une troisième fois quand il rapporte la mort de ce dernier en 917 [2]. Ici encore on est amené à penser que les artisans et les commerçants que ces deux abbés de Saint-Riquier groupaient suivant leurs professions dans l'enceinte nouvellement construite autour de la ville et du château fort formaient des corporations et on croit assister, en même temps qu'au repeuplement et à la renaissance d'une ville, à l'une des phases de l'émancipation de la classe commerçante et industrielle, à l'un de ses progrès vers la liberté du travail. Dans le cas que nous venons de citer, c'est l'initiative du seigneur qui crée les cadres, qui opère le classement de cette population spéciale, embryon de la population urbaine. D'autres fois, c'est spontanément que les gens de profession mécanique et mercantile se portent sur un même point, où les attirent la perspective des affaires et l'amour du gain. Tantôt c'est un château qui est le

---

[1]. Jean d'Ypres, *Chron. Sancti Bertini*, ann. 881. *Hist. de Fr.*, IX, 74 A.
[2]. *Ibid.*, p. 76, A-B, C-D.

centre de cette agglomération; des marchands viennent s'établir à la porte du pont-levis, des auberges leur offrent une hospitalité bientôt insuffisante, des maisons se construisent et, en peu de temps, naît une grande ville qui, en souvenir de son berceau (*brugge*=pont), portera dans l'histoire le nom glorieux de Bruges (n° 99)[1]. Tantôt c'est à la suite des pèlerins que viennent les marchands et le concours des uns et des autres donne naissance à la Charité-sur-Loire[2]. Au commencement du xii° siècle, quand Bernard de Quincy fonde, dans le pays boisé de Tiron, le couvent de Saint-Sauveur, les fidèles y affluent et viennent se ranger sous son autorité. Parmi eux on compte beaucoup de gens qui travaillent de leurs mains et qui se distinguent dans leur métier, ouvriers de forge, charpentiers, sculpteurs, orfèvres, vignerons, laboureurs. Tous travaillent sous les ordres de l'abbé et emploient leurs gains à l'utilité commune[3].

Ce fut donc sous la tutelle de l'Église que s'organisèrent et, chose étrange, commencèrent à se séculariser les premières corporations de métiers, comme ce fut sous ses auspices que se formèrent beaucoup d'agglomérations urbaines, et les corporations sorties de l'Église furent celles qui comptèrent le plus d'ouvriers habiles, comme les villes qui lui durent leur origine furent les plus florissantes. En se détachant de son sein, ces humbles travailleurs, encore marqués du sceau de la servitude, emportaient dans le siècle une habileté

---

1. *Encomium Emmæ Anglorum reginæ.* Écrit avant 1032. *Hist. de Fr.*, XI, 7.
2. *Notitia de fundatione monasterii de Caritate ad Ligerim, Hist. de Fr.*, XIV, 42, ann. 1056. — Cf. *Chronicon abbatiæ S. Trudonis*, xi s., *Hist. de Fr.*, XI, 203.
3. *Orderici Vitalis hist. eccl.*, lib. VIII, *Hist. de Fr.*, XII, 660.

technique, une discipline morale supérieures à celles de leurs confrères qui relevaient de seigneurs laïques. Beaucoup d'évêques et d'abbés mettaient leur gloire à restaurer, à agrandir, à embellir les bâtiments épiscopaux et conventuels et, par-dessus tout, leur église. Les chroniques monastiques nous entretiennent avec amour des travaux accomplis sous leur direction. Pour les faire exécuter, ils ne s'adressaient pas seulement aux ouvriers attachés à leurs évêchés ou à leurs abbayes, ils en faisaient venir de loin dont la réputation s'était répandue jusqu'à eux. Au milieu du VIe siècle, l'évêque de Turin, Rufus, envoyait à l'évêque de Trèves, Nizier, qui les lui avait demandés, des artistes italiens[1]. Au VIIe siècle, Didier, évêque de Cahors, voulant assurer une eau abondante à sa ville épiscopale, qui n'était pourvue que d'une source insuffisante, demande à Césaire, évêque de Clermont, de mettre à sa disposition, pour établir une canalisation souterraine, des ouvriers habiles qui dépendent de lui[2]. En 764, un abbé de Newcastle prie Lulle, archevêque de Mayence, de lui procurer un ouvrier verrier exercé, parce qu'il en manque dans son pays[3]. En 826, un Vénitien, nommé Georges, construit pour le palais impérial d'Aix-la-Chapelle un orgue hydraulique[4]. Loup, abbé de Ferrières, n'appelle pas d'ouvriers étrangers; il envoie, au contraire, en 843, deux de ses serviteurs à Louis, abbé de Saint-Wandrille, de Saint-Riquier et de Saint-Denis, en le priant de leur faire apprendre par

---

1. *Mon. Germ. hist.*, in-4. *Epistolarum*, t. III. *Epistolæ Austrasiæ*, n° 21, p. 133.
2. *Mon. Germ. hist.*, in-4. *Epistolæ Merovingici et Karolini œvi*, I, 13.
3. *S. Bonifatii et Lulli Epistolæ*, n° 110. Même recueil, 1.
4. *Translatio SS. Marcellini et Petri auctore Einhardo*. *Hist. de Fr.*, VI, 273.

ses orfèvres qui jouissent d'une grande renommée, tous les secrets du travail des métaux précieux[1]. Dans la seconde moitié du XIᵉ siècle, Thierry, abbé de Saint-Hubert d'Ardenne embauche des tailleurs de pierre liégeois pour la construction d'une crypte et d'un cloître et confie à un artiste verrier de Reims, très distingué dans son art, l'exécution des verrières dont il désire orner les chapelles de l'église abbatiale[2]. Pour les travaux par lesquels il se proposait de faire de son église abbatiale de Saint-Denis une église nouvelle, Suger avait réuni de toutes les parties du royaume les maçons, les charpentiers, les ouvriers en ferronnerie, les fondeurs, les orfèvres, les joailliers les plus renommés[3]. Les membres du haut clergé mettaient, d'autre part, le plus grand soin à recruter et à attacher à leurs églises des ouvriers d'élite[4].

Bien qu'il faille toujours se rappeler que les sources historiques du haut moyen âge sont presque exclusivement ecclésiastiques et que la société laïque, la vie profane n'ont pas encore à cette époque leurs historiens, on peut dire pourtant que, dans cette période, ce fut l'Église qui demanda aux arts leurs plus grands efforts et qui présida à leur développement. On sera porté à en conclure que l'inspiration à laquelle ils obéirent fut traditionnelle, asservie à des procédés et à des formules; mais, à cet égard, il faut se garder d'exagération. Sans doute, les ateliers monastiques et épiscopaux restèrent fidèles aux motifs de l'art gallo-

---

[1]. Lettres de Servat Loup, abbé de Ferrières, p. p. Desdevizes du Désert, Paris, 1888, n° XXV.
[2]. Historia Andagin. monasterii. Hist. de Fr., XI, 150.
[3]. Vita Sugerii a Willelmo Sandionysiano. Hist. de Fr., XII, 107. Suger, De administratione..., éd. Lecoy de la Marche, p. 166.
[4]. Gesta Gaufridi Constantiensis episcopi. Hist. de Fr., XIV, 78. Historia episc. Autissiod. Hist de Fr., XI, 114.

romain et byzantin; sans doute, c'est dans les cloîtres qu'ont été rédigés les manuels destinés à conserver les programmes et les méthodes (n°s 111, 112, 113), mais l'appel adressé par le clergé à des artistes éloignés et indépendants suffirait à prouver qu'il ne répugnait pas à faire sa part à l'originalité individuelle.

Un certain nombre de corporations portent le nom de charités (n° 107), et ce nom rappelle encore leur origine cléricale. Il autorise à supposer que le premier lien qui ait uni leurs membres a été un lien d'assistance mutuelle et de commune dévotion. Le nom de charités s'appliqua d'abord aux offrandes pieuses faites à une église par des confréries, professionnelles ou autres, puis il s'étendit à ces confréries elles-mêmes. Elles étaient constituées par un serment d'assistance mutuelle sanctionné par une clause pénale et portaient aussi le nom de guildes. Ce serment, les parjures auxquels il pouvait donner lieu, le péril qu'une solidarité d'autant mieux affermie qu'elle était consacrée par la religion pouvait faire courir aux pouvoirs établis, les excès de table et les rixes dont leurs banquets étaient l'occasion désignaient les confréries à la méfiance et aux anathèmes de l'Église. Pas de confrérie, en effet, sans banquets, le jour de la fête patronale tout au moins. C'est ce jour-là que celles qui se réunissaient dans l'église de Saint-Vaast d'Arras et qui restaient fidèles à des traditions que la plupart des autres confréries de la même église avaient laissé tomber en désuétude, allaient processionnellement porter un cierge et leur offrande en argent, quand elles ne la faisaient pas simplement remettre par leur trésorier ou leur cellerier (n°s 93, 107, 119).

Sous le nom de charité, de confrérie, de guilde, c'est la corporation qui s'offre à nous, la corporation qui sera, pendant plus de neuf siècles de notre histoire, l'organisme persistant d'une vie industrielle et commerciale pleine de variété et de contrastes. Elle a terminé l'évolution obscure qu'elle a accomplie dans le sein de l'Église et de la féodalité laïque, elle vit à l'air libre, elle jette ses racines dans un sol favorable, elle profitera de tous les événements qui vont grandir l'importance et l'influence sociale de l'industrie et du commerce.

Mais au XIIe siècle, et à plus forte raison dans les siècles antérieurs où on la devine plus qu'on ne l'aperçoit, elle est à l'état embryonnaire. Sortis du château seigneurial, du palais épiscopal, des bâtiments conventuels, établis dans la ville qui est née à leur ombre, les anciens *ministeriales* ont gardé et amélioré la discipline[1] sous laquelle ils vivaient quand ils ne travaillaient pas ou travaillaient peu pour leur compte. Ils ont dû, dans un esprit d'équité et d'intérêt bien entendu, facilité par leur petit nombre et leur intimité, ménager entre eux une répartition aussi égale que possible des bénéfices; ils ont, dès le premier jour, aspiré au monopole. Dans la seconde moitié du XIIe siècle, ils n'en sont pas encore partout en possession. A Pontoise, avant 1162, tout le monde pouvait faire du pain et en vendre. Pour combattre cette liberté, extension du droit de pétrir et de cuire pour son ménage quand on ne ressortissait pas à un four banal, les boulangers ne manquèrent pas sans doute de faire valoir l'intérêt de la salubrité publique, ils appuyèrent cette considération de l'offre d'une redevance et ils obtinrent de Louis VII que l'industrie et le commerce

---

1. Consuetudines et rectitudines gildæ (n° 115).

de la boulangerie fussent interdits à tous ceux qui n'étaient pas boulangers. Aucune preuve de capacité professionnelle n'était d'ailleurs, ce semble, demandée à ceux qui voulaient exercer le métier ; la notoriété publique suffisait sans doute à l'établir. Seulement, le nouveau membre devait offrir une collation à ses confrères. Le roi promettait aussi de donner aux boulangers un *maître*, c'est-à-dire de commettre leurs causes professionnelles à un juge qui, sous ce nom, devait sans doute joindre à ses attributions contentieuses des fonctions de haute surveillance. En échange de ces avantages, chaque boulanger était tenu, aux vendanges, de fournir au roi et de transporter à son cellier un muid de vin non frelaté et de bonne qualité (n° 114). Une charte de Henri II, roi d'Angleterre, qui appartient également à la seconde moitié du xii° siècle (n° 115), nous montre encore une corporation se constituant par le monopole, accomplissant, du moins, par son acquisition, le premier degré de son évolution. Cette fois, la faveur accordée par Henri II aux tanneurs de Rouen ne l'est pas, en apparence du moins, à titre onéreux ; c'est la récompense des services professionnels que les tanneurs rendent au roi d'Angleterre. Ainsi, en même temps qu'ils obtiennent le privilège d'exercer exclusivement leur métier dans la ville et la banlieue ainsi que la confirmation et la jouissance légale de toutes les coutumes de leur guilde, les tanneurs continuent à devoir et à fournir au roi des prestations en nature et en main d'œuvre ; double aspect ouvert d'un côté sur l'origine, de l'autre sur le développement de la corporation, exemple instructif de la transition de l'industrie domestique à l'industrie libre et privilégiée. Ici encore l'attribution des causes de la corporation à une juridiction spéciale est considérée comme la conséquence de la concession du monopole et le roi s'en réserve la connaissance.

Nous venons de voir le corps de métier se constituer, obtenir le monopole[1], faire ses premiers pas dans la longue carrière qu'il doit parcourir, mais il ne faut pas croire que tous les corps de métier soient sortis de la *familia* féodale. A côté des humbles artisans qui, dans la dissolution de l'Empire romain, en l'absence d'une autorité centrale et tutélaire, furent attirés vers la seule force encore debout, c'est-à-dire vers la grande propriété, et se groupèrent autour d'elle dans une condition plus ou moins voisine de l'esclavage, il y eut toujours de grands commerçants, héritiers des *negotiatores* romains, se livrant à des opérations étendues, à des opérations internationales. Si vague qu'il soit, le souvenir de ces hardis spéculateurs est demeuré dans l'histoire. Les Frisons, par exemple, cette population à la fois industrielle, commerçante et maritime, en a fourni beaucoup. Ces grands commerçants n'avaient pas cherché un asile dans les domaines des grands propriétaires gallo-romains et germains, ils étaient restés indépendants mais sans rester pour cela isolés. Ce fut à une institution germanique qui, se réduisant essentiellement à l'association sous la foi du serment, à la *conjuration*, se prêtait à toutes les applications, ce fut à la guilde qu'ils demandèrent les moyens de conduire leurs affaires avec le plus de sécurité et de fruit possible. Ces guildes commerçantes établirent l'entrepôt de leurs marchandises et le lieu de leurs assemblées dans certaines villes particulièrement bien situées pour

---

[1]. Voy. encore la confirmation de la guilde des *textores culcitrarum pulvinarium* de Cologne, en 1149, dans Brentano, *The history and development of Gilds*, CXIX, n. 1.

leur commerce. Elles absorbèrent presque toute la vie de la cité qui leur avait dû ses premiers développements, qui avait grandi avec elles et devinrent, par une suite naturelle, le corps politique investi, soit directement soit indirectement, de l'administration municipale. C'est ce qui se passa à Saint-Omer (n° 110), à Arras. L'échevinage parisien aurait eu une origine analogue, si l'on pouvait avec quelque vraisemblance le rattacher au collège des nautes, devenus, grâce à l'importance du commerce de la Seine, l'élite de la bourgeoisie parisienne.

Ce fut la seconde moitié du xii° siècle qui marqua le moment où les corporations professionnelles commencèrent à se montrer soucieuses de faire fixer leurs obligations envers l'autorité publique. Mais la prudente réserve avec laquelle elles entrent en rapport avec elle ne doit pas nous tromper; elles sont, dès lors et depuis longtemps, en pleine activité. Seulement elles n'ont pas vu jusque là d'intérêt à faire sanctionner par l'autorité des usages et des procédés qu'elles modifient à leur gré d'après les leçons de l'expérience. Elles sont jalouses de leur indépendance. Les pouvoirs dont elles dépendent leur demandent des services publics, celui du guet, par exemple, ou des services professionnels ou des redevances pécuniaires (n° 118); ils leur confèrent, en échange, des privilèges, et ne se mêlent pas de leur discipline intérieure.

Nous venons de suivre le développement organique de la corporation jusqu'au moment où elle a acquis ses deux éléments constitutifs, autonomie et monopole, sans nous occuper des circonstances extérieures et générales qui, au xi° et au xii° siècle, ont influé sur son développement. On ne nous pardonnerait pas pourtant de ne pas les signaler. Les expéditions des Normands dans le royaume des Deux-Siciles et en Angleterre, les premières croisades, la révolution communale, l'introduction des chiffres arabes, l'emploi de la boussole, l'éclat et le succès de la philosophie scolastique, ce sont là autant de symptômes d'une curiosité d'esprit, d'un besoin d'aventures, d'une renaissance intellectuelle dont l'industrie et le commerce firent leur profit. Les invasions normandes du IXe et du Xe siècle avaient fait refluer la population rurale vers les villes, amené la construction de beaucoup de châteaux forts et la transformation des villes ouvertes en villes fortes, accru l'importance de la population urbaine [1]. Développé dans les confréries, dans les charités, dans les corporations, l'esprit de solidarité se trouva un jour assez puissant pour revendiquer et obtenir, soit à l'amiable soit de haute lutte, une condition civile plus équitable (*villes de bourgeoisie et de franchise*), ou même des droits politiques (*communes jurées*). Le mouvement corporatif est uni de deux façons au mouvement communal : d'une part, il en a été le berceau; de l'autre, là où celui-ci a triomphé, il a fait une place dans la constitution municipale à l'organisation corporative quand il n'a pas été jusqu'à l'adopter pour base de cette constitution. Les croisades et les pèlerinages qui les ont précédées ont considérablement accru les relations commerciales dont le bassin de la Méditerranée était le théâtre et fait faire de grands progrès au droit commercial et maritime. A côté de ces conséquences internationales, l'histoire en a depuis longtemps reconnu d'autres qui se sont fait sentir sur l'économie intérieure de notre pays : sous l'empire de besoins

---

[1]. Sur cette influence des invasions normandes, voy. notamment A. Lefranc, *Hist. de Noyon et de ses institutions...*, 1887, p. 12-14.

pécuniaires pressants, l'aristocratie féodale s'est montrée généreuse envers ses tenanciers, l'importance de la richesse mobilière a grandi.

L'activité et les priviléges des corps de métiers ne dépassent pas les murs ou la banlieue des villes, mais il est des associations dont les membres doivent être rangés parmi les grands commerçants dont nous parlions tout à l'heure, qui exploitent toute une région, tout ou partie du bassin d'un fleuve, marchands de l'eau de Paris, vicomté de l'eau de Rouen, communauté des marchands de la Loire et de ses affluents, etc.

A Paris, à Rouen, l'association commerciale s'identifie avec la municipalité. Ailleurs elle est purement professionnelle et n'a rien de commun avec le gouvernement de la cité. Parmi les associations de ce genre nous venons de nommer celle des marchands fréquentant la Loire. La société de navigation de Bayonne (*societas navium Baionensium*) en est une autre. Les armateurs et les équipages qui la composaient se partageaient les bénéfices du fret et se devaient assistance mutuelle (n° 142). La solidarité qui, en contraste avec l'individualisme moderne, est un des traits les plus distinctifs du moyen âge, n'est pas le propre des sociétés professionnelles ; elle trouve son application entre concitoyens. Par exemple, les habitants de Montpellier qui étaient témoins d'un marché, avaient le droit de se faire céder par l'acquéreur, au prorata, une partie de la marchandise. Il y avait là autre chose encore qu'une précaution contre l'accaparement et l'enchérissement, il faut y voir la préoccupation de faire une part à tous dans les chances de chacun (n° 137. Cf. n° 210, 212).

La période mérovingienne et carolingienne avait connu les marchés et même les foires. Il était réservé toutefois au XIIe siècle de créer avec les foires de Champagne le centre commercial le plus important peut-être du moyen âge. Cette importance leur vint d'abord de ce qu'elles étaient placées sur le passage du grand courant d'affaires qui, depuis longtemps, se déroulait dans les vallées du Rhône et du Rhin et auquel participaient la France, la Flandre et le Brabant, l'Allemagne, l'Angleterre et l'Italie. En ouvrant une sphère au seuil de laquelle s'arrêtaient les rivalités nationales et les désordres encore très grands de la société féodale, où tous les intérêts étaient subordonnés à l'intérêt du commerce et au concours des commerçants favorisés par la sécurité du conduit (n° 219), par la suspension de la contrainte par corps pour les dettes antérieures, par une hypothèque tacite, un privilège et une juridiction spéciale pour celles qui y étaient contractées, par une procédure sommaire, par des facilités pour le virement et la liquidation des comptes, les foires de Champagne firent faire d'énormes progrès au commerce et au droit commercial et contribuèrent d'une façon notable au rapprochement des nationalités et des classes (n° 177, 178, 180, 190).

Des deux mobiles qui déterminèrent et firent durer les croisades, l'un, le mobile religieux et chevaleresque, fut représenté surtout par la France, l'autre, le mobile commercial agit avec une puissance particulière sur les républiques italiennes. La première pourtant ne resta pas insensible aux intérêts qui se substituèrent bien vite au prosélytisme dans ces expéditions et les ports de la Provence, encore indépendante, rivalisèrent, sans les égaler, avec Gênes, Venise, Pise et Amalfi pour créer des relations commerciales avec le Levant, y établir des consuls, des fondiques et des colonies. Le transport des pèlerins et des marchandises donna une grande activité à la marine d'Arles, de Narbonne, à celle surtout de Montpellier et de Marseille. Les villes maritimes de Provence et de Languedoc possédèrent au XIIe siècle dans le royaume de Jérusalem et à Constantinople des établissements commerciaux et sur les quais des places d'embarquement et de débarquement, des échelles. Les Provençaux eurent à Saint-Jean d'Acre leur quartier et leur église. Parmi les commerçants francs qui y abordaient et dont l'élément sédentaire était régi par des consuls nationaux, les Marseillais et les Montpelliérains formaient la majorité. Au XIIIe siècle, Boemond V attribuait un quartier et une maison consulaire à Tripoli aux colons Montpelliérains qui y étaient fixés et des relations commerciales actives semblent s'être nouées, au milieu de ce siècle, entre cette ville et Montpellier. A Tyr, à Alexandrie, Montpellier avait aussi des consuls. Les Marseillais en avaient également à Alexandrie ainsi qu'à Beyrouth. Narbonne, de son côté, faisait avec l'Égypte un commerce d'échange et de transit.

Ce que ces cités autonomes de notre littoral du Sud-Est concouraient avec les républiques italiennes à créer, c'était un droit commercial et maritime spécial au bassin de la Méditerranée. Notre recueil en offre plusieurs fragments qui solliciteront les historiens juristes, dans les mains desquels il viendra, à une reconstitution complète. Ils trouveront sous le n° 144 le type des traités de commerce et de navigation par lesquels les villes rivales de la Méditerranée s'accordaient la réciprocité des droits civils et de certains privilèges commerciaux et fiscaux. Le n° 148 se rapporte aux précautions à prendre pour conserver la succession et les marchandises des commerçants de Montpellier morts à l'étranger. Le n° 163 est le procès-verbal de la nomination du capitaine ou consul des marchands de Montpellier commerçant en France. Mais c'est surtout par les longs extraits que nous a fournis le statut de Marseille (n° 181) que l'on pourra le mieux connaître le commerce et le droit maritime de la Méditerranée au moyen âge : attributions des consuls qui se distinguent en consuls de mer (n° 186), consuls sur mer et consul d'outre-mer [1] ; registres des ports où sont inscrits les droits perçus sur le mouvement des navires ; prêt maritime garanti tantôt par un objet spécial, tantôt par une part collective de la cargaison, d'où sortira peut-être peu à peu le prêt à la grosse aventure ; commande ; nolissement ; jet maritime ; écrivains de navire chargés d'enregistrer les noms des marchands et la désignation des marchandises et d'en délivrer des connaissements aux intéressés, de recevoir les dernières volontés des passagers qui meurent dans la traversée, de remettre aux pèlerins leurs billets de place [2].

L'importance du mouvement commercial dont les foires de Champagne et le bassin de la Méditerranée étaient le théâtre, ne se conçoit guère sans la lettre de change. Ceux qui en ont attribué l'in■■■■■■ une circonstance historique particulière, à ■■■■■ ou à un peuple déterminé, aux juifs ou ■■■■■■■ns proscrits, aux Génois, aux Florentins ou aux Marseillais ont oublié que la plupart des institutions, surtout celles de l'ordre économique, naissent par des tâtonnements successifs de besoins longuement sentis. Les deux types de lettres de change que nous avons choisis

---

1. Blancard, *Du consul de mer et du consul sur mer*, Bibl. de l'école des Ch., XVIII (1857), 427.
2. Statut de Marseille, liv. IV, chap. XXVI, p. 191-193. Cf. Goldschmidt, *Universalgesch. des Handelsrechts*, 341-342, p. 344, n. 43.

offrent la trace de ces tâtonnements et la preuve du long *processus* que ce contrat a eu à parcourir pour arriver à sa forme actuelle. Quand on les a lues, on se demande, tant elles sont éloignées de ce que nous appelons aujourd'hui ainsi, si on a véritablement affaire à des lettres de change. D'abord, dans le premier exemple (n° 135), on ne voit intervenir que deux parties : les preneurs et les tireurs ou, pour nous servir d'expressions moins modernes et plus conformes au caractère du contrat, les prêteurs et les emprunteurs. En d'autres termes, ces derniers assument sur eux-mêmes l'obligation de rembourser le capital qu'ils ont emprunté. On ne peut pourtant méconnaître ici un contrat de change, car on y trouve, en même temps que le change d'espèces ou change manuel, la remise d'une place à une autre qui est l'essence du change tiré (*cambium trajectitium*). Seulement ce contrat de change est en même temps un prêt maritime, car il est contracté *in fortuna Dei et maris* et ne reste valable que si le vaisseau et la cargaison arrivent à bon port à Marseille ou dans un autre port de Provence. Dans l'acte qui porte le n° 167, le contrat de change apparaît d'une façon mieux accusée et plus complète, mieux accusée en ce que l'opération y est qualifiée de change (*ex causa permutationis seu cambii*), plus complète en ce que l'emprunteur s'oblige au remboursement, non seulement envers le prêteur mais aussi envers son mandataire, bénéficiaire éventuel qui complète la trilogie que nous considérons aujourd'hui comme inhérente au contrat de change. Toutefois ce contrat ne se présente pas non plus ici sans mélange, il se complique d'une clause qui subordonne en partie le remboursement à l'arrivée à bon port à la foire de Bar-sur-Aube, de balles de cordouan qui lui ont été assignées en gage. Cette clause aléatoire fait du prêteur une sorte de commanditaire, puisqu'elle met à ses risques et périls les marchandises dont trafique le prêteur et que leur perte entraîne, sinon la perte de sa créance (il conserve son recours sur tous les autres biens de son débiteur), du moins la résiliation du contrat [1].

Le caractère mixte des actes dont nous venons de dégager la portée ne nous a pas paru devoir nous interdire de leur donner le titre de lettres de change [2]. C'est qu'à nos yeux la lettre de change n'est pas caractérisée par un formulaire spécial. Niera-t-on son existence avant le XVIIe siècle sous prétexte qu'elle n'a pas été revêtue jusque-là de la clause à ordre? On verra dans notre recueil comment on y suppléait : le créancier stipulait que le débiteur serait tenu de payer non seulement à lui mais à ses associés ou à son mandataire (n° 167) et, pour toucher, ce mandataire présentait non l'instrument primitif mais une procuration notariée qui lui donnait aussi pouvoir de libérer le débiteur par la remise du titre (n° 168). Sous le n° 171, nous donnons une lettre de change où l'engagement du débiteur principal est cautionné par l'aval d'un tiers.

L'essor du commerce international, dû surtout aux villes du bassin de la Méditerranée et aux foires de Champagne, ne pouvait manquer d'avoir une grande influence sur l'industrie nationale. Que l'on compare les statuts de corporations du XIIe siècle et ceux du

---

1. Cf. Goldschmidt, 412-425.
2. En qualifiant l'un d'eux de billet de change, nous n'avons pas entendu faire ressortir une distinction avec la lettre de change; nous avons simplement suivi l'exemple de M. Blancard (*Bibl. de l'école des Ch.*, XXXIX, p. 110, année 1878) qui ne paraît pas avoir attaché plus d'importance à cette différence, car le travail où il classifie et étudie toutes les variétés de *billets* de change est intitulé note sur la *lettre de change*.

xiiie, et le développement que ceux-ci ont pris par rapport à ceux-là apparaîtra comme l'indice matériel des efforts de cette industrie pour répondre à l'agrandissement du marché. Les corporations sentent qu'elles ont de plus en plus à lutter contre la concurrence, qu'elles doivent sauvegarder la bonne réputation de leurs produits, veiller à la qualité des matières premières et à la bonne exécution du travail et, pour cela, elles insèrent dans leurs statuts des prescriptions minutieuses. N'est-ce pas à ce besoin qu'il faut attribuer en partie la rédaction du *Livre des métiers*, de ce premier tableau d'ensemble de la vie de la population industrielle et commerçante d'une grande ville? Ce coutumier de la classe laborieuse a tous les titres du monde à notre intérêt. En constatant des pratiques et des traditions anciennes, il nous ouvre des vues sur un passé obscur dont il subsiste bien peu de témoignages directs; monument d'une sobriété qu'on trouve parfois excessive, il a été la base d'une réglementation prolixe; il représente enfin une organisation spontanée et autonome. Nous venons de parler des lumières qu'on y trouve sur les origines et l'histoire primitive des corporations: l'achat du métier, le hauban en nature, le cérémonial de la réception des boulangers, la juridiction des officiers de la maison du roi sur certains métiers, etc., ce sont là en effet autant d'empreintes d'une période de formation qui se dérobe en grande partie à notre étude immédiate. Ce qui est encore plus intéressant et plus important que ces vestiges d'un passé reculé, c'est l'esprit de ces statuts, la conception particulière qui s'y révèle des rapports entre confrères, entre patrons et ouvriers, entre les gens de métier et le public. Cet esprit, en dépit de la sécularisation accomplie dans l'ordre professionnel, est resté profondément chrétien. Ce qu'on trouve, en effet, dans la corporation, ce sont des hommes de même profession, plus ou moins avancés dans l'exercice de cette profession (apprentis, valets et maîtres), garants de leur moralité respective, régis par les mêmes règlements, soumis à des conditions communes d'initiation et de capacité, faisant une part équitable, tant elle est modérée, aux privilèges de famille, partageant les mêmes chances de gain, pratiquant les mêmes dévotions, se soulageant dans leurs infortunes sans oublier celles du dehors, désignant quelques-uns d'entre eux pour administrer la caisse sociale, assurer, à l'encontre de leurs confrères et des étrangers, l'observation des statuts, constater et quelquefois juger les contraventions. Voilà toute l'économie de la corporation, telle qu'on la trouve dans le *Livre des métiers.* Ce n'est rien moins qu'une association fermée et à celui qui y est entré elle procure les avantages de l'esprit de corps dans le meilleur sens du mot.

S'il est vrai que les institutions doivent leur légitimité et leur importance moins à leur valeur abstraite qu'à leur harmonie avec l'esprit et les exigences morales de leur temps, il y en eut peu d'aussi légitimes, parce qu'il y en eut peu d'aussi opportunes, que les corporations d'arts et de métiers. L'esprit chrétien dont nous parlions tout à l'heure leur vient de leur origine, mais c'est aussi celui du temps où elles atteignent leur apogée, c'est-à-dire du XIIIe siècle. Cet esprit n'entrave d'ailleurs nullement leur développement séculier. Elles sauront le plus souvent concilier leur fidélité à l'Église avec l'accroissement de richesse et d'influence qui fera de la classe industrielle et commerçante, en y joignant la classe judiciaire qui en est sortie, l'élément prépondérant de la société française. Il n'est même pas nécessaire d'interroger l'histoire des communes jurées ni de sortir de Paris, c'est-à-dire d'une ville de prévôté, pour assister, dès le xiiie siècle, aux progrès de cette évolution. A Paris, et à plus forte raison dans les villes où elles constituaient des collèges électoraux et politiques (n° 217), les corporations formaient les cadres de la population et les rouages de certains services publics. Dans la capitale elles fournissaient les répartiteurs et les vérificateurs de la taille et, pour certains impôts limités à un quartier, représentaient les unités imposables; le guet bourgeois se recrutait dans leur sein; leur autonomie et leur importance se manifestaient encore par la place à part et les uniformes qui les distinguaient dans les cérémonies et les fêtes publiques (n° 214).

S'il est l'époque de la pleine maturité du régime corporatif, le xiiie siècle est aussi celle de l'épanouissement de l'architecture gothique (n° 218), des voyages d'exploration de Plano Carpini, de Guillaume de Rubrouck, etc., devanciers immédiats de Marco Polo, de la pratique dûment constatée de la lettre de change et de la société de commande, de la fondation d'un empire latin à Constantinople et de principautés franques dans l'Achaïe et l'Asie Mineure, de la rédaction des *Assises de Jérusalem*, de celle des premiers coutumiers et des premiers statuts de métiers un peu étendus, de l'apparition des merciers c'est-à-dire des marchands en gros, de la composition de ces dits de métiers qui prouvent, mieux encore que les fabliaux, que la classe industrielle et commerçante a une littérature et qu'on écrit pour elle. Siècle de transition, comme ils le sont tous, le xiiie siècle est plus encore un siècle où s'achèvent, mûrissent et fleurissent les mouvements, les élans, les institutions auxquels les expéditions d'outre-mer avaient, dès la fin du xie siècle, donné le branle. Son caractère dominant, au point de vue qui nous occupe, c'est l'émancipation des classes industrielles et commerçantes sous l'influence d'événements dont le plus fécond est peut être le rapprochement commercial de l'Europe avec le Levant et l'Extrême-Orient.

Cette vérité n'est pas démentie par la remarque qui nous reste à faire. Cette remarque est provoquée par un certain nombre de pièces de notre recueil qui montrent que, malgré cette émancipation, malgré les horizons nouveaux ouverts à l'activité européenne, l'organisation du travail portait encore les traces des servitudes originaires. Les services et les prestations signalées plus haut, les banalités et les monopoles seigneuriaux (n°s 143, 153), la prisée des marchandises destinées au seigneur (n° 153), la fourniture par lui des matières premières nécessaires à l'industrie (n° 157), le crédit dont il jouit pour ses achats (n° 146, 179), le banvin (n° 197), tout cela perpétue, sous un régime où le travail tend à n'être plus soumis qu'à des privilèges corporatifs, sa vieille organisation domaniale et feodale. On est tenté de rapporter aussi au régime féodal l'usage d'ériger en fief le droit exclusif d'exécuter certains travaux, de vendre certains objets (n°s 146, 184, 193), mais il n'y a là en réalité qu'un monopole qui n'a avec le fief rien de commun que le nom.

Fort complexe quand on essaie de la suivre dans la multiplicité de ses aspects, l'histoire de l'industrie et du commerce se simplifie singulièrement si on la ramène au point de vue qui domine cette introduction, c'est-à-dire à l'organisation économique du travail dans ses traits fondamentaux. La façon dont le travail a été compris et constitué dans la société gallo-romaine n'est pas très différente des conditions que la société germanique lui a faites. Dans la première, le travail est servile ou érigé en fonction publique; dans la seconde, il est, si l'on peut s'exprimer ainsi, domanial, c'est-à-dire exigé par le grand propriétaire de ceux auxquels il a concédé des démembrements parcellaires de sa propriété. Cette situation, qui en fait l'accessoire de la propriété foncière, se maintient sous les deux premières races. La création des villes la modifie. Les tenanciers, les *ministeriales* deviennent le noyau de la population urbaine qui se groupe autour de l'abbaye ou du château fort. Ils restent liés à leurs anciens maîtres par des prestations en nature et en main-d'œuvre, mais ils entrent en rapport direct avec le public, conservent le fruit de leur travail, et apprennent à connaître le stimulant de l'épargne. A côté de la richesse foncière qui s'est subordonné le travail et s'en est en partie attribué les produits, la richesse mobilière commence à compter. En passant du château féodal ou des *officinæ* des établissements monastiques dans le bourg qui en est comme le prolongement, les groupes d'artisans de la *familia* seigneuriale deviennent des corporations et presque aussitôt ces corporations acquièrent un monopole qui, si facilement accessible qu'il soit, n'en est pas moins le germe de leur prospérité et de leurs abus. Parallèlement à cette évolution, une autre s'est accomplie. De grands commerçants, favorisés par une situation commerciale privilégiée, ayant échappé à l'asservissement du travail à la grande propriété, assurent leur indépendance et leur richesse par la fondation de compagnies, de guildes, de hanses qui exploitent tout un pays, toute une région et posent la base oligarchique sur laquelle s'édifieront un assez grand nombre de constitutions urbaines.

Il y a deux dangers opposés à craindre pour des recueils comme celui que nous offrons au public : l'illusion qu'ils renferment tous les documents relatifs au sujet ; le risque d'être rabaissés, sous prétexte qu'il y manque tel ou tel document dont on s'exagère l'importance, au rang des compilations arbitrairement composées, sans vue d'ensemble, n'ayant pas fait place à tous les éléments importants de la matière. Nous oserons dire que le nôtre ne mérite « ni cet excès d'honneur ni cette indignité. » Si nous déclinons pour lui la prétention de rassembler tous les matériaux d'une histoire de l'industrie et du commerce, nous ne cacherons pas qu'il ambitionne le mérite d'offrir les types les plus caractéristiques des divers et multiples aspects sous lesquels cette histoire se présente à nous. Ces types ont-ils toujours été les mieux choisis ? Nous osons l'espérer et les juges compétents en décideront.

Un assez grand nombre d'entre eux se rapportent à la technique. Est-il besoin de démontrer que la technique ne pouvait pas être absente d'un recueil comme le nôtre, qu'elle forme, si l'on en saisit bien la portée, le fond de l'histoire du travail dont les titres principaux sont réunis ici. Honneur à l'historien qui, l'embrassant dans son application à une industrie, à un art quelconque, réussirait à montrer les victoires successives remportées, dans la lutte contre la matière, par des générations d'inventeurs oubliés, de praticiens obscurs, l'ouvrier, l'artiste s'affranchissant, grâce à eux, du travail absorbant, mais se détachant aussi de plus en plus de son œuvre, arrivant de plus en plus à n'y voir que les gains que sa multiplication mécanique lui en promet, et, à mesure que son union avec elle devient moins intime, la voyant s'abaisser dans la banalité en même temps qu'il perd lui-même la sincérité professionnelle et la joie de la création !

Nous avons classé nos documents dans l'ordre chronologique ; c'est le seul qui soit conforme à la nature des choses, qui reflète fidèlement et objectivement leur succession et leur filiation. En leur donnant des titres, nous avons cherché à mettre en relief leurs particularités les plus intéressantes bien plutôt qu'à en faire connaître complètement le contenu ; cela a été, à nos yeux, une façon de justifier le choix que nous en avons fait.

Ces documents ont été publiés d'après les éditions les plus autorisées ou les meilleurs manuscrits. Quand ils se composent de clauses nombreuses, ces clauses ont été numérotées et imprimées en alinéas.

A l'égard des notes, les éditeurs sont placés entre deux systèmes : l'abondance et la sobriété. C'est plutôt, on le verra, vers la sobriété que nous avons incliné. Nous avons eu pour cela deux raisons. Notre recueil s'adresse surtout à des travailleurs déjà familiarisés avec la langue du moyen âge et dont il importe d'ailleurs (c'est une considération à laquelle les fondateurs de la collection ont été sensibles) de solliciter l'effort. Cette observation s'applique surtout aux termes qui désignent des institutions du moyen âge ; elle est, il faut l'avouer, beaucoup moins justifiée pour le vocabulaire industriel et commercial qui constitue une langue presque entièrement inconnue à la majorité du public. Si, sur ce point aussi, nous avons observé une certaine sobriété, si nous n'avons pas multiplié davantage les explications des termes techniques, c'est que ces explications ne peuvent être établies que par de nombreux rapprochements groupant tous les exemples, présentant toutes les acceptions des mêmes mots. Cette méthode, la seule qui arrive à la certitude, devait nous conduire et elle nous a conduit à dresser un glossaire technologique qui trouvera place à la fin de la seconde partie de ce recueil. C'est à ce glossaire, complément presque indispensable de l'ensemble d'une publication comme la nôtre, qu'il faudra recourir, et c'est lui qui fournit la seconde raison pour laquelle nous sommes peut-être resté, en ce qui touche les annotations, en deçà des exigences de certaines personnes.

En déterminant l'utilité de notre recueil, nous avons indiqué ce qui lui manquait pour permettre par lui seul d'écrire une histoire de l'industrie et du commerce. Nous suppléerons en partie à son inévitable insuffisance et nous guiderons les premiers pas de ceux à qui il inspirerait la bonne idée d'entreprendre sur ces matières des travaux personnels, en faisant connaître les principales sources — documents originaux ou ouvrages de seconde main — qu'ils devront d'abord consulter.

Si le premier rang appartient, comme cela semble légitime, aux documents émanés des artisans et des commerçants eux-mêmes, à ceux où l'on trouve l'expression sincère et sans mélange de la façon dont ils ont compris leurs intérêts, rien n'aura plus de prix que les livres de raison et de commerce, les correspondances d'affaires, les procès-verbaux des assemblées corporatives et des opérations des gardes jurés, les actes des juridictions professionnelles, etc. Ces monuments de la vie individuelle ou collective de la classe industrielle et commerciale sont rares, sans doute, mais ils le sont peut-être moins qu'on ne se le figure. C'est seulement d'hier que l'attention commence à s'éveiller sur eux et il est permis d'espérer qu'à mesure que le passé de cette classe attirera davantage la curiosité des érudits, on découvrira des livres de raison comme ceux des frères Bonis [1], des archives de corporations comme les épaves de celles des orfèvres parisien recueillies par les archives nationales [2], des correspondances et des papiers d'affaires comme ceux de Simon Lecomte conservés aux archives de l'Hôtel-Dieu de Toulouse [3]. Un certain nombre d'actes relatifs à l'industrie et au commerce, contrats d'apprentissage, marchés de travaux, etc., ont été passés devant notaires et c'est dans leurs études qu'il faut les chercher. Le dépôt de leurs anciennes minutes aux archives départementales ne s'est malheureusement opéré que d'une façon exceptionnelle. C'est grâce à lui que le savant archiviste des Bouches-du-Rhône, M. Blancard, a pu composer son intéressant *Recueil de documents relatifs au commerce de Marseille* (2 vol. in-8, 1884-85), auquel nous avons tant emprunté. A cet égard aussi les archives de la Haute-Garonne ont été privilégiées; la section judiciaire de ces archives, conservée au palais de justice de Toulouse, a reçu un grand nombre de registres notariaux, et parmi eux on compterait, au dire d'un érudit du pays, trois cents livres de commerce [4].

En face de cette catégorie de documents, qui se distingue en ce qu'elle reflète la libre initiative, la vie autonome et intime de l'artisan et du commerçant, soit dans l'isolement, soit dans ses groupes professionnels,

---

1. *Les livres de comptes des frères Bonis*, publ. par Ed. Forestié, t. XX, XXIII et XXVI des *Arch. hist. de Gascogne*.
2. Voy. aussi un registre d'audience de la Grande Boucherie à la Bibl. nat., Cabinet des titres n° 760.
3. Ces documents ne remontent pas au delà du xvi° siècle. Voy. G. Fagniez, *L'économie sociale de la France sous Henri IV*. Paris, 1897, in-8.
4. Communication de M. l'abbé Douais au Congrès des sociétés savantes, 1897.

on peut en placer une autre qui nous montre la classe ouvrière et commerçante entrant en compromis avec les pouvoirs publics, leur abandonnant, en échange de leur garantie et de leur protection, une part de son indépendance, soumettant ses usages, ses aspirations et ses intérêts à leur contrôle et à leur révision. On peut ranger dans cette catégorie :

1° LES RECUEILS DE STATUTS DE MÉTIERS. Le type le plus intéressant de ces recueils est celui qui, sous le titre de *Livre des métiers*, a acquis une si grande notoriété. On n'en trouverait pas en France un second qui se recommande autant à l'attention et par sa composition homogène et d'une seule venue et par les lumières dont son origine et son mode de rédaction sont entourés et parce qu'il est l'image à peine altérée de la vieille organisation indépendante des corps de métiers. Il a été publié en 1837 par M. Depping dans la Collection des documents inédits. Longtemps après, en 1879, MM. Lespinasse et Bonnardot en ont donné, sous les auspices du Bureau historique de la ville de Paris, une nouvelle édition.

2° LES COUTUMIERS ET STATUTS MUNICIPAUX. Les règlements commerciaux et industriels s'y présentent tantôt à part, tantôt mêlés à des règlements de police générale. Il faudrait citer dans ce genre tous les recueils de documents d'histoire municipale. Contentons-nous de signaler les pièces que M. Giry a publiées dans l'appendice de son Histoire de Saint-Omer, celles qui sont insérées dans les registres municipaux manuscrits de Douai[1] et d'une foule d'autres villes.

3° LES TRAITÉS DE COMMERCE ET DE NAVIGATION. Il en

---

1. Nous en avons tiré un assez grand nombre pour notre recueil.

existe plusieurs recueils parmi lesquels nous citerons seulement celui de M. L. de Mas Latrie : *Traités de paix et de commerce concernant les chrétiens et les Arabes de l'Afrique septentrionale au moyen âge et supplément*. Paris, 1866-72. 2 vol. in-4.

4° LES TARIFS DE PÉAGES ET DE TONLIEUX qui sont restés épars un peu partout. Ceux de certaines régions ont fait le sujet de travaux, dont les uns ont été publiés, comme celui de M. Guilmoto [1], dont les autres, comme celui de M. Reynaud, sont restés inédits, mais les textes eux-mêmes n'ont pas été réunis dans des publications, même restreintes à certaines circonscriptions.

5° LES LOIS MARITIMES, dont on trouvera la collection dans l'ample publication de Pardessus : *Collection des lois maritimes antérieures au XVIII° siècle*. Paris, 1828-45. 6 vol. in-4.

En dehors de ces documents officiels, l'histoire de l'industrie et du commerce a beaucoup à puiser dans :

1° LES TRAITÉS SUR LE COMMERCE, LES MANUELS TECHNIQUES ET LES RECUEILS DE RECETTES. Parmi les premiers, les plus connus sont ceux de Balducci Pegolotti et de G. da Uzano qui ont été publiés par Pagnini, *La Decima della mercatura*, 4 t., Lisbona et Lucca, 1765-66, mais qui appartiennent au XIV° et au XV° siècles. Aucun manuel n'a été plus étudié et ne méritait mieux de l'être que la *Schedula diversarum artium* du moine allemand Théophile, dont l'on s'accorde aujourd'hui à faire descendre la composition jusqu'au XII° siècle. Il y en a de nombreuses éditions, parmi lesquelles nous

---

1. *Étude sur les droits de navigation de la Seine, de Paris à La Roche-Guyon du XI° au XVIII° siècle*, 1889, Paris, Picard, in-8.

signalerons : l'une en France publiée par le comte de Lescalopier et M. Guichard avec une traduction (1843, in-4,) l'autre en Angleterre, due à M. Hendrie (Londres, 1847, in-8) et accompagnée d'une traduction anglaise, une troisième en Allemagne, dont l'éditeur est M. Ilg (Vienne, 1874) qui y a joint une version allemande. Il faut citer aussi le carnet de notes et de croquis d'un architecte du xiiie siècle, Villard de Honnecourt, signalé et étudié par J. Quicherat en 1849[1] et publié depuis intégralement par Lassus et Darcel en 1858, in-4.

2° Les relations de voyage, telles que celle de Benjamin de Tudèle écrite au xiie siècle[2].

A cette classification des sources originales d'un sujet qui a besoin de s'éclairer à la fois des lumières du droit, de l'économie sociale et de la technologie nous ajouterons la liste des premières publications dont ceux qui entreprendront de l'étudier devront s'entourer :

Savary des Bruslons, *Dictionnaire universel de commerce*. Copenhague, 1759-63. 5 tomes in-fol.

Beckmann, *Beitræge zur Gesch. d. Erfindungen*, 5 vol. 1786-1805.

Anderson, *An historical and chronological deduction of the origin of commerce from the earliest accounts*

---

1. *Notice sur l'Album de Villard de Honnecourt*. 2° édit. avec add. et corrections de l'auteur, dans *Mélanges d'archéologie et d'histoire, Archéologie du moyen âge*, 1886, in-8, pp. 238-298.
2. La meilleure éd. avec trad. anglaise, éclaircissements histor. et géog., est la suivante : *The itinerary of R. Benj. of Tudela*, by A. Asher. Londres et Berlin, 1840-41, 2 vol. in-8. Comme trad. française, outre celles qui ont été publiées dans les collections de voyage, on ne peut guère citer que celle de Baratier, *Voyage de Rabbi Benjamin, fils de Jonas de Tudèle*. Amsterdam, 1734. 2 vol. in-8.

to the present time, containing an history of the great commercial interests of the British empire. Édit. revue et continuée. Londres, 1787-89. 4 vol.

Jal, *Glossaire nautique*. Paris, 1848. Gr. in-8.

Ouin La Croix, *Histoire des anciennes corporations d'arts et métiers et des confréries religieuses de la capitale de la Normandie*. Rouen, 1850. In-8.

Scherer, *Allgemeine Geschichte des Welthandels*. 1852. 2 vol. in-8.

F. Michel, *Recherches sur le commerce, la fabrication et l'usage des étoffes de soie pendant le moyen âge*. Paris, 1852-54. 2 vol. in-8.

E. Port, *Essai sur l'histoire du commerce maritime de Narbonne*. Paris, 1852. In-8.

Fréville, *Mémoire sur le commerce maritime de Rouen*, 1857. 2 vol. in-8.

Levasseur, *Histoire des classes ouvrières en France depuis la conquête de Jules César jusqu'à la Révolution française*. Paris, 1859. 2 vol. in-8.

Germain, *Histoire du commerce de Montpellier*. Montpellier, 1861. 2 vol. in-8.

Beer (Adf.), *Allgemeine Geschichte des Welthandels* (jusqu'au XIXe siècle inclus), Vienne. 1860-64. 5 vol. in-8.

F. Bourquelot, *Études sur les foires de Champagne*, dans *Mémoires présentés à l'Académie des Inscriptions*. 2e série, Antiq. nationales, t. V. 1865.

Labarte, *Histoire des arts industriels au moyen âge et à l'époque de la Renaissance*, 2e éd. Paris, 1872. 3 vol. in-4.

Lindsay, *History of ancient commerce and merchant shipping*. Londres, 1874-76. 4 vol. in-8.

G. Fagniez, *Études sur l'industrie et la classe industrielle à Paris au XIII° et au XIV° siècles*. 1 vol. in-8. 1877. (Fasc. 33 de la *Bibl. de l'École des Hautes-Études*.)

Vaesen, *La juridiction commerciale à Lyon sous l'ancien régime*. Lyon, 1879. In-8.

Schmoller, *Die Strassburger Tucher- und Weberzunft*. Strasbourg, 1879. In-4.

W. Heyd, *Geschichte des Levanthandels im Mittelalter*. 1879. 2 vol. in-8. Trad. française par Furcy Reynaud. Leipzig, 1886. 2 vol. in-8.

Pagart d'Hermansart, *Les anciennes communautés d'arts et métiers à Saint-Omer*, t. XVI et XVII des *Mém. de la Soc. des antiquaires de la Morinie*. Saint-Omer, 1879-80. 2 vol. in-8.

Roscher, *National Œkonomik des Handels und Gewerbefleisses*. Leipzig, 1881. In-8.

Pigeonneau, *Histoire du commerce de la France*. Paris, 1885-89. 2 vol. in-8.

Alf. Doren, *Untersuchungen zur Geschichte der Kaufmannsgilden des Mittelalters*, forme le t. XII des *Staats- und Socialwissenschaftliche Forschungen* de G. Schmoller. Leipzig, 1890. In-8.

C. Piton, *Les Lombards en France et à Paris*. Paris, 1891-92. 2 vol. in-8.

Goldschmidt, *Universalgeschichte des Handelsrechts*, in-8. Stuttgart, 1891. Première livraison de la 1re partie du 1er vol. du *Handbuch des Handelsrechts*, 3e édit. entièrement refondue. Parmi les divers mérites de cet ouvrage, nous signalerons celui d'offrir le répertoire bibliographique le plus complet sur l'histoire du commerce.

O. Noel, *Histoire du commerce du monde depuis les temps les plus reculés. Temps anciens et moyen âge*, Paris, 1891. In-4.

A. Bourgeois, *Les métiers de Blois*. Extrait du XIII⁰ vol., des *Mémoires de la Société des sciences et lettres de Loir-et-Cher*. Blois, 1892. 2 vol. in-8.

Malvezin, *Histoire du commerce de Bordeaux*. Bordeaux, 1893. 3 vol. in-8.

J. Finot, *Étude historique sur les relations commerciales entre la France et la Flandre au moyen âge*. Paris, 1894. In-8.

Dr E. Mayer, *Zoll, Kaufmannschaft und Markt zwischen Rhein und Loire bis an das 13. Jahrh.* dans *Festschr. f. Konrad v. Maurer*. Göttingen, 1894. In-8, p. 377-488.

E. Molinier, *Histoire générale des arts appliqués à l'industrie du V⁰ à la fin du XVIII⁰ siècle*. Paris, 1895 et suiv. In-fol., en cours de publication.

ERRATA ET ADDENDA

Nos 1 p. 2. Ajouter à la fin : ἐντεῦθεν δ'ὁ Λείγηρ εὐρυῶς ἐκδέχεται...

» 20 » 12. *Mood*, corriger : *modo*.

» 55 » 20. *Patrones*, corriger : *patronos*.

» » » » *Visibus*, corriger : *nisibus*.

» 94 » 54. *Adplovare*, corriger : *Adplonare*.

» 98 » 56. *Jura thelonei Atrebatensis que...*, corriger : *quod*.

» » » 57. *pontem de Bies*, corriger : *del Bies*.

» » » » *Ognies*. M. Guesnon à qui sont empruntées ces rectifications (*Un cartulaire de l'abbaye de Saint-Vaast d'Arras; codex du XIIe siècle. Extrait du Bulletin historique et philologique*, 1896) corrige *Doyvel (Duaculum)*.

» » » » *Ultra le Transleet*, corriger : *le Transleele*.

» » » » *Petrosam*, corriger : *perosam*.

» » » » *Escaminels*, corriger : *Escamels*.

» » » » *Pro temone*, corriger : *quintum pro thimone*.

» » » 58. *Debent unoquoque sabbato vel venalis sui obolatum*, corriger ... *sablato, O vel venalis*...

» » » » Après : *debemus comiti duos modios salis per annum*, ajouter : *Triginta mencoldos de manu nostra accepit et pro duobus mencoldis habet redditum ollarum*.

» 98 » 58. Dans cette phrase *Tria sunt que si quis*..., placer la virgule après *que*.

» » » 59. *Pro tonagio*, corriger : *tronagio*.

» 108 » 74. *s.*, lisez : *Sancti*.

» 123 » 96. Après *advehitur*, mettre une virgule.

Nos 141	» 117.	Ce texte ne se trouve pas dans les *Libertés communales*, mais dans le recueil de textes qui sert de preuves à cet ouvrage et qui est intitulé : *De l'origine et des premiers développements des libertés communales en Belgique, dans le nord de la France*, etc.
» »	» 118.	*Cotallis*, corriger : *Catallis*.
» 153	» 141.	Ajouter à la désignation de la pièce : *copie moderne*.
» 162	» 154.	Après *doli* mettre une virgule.
» 165	» 160.	*Adcollegium*, séparer ces deux mots.
» 169	» 163.	Le n° 169 aurait dû, d'après l'ordre chronologique, prendre la place du n° 168.
» 181	» 180.	*Ac in curia*, corriger : *ac si in curia*.
» »	» 186.	*ut dictum est si*, rétablir, comme dans l'édition : *nisi* au lieu de *si*.
» »	» 190.	*Si qui*, corriger : *Si quis*.
» 187	» 200.	*Promittimus et ordinamus*, corriger : *Pronuntiamus et ordinamus*.
» 219	» 248.	*Il lisemble*, séparer ces deux derniers mots.
» 222	» 252.	*Nor*, corriger : *Nos*.
» »	» »	*Ouroins*, corriger : *Ourlons*.
» »	» 254.	*On a eskevins*, corriger : *ou a...*
» 223	» 259.	Supprimer le point après *dicebant*, qui doit être suivi d'une virgule, et mettre un point après : *sicut bolengarii dicebant*. Mettre un i majuscule a *ipse*.
» 264	» 310.	Remplacer *permette et permette* qui sont dans Depping par *promettre et promette*.
» 268	» 314.	*Popriis*, corriger : *Propriis*.

DOCUMENTS

RELATIFS A

L'HISTOIRE DE L'INDUSTRIE ET DU COMMERCE

EN FRANCE

DEPUIS LE Ier SIÈCLE AVANT J.-C. JUSQU'A LA FIN DU XIIIe SIÈCLE.

---

1. 1er siècle av. J.-C.

Hydrographie de la Gaule. Le Rhône. Fécondité du pays et de la population. Transit fluvial.

Strabon, lib. IV, cap. 1[1].

Ἅπασα μὲν οὖν ἐστιν αὕτη ποταμοῖς κατάρρυτος ἡ χώρα, τοῖς μὲν ἐκ τῶν Ἄλπεων καταφερομένοις, τοῖς δ' ἐκ τοῦ Κεμμένου καὶ τῆς Πυρήνης· καὶ τοῖς μὲν εἰς τὸν ὠκεανὸν ἐκβάλλουσι, τοῖς δὲ εἰς τὴν ἡμετέραν θάλατταν. Δι' ὧν δὲ φέρονται χωρίων, πεδία ἐστὶ τὰ πλεῖστα καὶ γεωλοφίαι, διάρρους ἔχευσι πλωτούς· οὕτως δ' εὐφυῶς ἴσχει τὰ ῥεῖθρα πρὸς ἄλληλα, ὥστ' ἐξ ἑκατέρας τῆς θαλάττης εἰς τὴν ἑτέραν κατακομίζεσθαι, πορευομένων τῶν φορτίων ἐπ' ὀλίγον καὶ διὰ πεδίων εὐμαρῶς· τὸ δὲ πλέον τοῖς ποταμοῖς, τοῖς μὲν ἀναγομένων, τοῖς δὲ καταγομένων. Ἔχει δέ τι πλεονέκτημα πρὸς τοῦτο ὁ Ῥοδανός· καὶ γὰρ πολλαχόθεν ἐστὶ σύρρους, ὥσπερ εἴρηται, καὶ συνάπτει πρὸς τὴν ἡμετέραν θάλατταν κρείττω τῆς ἐκτὸς οὖσαν, καὶ διὰ χώρας διέξεισι τῆς εὐδαιμονεστάτης

---

1. Pour les auteurs de l'antiquité classique publiés dans la collection Teubner, nous avons suivi les textes donnés par cette collection.

τῶν ταύτῃ. Τοὺς γὰρ αὐτοὺς ἐκφέρει καρποὺς ἡ Ναρβωνῖτις ἅπασα, οὕσπερ ἡ Ἰταλία. Προιόντι δ᾽ ἐπὶ τὰς ἄρκτους καὶ τὸ Κέμμενον ὄρος ἡ μὲν ἐλαιόφυτος καὶ συκοφόρος ἐκλείπει, τἆλλα δὲ φύεται. Καὶ ἡ ἄμπελος δὲ προιοῦσιν οὐ ῥᾳδίως τελεσφορεῖ. Ἡ δ᾽ ἄλλη πᾶσα σῖτον φέρει πολὺν καὶ κέγχρον καὶ βάλανον καὶ βοσκήματα παντοῖα· ἀργὸν δ᾽ αὐτῆς οὐδέν, πλὴν εἴ τι ἕλεσι κεκώλυται καὶ δρυμοῖς. Καίτοι καὶ τοῦτο συνοικεῖται πολυανθρωπίᾳ μᾶλλον ἢ ἐπιμελείᾳ· καὶ γὰρ τοκάδες αἱ γυναῖκες καὶ τρέφειν ἀγαθαί, οἱ δ᾽ ἄνδρες μαχηταὶ μᾶλλον ἢ γεωργοί· νῦν δ᾽ ἀναγκάζονται γεωργεῖν, καταθέμενοι τὰ ὅπλα.

. . . .

Ἄξιον δ᾽ ἀντὶ πάντων ἐπισημήνασθαι πάλιν, ὅπερ εἴπομεν πρότερον, τὴν ὁμολογίαν τῆς χώρας πρός τε τοὺς ποταμοὺς καὶ τὴν θάλατταν τὴν τ᾽ ἐκτὸς ὁμοίως καὶ τὴν ἐντός· εὕροι γὰρ ἄν τις ἐπιστήσας οὐκ ἐλάχιστον μέρος τοῦθ᾽ ὑπάρχον τῆς τῶν τόπων ἀρετῆς, λέγω δὲ τὸ τὰς χρείας ἐπιπλέκεσθαι τὰς τοῦ βίου μετὰ ῥᾳστώνης ἅπασι πρὸς ἅπαντας καὶ τὰς ὠφελείας ἀνεῖσθαι κοινάς, μάλιστα δὲ νῦν, ἡνίκα ἄγοντες σχολὴν ἀπὸ τῶν ὅπλων ἐργάζονται τὴν χώραν ἐπιμελῶς, καὶ τοὺς βίους κατασκευάζονται πολιτικούς· ὥστε ἐπὶ τῶν τοιούτων κἂν τὸ τῆς προνοίας ἔργον ἐπιμαρτυρεῖσθαι τις ἂν δόξειεν, οὐχ ὅπως ἔτυχεν, ἀλλ᾽ ὡς ἂν μετὰ λογισμοῦ τινος διακειμένων τῶν τόπων. Ὁ μέν γε Ῥοδανὸς πολύν τε ἔχει τὸν ἀνάπλουν καὶ μεγάλοις φορτίοις καὶ ἐπὶ πολλὰ μέρη τῆς χώρας διὰ τὸ τοὺς ἐμπίπτοντας εἰς αὐτὸν ποταμοὺς ὑπάρχειν πλωτοὺς καὶ διαδέχεσθαι τὸν φόρτον πλεῖστον. Ὁ δ᾽ Ἄραρ ἐκδέχεται καὶ ὁ Δοῦβις ὁ εἰς τοῦτον ἐμβάλλων, εἶτα πεζεύεται μέχρι τοῦ Σηκοάνα ποταμοῦ, κἀντεῦθεν ἤδη καταφέρεται εἰς τὸν ὠκεανὸν καὶ τοὺς Ληξοβίους καὶ Καλέτους, ἐκ δὲ τούτων εἰς τὴν Βρεττανικὴν ἐλάττων ἢ ἡμερήσιος δρόμος ἐστίν· ἐπεὶ δ᾽ ἐστὶν ὀξὺς καὶ δυσανάπλους ὁ Ῥοδανός, τινὰ τῶν ἐντεῦθεν φορτίων πεζεύεται μᾶλλον ταῖς ἁρμαμάξαις, ὅσα εἰς Ἀρουέρνους κομίζεται καὶ τὸν Λίγηρα ποταμόν, καίπερ τοῦ Ῥοδανοῦ καὶ τούτοις πλησιάζοντος ἐκ μέρους· ἀλλ᾽ ἡ ὁδὸς πεδιὰς οὖσα καὶ οὐ πολλή, περὶ ὀκτακοσίους σταδίους, ἐπάγεται μὴ χρήσασθαι τῷ ἀνάπλῳ διὰ τὸ πεζεύεσθαι ῥᾷον . . . . .

2.   1ᵉʳ siècle av. J.-C.

Relations commerciales entre la Gaule et la Bretagne insulaire.

Strabon, IV, ɪɪ, v.

[Πυθέας ἐμυθολόγει] ὅτι Μασσαλιωτῶν μὲν τῶν συμμιξάντων Σκιπίωνι οὐδεὶς εἶχε λέγειν οὐδὲν μνήμης ἄξιον ἐρωτηθεὶς ὑπὸ τοῦ Σκιπίωνος περὶ τῆς Βρεττανικῆς, οὐδὲ τῶν ἐκ Νάρβωνος οὐδὲ τῶν ἐκ Κορβιλῶνος, αἵπερ ἦσαν ἄρισται πόλεις τῶν ταύτῃ, Πυθέας δ' ἐθάρρησε τοσαῦτα ψεύσασθαι.

. . . .

[Οἱ Βρεττανοὶ] τέλη οὔπως ὑπομένουσι βαρέα τῶν τε εἰσαγομένων εἰς τὴν Κελτικὴν ἐκεῖθεν καὶ τῶν ἐξαγομένων ἐνθένδε (ταῦτα δ' ἐστὶν ἐλεφάντινα ψάλια καὶ περιαυχένια καὶ λυγγούρια καὶ ὑαλᾶ σκεύη, καὶ ἄλλος ῥῶπος τοιοῦτος).

César, *De bello Gallico*, IV, xx.

[Loca, portus, aditus Britanniæ] fere Gallis erant incognita. Neque enim temere præter mercatores illo adit quispiam neque iis ipsis quicquam, præter oram maritimam atque eas regiones, quæ sunt contra Gallias, notum est.

3.   1ᵉʳ siècle av. J.-C.

Les Vénètes jaloux de se réserver le monopole du commerce avec la Bretagne insulaire.

César, *De bello Gallico*, III, vɪɪɪ.

Et naves habent Veneti plurimas, quibus in Britanniam navigare consueverunt, et scientia atque usu nauticarum rerum reliquos antecedunt, et in magno impetu maris atque aperto, paucis portibus interjectis, quos tenent ipsi, omnes fere, qui eo mari uti consuerunt, habent vectigales.

César, *De bello Gallico*, IV, xx.

Vocatis ad se undique mercatoribus, [Cæsar] neque quanta esset insulæ [Britanniæ] magnitudo, neque quæ aut quantæ nationes incolerent, neque quem usum belli haberent aut quibus institutis uterentur, neque qui essent ad majorum navium multitudinem idonei portus, reperire poterat.

Strabon, IV, iv.

Ἕτοιμοι ἦσαν [Οὐένετοι] κωλύειν τὸν [τοῦ Καίσαρος] εἰς τὴν Βρεττανικὴν πλοῦν, χρώμενοι τῷ ἐμπορίῳ.

---

4. **1ᵉʳ siècle av. J.-C.**

Lieu de production et transit de l'étain.

Diodore, V, xxii; cf. V, xxxviii.

[Οἱ Βρεττανοὶ] κομίζουσιν [κασσίτερον] εἴς τινα νῆσον προκειμένην μὲν τῆς Βρεττανικῆς, ὀνομαζομένην δὲ Ἴκτιν..... Ἐντεῦθεν δ' οἱ ἔμποροι παρὰ τῶν ἐγχωρίων ὠνοῦνται καὶ διακομίζουσιν εἰς τὴν Γαλατίαν· τὸ δὲ τελευταῖον πεζῇ διὰ τῆς Γαλατίας πορευθέντες ἡμέρας ὡς τριάκοντα κατάγουσιν ἐπὶ τῶν ἵππων τὰ φορτία πρὸς τὴν ἐκβολὴν τοῦ Ῥοδανοῦ ποταμοῦ.

Strabon, III, ccix.

[Τὸν κασσίτερόν φησι Ποσειδώνιος] ἐκ τῶν Βρεττανικῶν εἰς τὴν Μασσαλίαν κομίζεσθαι.

---

5. **1ᵉʳ siècle av. J.-C.**

César essaye d'ouvrir au commerce italo-gaulois la vallée du haut Rhône.

César, De bello Gallico, III, 1.

Cum in Italiam proficisceretur Cæsar, Servium Galbam cum legione duodecima et parte equitatus in Nantuatis, Veragros Sedunosque misit, qui ab finibus Allobrogum et lacu Lemanno et flumine Rhodano ad summas Alpes pertinent. Causa mittendi fuit, quod iter per Alpes, quo magno cum periculo magnisque cum portoriis mercatores ire consuerant, patefieri volebat.

---

6.   Ier siècle av. J.-C.

Produits échangés par les Ligures contre l'huile et le vin italiens.

Strabon, IV, vi.

[Οἱ Λίγυες] ἔχουσιν ὕλην ἐνταῦθα παμπόλλην ναυπηγήσιμον καὶ μεγαλόδενδρον, ὥστ' ἐνίων τοῦ πάχους τὴν διάμετρον ὀκτὼ ποδῶν εὑρίσκεσθαι· πολλὰ δὲ καὶ τῇ ποικιλίᾳ τῶν θυΐνων οὐκ ἔστι χείρω πρὸς τὰς τραπεζοποιίας. Ταῦτά τε δὴ κατάγουσιν εἰς τὸ ἐμπόριον τὴν Γένουαν καὶ θρέμματα καὶ δέρματα καὶ μέλι, ἀντιφορτίζονται δὲ ἔλαιον καὶ οἶνον τὸν ἐκ τῆς Ἰταλίας· ὁ δὲ παρ' αὐτοῖς ὀλίγος ἐστί, πιττίτης, αὐστηρός. Ἐντεῦθεν δέ εἰσιν οἱ γίννοι λεγόμενοι ἵπποι τε καὶ ἡμίονοι, καὶ οἱ Λιγυστῖνοί τε χιτῶνες καὶ σάγοι· πλεονάζει δὲ καὶ τὸ λιγγούριον παρ' αὐτοῖς, ὅ τινες ἤλεκτρον προσαγορεύουσι.

Cicéron, *Pro Fonteio*, 5.

Referta Gallia[1] negociatorum est, plena civium Romanorum. Nemo Gallorum sine cive Romano quidquam negocii gerit : numus in Gallia nullus sine civium Romanorum tabulis commovetur.

---

7.   Ier siècle av. J.-C.

Importation des salaisons gauloises en Italie.

Varron, *De re rustica*, II, iv, 10; dans *SS. rei rusticæ latini* de Schneider, I.

Succidias Galli optimas et maximas facere consueverunt. Optimarum signum, quod etiam nunc quotannis e Gallia apportantur Romam pernæ Comacinæ et Cavaræ et petasiones.

---

1. *Gallia* désigne ici la Narbonnaise.

Strabon, IV, III.

'Ρει δ' [ὁ Σηκοάνας] εἰς τὸν ὠκεανὸν παράλληλος τῷ Ῥήνῳ διὰ ἔθνους ὁμωνύμου, συνάπτοντος τῷ Ῥήνῳ τὰ πρὸς ἕω, τὰ δ' εἰς τἀναντία τῷ Ἄραρι, ὅθεν αἱ κάλλισται ταριχεῖαι τῶν ὑείων κρεῶν εἰς τὴν Ῥώμην κατακομίζονται.

---

8.   1ᵉʳ siècle av. J.-C.

Commerce du vin entre la Gaule et l'Italie[1].

Posidonius, *Histoires*, liv. XXIII, cité par Athénée, IV, 36.

Τὸ δὲ πινόμενόν ἐστι παρὰ μὲν τοῖς πλουσίοις [Κελτοῖς] οἶνος ἐξ Ἰταλίας καὶ τῆς Μασσαλιητῶν χώρας παρακομιζόμενος .....

1ᵉʳ siècle av. J.-C.

Diodore, V, XXVI.

Πολλοὶ τῶν Ἰταλικῶν ἐμπόρων διὰ τὴν συνήθη φιλαργυρίαν ἕρμαιον ἡγοῦνται τὴν τῶν Γαλατῶν φιλοινίαν. Οὗτοι γὰρ διὰ μὲν τῶν πλωτῶν ποταμῶν πλοίοις, διὰ δὲ τῆς πεδιάδος χώρας ἁμάξαις κομίζοντες τὸν οἶνον, ἀντιλαμβάνουσι τιμῆς πλῆθος ἄπιστον· διδόντες γὰρ οἴνου κεράμιον ἀντιλαμβάνουσι παῖδα, τοῦ πόματος διάκονον ἀμειβόμενοι.

---

9.   1ᵉʳ siècle av. J.-C.

Relations commerciales de la Gaule avec la Germanie, notamment avec les Suèves.

César, *De bello Gallico*, IV, II.

Mercatoribus est ad [Suevos] aditus magis eo, ut, quæ bello ceperint, quibus vendant, habeant, quam quo ullam rem ad se importari desiderent.

---

1. Cf. n° 13.

10. — 1er siècle av. J.-C.

Mines des Cévennes et des Pyrénées. Concurrence des mines transalpines et ibériques.

Strabon, V, 1.

Τὰ δὲ μέταλλα νυνὶ μὲν οὐχ ὁμοίως ἐνταῦθα[1] σπουδάζεται διὰ τὸ λυσιτελέστερα ἴσως εἶναι τὰ ἐν τοῖς ὑπεραλπείοις Κελτοῖς καὶ τῇ Ἰβηρίᾳ.

Strabon, III, 11.

Ἀξιοῦσι δὲ Γαλάται [κράτιστα] παρ' ἑαυτοῖς εἶναι τὰ μέταλλα τά τε ἐν τῷ Κεμμένῳ ὄρει καὶ τὰ ὑπ' αὐτῇ κείμενα τῇ Πυρήνῃ, τὸ μέντοι πλέον τἀντεῦθεν[2] εὐδοκιμεῖ.

---

11. — 1er siècle av. J.-C.

Prospérité commerciale de Narbonne et d'Arles.

Diodore, V, xxxviii.

Ναρβὼν ἐστὶν ἄποικος μὲν Ῥωμαίων, διὰ δὲ τὴν εὐκαιρίαν [καὶ τὴν εὐπορίαν] μέγιστον ἐμπόριον ἔχουσα τῶν ἐν ἐκείνοις τοῖς τόποις.

Strabon, IV, 1.

Ἡ μὲν οὖν Ναρβὼν ὑπέρκειται τῶν τοῦ Ἀτακος ἐκβολῶν καὶ τῆς λίμνης τῆς Ναρβωνίτιδος, μέγιστον ἐμπόριον τῶν ταύτῃ, πρὸς δὲ τῷ Ῥοδανῷ πόλις ἐστὶ καὶ ἐμπόριον οὐ μικρὸν Ἀρελᾶτε.

....

Τῶν Ἀρηκομίσκων ἐπίνειον ἡ Ναρβὼν λέγεται, δικαιότερον δ' ἂν καὶ τῆς ἄλλης Κελτικῆς λέγοιτο· τοσοῦτον ὑπερβέβληται τῷ πλήθει τῶν χρωμένων τῷ ἐμπορίῳ.

---

1. Dans la Gaule cispadane.
2. Les mines d'Ibérie.

12. 1ᵉʳ siècle av. J.-C.

Lyon tête de lignes commerciales.

Strabon, IV, vi.

Τὸ Λούγδουνον ἐν μέσῳ τῆς χώρας ἐστὶν ὥσπερ ἀκρόπολις, διά τε τὰς συμβολὰς τῶν ποταμῶν καὶ διὰ τὸ ἐγγὺς εἶναι πᾶσι τοῖς μέρεσι. Διόπερ καὶ Ἀγρίππας ἐντεῦθεν τὰς ὁδοὺς ἔτεμε, τὴν διὰ τῶν Κεμμένων ὀρῶν μέχρι Σαντόνων καὶ τῆς Ἀκυιτανίας, καὶ τὴν ἐπὶ τὸν Ῥῆνον, καὶ τρίτην τὴν ἐπὶ τὸν ὠκεανὸν, τὴν πρὸς Βελλοάκοις καὶ Ἀμβιανοῖς, τετάρτη δ' ἐστὶν ἐπὶ τὴν Ναρβωνῖτιν καὶ τὴν Μασσαλιωτικὴν παραλίαν. Ἔστι δὲ καὶ ἐν ἀριστερᾷ ἀφεῖσι τὸ Λούγδουνον καὶ τὴν ὑπερκειμένην χώραν ἐν αὐτῷ τῷ Πενίνῳ πάλιν ἐκτροπὴ διαβάντι τὸν Ῥοδανὸν ἢ τὴν λίμνην τὴν Λημένναν εἰς τὰ Ἐλουηττίων πεδία, κἀντεῦθεν εἰς Σηκοανοὺς ὑπέρθεσις διὰ τοῦ Ἰόρα ὄρους καὶ εἰς Λίγγονας· διά τε τούτων ἐπ' ἄμφω καὶ ἐπὶ τὸν Ῥῆνον καὶ ἐπὶ τὸν ὠκεανὸν δίοδοι σχίζονται.

---

13. 1ᵉʳ siècle ap. J.-C.

Boulangerie gauloise et commerce des céréales entre Rome et la Gaule.

Pline, XVIII, 62, 66.

Galliæ quoque suum genus farris dedere, quod illic bracem vocant, apud nos sandalam, nitidissimi grani. Est et alia differentia, quod fere quaternis libris plus reddit panis quam far aliud. Populum Romanum farre tantum e frumento CCC annis usum Verrius tradit.

. . . .

Nunc ex his generibus [frumenti], quæ Romam invehuntur, levissimum est Gallicum[1], atque Chersoneso advectum : quippe non excedunt modii vicenas libras, si quis granum ipsum ponderet.

---

1. Cf. XVIII, 68.

14. 1ᵉʳ siècle.

Froment gaulois.

Pline, XVIII, 85, 88.

Siliginem proprie dixerim tritici delicias candore sive virtute, sive pondere. Conveniens umidis tractibus, quales Italiæ sunt et Galliæ comatæ, sed trans Alpes in Allobrogum tantum Remorumque agro pertinax, in cæteris ibi partibus biennio in triticum transit..... E siligine lautissimus panis pistrinarumque opera laudatissima..... Siliginew farinæ modius Gallicæ XX libras panis reddit, Italicæ duobus tribusve amplius in artopticio pane. Nam furnaceis binas adjiciunt libras in quocumque genere.

---

15. 1ᵉʳ siècle.

Vin transporté de Gaule en Italie[1].

Columelle, I, 20; dans *SS. rei rusticæ latini* de Schneider, III.

Vindemias condimus ex insulis Cycladibus ac regionibus Bæticis Gallicisque.

---

16. 1ᵉʳ siècle.

Mélange de la poix avec le vin.

Columelle, XII, xxiii.

Pix corticata appelletur, qua utuntur ad condituras Allobroges. Ea sic conficitur, ut dura sit, et quanto facta est vetustior, eo melior in usu est. Nam omni lentore misso, facilius in pulverem resolvitur atque cribratur. Hanc ergo conteri ut cribrari oportet : deinde cum bis mustum defer-

---

1. Cf. n° 8.

buerit, quod plerumque est intra quartum diem, quam de lacu sublatum est, diligenter manibus expurgatur, et tunc demum prædictæ picis sextans et semuncia in sextarios quinque et quinquaginta adjicitur, et rutabulo ligneo permiscetur, nec postea tangitur, dum confervescat : quod tamen non amplius diebus quatuordecim a conditura patiendum est. Nam oportebit post hunc numerum dierum confestim vinum emundare, et, si quid fecis aut labris vasorum aut lateribus inhæsit, eradi ac suffricari et protinus operculis impositis oblini. At si ex eadem pice totam vindemiam condire volueris, ita ne gustus picati vini possit intelligi, sat erit ejusdem picis sex scripula in sextarios quinque et quadraginta tum demum miscere, cum mustum deferbuerit, et feces expurgatæ fuerint. Oportebit autem salis decocti contritique semunciam in eumdem modum musti adjicere. Nec solum huic notæ vini sal adhibendus est, verum, si fieri possit, in omnibus regionibus omne genus vindemiæ hoc ipso pondere saliendum est : nam ea res mucorem vino inesse non patitur.

Plutarque, Symposion, V, 3.

Ἐκ δὲ τῆς περὶ Βίενναν Γαλατίας ὁ πισσίτης οἶνος καταπεμπίζεται, διαφερόντως τιμώμενος ὑπὸ Ῥωμαίων.

---

17.   Ier siècle.

Falsification du vin de la Narbonnaise.

Pline, XIV, 68.

De reliquis [vinis] in Narbonensi genitis asseverare non est : quoniam officinam ejus rei fecere tinguentes fumo, utinamque non et herbis, ac medicaminibus noxiis! Quippe etiam aloe mercator saporem coloremque adulterat.

18. 1ᵉʳ siècle.

Commerce de la Gaule romaine.

Josèphe, *Guerre des Juifs*, II, 372.

[Οἱ Γαλάται] τὰς πηγάς, ὡς ἄν τις εἴποι, τῆς εὐδαιμονίας ἐπιχωρίους ἔχοντες καὶ τοῖς ἀγαθοῖς σχεδὸν ὅλην ἐπικλύζοντες τὴν οἰκουμένην, ἀνέχονται Ῥωμαίων πρόσοδος ὄντες καὶ ταμιευόμενοι παρ' αὐτῶν τὴν οἰκείαν εὐδαιμονίαν.

---

19. 1ᵉʳ siècle.

Teinture. Les Transalpins tirent des plantes, et non des coquillages, les substances colorantes ; les teintures ainsi obtenues ne résistent pas à l'usage.

Pline, XXII, 3-4.

Transalpina Gallia herbis Tyrium atque conchylium tingit, et omnes alios colores. Nec quærit in profundis murices, seque objiciendo escam, dum præripit, belluis marinis intacta etiam ancoris scrutatur vada. Stans et in sicco carpit, quo fruges modo : sed culpant ablui usu : alioqui fulgentius instrui poterat luxuria, certe innocentius.

---

20. 1ᵉʳ siècle.

Étamage. Son emploi. La ville d'Alise et les Bituriges s'y distinguent[1].

Pline, XXXIV, 162-163.

Album (plumbum) incoquitur æreis operibus, Galliorum invento, ita ut vix discerni possit ab argento, eaque incoctilia

---

1. Cf. Bapst, *L'Étain*, p. 51 et suiv. ; Desjardins, *Géographie de la Gaule romaine*, I, 423.

appellant. Deinde et argentum incoquere simili mood cœpere equorum maxume ornamentis, jumentorumque ac jugorum, Alesia oppido, reliqua gloria Biturigum fuit. Cœpere deinde et esseda sua colisataque ac petorrita exornare simili modo...

---

21.   1ᵉʳ siècle.

Fabrication du verre.

Pline, XXXVI, 194.

Jam vero et in Vulturno amne Italiæ, arena alba nascens, sex m. pass. littore, inter Cumas atque Liternum, qua mollissima est, pila molaque teritur. Dein miscetur tribus partibus nitri pondere vel mensura, ac liquata in alias fornaces transfunditur. Ibi fit massa, quæ vocatur hammonitrum; atque hæc recoquitur, et fit vitrum purum, ac massa vitri candidi. Jam vero et per Gallias Hispaniasque simili modo arena temperatur.

---

22.   1ᵉʳ siècle.

Fabrication du savon. Son emploi pour teindre les cheveux.

Pline, XXVIII, 191.

Prodest et sapo, Gallorum hoc inventum rutilis capillis. Fit ex sebo et cinere, optumus fagino et carpineo, duobus modis, spissus ac liquidus, uterque apud Germanos majore in usu viris quam feminis.

---

23.   1ᵉʳ siècle.

Fabrication du sel.

Pline, XXXI, 82.

Facticii (salis) varia genera. Galliæ Germaniæque ardentibus lignis aquam salsam infundunt.

24.   14 à 37 ap. J.-C.

Les nautes parisiens.

Mowat, *Bulletin épigraph. de la Gaule*, I, 49¹.

Tib[erio] Cæsare || Aug[usto], Jovi optum[o] || Maxsumo [Su]m[mo?] || Nautae Parisiaci || Publice posierun[t].

---

25.   120 ap. J.-C., avant le 11 août².

Nautes du Rhône. Statue élevée par eux à Hadrien, à Saint-Jean-de-Muzols (Ardèche).

Allmer, *Inscriptions antiques de Vienne*, 1ʳᵉ partie, t. I, p. 54.

Imperatori Cæsari, divi || Trajani Parthici || filio, divi Nervæ || nepoti, Trajano || Hadriano Augusto || pontifici maximo, tribunicia || potestate III, consuli III || nautæ Rhodanici || indulgentissimo || principi.

---

26.   IIᵉ siècle (?)³.

Nautes de la Moselle.

Robert et Cagnat, *Épigraphie gallo-rom. de la Moselle*, 2ᵉ part.,
p. 115, art. ıx.

M. Publicio Sec[un]d[i]ano nautoru[m] Mosellicor[um] liber[to] tabulario, sevi[ro] Augustali.

---

1. L'autel sur lequel se lit cette inscription est, on le sait, conservé au musée de Cluny.
2. Conjecture de M. Allmer, I, 58. Dans le catalogue des inscriptions de Lyon (I, 59), le même épigraphiste place cette inscription en 119.
3. Ce fut principalement sous Antonin et Marc-Aurèle que se constituèrent les collèges des naviculaires. Pigeonneau, *Hist. du comm.*, I, *Append.*, *L'annone romaine*, p. 10.

Nautes de Valence.

Allmer et Terrebasse, *Inscript. antiques et du moyen âge de Vienne*, 1re partie, t. II, p. 224.

M. Masvinnio Marcellino, duumviro jure dicundo coloniæ Viennensium, nautarum Rhodanicorum et Araricorum Lugduni corporatorum, item naviculariorum maritimorum Valentinorum[1] patrono, M. Masvinnius Marcellus filius patri pientissimo ponendum curavit et sub ascia dedicavit.

Naviculaires maritimes d'Arles.

Corpus inscriptionum Latinarum, XII. *Gallia Narbonensis*, n° 672.

Cominio || Claud[io] Bo..i.. || Agricola[e] [Aur]elio || Apro præf[ecto] cohor[tis] || tert[iæ] Bracaraugustano[rum] || tribun[o] leg[ionis] I) Adjut[ricis] procur[atorie] || Augustorum ad annonam || provinciæ Narbonensis || et Liguriæ, præf[ecto] a[læ] miliariæ || in Mauretania Cæsariensi || navic[ulariorum] marin[orum] Arel[ate] || corp[ora] quinq[ue] patron[o] optimo et innocentis || simo.

---

27.   IIe siècle (?)[2].

Nautes du Rhône navigant sur la Saône et membres de la corporation des charpentiers; marchands de saumures[3].

Allmer et Dissart, *Inscript. antiq. du musée de Lyon*, 166.

Diis Manibus et memoriæ eternæ || M. Primii Secundiani, seviri Aug || [ustalis] c[oloniæ] C[opiæ] C[laudiæ] Aug[ustæ] Lug[uduni], curator[is] ejusd[em] corp || or[is], nautæ Rho-

---

1. Ces naviculaires naviguaient dans les lagunes voisines d'Arles. Cf. l'inscription suiv.
2. Voir p. 13, la note 3 sur l'époque de la création des collèges de naviculaires.
3. C'est le seul monument épigraphique qui fasse mention de l'industrie des saumures.

danic[i] Arare na || vigant[is], corporat[i] inter fabros || tign[uarios] Lug[uduni] consist[entes] negot[iatoris] muriar[ii;] || M. Primius Augustus, fil[ius] et heres, patri || karissim[o] ponend[um] cur[avit] et sub asc[ia] ded[icavit].

---

28.   II° siècle(?)[1].

Nautes de la Durance et utriculaires? de Saint-Gabriel.

Corpus inscript. Lat., XII, n° 982.

D. M.

Marco Frontoni[o] Eupori[o], || [se]viro Aug[ustali] col[onia] Julia || Aug[usta] Aquis Sextis, navicular[io] || mar[inorum] Arel[atensium], curat[ori] || ejusd[em] corp[oris], || patrono nautar[um] Druen || ticorum et utriclarior[um] || corp[oris] Ernaginensum[3] || Julia Nice uxor || conjugi carissimo.

Utriculaires de Vienne.

Allmer et Terrebasse, *Inscript. antiques et du m. d. de Vienne*, 1re partie, t. II, n° 212.

Genio et Honori utriclariorum Aurelius Eutyches et Antonius Pelagius immunes dono dederunt et restituit Lucius Marinus. Locus datus decreto utriclariorum.

---

29.   Date inconnue.

Patron de plusieurs corporations.

Allmer et Dissard, *Inscript. antiq. du musée de Lyon.* 120.

L. Besio [Su]perior[i] || Viromand[uo] e[q]uiti Romano, ||

---

1. Voir la note 3, p. 13.
2. Sur les utriculaires, voyez notamment Schwarz, *De collegio utriculariorum*, dans ses *Opuscula academica*, Nuremberg, 1783; le mémoire de Calvet sur le monument des *utricularii* de Cavaillon; Liebemann, *Zur Gesch. v. Org. des röm. Vereinswesens*; Lejay, *Inscriptions de la Côte-d'Or*; Lentheric, *Les Grecs et l'Orient en Provence.*
3. Sic. — *Ernaginum* est aujourd'hui Saint-Gabriel, entre Arles et Tarascon.

omnibus honor[ibus] || apud s[uos fu]n[cto], || patrono nauta-r[um] || Araricor[um] et Rho || danicorum, patron[o] || (C]ond[eatiu]m¹ et [A]r[c]ariorum Luguduni || consistentium, || allect[ori] arkæ Galliar[um]² || ob allectur[am] fideli || ter [a]dm[inistrata]m || [t]re[s p]rovi[nciæ Gall]iæ.

---

30.   Date inconnue.

Statue élevée par les négociants en vin de Lyon à un négociant en vin, patron de la corporation et de plusieurs autres.

Allmer et Dissart, *Inscript. antiq. du musée de Lyon*, 171.

Minthatio, M[arci] fili[o] || Vitali, negotiat[ori] vinario || Lugud[unensi] in kanabis con || sist[enti], curatura ejusdem corpor[is] bis funct[o], item quinquennali; || nautae Arare navig[anti] ||, patrono ejusd[em] corporis || ; patron[o] eq[uiti] R[omano] sevirorum, utr[i] || clar[iorum], fabror[um] Lugud[uni] con || sist[entium], cui ordo splendidis || simus civitat[is] Albensium || consessum dedit, || negotiatores vinarii [Lugudunenses] || in kanab[is] consist[entes] pat[rono]. || Ob cujus statuæ ded[ica] || tione[m] sportul[as] denarios... [singulis] || dedit.

---

31.   Date inconnue.

Préséance des corporations.

Corpus inscript. Lat., vol. XII. *Gallia Narbonensis.*

N[autis] Atr... et Ovidis³ loca n[umero] XXV || d[ata] d[ecreto] d[ecurionum] N[emausensium]; n[autis] Rhod[anicis] et || [A]rar[icis] [loca] XI. d[ata] d[ecreto] d[ecurionum] N[emausensium].

---

1. Voir le commentaire d'Allmer et Liebemann, *op. laud.*, 82.
2. Receveur du trésor des Gaules.
3. Nautes de l'Ardèche et de l'Ouves.

32.   146-211 ap. J.-C.

Situation juridique et privilèges généraux des collèges.

Callistratus, *libro primo de cognitionibus.* Dig., L, vi, 6.

Quibusdam collegiis vel corporibus, quibus jus coeundi lege permissum est, immunitas tribuitur : scilicet eis collegiis vel corporibus, in quibus artificii sui causa unusquisque adsumitur, ut fabrorum corpus est et si qua eamdem rationem originis habent, id est idcirco instituta sunt, ut necessariam operam publicis utilitatibus exhiberent. Nec omnibus promiscue, qui adsumpti sunt in his collegiis, immunitas datur, sed artificibus duntaxat. Nec ab omni ætate allegi possunt, ut divo Pio placuit, qui reprobavit prolixæ vel imbecillæ admodum ætatis homines. Sed ne quidem eos, qui augeant facultates et munera civitatium sustinere possunt, privilegiis, quæ tenuioribus per collegia distributis concessa sunt, uti posse plurifariam constitutum est. Eos, qui in corporibus allecti sunt, quæ immunitatem præbent naviculariorum, si honorem decurionatus agnoverint, compellendos subire publica munera accepi : idque etiam confirmatum videtur rescripto divi Pertinacis.

---

33.   149, 1ᵉʳ octobre.

Don d'un patron à une corporation.

Corpus inscript. Lat., XII, n° 4393.

Sex[to] Fadio P[apio] || Secundo Mu[sæ] || omnibus ho[noribus] || in colonia N[arbo] || nens[i fu]ncto || primo || novi Narbo[ne] || fabri subædia[ni] Narbonenses || patrono ob merita || ejus || l[ocus] d[atus] d[ecreto] d[ecurionum].

Exemplum epistulæ || Sex[ti] Fadi Pap... Secundi Musæ || in verba infra scripta || [Fadi]us Secundus collegio fabrum Narbone || sium salutem || [et (?)] plurimis et adsiduis erga

me meritis vestris referre gratiam || [quam]quam difficile
est quo tamen amori vestro gratissimum sciam || [fore] modo
largitionis inter liberos et clarissimum nepotem Jucundum
|| [sester]tia sedecem millia nummum V k[alendas] Maias
primas die natali meo || [ar]cæ vestræ inferam eaque die
usuras totius anni computatas || [ass]e octono pernumerabo
quo vel gratius sit munusculum meum || [porro] a pietate
vestra peto ut usuras ejus summæ ea die || [ho..es]tissimo
habitu inter præsentes et epulantes in perpetuum || [divi]-
datis neque ea summa in ullum alium usum convertatur ||
[cum et] ha[c] epistula caveam et de[i]nceps t-bulis meis
cauturus || [sim ut] si condicio [supra scripta(?)] mutata vel
omissa fuerit || [ea pequnia ad... per]tineat vel si in petenda
peqvunia || [ii diff]erant ad fiscum maximi principis. ||

[Hanc vo]luntatem meam si modo probaveritis et vestram
|| [assen]sionem uti æreæ tabulæ inscalptam ante ædem ||
[publice(?)] proponatis et in basi statuæ quam mihi posuistis
|| [latere de]xtro scribatis impensissime peto || [quo cer]tior
futuræ observationis in desiderio meo probatio sit. ||

[Deinde(?)] manu Fadii Secundi subnotatum erat || [(?) Acta
ita] e mandato. Scribsi kalendis Octobribus Orfito et ||
[Prisco c]o[n]s[ulibus] epistulam pro perfecto instrumento
retinebitis || [Val]ere vos cupio domini optimi et karissimi
mihi. || [Hujus liber]alitatis in perpetuum conservandæ et
|| [celebr]andæ gratia fabri subædiani Narbonenses || [exem-
plum cu]m tabula ærea conlatum ante ædem loco || [celeber-
r]imo ponenda .. censuerunt.

34.   190.

Dendrophores de Lyon.

Allmer et Dissart, *Inscript. antiq. du musée de Lyon*, 6.

[Pro salute imperatoris M. Aurelii || Commodi Antonini
Augusti] || numinibus Aug[usti] totiusque || domus divinæ
et situ coloniæ Copiæ Claudiæ || Augustæ Lugdunensium || ,

tauribolium fece || runt dendrophori || Luguduni cons:sten-
tes || XVI kalendas Julias || imperatore Marco Aurelio Com-
modo Antonino Augusto VI], || Marco Sura Septimiano ||
consulibus ex vaticinatione || Pusonii Juliani, archi || galli ;
sacerdote || Ælio Castrense, || tibicine Flavio Restituto. ||
Honori omnium || Claudius Silvanus, perpetuus || quinquen-
nalis, inpen || dium hujus aræ remisit. — || Locus datus
decreto decurionum.

Dendrophore augustal [1].

Allmer et Dissart, *ibid.*, 169.

Diis Manibus || et quieti æternæ || L[ucii] Sabini Cassiani,
|| dendrophoro Au || gustali, q[uæstori] corporis e || jus-
d[em] duplicario ex || consensu univer || sorum, omnibus
ho || noribus apud eosd[em] || functo, homini op || tumo et
incompara || bili Flavia Livia || conjugi karissi || mi exempli
et || Priscius Eustochus || colliberto sanc || tissimo inscri-
ben || dum curaverunt || et sub ascia dedi || caverunt.

---

35. 198-211.

Fabri *exempts de la tutelle*.

Callistratus, *libro quarto de cognitionibus. Dig.*, XXVII, 1, 17.

Eos, qui in corporibus sunt veluti fabrorum, immunitatem
habere dicimus. Etiam circa tutelarum exterorum hominum
administrationem habebunt excusationem, nisi si facultates
eorum adauctæ fuerint, ut ad cetera quoque munera publica
suscipienda compellantur : idque principalibus constitutionibus cavetur. Non omnia tamen corpora vel collegia vacationem tutelarum habent, quamvis muneribus municipalibus
obstricta non sint, nisi nominatim id privilegium eis indultum sit.

---

1. Ce dendrophoro avait débuté dans les dignités de la corporation par celle de questeur et les avait ensuite toutes obtenues.

36. II° siècle.

Condition de légalité des collèges.

Gaius, *libro tertio ad edictum provinciale. Dig.*, III, IV, 1.

Neque societas neque collegium neque hujusmodi corpus passim omnibus habere conceditur : nam et legibus et senatus consultis et principalibus constitutionibus ea res coercetur. Paucis admodum in causis concessa sunt hujusmodi corpora : ut ecce vectigalium publicorum sociis permissum est corpus habere vel aurifodinarum vel argentifodinarum et salinarum. Item collegia Romæ certa sunt, quorum corpus senatus consultis atque constitutionibus principalibus confirmatum est, veluti pistorum et quorundam aliorum et naviculariorum, qui et in provinciis sunt.

---

37. II° siècle.

Situation juridique et privilèges généraux des collèges.

Gaius, *libro tertio ad edictum provinciale. Dig.*, III, IV, 1.

Quibus permissum est corpus habere collegii societatis sive cujusque alterius eorum nomine, proprium est ad exemplum rei publicæ habere res communes, arcam communem et actorem sive syndicum, per quem, tanquam in re publica, quod communiter agi fierique oporteat, agatur fiat.

---

38. II° siècle.

Situation juridique et privilèges généraux des collèges.

Tarruntenus Paternus, *libro primo militarium. Dig.*, L., VI, 7.

Quibusdam aliquam vacationem munerum graviorum condicio tribuit, ut sunt mensores, optio valetudinarii, medici, capsarii, et artifices et qui fossam faciunt, veterinarii, architectus, gubernatores, naupegi, ballistrarii, specularii, fabri, sagittarii, ærarii, bucularum structores, carpentarii, scandularii, gladiatores, aquilices, tubarii, cornuarii, arcuarii, plumbarii, ferrarii, lapidarii, et hi qui calcem coount, et qui silvam infindunt, qui carbonem cædunt ac torrent. In eodem numero haberi solent lani, venatores, victimarii, et optio fabricæ, et qui ægris præsto sunt, librarii quoque qui docere possint, et horreorum librarii, et librarii depositorum, et librarii caducorum, et adjutores corniculariorum, et stratores, et polliones, et custodes armorum, et præco, et bucinator. Hi igitur omnes inter immunes jubentur.

39.   IIe siècle.

Brodeur syrien sévir augustal.

Allmer et Dissart, *Inscript. antiq. du musée de Lyon*, 160.

D. M. ‖ et memoriæ æternae ‖ Constantini Æqualis, ho ‖ minis optimi, artis barbari ‖ cariæ, seviri Augustalis coloniæ Copia Claudia Aug[usta] ‖ Luguduni, civis Germani ‖ ciani [1], qui vixit annos XXXXVI ‖ menses III dies XII Pacatia ‖ Servanda conjugi karissi ‖ mo et incomparabili et ‖ sibi viva ‖ et Constantinii Servat[us] ‖ et Æqualis(?) et Constantius ‖ filii patri piissimo ponen ‖ dum curaverunt et sub ‖ ascia dedicaverunt.

40.   Fin du IIe siècle.

Travaux exécutés aux frais des corporations.

Allmer et Dissart, *Inscript. antiq. du musée de Lyon*, 16.

Curante Fulvio [2] ‖ Æmiliano, clarissimo viro ‖ loca [3] quæ Julius Janu ‖ arius rei publicæ donaverat ‖ centonari suo impen ‖ dio restituerunt.

---

1. *Germanicia*, ville de Syrie.
2. Fulvius était curateur impérial de la colonie sous Septime Sévère.
3. Places au cirque de Lyon.

41. Date inconnue.

L'exploitation des mines de fer mise en adjudication[1].

Corpus inscript. Lat., XII, Narbo 4398.

D. M. ‖ Tib[erii] Juni Eudoxi ‖ navicul[arii] Mar[ini] ‖ c[oloniæ] J[uliæ] P[aternæ] C[laudiæ] N[arbonis] M[artii] ‖ Ti[berius] Jun[ius] Fadianus ‖ [se]vir aug[ustalis] ‖ c[oloniæ] J[uliæ] P[aternæ] C[laudiæ] N[arbonis] M[artii] et ‖ cond[uctor] ferrar[iarum] ‖ ripæ dextræ ‖ fratri piiss[imo].

---

42. Date inconnue.

Épitaphe d'un potier de terre appartenant à la corporation des fabri.

Allmer et Dissart, Inscript. antiq. du musée de Lyon, 170.

D. M. ‖ et memoriæ æter ‖ næ Aprieli Prisci ‖ ani consistentis ‖ Lugduni perti ‖ nentis ad collegi ‖ um fabrorum redem ‖ ptos honor[es] quæstor[ios] exsere[ntis] art[em] cretariam[2] ‖ fecit sibi vivos et Ti... ‖ [Lic]piolæ con ‖ [jugi carissi]mæ et...

---

43. Date inconnue.

Épitaphe d'un charpentier, préfet du collège des negotiatores cisalpins et transalpins.

Allmer et Dissart, Inscript. antiq. du musée de Lyon, 188.

D. M. ‖ M. Senni Metili Treve ‖ ri negotiatori ‖ corporis splendi ‖ dissimi Cisalpino ‖ rum et Transalpino ‖ rum

---

1. Cf. Desjardins, *Géographie de la Gaule romaine*, I, 415, n° 2.
2. *Ars cretaria*, fabrication des poteries de terre. Ceux qui exerçaient cette industrie ne formant pas à Lyon une corporation, Priscianus s'était fait recevoir dans celle des *fabri*. Il avait été exempté de l'*honorarium* que devaient à la caisse du collège ceux qui obtenaient la questure. C'est probablement ainsi qu'il faut entendre *redemptos honores questorios*. Voy. le commentaire des éditeurs.

ejusdem cor ‖ poris præfecto fabro tig ‖ nuario Lug. et
Scriniæ ‖ Sullæ conjugi ejus dul ‖ cissimæ vivæ paren ‖
tibus merentissimis ‖ fili heredes f. c. ‖ et sub ascia dedic.

---

44.   Date inconnue.

Epitaphe d'un ouvrier d'élite.

Corpus inscript. Lat., XII, 722.

Q[uinto] Candidi Benigni fab[ri] tig[narii] c ‖ orp[orati] Ar[elate] ars cui summa fuit ‖ fabricæ studium doctrin[a] ‖ pudorque quem magni ‖ artifices semper dixsere ‖ magistrum doctior hoc ne ‖ mo fuit potuit quem vinc ‖ ere nemo organa qui nosse ‖ t facere aquarum aut duce ‖ re cursum hic cov‑viva fui ‖ t dulcis nosset qui pasce ‖ re amicos ingenio studio ‖ docilis animoque benig ‖ nus Candidia Quintina ‖ patri dulcissimo et Val[eria] Maxsimina conjugi kar[issimo].

---

45.   Date inconnue.

Epitaphe d'un apprenti bijoutier.

Spon. Misc. antiq., p. 219.

Quicumque es puero lacrimas effunde viator.
Bis tulit hic senos primævi germinit (*sic*) annos
Deliciumque fuit domini, spes grata parentum
Quos male deseruit longo post fata dolori.
Noverat hic docta fabricare monilia dextra
Et molle in varias aurum disponere gemmas.
Nomen erat puero Pagus at nunc funus acerbum
Et cinis in tumulis jacet et sine nomine corpus.

46.   IIIᵉ siècle.

Conditions de légalité des collèges.

Ulpianus, *De officio proconsulis, lib. VI. Dig.*, XLVII, xxii, 2.

Quisquis illicitum collegium usurpaverit, ea pœna tenetur qua tenentur qui hominibus armatis loca publica vel templa occupasse judicati sunt.

Marcianus, *lib. II judiciorum publ.*[1], *Dig.*, XLVII, xxii, 3.

In summa, nisi ex senatusconsulti auctoritate vel Cæsaris, collegium vel quodcumque tale corpus coierit, contra senatusconsultum et mandata et constitutiones collegium celebrat.

Collegia si qua fuerint illicita, mandatis et constitutionibus et senatusconsultis dissolvuntur sed permittitur eis, cum dissolvuntur, pecunias communes si quas habent dividere pecuniamque inter se partiri.

Servos quoque licet in collegio tenuiorum recipi volentibus dominis, ut curatores horum corporum sciant ne invito aut ignorante domino in collegium tenuiorum reciperent et in futurum pœna teneantur in singulos homines aureorum centum.

Ibid., XLVII, xxii, 1.

Mandatis principalibus præcipitur præsidibus provinciarum, ne patiantur esse c⋯ ⋯ia sodalicia neve milites collegia in castris habeant. ⋯ ⋯ permittitur tenuioribus stipem menstruam conferre, dum tamen semel in mense coeant, ne sub prætextu hujusmodi illicitum collegium coeat. Quod non tantum in urbe sed in Italia et in provinciis locum habere divus quoque Severus rescripsit. Sed religionis causa coire non prohibentur, dum tamen per hoc

---

1. Les ouvrages juridiques d'Ælius Marcianus ont été composés après la mort de Caracalla (217). Teuffel, *Geschichte der römischen Literatur*, 3ᵉ édit., § 378, 2.

non fiat contra senatusconsultum quo illicita collegia arcentur. Non licet autem amplius quam unum collegium licitum habere, ut est constitutum et a divis fratribus : et si quis in duobus fuerit, rescriptum est eligere eum oportere, in quo magis esse velit, accepturum ex eo collegio, a quo recedit, id quod ei competit ex ratione quæ communis fuit.

---

47. IIIe siècle.

Legs aux collèges.

Paulus, *lib. XII ad Plautium.* Dig., XXXIV, v, 20.

Cum senatus temporibus divi Marci permiserit collegiis legare, nulla dubitatio est quod, si corpori cui licet coire legatum sit, debeatur; cui autem non licet si legetur, non valebit, nisi singulis legetur : hi enim non quasi collegium sed quasi certi homines admittentur ad legatum.

---

48. IIIe siècle.

Situation juridique des collèges.

Ulpianus, *lib. XXIV ad edictum.* Dig., X, iv, 7, 3.

Municipes ad exhibendum conveniri possunt quia facultas est restituendi nam et possidere et usucapere eos posse constat. Idem et in collegiis ceterisque corporibus dicendum erit.

---

49. 315, 1er juin.

Solidarité des naviculaires et des boulangers.

Code Théodosien, éd. Hænel, XIII, v, 2.

Imp. Constantinus A. ad Volusianum A. Amabiliano præfecto annonæ. Navicularios ad consortium pistorum urbicorum nominatos neque ulla hereditatis successione pistoribus obnoxios, absolvi ab hoc munere oportebit. Quod si hereditario jure forsitan pistoribus teneantur, facultatem habeant, si forte maluerint, ob vindicias pistorum, hereditates eidem corpori reddere, aut quibuscumque proximis defuncti cedere, ut ipsi a pistorum consortio liberentur. Quod si hereditatem amplectantur, necesse est, successionis ratione, pistorii muneris societatem eos suscipere et ex propriis facultatibus onera navicularia sustinere, V. C. Pf. urbi super hac re videlicet disceptante. Dat. kal. Jun. Treviris, Constantino A. IV et Licinio IV coss.

50. 319, 13 août.

Les boulangers ne peuvent échapper à leurs obligations en vendant leurs biens.

Code Théod., XIV, III, 1.

Imp. Constantinus A. ad Profuturum Pf. annonæ. Cunctis pistoribus intimari oportet quod, si quis forte possessiones suas ideo putaverit in alios transferendas, ut postea se, rebus in abdito collocatis, minus idoneum asseveret, tanquam in locum ejus alio surrogando, nihil ei hæc astutia nec detestabilia commenta profutura sunt sed in obsequio pistrini sine ulla excusatione durabit nec ad ejus jura revocabuntur, si quas emptiones transscripserit. PP. id. Aug. Constantino A. et Licinio C. coss [1].

51. 326, 18 septembre.

Privilèges des naviculaires.

Code Théod., XIII, v, 5.

Naviculario omnes per orbem terrarum per omne ævum ab omnibus oneribus et muneribus, cujuscumque fuerint

---

1. Cf. XIV, III, 8.

loci vel dignitatis, securos vacuos immunesque esse præcipimus, sive decuriones sint, sive plebeii, seu potioris alterius dignitatis, ut, a collationibus et omnibus oblationibus liberati, integris patrimoniis navicularium munus exerceant. Naves quoque eorum, quantæcunque fuerint, ad aliud munus ipsis invitis teneri non convenit, ad quodcunque littus accesserint; littorum custodibus et vectigalium præpositis, exactoribus, decurionibus atque rationalibus et judicibus scituris, quod, qui hanc legem violaverit, capite punietur. Datum XIV. kal. Oct. Constantino A. VII et Constantio C. coss.

52. 326.

Les biens des naviculaires morts intestats et sans héritiers sont dévolus au collège.

Code Justinien, VI, LXIII, 1.

Imp. Constantinus Mastichiano præfecto annonæ. Si quis navicularius sine testamento et liberis vel successoribus defunctus sit, hereditatem ejus non ad fiscum, sed ad corpus naviculariorum, ex quo fatali sorte subtractus est, deferri præcipimus. Pp. XV. kal... Lastronæ Constantino A. VII et Constantio C. coss.

53. 333.

Malversations des procurateurs du domaine privé, des directeurs de gynécées et de teintureries.

Code T. od., I, XXXII, 1; Code Just., XI, VIII, 2.

Imp. Constantinus A. ad Felicem. Procuratores rei privatæ, baphii et gynæcii, per quos et privata nostra substantia tenuatur et species in gynæciis confectæ corrumpuntur, in baphiis etiam admixta temeratio nævum adducit inquinatæ adluvionis, suffragiis abstineant, per quæ memoratas administrationes adipiscuntur vel, si contra hoc fecerint, gladio feriantur. D... k. Nov. Aquil. Dalmatio et Zenophilo coss.

---

54. 337, 2 août.

Gens de métiers exempts des fonctions publiques.

Code Théod., XIII, iv, 2; Code Just., X, lxvi, 1.

Imp. Constantinus A. ad Felicem A. ad Maximum... Artifices artium brevi subdito comprehensarum, per singulas civitates morantes, ab universis muneribus vacare præcipimus, si quidem ediscendis artibus otium sit accommodandum, quo magis cupiant et ipsi peritiores fieri, et suos filios erudire. Dat. IV nonas Aug. Feliciano et Titiano coss.

Architecti, laquearii, allearii, tignarii, medici, lapidarii, argentarii, structores, mulomedici, quadratarii[1], barbaricarii[2], scusores, pictores, sculptores, diatritarii[3], intestinarii[4], statuarii, musivarii, ærarii, ferrarii, marmorarii, deauratores, fusores, blattiarii[5], tessellarii, aurifices, specularii[6], carpentarii, aquæ libratores, vitriarii, eburarii, fullones, figuli, plumbarii, pelliones.

---

55. 355, 6 juillet.

Agrégation par le mariage à la corporation des boulangers.
Les chefs d'établissements exempts d'autres fonctions.

Code Théod., XIV, iii, 2[7].

Imp. Constantius A. ad Orfitum Pf. U. Si quis pistoris filiam suo conjugio crediderit esse sociandam, pistrini con-

---

1. Tailleurs de pierre.
2. Brodeurs.
3. Ouvriers qui perforaient les perles.
4. Menuisiers.
5. Teinturiers de pourpre.
6. Miroitiers.
7. Cf. XIV, iii, 14.

sortio teneatur obnoxius; sed familiæ pistoris annexus, oneribus etiam parere cogatur. Et quoniam necessarium corpus fovendum est, patrones pistoribus constitutos ad altera functionis officia prohibeo devocari, caudicariorum corpori minime de cetero copulandos ut, aliis necessitatibus absoluti, eam tantummodo functionem liberæ mentis visibus exsequantur. Dat. prid. non. Jul. Mediolano, Arbetione et Lolliano coss.

56. 364, 8 janvier.

Hérédité dans les boulangeries.

Code Théod., XIV, III, 5.

Impp. Valentinianus et Valens AA. ad Symmachum Pf. U. Filios pistorum, qui in parvula ætate relinquuntur, usque ad vicesimum annum ætatis a pistrini sollicitudine defendi jubemus. Sane periculo totius corporis surrogari convenit pistores idoneos pro pupillis, sub hac videlicet conditione, ut post emensum vicesimum annum ætatis, paterni muneris necessitatem subire cogantur, nihilo minus permanentibus pistoribus his, quos in locum eorum constat substitutos. Dat. VI. id. Jan. Naisso, divo Joviano et Varroniano coss.

57. 364, 6 juin.

Boulangers décurions.

Code Théod., XIV, III, 4.

Impp. Valentinianus et Valens AA. ad Symmachum Pf. U. Optio concessa est his, qui e pistoribus facti sunt senatores, ut aut studio facultatum aut splendidissimo ordine segregati sint. Quod si fuerint cupidi dignitatis, in tantam paneficii substantiam idoneos de suis surrogare cogantur, quantam ipsi exhibuere pistores. Dat. VIII. id. Jun. Naissi, divo Joviano et Varroniano coss.

58. 364, 8 octobre.

Retraite des chefs des boulangeries après cinq ans d'exercice.

Code Théod., XIV, III, 7.

Impp. Valentinianus et Valens AA. ad Viventium Pf. U. Post quinquennii tempus emensum unus prior e patronis pistorum otio et quiete donetur, ita ut ei, qui sequitur, officinam cum animalibus, servis, molis, fundis dotalibus, pistrinorum postremo omnem enthecam tradat atque consignet. Dat. VIII. id. Oct. Altino, divo Joviano et Varroniano coss.

---

59. 365, 11 janvier.

Les naviculaires ne peuvent échapper par des fonctions publiques à leurs liens avec les corporations.

Code Théod., XIII, v, 11.

Impp. Valentianus et Valens AA. ad Symmachum Pf. U. Quisquis ex naviculariorum corpore, defugiens solita munia, ad honores indebitos venit, in corporis sui consortia revertatur, etc. Dat. III. id. Jan. Mediolano, Valentiniano et Valente AA. coss.

---

60. 365, 28 octobre.

La cléricature interdite aux boulangers.

Code Théod., XIV, III, 11.

Impp. Valentinianus et Valens AA. ad Symmachum Pf. U. Hac sanctione generaliter edicimus, nulli omnino ad ecclesias, ob declinanda pistrina, licentiam pandi. Quod si quis ingressus erit, amputato privilegio christianitatis sciat se omni tempore ad consortium pistorum et posse et debere revocari. Dat. V. kal. Oct. Aquileia Valentiniano et Valente AA. coss.

61. 369, 25 février.

Le collège responsable de la désertion de ses membres.

Code Théod., XIV, viii, 2.

Impp. Valentinianus, Valens et Gratianus AAA. ad Olybrium Pf. U. Ne quis ex centonariorum corpore subtrahere se possit ad curiam; pœna eidem corpori proposita, nisi illico de ejus abscessu querelam deposuerit. Dat. V. kal. Febr. Treviris, Valentiniano NB. P. et Victore V. C. coss.

---

62. 369, 1er juin.

Biens du collège et des membres du collège.

Code Théod., XIV, iii, 13.

Impp. Valentinianus, Valens et Gratianus AAA. ad Olybrium Pf. U. Non ea sola pistrini sint vel fuisse videantur, quæ in originem adscripta corpori dotis nomen et speciem etiam nunc retentant, sed etiam ea, quæ ex successione pistorum, ad heredes eorum, vel quos alios, devoluta nascantur, quo eorum quoque distractio inhibita evidentius cerneretur. In his vero solis liciti contractus eidem corpori reserventur, quæ ad ipsos non hereditario pistorum nomine, sed privatorum institutione, liberalitate vel dote aut quolibet titulo probantur esse transfusa, et si qua ipsi ex privata munificentia consecuti, in rebus humanis agentes, in aliquem ex sociis, id est in pistorem alterum transtulerunt. Ceterum si hæc quoque in successione propria reliquere, etiam eadem dotis nomine et titulo nuncupamus, quia pistrino proficere convenit, quod apud pistorem eo vivente permansit. Servavi igitur de cetero ordinem constitutum, ut, si vel donatione pistoris rem pistrino hereditatis successionisve meritis obligatam quicunque ex privatis a pistoribus fuerit consecutus, sciat corpori obnoxium vendere et alienare non posse, sed in sua caussa et pistorum nomine ac jure residere. Dat. kal. Jun. Treviris, Valentiniano NB. P. et Victore coss.

63.   369, 3 et 18 juillet.

Monopole des manufactures impériales.

Code Théod., X, xxi, 1.

Impp. Valentinianus et Valens AA. et Gratianus A. Archelao comiti sacrarum largitionum. Auratas ac sericas paragaudas auro intextas tam viriles quam muliebres privatis usibus contexere conficereque prohibemus, et in gynæceis tantum nostris fieri præcipimus. Datum V. non. Jul. Nebiodumi. Acc. XV. kalendas Augusti Martianopoli, Valentiniano NB. P. et Victores coss.

64.   372, 6 avril.

Aliénation de biens-fonds de collèges.

Code Théod., XIII, vi, 6.

Imppp. Valentinianus, Valens et Gratianus AAA. ad Provinciales Afros. Fundi omnes ad naviculariorum dominium pertinentes, et ad aliorum jura translati, fisco vel rei publicæ[1] vel naviculario vel quolibet alio distrahente, sive donante, vel ad filios vel propinquos vel extraneos transferente, etsi ad navicularios translati sint, reddantur dominis, actione in rem et persecutione concessa, nisi maluerint hi, ad quos res pervenerint, onus agnoscere, cui erat ille obnoxius, cujus nomine vindicatio competit evectionis ac melioratæ rei perceptorumque fructuum inspectione habita, etc. Datum VII. id. April. Treviris, Modesto et Arintheo coss.

---

1. *republica*, Godefroy.

65.   380, 6 février.

Les naviculaires élevés à l'ordre équestre.

Code Théod., XIII, v, 16.

Imppp. Gratianus, Valentinianus et Theodosius AAA. corpori naviculariorum. Delatam vobis a divo Constantino et Juliano principibus æternis equestris ordinis dignitatem nos firmamus. Dat. VIII. id. Febr., Treviris, Gratiano et Theodosio coss.

---

66.   386, 20 avril.

Immunité des naviculaires.

Code Théod., XIII, v, 17.

Imppp. Gratianus, Valentinianus et Theodosius AAA. ad Principium Pf. P. Omnes navicularii per omne ævum ab omnibus oneribus et muneribus et collationibus et oblationibus subleventur, cujuscunque loci fuerint vel dignitatis. Et quicunque contra istam fecerit legem, seu custos littorum, seu vectigalium præpositus, seu exactor vel decurio, seu rationalis vel judex cujuscunque provinciæ, exhibitus, sublatis universis facultatibus suis, capitali sententiæ subjugetur. Dat. XII. kal. Maii, Aquileia, Honorio NB. P. et Evodio coss.

---

67.   390, 8 septembre.

Les obligations des naviculaires passent à leurs héritiers.

Code Théod., XIII, v, 19.

Imppp. Valentinianus, Theodosius et Arcadius AAA. Tatiano Pf. P. Quæ de naviculariis et curialibus ordinasti, maneant illibata atque perpetua; sint perpetuo navicularii, quia qui merito esse debeant providisti. Ac si, cum obicrint, sobolem non relinquent, quique ille[1] in eorum facultatibus qualibet ratione successerit, auctoris sui munus agnoscet; manebit vero in ordine curiali, et ei filius in officium curiale succedat. Nihil hic surripiendum decerpet ambitio; ipsa denique, si quoquo modo annotatio elicita fuerit, excludatur[2]. Datum VI. id. Sept., Veronæ, Valentiniano A. IV et Neoterio coss[3].

68.   391, 18 juillet.

Jet maritime[4].

Code Théod., XIII, ix. 4.

Imppp. Valentinianus, Theodosius et Arcadius AAA. Tatiano Pf. P. Quæ in naufragiis pereunt nolumus nobis cum possessoribus, vel senatoribus vel privatis, esse communia, si quidem naufragii detrimentum fiscus agnoscat; quod interdum non grandis dispendii esse monstratur, si vexatam fluctibus navem levis jactura defendat, quam si pondere suo gravatam pelagi unda submergat. § 1. Ubi vero non est testis periculi, restituantur damna naufragii, et dispendia prosecutoris fraudibus inferantur; ut ad eorum injuriam retorqueantur, qui minus idoneos nominarunt, non ad eos redeant, quos semel constiterit fuisse devotos. Dat. XV. kal. Aug., Constantinopoli, Tatiano et Symmacho coss.

69.   398, 15 décembre.

Les ouvriers des manufactures impériales sont marqués au bras.

Cod. Théod., X, xxii, 4; Code Just., XI, x, 3.

Impp. Arcadius et Honorius AA. Osio magistro officio-

---

1. C'est-à-dire : quisquis ille sit qui...
2. C'est-à-dire : si la brigue obtient une dérogation à cette loi, que cette dérogation soit non avenue.
3. Cf. Code Théod., XIII, vi, 8.
4. Cf. n° 80.

rum. Stigmata hoc est nota publica, fabricensium [1] brachiis, ad imitationem tironum, infligatur, ut hoc modo saltem possint latitantes agnosci : his, qui eos susceperint vel eorum liberos, sine dubio fabricæ vindicandis, et qui surreptione quadam declinandi operis ad publica cujuslibet sacramenta militiæ transierunt. Dat. XVIII. kal. Jan., Constantinopoli Honorio A. IV et Eutychiano coss.

---

70.   IVe siècle.

Prospérité commerciale de Narbonne et d'Arles.

Ausone, *Ordo urbium nobilium* .. 124-127, 73-80.

Te [2] maris Eoi merces et Hiberica ditant
Æquora, te classes Libyci Siculique profundi :
Et quidquid vario per flumina, per freta cursu
Advehitur, toto tibi navigat orbe cataplus.
. . . .
Pande, duplex Arelate, tuos blanda hospita portus,
Gallula Roma Arelas, quam Narbo Martius et quam
Accolit Alpinis opulenta Vienna colonis,
Præcipitis Rhodani sic intercisa fluentis,
Ut mediam facias navali ponte plateam,
Per quem Romani commercia suscipis orbis
Nec cohibes, populosque alios et mœnia ditas,
Gallia quis fruitur gremioque Aquitania lato.

---

71.   400, 29 juin.

Membres des collèges fugitifs. Dissolution des collèges à la suite de la misère publique.

Code Théod., XII, xix, 1.

Impp. Arcadius et Honorius AA. Vincentio Pf. P. Galliarum. Destitutæ ministeriis civitates splendorem, quo

---

1. Ouvriers des manufactures d'armes.
2. Cette apostrophe s'adresse à Narbonne.

pridem nituerant, amiserunt, plurimi si quidem collegiati cultum urbium deserentes, agrestem vitam secuti, in secreta sese et devia contulerunt. Sed talia ingenia hujusmodi auctoritate destruimus, ut, ubicunque terrarum reperti fuerint, ad officia sua sine ullius nisu exceptionis revocentur. De eorum vero filiis, qui tamen intra hos proxime quadraginta annos docebuntur fuisse suscepti, hæc forma servabitur, ut inter civitatem et eos, quorum inquilinas vel colonas vel ancillas duxerint, dividantur, ita ut in ulteriorem gradum missa successio nullam calumniam perhorrescat... Dat. III. kal. Jul., Mediolano, Stilicone et Aureliano VV. CC. coss.

72. Commencement du V° siècle.

Fabriques d'armes impériales.

Notitia dign. Occ., éd. Seeck. Berlin, 1876, 8, p. 114-116.

Sub dispositione viri illustris magistri officiorum :
Fabricæ in Galliis :
Argentomagensis armorum omnium. — Matisconensis sagittaria. — Augustodunensis loricaria, balistaria et clibanaria. — Augustodunensis scutaria. — Suessionensis... — Remensis spatharia. — Triberorum scutaria. — Triberorum balistaria. — Ambianensis spatharia et scutaria.

73. Commencement du V° siècle.

Ateliers de brodeurs et gynécées en Gaule.

Notitia dign. Occ., p. 148, 150, 151, 152.

Sub dispositione viri illustris comitis sacrarum largitionum :
Præpositi branbaricariorum sive argentariorum Arelatensium. — Præpositus branbaricariorum sive argentariorum Remensium. — Præpositus branbaricariorum sive argentariorum Triberorum.

Procuratores gynæciorum.

Procurator gynæcii Arelatensis, provinciæ Viennensis. — Procurator gynæcii Lugdunensis. — Procurator gynæcii Remensis, Belgicæ secundæ. — Procurator gynæcii Tornacensis, Belgicæ secundæ. — Procurator gynæcii Triberorum, Belgicæ primæ. — Procurator gynæcii Augustoduno translati Mettis.

---

74.   403, 8 mars.

Mariages en dehors du collège.

Code Théod., XIV, iii, 21.

Impp. Arcadius et Honorius AAA. Vitali Pf. annonæ. Nulli pistori, nec posteris eius in privatas personas vel thymelicas vel eas, quæ aurigandi studio detinentur, liceat coniugii societate transire, etiamsi hui facto omnium pistorum accedat assensus, etiamsi nostra elicita fuerint aliqua surreptione rescripta. Quod si quisquam in hæc vetita adspirare tentaverit, sciat se verberibus affectum deportatione puniendum, facultatesque suas paneficio sociandas. Quod si non statim officium gravitatis tuæ in ipsis inceptis occurrerit, sed in suggestione cessaverit, in singulis familiis librarum auri decem mulcta feriatur : ita ut hæ quoque personæ cum patrimonio ad debitum officium revocentur, quæ per huius modi nuptias in simili consortio fuerunt. Omnes igitur, qui filias pistorum in consortium sortiti sunt, vel ex thymelicis vel aurigis, vel universis privatis, pistorio corpori illico deputentur. Dat. VIII. id. Mart., Ravennæ, D. N. Theodosio A. I. et Rumorido V. C. coss.

---

75.   412, 18 mai.

Conditions pour entrer dans les arsenaux de l'État.

Code Théod., X, xxii, 6.

Impp. Honorius et Theodosius AA. Anthemio Pf. P.

Si quis consortium fabricensium crediderit eligendum, in ea urbe, qua natus est, vel in qua domicilium collocavit, his, quorum interest, convocatis, primitus acta conficiat, sese doceat non avo, non patre curiali progenitum, nihil ordini civitatis debere, nulli se civico muneri obnoxium, atque ita demum gestis confectis, vel apud moderatorem provinciæ, vel, si is absit, apud defensorem civitatis, ad militiam, quam optaverit, suscipiatur. Quod si absque hac cautione quispiam ad fabricensium consortium obrepserit, sciat se ad ordinis, cui debetur, patriæque suæ munera esse revocandum, ita ut nulla eum nec temporis nec stipendiorum prærogativa defendat. Dat. XV. kal. Jun., Constantinopoli, Honorio IX, et Theodosio V. AA. coss.

---

76. 413, 21 mars.

Les membres des collèges élevés au rang de consulaires.

Code Théod., VI, xx, 1.

Impp. Honorius et Theodosius AA. Prisciano Pf. U. Ili, quos aut vulgaris artis cujuslibet obsequium, aut operis publici cura temporalis injuncta, aut rerum publicarum procuratio levis commissa adeo commendarit, ut comitivæ primi ordinis dignitate donentur, sciant se inter eos, qui consulares fuerint, amoto officio, quod susceperant, nominandos, nisi forte emolumentis contenti, quæ tempore militiæ [1] perceperunt, spreto nomine ac dignitatem consularis viri duxerint respuendam, ne collationis onus sustineant, vel frequentare senatum aliosque hujuscemodi conventus, qui honoratorum frequentiam flagitant compellantur... Datum XII. kal. April., Constantinopoli, Lucio V. C. cons.

---

1. C'est-à-dire au temps où ils exerçaient leur profession. Le service rendu par les membres des collèges était appelé *militia*.

77. 438, 4 novembre.

Ouvriers des arsenaux.

Novellæ Theodosii, II, vi; Code Just., XI, x, 5.

DE BONIS FABRICENSIUM.

Impp. Theodosius et Valentinianus AA. Aureliano comiti R. P. Fabricensium corpus invenit necessitas dura bellorum, ... hoc enim armat, hoc nostrum ornat exercitum. § 1. Hinc jure provisum est, artibus eos propriis inservire, ut exhausti laboribus immoriantur cum sobole professioni, cui nati sunt. — § 2. Denique quod ab uno committitur, totius delinquitur periculo numeri, ut, constricti nominationibus suis, sociorum actibus quandam speculam gerant, et unius damnum ad omnium transit dispendium. Universi itaque, velut in corpore uniformi, unius decoctionis, si ita res tulerit, respondere coguntur, ut viri illustris atque magnifici magistri officiorum suggestio nostræ clementiæ patefecit. — § 3. Quæ cum ita sint, præsenti sanctione perpetuo valitura legis in morem decernimus, ut, quisquis fabricensium sine liberis vel legitimo herede decesserit, non condito testamento, ejus bona, cujuscumque summæ sint, ad eos nutu nostræ mansuetudinis pertinere, qui velut creatores decedentium attinentur, qui fisco pro intercepto respondere coguntur. Hoc enim pacto contingit, ut et rei publicæ ratio salva perma.., et fabricenses collegarum suorum solatiis perfruantur, qui damnis ac detrimentis tenentur obnoxii : omni in posterum ab eorum facultatibus, ab eorum patrimoniis petitione cessante, Aureliane, frater carissime atque amantissime. — § 4. Illustris igitur auctoritas tua post hanc legem nullius petitionem admittat, vel instructionem fieri patiatur super bonis fabricensis defuncti. Quod si ulla processerit instructio, non sacra annotatio, non divina pragmatica habeat locum contra generalem nostri numinis sanctionem. Quinquaginta etenim auri libras officium palatinum fisci viribus inferre cogetur, si postquam susceperit hujus modi divinum oraculum, vel instructionem dare tentaverit. Dat. prid. non. Nov., Constantinopoli, ipso A. XVI. et Fausto V. C. coss.

78. Avant 506.

Prêt à la grosse.

Lex Romana Visigothorum, II, xiv. *De usuris;* éd. Hœnel.

Trajectitia pecunia dicitur quæ in navi, ut ad transmarina deferatur, deponitur; quia maris periculo committitur, in quantas convenerit usuras hanc pecuniam dare creditor potest [1].

79. Avant 506.

Juridiction consulaire.

Lex Romana Visig., XI, iii. 11.

Ut transmarini negotiatores suis et telonariis et legibus audiantur.

Dum transmarini negotiatores inter se causam habuerint, nullus de sedibus nostris eos audire præsumat, nisi tantummodo suis legibus audiantur apud telonarios suos.

80. Avant 506 [2].

Jet maritime [3].

Ex Aniani interpretationibus ad Pauli receptas sententias, II, vii; Ad legem Rhodiam de jactu dans Recueil des lois maritimes, p. p. Pardessus, I, p. 149.

Si quarumcunque res, pro sublevatione navis, manibus

---

1. Cf. Modestinus ap. *Digeste* II, xxii, et aussi n° 101 du recueil.
2. Date de la promulgation du Bréviaire d'Alaric. Nous avons dû donner aux fragments des jurisconsultes romains qui ont passé dans les lois barbares, non la date de leur rédaction originale, mais celle de la rédaction ou de la promulgation des lois barbares qui les ont adoptés et leur ont donné une nouvelle sanction.
3. Cf. n° 68.

in mari jactatæ fuerint, eis quorum res fuisse noscuntur, ab his omnibus qui in navi fuerint, restaurandæ sunt.

---

81. Commencement du VI° siècle — milieu du VII°.

Serfs artisans. Responsabilité du maître.

Lex Romana Burgundionum, II, 6.
Pertz, *Leges*, III.

Si vero servus cujuscumque occisus fuerit ab ingenuo et ipse homicida ad ecclesiam convolaverit, secundum servi qualitatem infra scripta domino ejus precia cogatur exsolvere, hoc est pro actore centum sol., pro ministeriale sexaginta sol., pro aratore aut pro porcario aut birbicario aut aliis servis triginta, pro aurifice electo 100, pro fabro ferrario 50, pro carpentario quadraginta sol. inferantur. Hoc ex praecepto domni regis convenit observari.

Lex Gundebada Burgundionum, X, xxi, 2.

Si quis servum natione barbarum occiderit lectum ministerialem sive expeditionalem, sexagenos solidos inferat : multae autem nomine sol. 12.

. . . .

Quicumque vero servum suum aurificem, argentarium, ferrarium, fabrum ærarium, sartorem vel sutorem, in publicum adtributum artificium exercere permiserit, et id quod ad faciendam operam a quocumque suscepit, fortasse everterit, dominus ejus aut pro eodem satisfaciat, aut servi ipsius, si maluerit, faciat cessionem.

Lex Alamannorum, LXXXI, 4, 5, 6, 7.
Même recueil.

Si mariscalcus cujusque qui super duodecim caballus occiderit, 40 solidos conponat. — Si cocus qui juniorem habet occidatur, 40 solidos conponat. — Si pistor, similiter. — Faber aurifex aut spatarius, qui publice probati sunt, occidantur, 40 solidos conponat.

82.   623.

Aventure de Samo.

Fredegarii Chron., IV, cap. 48, éd. Krusch; Monum. Germ. hist.,
Script. rerum Merovingicarum, II.

Anno XL regni Chlotharii, homo, nomen Samo, natione Francus, de pago Senonago plures secum negutiantes adcivit, exercendum negucium in Sclavos, coinomento Winedos[1] perrexit. Sclavi jam contra Avaris, coinomento Chunis, et regem eorum Gagano ceperant revellare. Winidi befulci Chunis fuerant jam ab antiquito ut, cum Chuni in exercitu contra gentem qualibet adgrediebant, Chuni pro castra adunatum illorum stabant exercitum : Winidi vero pugnabant : si ad vincendum prevalebant, tunc Chuni predas capiendum adgrediebant : sin autem Winidi superabantur, Chunorum auxilio fulti virebus resumebant. Ideo befulci vocabantur a Chunis, eo quod dublicem in congressione certamine vestila prilie facientes, ante Chunis precederint. Chuni iamandum annis singulis in Esclavos veniebant : uxores Sclavorum et filias eorum strato sumebant; tributa super alias oppressiones Sclavi Chunis solvebant. Filii Chunorum, quos in uxores Winodorum, et filias generaverant, tandem non subferentes maliciam ferre et oppressione, Chunorum dominatione negantes, ut supra memine, ceperant revellare. Cum in exercito Winidi contra Chunus fuissent adgressi, Samo neguciens, quo memoravi superius, cum ipsos in exercito perrexit, ibique tanta ei fuit utiletas de Chunis facta ut mirum fuisset, et nimia multitudo ex eis gladio Winidorum trucidata fuisset. Winidi cernentes utilitatem Samones, eum super se eligunt regem, ubi triginta et quinque annos regnavit feliciter. Plures prilia contra Chunis suo regimine Winidi inierunt : suo consilio et util tate Winidi semper Chunus superant. Samo duodecim uxores ex genere Winodorum habebat, de quibus viginti duos filius et quindecem filias habuit.

---

1. Les Wendes habitaient la Bohême, la Moravie, l'Autriche, la Carinthie.

83. 629, 30 juillet.

Dagobert Iᵉʳ crée sur la grand'route de Paris à Saint-Denis, au lieu dit Pasellus Sancti Martini, *un marché qui s'ouvrira le 9 octobre et durera quatre semaines. Il cède à l'abbaye de Saint-Denis les tonlieux et tous les autres droits perçus à l'occasion dudit marché*[1].

Pertz, *Monumenta Germ. Diplomata. Spuria*, n° 23.

Dagobertus rex Francorum viris industribus Leuthone, Vulfione, Raucone, comitibus et omnibus agentibus nostris, vicariis, centenariis et ceteris ministris rei publice nostre. Cognoscat solicitudo et prudentia vestra qualiter volumus et constituimus in honore domni et gloriosi patroni nostri Dionysii mercatum construendo ad missa ipsa que evenit septimo idus Octobris semel in anno, de omnes negociantes in regno nostro consistentes vel de ultra mare venientes, in illa strada que vadit ad Parisius civitate, in loco qui dicitur Pasellus Sancti Martini. Et sciatis nostri missi ex hoc mercato et omnes civitates in regno nostro, maxime ad Rothomo porto et Wicus porto, qui veniunt de ultra mare pro vino et melle vel garantia emendum et isto et altero anno seu ante sit ipse theloneus indultus usque ad tertium annum. Et inde in postea de unaquaque quarrada de melle persolvant partibus Sancti Dionysii solidos duos et unaquaque quarrada de garantia similiter solidos duos, et illi Saxones et Wigarii et Rothomenses et ceteri pagentes de alias civitates persolvant de illos navigios de unaquaque quarrada denarios duodecim, et vultaticos, et passionaticos

---

[1]. Le doute qui plane sur l'authenticité de ce diplome ne pouvait nous empêcher de l'admettre dans notre recueil. Il est bien possible qu'il ait été fabriqué pour être produit dans le procès que l'abbaye eut à soutenir en 759 contre Gérard, comte de Paris, et où elle obtint gain de cause (voy., n° 87, le placite de Pépin le Bref), mais, dans ce cas, on a dû se servir, pour le rédiger, de données historiques exactes et peut-être d'une analyse du diplome perdu. La vérité diplomatique est une chose, la vérité historique en est une autre. Cette dernière seule importait ici. L'authenticité a été contestée par Le Cointe, Germon, et, de nos jours, par Waitz; il faut joindre, on l'a vu, à ses adversaires, l'éditeur des *Diplomata* de la collection Pertz, qui l'a classé dans les *Diplomata spuria*. Elle a trouvé pour défenseurs Mabillon et, dans les temps modernes, Jacobs.

per omnes successiones et generationes illorum, secundum antiquam consuetudinem. Jubemus etiam ut ipse mercadus per quatuor septimanas extendatur, ut illi negociatores de Longobardia sive Hispanica et de Proventia ac de alias regiones illuc advenire possent. Et volumus atque expresse precipimus ut nullus negociator in propago Parisiaco audeat negociare, nisi in illo mercado, quem in honore Sancti Dionysii constituimus vel ordinamus, et si quislibet hoc fecerit, bannum nostrum pro hoc persolvat ad partem Sancti Dionysii. Precipimus denique et expresse vobis mandamus, et omnes agentes seu juniores vel successores vestros presentes et venturos, ut nullo unquam impedimento pars Sancti Dionysii de ipso mercado habeat ex parte nostra et vestra, neque intra ipsa civitate Parisius, neque ad foras in ipso pago, de ipsos theloneos vel navigios, pontaticos, rivaticos, rotaticos, vultaticos, themonaticos, chespetaticos, pulveraticos, foraticos, mestaticos, laudaticos, saumaticos, salutaticos, omnia et ex omnibus, [sed] quicquid ad partem nostram vel fisco publico de ipso mercado ex ipsa mercimonia exactare potuerit, pars Sancti Dionysii vel sui agentes imperpetuo habeant per hanc nostram indulgentiam et auctoritatem. Et ut hec nostra preceptio ad ipso sancto loco nostris et futuris temporibus firmior habeatur, manus nostre subscriptionibus eam subter decrevimus roborare et de anulo nostro sigillare jussimus. Dagobertus rex subscripsi. Dado obtulit. Datum sub die III. kal. Augusti, anno secundo regni Dagoberti, Compendio Feliciter, in Dei nomine. Amen.

---

84. VII° siècle.

Industries et arts monastiques.

Vita sancti Eligii, episcopi Noviomensis, auctore sancto Audoeno. Ghesquierius, *Acta sanctorum Belgii*, III, 212.

Habentur ibi[1] et artifices plurimi diversarum artium

---

1. Monastère de Solignac en Limousin, dont saint Éloi était abbé.

periti, qui, Christi timore perfecti, semper ad obedientiam sunt parati.

85. VII° siècle.

Origine de la fortune de saint Éloi.

Vita s. Eligii auctore s. Audoeno.
Ghesquierius, *Acta sanctorum Belgii*, III, 202.

Post aliquod autem temporis intervallum pervenit ad notitiam Clotarii Francorum regis hujusmodi ex causa. Volebat enim idem rex sellam urbane auro gemmisque fabricare, sed non inveniebatur in ejus palatio qui hujusmodi opus, sicut mente conceperat, posset opere perficere. Cum sciret ergo præfatus regis thesaurarius Eligii industriam, cœpit eum explorare si quominus opus optatum posset perficere, et cum facile id apud eum fieri intellexisset, ingressus ad principem indicavit ei invenisse se artificem industrium, qui dispositum sine cunctamine aggrederetur ejus opus [1]. Tunc rex mente gratissima tradidit ei copiosam auri impensam, sed et ipse nihilominus tradidit Eligio : at ille acceptum opus cum celeritate inchoavit, atque cum diligentia celeriter consummavit. Denique quod ad unius opificii acceperat usum, ita ex eo duo composuit, ut incredibile foret omnia ex eodem pondere fieri potuisse : nam absque ulla fraude, vel unius etiam siliquæ imminutione commessum sibi paravit opus, non cæterorum fraudulentiam sectans, non mordacis limæ fragmen [2] culpans, non foci edacem flammam incusans, sed omnia fideliter complens geminam feliciter meruit felix remunerationem. Opus ergo perfectum defert protinus ad palatium, traditque regi quam donaverat sellam, altera penes se quam gratuito fecerat, reservata. Cœpit tunc princeps mirari simul et efferre tantam operis elegantiam, jussitque illico fabro tribuere mercedem laboris dignam. Tunc Eligius, altera ex occulto

---

1. Alias : *operis artificium.*
2. Alias : *fragmina.*

in medio prolata; « Quod superfuit, inquit, ex auro ne negligens perderem, huic operi aptavi. » Confestim stupefactus Clotarius, et majori admiratione detentus, sciscitabatur opificem si cuncta ex eodem penso facere potuisset, et cum consequenter juxta id quod fuerat sciscitatus responsum accepisset, ingenium ejus sublimi favore attollens : « Ex hoc jam, inquit, etiam in maximis credi poteris. » Porro hoc fuit initium, necnon et testimonium in palatio regis, honorandi credendique Eligium : ex hoc nempe ad altius consurgens factus est aurifex peritissimus, atque in omni fabricandi arte doctissimus, invenitque gratiam in oculis regis, et coram cunctis optimatibus ejus, Dominoque juvante roborabatur in fide, et a rege provocatus crescebat quotidie in melius.

86.   721, 10 novembre.

Tenures grevées de certains travaux et de certaines fournitures.

Diplôme du roi Thierry IV pour l'abbaye de Saint-Bertin.
Folquin, *Cartulaire de Saint-Bertin*, p. p. Guérard, n° xxvii.

Theodericus rex Francorum..... cognoscat magnitudo ac utilitas vestra, venerabilem virum Erkenbodum, abbatem de monasterio Sithiu, per missos suos clementiæ regni nostri detulit in notitiam, quod tritavus noster Theodericus ..... per preceptionem suam[1] ..... antecessori suo Bertino, quondam abbati, vel predicto monasterio Sithiu, tale beneficium concessisset ..... quod de fisco nostro comparatum habebat ..... præter illam terram unde opera carpentaria[2] exeunt, hoc habuisset indultum, ut nulla judiciaria potestas nullos redditus terræ nec nullos functiones publicas eidem, ob hoc, exigere aut exactare vel requirere non deberet.

---

1. Précepte de Thierry III pour Saint-Bertin du 23 octobre 682. (*Cart. de S. Bertin*, n° ix.)
2. Même clause dans un diplôme du 23 avril 743, avec cette variante : præter illam terram unde opera carraria exeunt (n° xxxi).

87.   759, 30 octobre.

Jugement du roi Pépin, reconnaissant le droit de l'abbaye de Saint-Denis sur les tonlieux perçus à l'occasion de la foire de Saint-Denis.

<small>Monuments historiques. Cartons des rois, p. p. Tardif. *Additions*, n° 57 bis [1], d'après l'orig.</small>

PRECEPTUM PIPPINI REGIS DE MERCATO SANCTI DYONISII

Pippinus rex Francorum vir inluster. Venientes agentes Sancti Dionisio et Follerado abbate, Aderulfus et Rodegarius, Compendio, palacio publico, sub die decimo kalendas Novembris, anno octavo regni nostri, ubi nos ad universorum causas audiendas et recta judicia determinandum resederemus, ubi visi sunt interpellasse Gerardum comitem, eo quod malo ordine recontendebat et retinebat tolonee infra Parisius ex navibus, et pontis volutaticos ac rotaticos, quem ab ipsa die missa Sancto Dionisio semper ab antiquo accipiebant agentes Sancti domni Dionisio. Unde prædictus Gerardus comes dedit in responsis, quod ipsum teloneum aliter non contendebat nisi quomodo antecessores illius, qui comites fuerant ante illum, id ipsum ad suam partem retinebat. Supradicti autem agentes Sancti Dionisii ita contra eum intendebant et ostendebant præceptum Dagoberti regis [2], qualiter ipsum marcatum stabilisset in ipso pago, et postea ipsum cum omnes teloneos ad partem Sancti Dionisii delegasset ac firmasset. Et ipse domnus rex Pippinus adfirmabat, quod semper a sua infantia ipsos teloneos partibus Sancti Dionisii habere et colligere vidisset. Sed Gerardus comes hoc nullo modo consentiebat, et tunc talem placitum statuerunt, ut iterum simul ad noctes legitimas convenirent in eodem palatio, et ante jam dictum domnum Pippinum ipsam intentionem delfinire debuissent,

---

<small>1. Th. Sickel, *Acta regum et imperatorum Karolinorum*, 2. Theil : *Urkundenregesten*, P. 10. Böhmer-Mühlbacher, *Regesta*, n° 87.
2. Voy. ci-dessus, n° 03.</small>

sicut lex edocebat. Denique venientes jam dicti missi et advocati Sancti Dionisii, Adrulfus et Rotgarius, ad condictum placitum, quarto kalendas Novembris, tales testes ibi præsentaverunt, qui ipsos teloneos in Parisius acceperunt cum omni eorum integritate ad partem Sancti Dionisii. Tunc illis judicatum fuit a Vuidone, Raulcone, Milone, Helmgaudo, Rothardo, Gislehario, vel reliquis quamplures, seu et Vuicberto comite palatii nostro, ut pars Sancti Dionisii, vel supradicti advocati, hoc comprobare debuissent, quod et de præsente visi sunt fecisse. Prædictus namque Gerardus comes ita dedit in responsis quod aliter non volebat facere, nisi quomodo lex erat et domno rege placebat ac suis fidelibus qui ibi residebant. Unde et ipse Gerardus ex prædictos teloneos se exitum dixit coram eis. Quapropter tunc illis oportunum fuit et necessarium talem notitiam ex hoc facto accipere debuissent, ut ab hodierno tempore et die pars Sancti Dionisii, vel agentes ipsius, de ipsos teloneos securi et quieti residere valerent, et sit inter ipsos in postmodum omni tempore quieta et subita causatio. Signum ☩ gloriosissimo domno Pippino rege. Ejus jussus recognovit et subscripsit.

Datum tertio kalendas Novembris, anno suprascripto. In Dei nomine, feliciter.

---

88.   794, juin.

Prix maximum du grain et du pain.

Synodus Francofurtensis.
Boretius, *Capitularia regum Francorum*, I, n° 28;
Monum. Germ. historica. Legum sectio II, in-4.

4. Statuit piissimus domnus noster rex, consentienti sancta synodo, ut nullus homo, sive ecclesiasticus sive laicus sit, ut nunquam carius vendat annonam, sive tempore abundantiæ sive tempore caritatis, quam modium publicum et noviter statutum. De modio de avena denario uno, modio

ordii denarius duo, modio sigalo denarii tres, modio frumenti denarii quatuor. Si vero in pane vendere voluerit, duodecim panes de frumento, habentes singuli libras duas, pro denario dare debeat, sigalatius quindecim æquo pondere pro denario, ordeaceos viginti similiter pensantes, avenatios viginti quinque similiter pensantes. De vero anona publica domni regis, si venundata fuerit, de avena modius II pro denario, ordeo den. I, sigalo den. II, frumento modius denar. III. Et qui nostrum habet beneficium, diligentissime prævideat, quantum potest Deo donante, ut nullus ex mancipiis ad illum pertinentes beneficium famen moriatur, et quod superest illius familiæ necessitatem, hoc libere vendat jure præscripto.

---

89.   800 ou avant [1].

Personnel exerçant les arts mécaniques dans les villæ impériales.

Borétius, *Capitularia regum Francorum*, I, Karoli Magni capitularia, n° 32.

CAPITULARE DE VILLIS IMPERIALIBUS.

43. Ad genitia nostra, sicut institutum est, opera ad tempus dare faciant, id est linum, lanam, waisdo, vermiculo, warentia, pectinos laninas, cardones, saponem, unctum, vascula vel reliqua minutia quæ ibidem necessaria sunt.

45. Ut unusquisque judex in suo ministerio bonos habeat artifices, id est fabros ferrarios et aurifices vel argentarios, sutores, tornatores, carpentarios, scutarios, piscatores, aucipites, id est aucellatores, saponarios, siceratores, id est qui cervisam vel pomatium sive piratium vel aliud quodcumque liquamen ad bibendum aptum fuerit facere sciant, pistores, qui similam ad opus nostrum faciant, retiatores, qui retia facere bene sciant, tam ad venandum quam ad piscandum sive ad aves capiendum, necnon et reliquos ministeriales quos ad numerandum longum est.

---

1. Voir sur la date les observations de Borétius qui précèdent le texte.

90. 805, à la fin de l'année.

Itinéraire des commerçants qui se rendent chez les Slaves et les Avares, et villes frontières où ils trouvent la protection des missi.

Boretius, *Capitularia regum Francorum*, I, *Karoli Magni capitularia*, n° 44.

CAPITULARE MISSORUM IN THEODONIS VILLA DATUM SECUNDUM GENERALE.

7. De negotiatoribus qui partibus Sclavorum et Avarorum pergunt, quousque procedere cum suis negotiis debeant, id est partibus Saxoniæ usque ad Bardænowic[1], ubi prævideat Hredi, et ad Schezla[2], ubi Madalgaudus prævideat; et ad Magadoburg[3] prævideat Aito. Et ad Erpesfurt[4] prævideat Madalgaudus, et ad Halazstad[5] prævideat item Madalgaudus. Ad Foracheim[6], et ad Breemberga[7], et ad Ragenisburg[8] prævideat Audulfus, et ad Lauriacum[9] Warnarius. Et ut arma et brunias non ducant ad venundandum. Quod si inventi fuerint portantes, ut omnis substantia eorum auferatur ab eis, dimidia quidem pars partibus palatii, alia vero medietas inter missum et inventorem dividatur.

---

91. 822.

Ateliers monastiques.

Statuta antiqua abbatiæ Sancti Petri Corbeiensis.
Guérard, *Polyptique d'Irminon*, append.

Brevis quem Adalhardus senex, ad Corbeiam regressus, anno Incarnationis Domini DCCCXXII, mense januario,

---

1. Bardowick.
2. Schessel, près de Celle.
3. Magdebourg.
4. Erfort.
5. Hallstadt. Cette ville, qui n'existe plus, était située près de Bamberg.
6. Forchheim.
7. Pfreimt.
8. Ratisbonne.
9. Lorsch.

indictione quinta decima, imperii vero gloriosi Chludvici Augusti VIII°, fieri jussit.

. . . .

Item de laicis : Matricularii duodecim, laici triginta. Ad primam cameram sex, sutores III, cavalarii II, fullo I. Ad secundam cameram decem et septem Ex his ad cameram unus, fabri grossarii sex, aurifices duo, sutores duo, scutarii duo, pargaminarius I, saminator I, fusarii tres..... ad portam Sancti Albini... carpentarii quatuor, mationes quatuor; medici duo; ad casam vasallorum duo. Isti sunt infra monasterium.

Lib. II, xv, 534.

Hoc tamen sciendum, quod omnem panem, quantum ad portam necessarium est, ipsi pistores dominici coquere debent; similiter ac omnes cervisas bratsare bratsatores dominici.

---

92.   827.

Œuvres serviles.

Ansegisi Capitularium, lib. I.
Borelius, *Capitularia regum Francorum*, I.

75. *De operibus servilibus, quae diebus dominicis non sunt agenda.* Statuimus quoque, secundum quod in lege Dominus præcepit, ut opera servilia diebus dominicis non agantur, sicut et bonæ memoriæ genitor meus in suis sinodalibus edictis mandavit, quod nec viri ruralia exerceant nec in vinea colenda nec in campis arando nec in metendo vel fœnum secando vel sepem ponendo nec in silvis stirpando vel arbores cædere vel in petris laborare nec domos struere; nec in horto laborent nec ad placita conveniant nec venationes exerceant. Sed tria carraria opera licet fieri in die dominico, id est hostilia carra vel victualia et si forte necesse erit corpus cuiuslibet duci ad sepulchrum. Item feminæ opera textrilia non faciant nec capulent vesti-

tos, nec consuant vel acupictile faciant nec lanam carpere nec linum battere nec in publico vestimenta lavare nec berbices tondere habeant licitum; ut omnimodis bonorum requies die dominico persolvatur. Sed ad missarum sollemnia ad ecclesiam undique conveniant et laudent Deum pro omnibus bonis quæ nobis in illa die fecit.

93. 852.

Statuts d'Hincmar, archevêque de Reims, réprimant les abus dont les confréries étaient l'occasion[1].

Sacrosancta Concilia, éd. Labbe, VIII, 572[2].

Ut de collectis, quas geldonias vel confratrias vulgo vocant, sicut jam verbis monuimus et nunc scriptis expresse præcipimus, tantum fiat quantum ad auctoritatem et utilitatem atque rationem pertinet. Ultra autem nemo, neque sacerdos neque fidelis quisquam, in parochia nostra progredi audeat. Id est in omni obsequio religionis conjungantur; videlicet in oblatione, in luminaribus, in oblationibus mutuis, in exequiis defunctorum, in eleemosynis et ceteris pietatis officiis, ita ut qui candelam offerre voluerint, sive specialiter sive generaliter, aut ante missam aut inter missam, antequam evangelium legatur, ad altare deferant. Oblationem autem unam tantummodo oblatam, et offertorium pro se suisque omnibus conjunctis et familiaribus offerat. Si plus de vino voluerit in butticula vel canna, aut plures oblatas, aut ante missam aut post missam, presbytero vel ministro illius tribuat, unde populus in eleemosyna et benedictione illius eulogias accipiat, vel presbyter supplementum aliquod habeat. Pastos autem et commessationes, quas divina auctoritas vetat, ubi et gravedines, et indebitæ exactiones, et turpes ac inanes lætitiæ et rixæ, sæpe etiam, sicut experti sumus, usque ad homicidia et odia, et dissen-

---

1. Cf. n° 119.
2. Cf. le canon XV du concile de Nantes. *Ibid.*, IX, 472.

siones accidere solent, adeo penitus interdicimus, ut qui de cetero hoc agere præsumpserit, si presbyter fuerit vel quilibet clericus, gradu privetur; si laicus vel femina, usque ad satisfactionem separetur. Conventus autem talium confratrum, si necesse fuerit ut simul conveniant, ut si forte aliquis contra parem suum discordiam habuerit, quem reconciliari necesse sit, et sine conventu presbyteri et ceterorum esse non possit, post peracta illa quæ Dei sunt, et christianæ religioni conveniunt, et post debitas admonitiones, qui voluerint eulogias a presbytero accipiant, et panem tantum frangentes singuli singulos biberes accipiant et nihil amplius contingere præsumant et sic unusquisque ad sua cum benedictione Domini redeat.

---

94.   IX° siècle.

Travail des métaux précieux.

Ms. de la bibl. capitulaire de la cathédrale de Lucques [1]

DE PETALO [2] ARGENTI.

Petali argenti in modum auri battantur.

DE PETALUM STAGNEUM.

Quomodo petalum stagneum fieri debeat ӟ [3] II.; batte lamina longa et gracile et recide ea per pensum usque ad quinque vices et suventium eum divide.

DE FILA AUREA FACERE.

Quomodo petalum fiet ad fila aurea. Auro bonum sicut metrum, batte lamina longa et gracile. Quando per longum battis, plica eam super unum; et sic eas battes, sed pla-

---

1. Le traité technique d'où est tiré ce passage a été publié par Muratori, *Antiquitates*, III. Le texte que nous avons suivi nous a été fourni par une copie du ms. dont nous devons la communication à M. Giry. Ce ms. a été écrit au IX° siècle. L'ouvrage ne peut donc être postérieur à cette époque; c'est tout ce qu'on peut dire de la date de sa composition.
2. Feuille.
3. Ce signe doit probablement s'interpréter *sesquncia*.

catoras non battis. Et postea aperis aurum per medium, et amba capita non battuta in medio veniant; et batte et cum ala eum divide. Et post debeas adplouare cum matiola lignea, et de solum unum debeas facere III petalas. Et post tolle forfices bonas subtilissimas longas et graciles; et circina illut usque ad sanum et plica unum cota unum petalum et continua illa cum coutena afferca. Et tota sic similiter fieri debet. Et tolle carbones minutos. Adprehende illos in focario. Et debeas mittere tota petala intro modico et sabata, et quale ut tota scadata fiat. Et habes aquam paratam; et bersa super ut adluminentur ipse petala. Et post tolle tragantum mundum : et diligenter pista illud in mortario et sal, equis ponderibus; et trica cum aceto extemperasce, indue per petala de ambis partibus equaliter cum pinna, et in focarium scalda per modicos. Sic coloratur aurum. Et cum aquam munda laba; et divide cum et adsueca et post capela pila. At XII tremisses pensent ad aucupiscude et ad aurum textum cracile, ut XV tremisses pesent. Et ipsa fila longa palmi III et petala sic esse debent.

---

95. IX° siècle.

Création d'une ville.

Johannis Longi Chronica Sancti Bertini.
Pertz, SS., XXV, 768.

Posthoc ad opus seu necessitates illorum de castello[1] coperunt ante portam ad pontem castelli confluere mercemanni, id est cariorum rerum mercatores, deinde tabernarii, deinde hospitarii pro victu et hospicio eorum qui negocia coram principe, qui ibidem sepe erat, prosequebantur, domus construere et hospicia preparare, ubi se recipiebant illi qui non poterant intra castellum hospitari; et erat verbum eorum : « Vadamus ad pontem »; ubi tantum

---

1. Il s'agit du château de Bruges (Brugia) construit, ainsi que la ville, par Baudouin Bras-de-Fer, comte de Flandre, qui épousa, en 862, Judith, fille de Charles le Chauve. Même chron., *supra*.

accreverunt habitaciones, ut statim fieret villa magna, que adhuc in vulgari suo nomen pontis habet, nempe *Brugghe* in eorum vulgari pontem sonat.

---

96.   X° siècle.

Fabrication du savon.

Mappæ clavicula. Ms. du x° siècle à la bibl. de Schlestadt. Cf. Way, Archæologia or miscellaneous tracts... published by the society of antiquaries of London, XXXI, et Giry, Notice sur un traité du moyen âge intitulé « De coloribus et artibus Romanorum », dans les Mélanges Duruy, Bibl. de l'École des Hautes études.

QUOMODO FIAT SAPO EX OLEO VEL SEPO.

CCLXXX crati baticie de minutulis virgulis sive spisso et forti colatorio supersterne bene arsum cinerem de bonis lignis et super funde leviter aquam calefactum, ut guttatim transeat, et lexivam subtus mundo in vase recipe, et secundo vel tertio par eundem cinerem cola, ut fortis lexiva fiat et colorata; et hæc est prima lexiva soponarii, quam, cum bene depuraverit, mitte coquere, et cum diu bullierit et spissari ceperit, addito oleo sufficienti move optime. Quod si cum calce facere volueris, mitte ibi modicum calcis bonæ; et si sine calce esse volueris, sola predicta bullice permitte, donec excocta sit lexiva et in spissitudine redacta, et post in loco apto refrigerare permitte quicquid ibi lexivæ vel aquosum remansit : que depuratio secunda lexiva saponarii dicitur. Postea per II vel III vel IIII dies, spatula exagita, ut bene cohereat et exaquetur, repone usui. Si vero de sepo facere volueris, eadem erit actio sed, loco olei, mittas sepum pecorinum bene contusum et adicies de simila ad estimationem, et coquentur ad spissitudinem, ut predictum est. In secunda vero lexiva, quam dixi, mittes sal et coques donec exsiccetur, et hoc erit affronitrum ad solidaturam.

97. Fin du Xe siècle.

Décoration d'une église.

Folcuini *Gesta abbatum Lobiensium.*
Pertz, SS., IV, 70.

Ecclesia, quia per se satis elegans erat, ut in ornamentis elegantior redderetur operam dedit [1], quam de pulchra fecit pulcherrimam Cujus altaris tabulam, quia nulla erat, fecit argenteam; domum ipsam altaris et laquear ipsius apprime [2] pinxit; pulpitumque Evangelii tali modo fecit, ut essent quatuor emicedia altrinsecus e regione in modum crucis posita, quae ex aere ductilia et ad libitum artificis per loca scalprata et deaurata, postibus undiquessecus deargentatis, in septemtrionali parte fusilem habent aquilam optime deauratam, quae interdum alas stringit, interdum alis extensis capacem Evangeliorum codici locum pandit, colloque quasi pro libitu artificiose ad audiendum retorto [3], immissis prunis, fragrantiam superimpositi thuris emittit. In occidentali autem parte ejusdem ambonis versus populum fecit altare in honorem Sanctæ Crucis et omnium sanctorum, cui et tabulam argenteam anteposuit, et desuper vivificam illam Domini imaginem, quam nostris adhuc terris incomparabilem ipse quendam ut faceret magno pretio locaverat, erexit.

---

98. 1036.

Tarif du tonlieu de Saint-Vaast d'Arras.

Cartulaire de l'abbaye de Saint-Vaast d'Arras, rédigé par Guimann, au XIIe siècle, p. p. Van Drival, p. 165.

CAPITULUM DE CONSUETUDINIBUS THELONEI.

Consuetudines et jura thelonei Atrebatensis, que pro

---

1. Il s'agit de Notker, évêque de Liège, de 972 à 1007.
2. *optime,* éd. Achery, II, 740, col. 2.
3. *retorto et iterum reducto* ibid.

remedio anime sue et pro animabus predecessorum successorumque suorum inclytus rex Francie Theodericus[1] ecclesie confessoris Christi Vedasti, ad usus fratrum ecclesie inibi Deo servientium in eleemosinam contulit.

Omnes illi debent theloneum qui manent extra terminos istos, sive sint de censu sancti Vedasti sive non, scilicet ultra pontem de Biez, ultra pontem de Wendin[2], ultra pontem d'Ognies[3], ultra pontem de Salchi[4], ultra Donpree, ultra le Translect in Aroasia, ultra Miralmont, ultra Petrosam que est juxta Monchy, ultra les Escaminels en Ternois, ultra aquam de Chokes[5]; et omnes illi qui manent infra hos terminos, tam clerici quam laici qui sunt mercatores, debent theloneum sancto Vedasto, nisi sint de censu Sancti Vedasti, vel Sancte Marie de civitate tam qui vendit quam qui emit :

De pannis et majoribus mercaturis theloneum de singulis viginti 'idatis iiij denar. et de) de iiij solid.		De libra	iiij den.
		De quinque solidatis	i den.
		De quatuor solidatis	i den.
		De tribus solidatis	i obol.
		De duobus solidatis	i obol.
De marca	vj den.		

DE PISCIBUS.

De sturione	iiij den.	bus, quatuor pro charro, pro temone	v den.
Del porpais	ij den.		
De salmone	i den.	Charrus annone, tantum modo.	iiij den.
Pensa alarum	ij den.		
Charetee harengorum vel de plaiz vel de moluel	i den.	Centum de alosis	iiij den.
		Centum frusta macre carnis balene	iiij den.
Si charrus onustus sit pisci-		Unus sulceus balene	i den.

---

1. Thierry III.
2. Pont-à-Vendin (Pas-de-Calais, canton de Lens).
3. Oignies (Pas-de-Calais, canton de Corvin).
4. Sailly-en-Ostrevant (Pas-de-Calais, canton de Vitry).
5. Chocques (Pas-de-Calais, arrondissement et canton de Béthune).

DE DIVERSIS REBUS.

Omnes stalli super quos venduntur victualia in foro debent unoquoque sabbato, vel venalis sui obolatum i obol.
Charetee annone ij den.
Charetee omnium fructuum ij den.
Charetee de waisde ij den.
Charetee cinerum ij den.
Charetee vasorum ligneorum ij den.
Charetee salis pro theloneo ij den.
et pro sesteragio i den.
Charrus salis pro theloneo iiij den.
pro sesteragio ij den.
Et semel in anno, mencaldum salis i den.
Unde debemus comiti duos modios salis per annum
Charetee vini ij den.
Charrus vini ix den.
Si venditur vel emitur vinum, ad exequationem id est probationem, de uno quoque tonello debet venditor ij den.
et emptor ij den.

DE BESTIIS.

De equo ij den.
De vacca i den.
De asino i obol.
De ove i obol.
De ariete i obol.
De capra i obol.
De porco i obol.
De porca cum porcellis lactentibus i den.
Tria sunt, que si, quis vendiderit vel emerit, a theloneo nullatenus liber erit, sive sit de censu sancti Vedasti, sive non, scilicet aurum, capra, servus, vel ancilla.

DE MACELLIS.

De bacone i den.
De uncto i obol.
De quinque solidatis salse carnis que de foris adducitur i den.

DE STALLIS QUI SUNT IN FORO.

Stalli pannorum lineorum, laneorum, novorum vel veterum, in mense i den.

Stalli cordarum in mense i den.
Stalli cultellorum i cutellum per annum.
Stalli cerariorum   iij solid. per annum, sive unus sit stallus, sive plures.
Stallus uniuscujusque fabri, in festo sancti Remigii iiij den.
De garba ferri   i obol.
De garba d'acier   i obol.
Faber qui vendit falcillas debet per annum i falcillam.
Faber qui vendit ferrum palarum debet per annum i ferrum pale [1] et qui vendit manubria palarum debet per annum i manubr. pal.
Qui vendit hastas, i per annum.
Stallus del escohier in foro, unoquoque sabbato i obol. si vendit.
Centum pelles agnine iiij den.
Penna agnina vel pellicia i den.
Grisia vel varia   iiij den.
De catis vel coninis   ij den.
De corio cervi   i den.

De corio tanato   i obol.
De corio recenti   i obol.
Taka coriorum   ij den.
Mensura mellis   iiij den.
Summa olei si non mensuratur   iiij den.
Summa olei si mensuratur iiij den.
Summa annone   i obol.
Summa piscium   i obol.
Summa fructuum   i obol.
Garba ferri vel acier   i obol.
Quinque solidate lane   i den.
Quinque solidate fileti   i den.
Quinque solidate salse [2] carnis   i obol.
Stallus cordarum in mense i obol.
Stallus cerarii in mense i obol.
Majus pensum lane, fileti, uncti, butyri, casei anglici, de theloneo   iij den.
i den. pro tonagio ab hiis qui theloneum debent; ab illis vero qui non debent i obol.
Pensum casei flamengi ij den.
De theloneo et pro tonagio ab omnibus   i obol.

A ponte Enardi usque ad pedem atrii Sancte Marie habet Sanctus Vedastus dimidium theloneum et episcopus dimi-

---

1. Après *pale* on lit dans l'édition de M. l'abbé Van Drival les mots : *manubrium pale* qui ne sont à leur place que plus loin.
2. Édit. : *sasse*.

dium; atrium Sancte Marie liberum est. In omnibus aliis locis qui sunt infra bannileugam, si mercimonium exercetur, integrum theloneum Sancto Vedasto debetur.

Si quis autem in aliam terram negotiationem exercuerit, si in hac civitate ei ipsa negotiatio deliberata fuerit vel si in hac urbe emptor negotiaverit aut pretium persolverit, dimidium theloneum dabit.

Potest etiam Sanctus Vedastus capere theloneum suum et arrestare mercaturas illorum qui nolunt solvere theloneum tam in civitate Atrebatensi quam extra, sine justitia et scabinis, et sequi illos qui furtive asportant theloneum suum usque Duacum, usque ad pontem de Wendin, usque Basseyam[1], usque Bethuniam, usque Husdinium[2], usque Sanctum Paulum[3], usque Currierum[4], usque Ancram[5], usque ad Truncum Berengeri in Aroasia[6] et usque castrum Scluse[7]; et illi, qui sic deprehenduntur et arrestantur, theloneum sancti Vedasti furtive asportando, tenentur solvere sancto Vedasto sexaginta solidos par. pro emenda forefacti, ea conditione quod, si ille qui est arrestatus fuerit de terra comitis, comes debet habere medietatem illius forefacti. Si vero de terra sancti Vedasti fuerit, totum forefactum ecclesie sancti Vedasti debet esse. Omnes illi qui sunt de censu sancti Vedasti sunt liberi a theloneo et omnes illi qui non sunt de censu debent theloneum, si fuerint mercatores. Quicunque voluerit probare se esse de censu sancti Vedasti hoc debet probare per juramentum suum et per sex viros et mulieres sue originis ex parte sue matris.

---

1. La Bassée.
2. Houdain.
3. Saint-Pol-sur-Ternoise.
4. L'ordre topographique dans lequel ces diverses localités sont énumérées ne permet guère d'identifier *Currierum* avec Courrières.
5. Ancre, auj. Albert.
6. Le Tronc-Bérenger, auj. Arrouaise. Lieu dit, dans la forêt d'Arrouaise, sur l'emplacement où fut élevée en 1090 l'abbaye d'Arrouaise, au finage du Transloy, canton de Bapaume.
7. Lécluse (Nord), canton d'Arleux.

PRIVILEGIUM LEDUINI ABBATIS DE TERMINIS ET CONSUETUDINIBUS CENSUS ET THELONEI.

In nomine sancte et individue Trinitatis Patris et Filii et Spiritus sancti. Amen.

Quia vita humana brevi subsistens tempore per assumptam sarcinam fragilis carnis moriendo deficit, visum est prudentibus viris commodum et utile esse, ut possessiones ecclesiarum propter vitandas contentiones seu dissensiones scriptis consignarent, quibus veritatem presentibus atque futuris fidelibus indubitanter representarent. Cujus rei memor ego Leduinus, abbas monasterii Sancti Vedasti, et successuris ecclesie mee filiis fideliter prospiciens, mutue vicissitudinis dilectione cum domno Gerardo, ecclesie Cameracensis et Attrebatensis episcopo, cum Lietberto archidiacono nepote ejus, cum advocatis etiam Rotberto Fasciculo et Helgoto, Albrico vero castellano, quid juris et rectitudinis thelonei ecclesie mee erat diligenter discutiens, illis mihi insinuantibus et bene assentientibus, implens etiam multum voluntatis domni episcopi, regiones et affinitates quarum gentes que mercatum frequentabant, emebant et vendebant, et theloneum debebant, expresse et nominatim sic dividendo distinxi. Omnes a loco qui nominatur Petrosa ulterius manentes, sive sancti Vedasti fuerint sive non fuerint, theloneum debent. Similiter ab aqua Fontenellis. Ab Sanctanis en Ternoiz. Ab aqua Calonne que currit Bethuniam. A ponte del Biez. Ab Hunungestrata. A ponte de Windino. A fossato Bolainriu[1]. A ponte Donieul[2]. A ponte de Salgi in Ostrevant[3]. Ab aqua Marchium[4]. A duobus pratis. Ab introitu Aride Gamantie, et infra sylvam et ultra manentes. In hac autem civitate manentes, qui sancti Vedasti fuerint et qui sancte Marie Atrebatensis, theloneum non

---

1. L'éditeur a imprimé Bolamiriu. Le Boulenrieu, cours d'eau absorbé au XVIIe siècle par le canal qui joint la Deule à la Scarpe, dans les environs de Bouvines.
2. Édit. : *Douieul*.
3. Sailly-en-Ostrevent (Pas-de-Calais, com. de Vitry).
4. Le Marcq, affluent de la Deule.

dabunt. Quod si thelonearius vel minister abbatis super aliquem de civitate clamorem fecerit quod theloneum suum injuste retinuerit, si se debere negaverit, per originem suam derationabit. Homo ex qualibet potestate qui se sponte sancto Vedasto sive sancte Marie dederit omni vita sua theloneum dabit. Mulier, ancilla, vel libera si se sponte dederit, tunc heredem habens cum se dederit, ambo theloneum omni vita sua dabunt. Heres autem qui post dationem illam ex ea nascetur, liber erit. Homo si de ultra sylva Arida Gamantia [1] se tradere voluerit, si castellanus eum prius acceperit, albannis erit, nec amplius se donare poterit. Quod si in donando se prevenerit, castellanus nihil habebit in eo. A ponte Enardi usque ad pedem atrii sancte Marie habet sanctus Vedastus dimidium theloneum et episcopus dimidium. Atrium sancte Marie liberum est. In omnibus vero aliis locis qui sunt infra banni leugam, si mercimonium exercetur, integrum theloneum sancto Vedasto debetur. Si quis autem in aliam terram negotiationem exercuerit, si in hac civitate ei [2] ipsa negotiatio deliberata fuerit, vel si in hac urbe ejusdem negotiationis pretium persolverit, dimidium theloneum dabit. Presbiter sive clericus, si mercator fuerit, emerit aut vendiderit, theloneum dabit. Quod si ad equitatum suum vel ad carrucam suam palefridum emerit, et hoc verum esse legitime probare poterit, inde theloneum non dabit. Similiter de vestura sua et de victu suo. Omnis homo, sive liber sive non, si emerit aut vendiderit aurum vel servum vel ancillam vel capram, theloneum debet. De ceteris negotiationibus.

De marca	vj den.	De duobus solidis	i obol.
De libra	iiij den.	De sturione	iiij den.
De quinque solidis	i den.	Del pozpaiz	ij den.
De quatuor solidis	i den.	De salmone	i den.
De tribus solidis	i obol.	Pensa alarum	ij den.

---

1. La forêt d'Arrouaise, au sud-est de Bapaume.
2. Édit. : *in*. Voy. p. 60.

Centum de alosis	iiij den.	Careta piscium	ij den.
Sulceum[1] balene	i den.	Careta fructus	ij den.
Centum macre carnis balene	iiij den.	Careta vasorum ligneorum	ij den.
Carrus piscium	v den.	Careta cinerum	ij den.
Scilicet pro rotis	iiij den.	Careta de waisde	ij den.
et pro temone	i den.	Careta vini	ij den.
Carrus annone	iiij den.	Carrus vini	ix den.
Careta annone	ij den.		

Si venditur aut emitur vinum ad exaquationem id est probationem, de uno quoque tonello debet emptor duos denarios, et venditor duos denarios. Nec debent probari nisi tantum ad mensuram sancti Vedasti. Caretee salis pro theloneo ij den. et pro sexteragio i den. Carrus salis pro theloneo iiij den. et pro sexteragio ij den. et semel in anno i mancaldum salis, unde debemus comiti duos modios salis per annum. Triginta[2] mancaldos de manu nostra accipit, et pro duobus habet redditum ollarum.

De caballo	ij den.	De cattis vel coniniis	ij den.
De vacca	i den.	De corio cervi	i den.
De asino	i obol.	De corio recenti	i obol.
De ove	i obol.	De corio tanato	i obol.
De capra	i obol.	Tacha coriorum	ij den.
De porco	i obol.	Summa mellis	ij den.
De porca cum porcellis lactentibus	i den.	Mensura mellis	ij den.
De bacone	i obol.	Summa olei si non mensuratur	ij den.
De vuncto	i obol.	Centum olei si mensuratur	iiij den.
Centum pelles agnine	iiij den.	Summa annone	i obol.
Penna agnina vel pellicea	i den.	Summa piscium	i obol.
		Summa fructuum	i obol.
Grisia vel varia	iiij den.	Garba ferri vel acier	i obol.

---

1. Ou *sulceus*. Voy. Du Cange, v° *sulceus*.
2. Édit. : *triginter*.

Quinque solidate lane i den.
Quinque solidate fileti i den.
Quinque solidate salse [1] car-
nis i den.

Stallus cordarum in mense i den.
Stallus cerarii in mense i den.

Majus pensum lane, fileti, uncti, casei anglici, iiij denarios pro theloneo et i denarium pro tonagio ab his qui theloneum debent : ab his vero qui non debent theloneum, i ob. pro tonagio. Pensum casei flamingi duos den. pro theloneo et pro tonagio i ob. ab omnibus.

Stallus fabri in anno iiij den.
Stallus cultellorum [2] in anno i cultellum.
Qui vendunt hastas in anno i hastam.
Qui facillas [3] vendunt in anno i facillam.
Qui ferrum palarum in anno i ferrum.
Qui manubria palarum in anno i manubrium.
Stallus escoirs si vendat sab-bato i obol.
Stallus divitis mercyer in anno iiij den.
Stallus pauperis mercyer sabbato i ovum.
Stallus sutoris vacce in mense i den.
Stallus tacones vendentis i den.
Stallus pannorum lineorum vel laneorum novorum vel veterum in mense i den.

Omnes stalli vel carete sive vehicula super quo victualia vendantur singulis sabbathis, i obolum vel sui venalis obolatum; sed et pondera et stateras, lances et mensuras vini, mellis, olei debent custodire cellorarius et theloncarii [aut?] servientes ejus.

Hec sunt jura Attrebatensis thelonei quod, cum rex Theodoricus ecclesie nostre inter alia donaria dederit et, ne quis mutare, minuere, pervertere vel auferre presumeret, beatum Vindicianum excommunicare fecerit, tamen ego, cum fratribus nostris et predicto episcopo Gerardo et ejus clericis et idoneis laicis ante corpus Beati veniens, ipsum

---

1. Édit. : *saxe*.
2. Édit. : *cartellorum*.
3. Édit. : *fucillas*.

episcopum, ne quis [in] posterum remordere auderet vel temptaret, excommunicare feci, ubi testimonium fuerunt[1] isti :

Letbertus archidiaconus; de monachis : Hugo capellanus; Albricus decanus; Raibertus capellanus; Hugo prepositus; Hugo ostrelanus[2]; Aldulfus capellanus; Rogerus catelus (sic); Ricilinus cantor; Abbo Landricus; Robertus scholasticus; Bertulfus; Guido Gunfridus et multi alii thesaurarii nostri.

De laicis etiam interfuerunt isti :

Bernerus de Ymericurte.	Gualterius de Harcicurt.
Stephanus de dominica curte.	Odo Ploiemunt.
Gualterus de Goy.	Gerricus Erchingehem.
Achardus frater ejus.	Stephanus Bechez.

Actum autem est hoc in ecclesia beati Vedasti, regnante Henrico rege in Francia, Balduino pulchro barbe hoc idem scriptum concedente et corroborante, comite existente in Flandria, me autem Leduino peccatore et indigno abbatizante in Atrebatensi ecclesia, anno Incarnationis domini nostri Jesu Christi millesimo trigesimo sexto, indictione V.

---

99.   Vers 1062.

Redevances consistant en produits industriels.

A. de Courson, *Cartulaire de Redon*, append. LXI.
Cf. plus loin, n° 128.

Census hujus villæ quam sancti Salvatoris[3] monachi debent habere, non ante ex toto illis reddebatur, quousque Conanus comes gubernacula Britanniæ sumpsit et vigorem regnandi invasit. Tunc monachi videntes atque sentientes quod eorum villa illis debitum non redderet, indignati sunt super hac re et supradictum adierunt comitem qui in promptu erat, nam forte tunc Roton venerat, et cum

---

1. *Sic.* Lisez : *fecerunt ?*
2. *Sic.* Lisez : *ortolanus.*
3. Saint-Sauveur de Redon.

summa diligentia ei suam innotaverunt querimoniam. Quos contra instabat vulgus totius villæ, repugnans ne fieret sub tributo. Comes autem, tunc omnes optimates qui cum eo venerant convocans, præcepit ut hæc animadverterent, et rectum inde judicium tenerent. Optimates vero, auditis calumniis utrorumque, monachorum videlicet et laicorum, judicaverunt, comite presente, ut amplius villa hæc et ejus habitatores sancto Salvatori et monachis ejus redderent debita, sicut et nonnullæ aliæ villæ totius patriæ. Itaque, sedata contentione, statuerunt quæ debita amplius hæc villa redderet, et insuper ob memoriam jussit sæpedictus comes ut hæc cartula illa contineret debita in se scripta, quæ ab officialibus cunctis hujus villæ amplius exigerentur. Imprimis ergo, jubente comite atque nobilibus ejus judicantibus, quidquid negotii intra burgum fuerit, hoc est, de pane, de carne et de aliis rebus omnibus venalibus, monachorum telonarius suum jus sancto Salvatori recipiat; vinum, si venale fuerit, ibi de modio uno lagena una sancto recipiatur Salvatori. Similiter de medone, de selegia et de pigmento, si fuerit; de illis etiam qui pannos vendunt ante Natale Domini, tunica una cum aliis redditibus per annum. De cordonibus vero duodecim nummi et subtalares in Natale Domini et in Pascha. De sutoribus vervecum vel agnorum similiter et uterque illorum ante Natale Domini et Pascha, si forte opus in monasterio fuerit et abbas jusserit, operentur ea quæ sibi injuncta fuerint a fratribus. De sellariis et lora facientibus sellam unam in Pascha et alteram in Natalibus Domini. Factum est autem hoc coram his testibus : Conanus comes, qui hoc statuit; Almodus abbas, in cujus tempore hoc actum est, testis; Vitalis, abbas Sancti Gildasii, testis; Robertus, princeps de Vitré, testis; Alan, Eudon et alter Eudon, vicecomites, testes; Judicael, filius Juthael de Hudgnant, testis; Maenkiou, filius Guethenuc, testis; Rodalt, filius Alan de Reus, testis; Herveus, filius Fredgor, testis; Cariou, magister Conani comitis, testis; David etiam testis existo, qui, comite imperante et abbate jubente, hæc recensui.

100. Entre 1081 et 1095[1].

Activité artistique dans les églises.

Folquin, *Cartulaire de Saint-Bertin*, éd. Guérard, p. 207, n° XXXIII. Cf. préf., t.-LII.

DE QUIBUSDAM FACTIS DOMNI JOHANNIS.

Ligneas quoque duas ymagines, auro argentoque cum lapidibus fabrili arte supertectas, dextra levaque capitaneæ crucis statuit; capellamque sancte Marie mira varietate picture decoloratam fundavit. In cujus australi diverticulo, opere sumptuoso, diversis yconiis superficie tenus insculpto, formam sepulcri Domini sublimavit; illudque illis dedicatum, nativitatis dominice, passionis, resurrectionis et ascensionis pigneribus insignivit. Nunc temporis autem predictorum nihil oculis patet.

Refectorium etiam et claustrum, ut supra diximus, ex integro reparans, claustrum quidem mire arte sculptoria decoravit, ceteraque omnia, ex maxima parte, sublimavit et ampliavit. Per que liquido patet, eundem bone memorie pastorem Domini domus et servorum decorem dilexisse.

Codices nichilominus non modice appreciationis conscribi fecit; quorum titulos, ad commendandum ejus studium, breviter subnectere non piguit : librum Veteris Testamenti, ab exordio Geneseos usque in Regum; librum Omeliarum tocius annualis circuli, in duo volumina divisum; librum Effrem vel Pronosticorum; librum collationum Patrum; librum Augustini super Johannem; Passionalem quoque, immensi ponderis, ex integro digestos, suis posteris dereliquit.

---

1. Dates extrêmes de l'administration de Jean Ier, abbé de Saint-Bertin.

101. XI° siècle.

Prêt à la grosse.

Exceptiones legum Romanorum magistri Petri viri sapientissimi [1].
II, xxxii. De usuris.
Pardessus, *Collection des lois maritimes*, 1, 154.

Sin autem detur mutuum ut ultra mare portetur vel in aliquam partem longinquam, potest præstare per duplum, triplum.

---

102. 1080-1107 [2].

Engagement de travail à vie.

Bibliothèque de l'École des Chartes, 2ᵉ série, t. III (1846-47), 271,
d'après Marchegay, *Bulletin de la Société d'Angers.*

Quidam homo nomine Fulco, pictoris arte imbutus, venit in capitulum sancti Albini, ante Girardum abbatem et totum conventum, et ibi fecit talem convenientiam. Pinget totum monasterium illorum et quicquid ei preceperint, et vitreas fenestras faciet. Et ibi frater eorum devenit, et insuper homo abbatis liber factus est; et abbas et monachi unum arpennum vineæ dederunt ei in feuvum, et unam domum; tali pacto ut in vita sua habeat, et post mortem ejus ad sanctum redeant, nisi talem habuerit filium qui sui patris artem sciat et inde sancto Albino serviat. Huic facto interfuerunt isti laici : Raginaldus Grandis, Warinus Cellerarius, Calvinus frater Roberti, Warinus Villanus, Gualterius Avis, Rainerius Gaudinus.

---

103. Après 1129.

Fournitures et services dus par les corporations de Strasbourg à l'évêque de cette ville.

Premier coutumier municipal de Strasbourg.
Wiegand, *Urkundenbuch der Stadt Strassburg*, I (1879), n° 616.

. . . .

44. Ad officium burcgravii pertinet ponere magistros

---

[1]. Compilation du XI° siècle. Voir Viollet, *Histoire du droit civil français*, 19. Cf. n° 78.
[2]. Dates extrêmes de l'administration de Girard, abbé de Saint-Aubin d'Angers au moment où cet engagement a été conclu.

omnium officiorum fere in urbe, scilicet sellariorum, pellificum, cyrothecariorum, sutorum, fabrorum, molendinariorum et eorum qui faciunt vasa vinaria et picarios, et qui purgant gladios, et qui vendunt poma, et cauponum. Et de eisdem habet potestatem judicandi, si quid deliquerint in officiis suis.

. . . .
. . . .

102. Inter pellifices duodecim sunt, qui cum expensis episcopi facere debent pelles et pellicia, quantum episcopus habuerit necesse. Horum materiam magister pellificum, assumptis secum quotquot fuerint necessarii, de hiis duodecim, emet de argento episcopi vel Maguntie vel Colonie. Si dampnum aliquod in via acceperint tam in rebus quam in captivitate, episcopus debet eis restituere. — 103. Fabrorum jus est, quando episcopus ierit in expeditionem imperatoris, quod quilibet faber dabit equorum ferramenta quatuor cum clavis suis, de quibus dabit episcopo buregravius ad viginti quatuor equos, reliqua sibi retinebit. — 105. Preterea fabri debent omnia facere, que necessaria habuerit episcopus in palacio suo, sive in januis sive in fenestris sive in januis vasorum, que de materia ferri fieri conveniat, data eis materia ferri et ministrata interim vivendi expensa. — 106. Si castrum aliquod episcopus obsederit vel ei obsessum fuerit, trecentas sagittas dabunt. Si pluribus eguerit episcopus, de sumptibus suis et expensis sufficienter administrabunt. — 107. Clausuras et cathenas ad portas civitatis obserandas, datis sibi de re publica sumptibus et expensis, facere debent. — 108. Inter sutores octo sunt, qui episcopo eunti ad curiam vel expeditionem imperatoris dabunt thecas candelabrorum, baccinorum et cyphorum. Reliqua omnia, quecunque necessaria fuerint ad predicta vel ad obsidiones castrorum, sive in bulgis sive in bustris sive in quacunque conveniente predictis negotiis suppellectile de nigro corio facienda, de sumptibus et expensis facient. — 109. Quatuor inter cyrothecarios eunti episcopo ad curiam vel expeditionem dabunt, quantumcunque fuerit necessarium de albo

coreo ad thecas candelabrorum, baccinorum et cyphorum. Reliqua omnia, quantumcunque fuerit necessarium ad predictas res et ad castrorum obsidiones, de albo coreo facient de sumptibus et expensis episcopi. — 110. Sellarii episcopo eunti ad curiam duas sellas soumarias dabunt, ad expeditionem imperii quatuor. Si pluribus eguerit, de sumptibus et expensis episcopi facient. — 111. Episcopo eunte in expeditionem vel ad curiam, qui gladios poliunt, debent purgare gladios et galeas vicedomini, marscalci, dapiferi, pincerne, camerarii et omnium, qui necessarii et cotidiani sunt ministri episcopi. Preterea purgabunt venabula episcopi, si necesse fuerit. — 112. Becherarii omnes becharios, quoscunque necessarios habuerit episcopus vel in curia sua vel imperatoris, cum eum adierit, vel proficiscens ad curiam imperatoris, de sumptibus et expensis ipsius facient. Magister autem cupariorum dabit materiam lignorum. Preterea cotidie dabit ligna becherariis episcopi. — 113. Cuparii, data materia lignorum a magistro suo et circulis ligaminibusque datis a cellerario episcopi, facient omnia, quecunque necessaria habuerit episcopus domi existens vel imperator vel imperatrix, cum presentes fuerint, ad balnea sua et preterea ad coquinam et ad opus pincernarum. Similiter et, cum vadit ad curiam, eadem omnia prebebunt cum sumptibus et expensis episcopi. Preterea omnia vasa vinaria parva et magna episcopi ligabunt cum sumptibus et expensis ejus. — 114. Cauponum jus est singulis diebus lune purgare necessarium episcopi et granarium, si habere voluerit. — 115. Molendinarii et piscatores debent episcopum in aqua vehere, quocunque voluerit, inter Rust superius et Velletor inferius. Quibus thelonearius prebebit naves, quotcunque fuerint necessarie. Ipsi enim cum remis suis intrabunt et reducent eas ad pomerium episcopi, unde et duxerunt, cum expensis ipsius. Dabunt autem piscatores duos viros, molendinarii tercium virum. Si de sua negligentia naves perdiderint, solvent; si vi fuerint eis ablate, episcopus restituet. — 116. Piscatores debent piscari ad opus episcopi inter nativitatem sancte Marie et festum sancti Michaelis singulis annis tribus diebus et tribus noctibus cum omnibus suis instrumentis, cum aqua plus fuerit idonea, inter Velletor[1] inferius in Reno et Rust[2] superius, in Alsa usque Ebersheim[3], in Bruscha[4] usque Mollesheim[5], in Schuttura[6] usque Merburg[7], in Kintsika[8] usque Kinzdorff[9] cum expensis episcopi. Infra terminos hos nullus eos excludere audeat ab aliqua aqua, nisi que sub claustris coarctata est... — 118. Carpentarii singulis diebus lune debent in opus episcopi ire cum expensis ipsius. Cum summo mane venerint ante palacium, non audeant recedere ante sonitum campane, que ad missam mane pulsatur. Si interim non fuerint in opus episcopi assumpti, liberi ea die recedant. Non sunt cogendi ire in alicujus opus alterius nisi episcopi.

104.   1134.

Boutiques données par Louis VI à l'abbaye de Montmartre[10].

Lasteyrie, *Cartulaire de Paris*, n° 255. — Cf. A. Luchaire, *Louis VI le Gros*, n° 536.

In nomine sancte et individue Trinitatis. Amen. Ego Ludovicus, Dei misericordia in regem Francorum sublimatus. Notum fieri volumus cunctis fidelibus, tam futuris quam presentibus, quod, pro remedio anime nostre et predecessorum nostrorum, et prece et consilio karissime uxoris nostre Adelaidis regine, ecclesiam et abbatiam in monte qui Mons Martirum appellatur, actore Deo, construximus. Cui videlicet ecclesie et sanctimonialibus ibidem

---

1. Dans le voisinage de Stollhofen.
2. Au-dessus de Kenzingen.
3. Au nord-est de Schlestadt.
4. La Bruche, affluent de l'Ill.
5. Molsheim sur la Bruche.
6. Affluent de la Kinzig au sud de Kehl.
7. Au sud d'Offenburg.
8. Affluent du Rhin.
9. Près d'Offenburg.
10. Confirmation par Louis VII (entre novembre 1137 et 2 avril 1138). Voir Barthélemy, *Recueil des chartes de l'abbaye royale de Montmartre*, p. 71; Luchaire, *Catalogue analytique des actes de Louis VII*, n° 6.

Domino famulantibus hec que subscripta sunt, imperpetuum habenda et possidenda, de rebus et possessionibus nostris, annuente Ludovico filio nostro jam in regem sublimato, donamus et concedimus :..........................

....

domum preterea Guerrici et stationes et fenestras ibi constructas et ejusdem terre vicariam prædictis sanctimonialibus, liberam prorsus ab omni consuetudine et quietam, perpetuo habenda[m] dedimus. Omnibus siquidem innotescere volumus quod Guillelmo Silvanectensi, cujus erat illius terre vicaria, pro eadem vicaria statum inter veteres status carnificum et fenestras duas, ex alia parte vie Parisius, in commutationem donavimus....................

....

Actum Parisius in palacio nostro publice, anno Incarnati Verbi M.C.XXXIIII. regni nostri XXVII, concedente Ludovico filio nostro, jam in regem sublimato anno III. Astantibus in palacio nostro quorum nomina subtitulata sunt et signa : Signum Radulfi, Viromandorum comitis et dapiferi nostri. Signum Guillelmi buticularii. S. Hugonis constabularii. S. Hugonis chamerarii. Data per manum Stephani cancellarii.

---

105. Vers 1140.

Décoration des portes de l'église de Saint-Denis[1].

Sugerii, *De rebus in administratione sua gestis*, éd. Lecoy de La Marche, p. 188.

Valvas siquidem principales, accitis fusoribus et electis sculptoribus, in quibus passio Salvatoris et resurrectio vel ascensio continetur, multis expensis, multo sumptu in earum deauratione, ut nobili porticui conveniebat, ereximus. Necnon et alias in dextera parte novas, in sinistra vero antiquas sub musivo, quod et novum et contra usum hic fieri et in arcu portæ imprimi elaboravimus.

---

1. La nouvelle église fut consacrée en 1140.

106. Vers 1140.

Travaux d'orfèvrerie commandés par Suger.

Sugerii, *De rebus in administratione sua gestis*, même éd., p. 194, 196, 197.

Hinc est quod preciosarum margaritarum gemmarumque copiam circumquaque per nos et per nuncios nostros quæritantes, quam præciosiorem in auro et gemmis tanto ornatui materiam invenire potuimus præparando, artifices peritiores de diversis partibus convocavimus.

....

De auro vero obrizo, circiter quater viginti marcas nos posuisse, si bene recordor, meminimus. Pedem vero quatuor Evangelistis comptum, et columnam cui sancta insidet imago, subtilissimo opere smaltitam, et Salvatoris historiam cum antiquæ legis allegoriarum testimoniis designatis, et capitello superiore mortem Domini cum suis imaginibus ammirante, per plures aurifabros Lotharingos, quandoque quinque, quandoque septem, vix duobus annis perfectam habere potuimus.

....

Ulteriorem vero tabulam[1], miro opere sumptuque profuso, quoniam barbari et profusiores nostratibus erant artifices, tam forma quam materia mirabili, anaglifo opere, ut a quibusdam dici possit « materiam superabat opus » extulimus.

---

107. [1148?].

Redevances payées à l'abbaye de Saint-Vaast d'Arras par des charités de Métiers.

Cartulaire de l'abbaye de Saint-Vaast d'Arras, rédigé par Guimann au XIIe siècle, p. p. Van Drival. p. 191.

DE CARITATIBUS MERCATORUM ET DIVERSORUM MINISTERIORUM.

....

Sunt quedam in ecclesiis beneficia et consuetudines

---

1. Il s'agit du retable du maître-autel de Saint-Denis.

que proprie ac specialiter caritatis nomen retinent, ut sunt ille que dicuntur ministerialium, quibus de sua devotione obligant caritates, quia singulis debent annis sancto Vedasto de sua caritate et confraternitate parmentarii quatuor solidos, sutores decem, qui utrique suum debitum solemniter ad altare sancti Vedasti deferunt. Porro guilda mercatorum debet viginti quatuor solidos, qui dicuntur de candela, quos scabini solvunt, quando mercatores ad suam consident caritatem. Si cellerarius vel thesaurarius illuc mittunt, uterque ex consuetudine debet habere dimidium vini sextarium, in caritate vero monetariorum thesaurarius dimidium vini sextarium.

Multe fuerunt hujus modi caritates; sed quod in aliis refrixit in his viget.

108. 1149.

Thibaud, comte de Blois, dénonce à Suger la spoliation dont certains marchands ont été victimes de la part de Renaud de Courtenay.

Recueil des historiens des Gaules et de la France, XV, 511[1].

Sugerio, Dei gratia abbati s. Dionysii, amico suo carissimo, Theobaldus Blesensis comes, salutem et dilectionem. Notum vobis fieri volo, quod Reginaldus de Cortiniaco maximum dedecus intulit regi et vobis, qui custos estis terræ ipsius, nam mercatores regis, qui pedagica sua Aurelianis et apud Senonas et in terra regis omnes consuetudines suas dederant, cepit et sua eis abstulit. Quamobrem mando vobis, ut ei ex parte regis et vestra mandetis, ut mercatores regis cum rebus suis ex toto deliberet et reddat. Quod si facere noluerit, si ultionem de eo accipere volueritis et super eum cum exercitu ire, mandate mihi, et ego ero vobis in auxilium, ad ultionem de eo accipiendam.

---

1. Cf. même recueil, XV, 503, une pièce tout à fait analogue.

109. 1150.

Police de la navigation à Arles.

Statuts d'Arles.
Pardessus, *Coll. des lois marit.*, IV, 251.

Devoir, pour les pêcheurs qui amarrent dans le grau, de se porter secours.

Cap. CV. *De piscatoribus juxta gradum.*

Item statuimus quod quilibet piscator qui juxta gradum moram faciet causa piscandi, teneatur semel jurare in anno curie Arelatis, lignum quodlibet hominis Arelatis quod pro gradu exiet vel intrabit juvare suo posse, si periclitaverit; et si contigerit lignum vel ligna pati naufragium, quod Deus avertat, teneatur similiter lignum et res ejusdem ligni salvare suo posse, et de omnibus hiis que salvaverint habeant pro qualibet libra duodecim denarios et pro labore suo de lignis extraneorum accipiant duos solidos tantum.

Fixation par écrit des péages et des droits de navigation.

Cap. CXXII. *Quod usatica et pedagia antiqua scribantur in registro communis.*

Item statuimus quod consules Arelatis teneantur facere redigi vel scribi per notarium publicum Arelatis in registro communis omnia usitata et pedagia antiqua que solita sunt accipi in ripiera Rodani Arelatis, ita quod ab omnibus legi et sciri possint, et quod consules Arelatis vel eorum curia teneantur inquirere veritatem pedagiorum et usaticorum per instrumenta vel testes ydoneos, secundum juris ordinem.

Les navires chargés peuvent prendre dans les ports de la rivière d'Arles la place des navires vides.

Cap. CXXXIII. *De navigio onerato.*

Item statuimus quod, si navigium venerit oneratum per Rodanum et voluerit applicare in aliquo portu ripiere Arelatis, quod homines illius navigii onerati possint removere sua autoritate propria et alibi ligare, sine aliqua contradictione, navigia vacua et sine onere que essent in aliquo portu ripiere Arelatis et navigium oneratum sive navigia onerata applicare in portu in locum navigiorum vacuorum et sine onere; et quod in navigiis vacuis quilibet possit aurire aquam sine contradictione illius cujus fuerit navigium; et quicumque prohibuerit, in duobus solidis puniatur, quorum medietas sit communis, alia vero accusantis : appellatione autem navigiorum volumus contineri ligna.

Police des bateaux pour le transport des voyageurs.

Cap. CXL. *De navibus transfretandis.*

Item statuimus quod consules Arelatis teneantur exigere et cabere[1] ab illis qui naves vel navem habebunt in Arelate vel ejus tenemento causa transfretandi peregrinos ultra mare fidejussores bonos et ydoneos vel pignora ydonea ut dicti domini navis vel navium transferant vel transferri faciant peregrinos suos, prout eisdem peregrinis convenerint dicti domini navis vel navium, bona fide et pro singulis navibus; et quod marinarii eorumdem tractent peregrinos et res eorum custodiant bona fide, et pro singulis navibus afferant vel afferri faciant unam balistam cornu obtimam de torno communi Arelatis, in reditu cujuslibet navis : verum si non reddiret vel non reddirent naves, ut consuetum est, consules exigant et recipiant a fidejussoribus vel de pignoribus habeant tantum unde emant et emi possit unam balistam cornu obtimam de torno ad opus communis Arelatis ; et quod nullus dominus navis vel alius pro eo possit vel debeat tenere tabulam in Arelate nec ponere in Arelate vel ejus tenemento ; et tenementum comprehendimus Arelatis quoad hoc statutum, totum illud quod est ab Arelate usque ad portum de Bocco[2], et etiam ipsum portum : et si cives

---

1. Leçon du ms. des archives municipales d'Arles. Le ms. de la Bibliothèque nationale sur lequel l'éditeur, Pardessus, a collationné le premier, porte *habere*.
2. Le port de Bouc.

Arelatis haberent navem vel naves paratas vel paratam transfretandi causa [vel] portandi peregrinos, possit primo onerari de peregrinis antequam naves hominum extraneorum possint nec debeant recipere peregrinos in Arelate vel districtu Arelatis, et quod nullus cargator possit recipere aliquem peregrinum ad sua victualia.

Les équipages des navires retenus dans le grau par le mauvais temps sont tenus de faire piloter ceux qui veulent y entrer.

Cap. CXLIV. *De lignis.*

Item statuimus quod, si aliquod lignum vel ligni fuerit vel fuerint in gradu et steterit vel steterint ad stricam[1] vel ad morandam de Passono, propter ventum contrarium, quod nauta vel naute illorum lignorum teneantur mittere barcham vel barchas suas cum marinariis in subsidium ligni vel lignorum qui intrare voluerint infra gradum. Et quilibet marinarii, qui ad mandatum naute vel nautarum ire noluerint, in viginti solidis pro qualibet vice puniantur, et hoc idem dicimus de omnibus portubus marinis qui sunt in tenemento Arelatis.

110. **1151.**

Thierry, comte d'Alsace, donne aux bourgeois de Saint-Omer la halle communale ou « gildhalle ». Il en fait un lieu d'asile et le seul où les marchands étrangers pourront, en dehors du marché, se livrer au commerce.

Giry, *Hist. de la ville de Saint-Omer et de ses institutions*, pièces justif., V; cf. VI.

Ego Theodoricus, Dei pacientia Flandrie comes, consensu uxoris mee Sibille, terram in qua Gildhalha apud sanctum Audomarum in foro sita est, burgensibus ejusdem ville hereditario jure possidendam et ad omnem mercatu-

---

1. Ms. de la Bibl. nat. : *etacam*.

ram in eo exercendam tradidi. Hanc quoque libertatem eis concessi ut, si quis in eam venerit, undecumque reus fuerit, in ipsa domo, judici in eum manum mittere non licebit. Ille autem sub cujus custodia Gildhalha tenetur, ammonitus a judice, nisi reus fidejussore se deffenderit, usque ad limen Gildhalhe reum conducens, in presencia duorum scabinorum vel plurium eum judici tradat. Judex vero eum in potestate sua habens, secundum leges et consuetudinum proprietates, cum eo aget. Illud quoque addidimus quod alienus negociator nusquam nisi in predicta domo vel in foro merces suas vendendas exponat aut vendat. Solis autem burgensibus in Gildhalla, in foro seu magis velint in propria domo sua vendere liceat. Quum autem humana omnia ex rerum et temporum varietate senescunt, sigilli mei auctoritate et subscriptorum testimonio hoc confirmavi, Gisleberti castellani de Bergis, Galteri castellani sancti Audomari, Henrici castellani de Brocbore, Rogerius scouthete de Cortric, Radulfi Brugensis castellani, Ernoldi comitis Gisnensis, Gervasii de Vinebroc, Balduini de Bella, Baldevini Botel, Hugonis de Ravenesbere, Christiani de Aria, Walteri Gonella, Eustachii de Grimma, Willelmi dapiferi, Rogeri dispensatoris. Actum est hoc anno Domini MCLI.

---

111.   Milieu du XII° siècle.

Fabrication du petit calice.

Theophili *Schedula diversarum artium*, lib. III, cap. xxvi, éd. Ilg.

DE FABRICANDO MINORE CALICE.

Cumque cœperis percutere, quære meditullium in eo, et fac centrum cum circino, et circa eum facies caudam quadram, in qua pedem configere debes. Cum vero sic attenuatum fuerit, ut manu plicari possit, fac interius circulos cum circino a centro usque in medium, et exterius a medio usque ad oram; et cum rotundo malleo percute interius secundum circulos, ut inde profunditatem capiat, et exterius cum mediocri super rotundam incudem secundum circulos usque ad oram, ut inde strictius fiat; et hoc tamdiu fac donec ei formam et amplitudinem secundum argenti quantitatem acquiras. Quo facto rade interius et exterius æque cum lima, et circa oram, donec æquale per omnia fiat. Deinde residuam medietatem argenti sicut supra divide in dua, et ab una parte aufer pondus sex nummorum, et adde alteri, in qua pedem facies, quod postea inde limando auferes et suæ parti reddes. Sicque funde et percute pedem sicut vas, usque dum attenuetur, excepto quod caudam non facies in eo. Quo attenuato profunditatem dabis ei cum malleo rotundo interius et exterius, incipiesque nodum formare cum mediocri malleo super rotundam incudem, et inde super longam ex utraque parte, donec collum tam gracile facies sicut volueris; hoc diligenter procurans, ne plus in uno loco percutias quam in altero, ne forte nodus se in aliquam partem inclinet, sed in medio stet, ex omni parte æque spissus et æque latus. Deinde pone eum super carbones et imple cera, et, cum refrigerata fuerit, tene ipsum pedem in sinistra manu et in dextera ferrum unum ductile ac tenue; et fac puerum sedere juxta te, qui percutiat cum parvulo malleo super ferrum in quocunque loco illud posueris, et inde designabis anulum, qui inter nodum et pedem in circuitu debet esse. Quo designato effunde ceram et recocto pede iterum imple, ut anulum profundius percutias sicut prius; sicque facias donec eum æqualiter cum suis granis præparabis. Deinde lima nodum et rade et circa pedem interius, et oram ejus; sicque facies in medio nodi foramen quadrangulum secundum quantitatem caudæ superioris vasis, et in eo pones spissam partem argenti, rotundam, eodem modo perforatam. Facies quoque anulum singulariter qui stare debet inter nodum et vas superius, eadem quantitate et specie sicut est ille, quem ductili ferro formasti sub nodo, et accipiens ferrum obtusum fabricabis[1] illud super cotem æqualem, deinde super lignum querci-

---

1. *Fricabis*, éd. Hendrie et Escalopier.

neum, imposito ei carbone trito, et cum eo polies ipsum vas interius et exterius, nodum et pedem et anulum, sicque fricabis cum panno et creta subtiliter rasa, donec omnino lucidum fiat opus. His ita peractis, finde caudam vasis in quatuor usque in medium cum lima tenue, et eversa illud super incudem rotundam ita ut æqualiter[1], et in dextera ferrum ductile mitte in nodum et fac superius percuti cum malleo mediocri donec configes firmiter. Postea funde argentum, quod limasti et rasisti cum eo quod residuum est, et percute rotulam cum circino æquatam tantæ latitudinis quanta est altitudo calicis a pede inferius usque ad oram superius, et modice amplius, et sic percute cavum inferius secundum latitudinem vasis superius, ita ut æqualiter in eo possit jacere. Et si volueris, fac circulos duos interius cum circino, et pertrahe cum subula obtusa in medio similitudinem agni, sive dexteram quasi de cœlo descendentem et signantem, et litteras inter illos duos circulos, atque cum ferro fossorio subtiliter fode, poliens ad effectum sicut calicem.

---

112.   Milieu du XIIe siècle.

L'émaillerie cloisonnée.

Theophili *Schedula diversarum artium*, lib. III, cap. LIII et LIV, éd. Ilg.

DE ELECTRO.

Quo facto tolle partem auri tenuem et conjunge ad oram vasis superiorem, atque metire ab una auricula usque ad alteram, quæ pars tantæ latitudinis[2] sit, quanta est grossitudo lapidum, quos imponere volueris ; et collocans eos in suo ordine, sic dispone, ut in primis stet lapis unus cum quatuor margaritis in angulo positis, deinde electrum, juxta

---

1. L'éd. d'Hendrie intercale ici les mots suivants : *pendeat, et superpone ei anulum, et in foramine nodi caudam, particulasque quæ inest desuper et tenens hæc cum sinistra manu fortiter et æqualiter.*
2. *longitudinis*, ms. de la bibliothèque impériale de Vienne, n° 2527.

quem[1] lapis cum margaritis, rursumque electrum, sicque ordinabis ut juxta auriculas semper lapides stent, quorum domunculas et campos, easque domunculas, in quibus electra ponenda sunt, compones et solidabis ordine quo supra. Et in altera parte vasis similiter facies. Si vero volueris in medio ventris gemmas et margaritas ponere, eodem modo facies. Quo facto conjunges eas et solidabis sicut auriculas. Post hæc in omnibus domunculis, in quibus electra ponenda sunt, coaptabis singulas partes auri tenues, conjunctasque diligenter eicies, atque cum mensura et regula incides corriolam[2] auri, quod aliquantulum sit spissius, et complicabis eas circa oram uniuscujusque partis dupliciter, ita ut inter ipsas corriolas[3] subtile spatium sit in circuitu, quod spatium vocatur limbus electri. Deinde eadem mensura atque riga[4] incides corriolas omnino subtilissimi auri, in quibus subtili forcipe complicabis et formabis opus quodcunque volueris in electris facere, sive circulos, sive nodos, sive flosculos, sive aves, sive bestias, sive imagines, et ordinabis particulas subtiliter et diligenter unamquamque in suo loco, atque firmabis humida farina super carbones. Cumque impleveris unam partem, solidabis eam cum maxima cautela, ne opus gracile et aurum subtile disjungatur aut liquefiat sicque bis aut ter facies, donec aliquantulum singulæ particulæ adhæreant. Hoc modo omnibus electris compositis et solidatis, accipe omnia genera vitri, quod ad hoc opus aptaveris, et de singulis partibus parum confringens, colloca omnes fracturas simul super unam partem cupri, unamquamque tamen partem per se; mittens in ignem compone carbones in circuitu et desuper, sufflansque diligenter considerabis si æqualiter liquefiant : si sic, omnibus utere; si vero aliqua particula durior est, singulariter repone. Accipiensque singulas probati vitri, mitte in ignem sigillatim, et, cum canduerit, proice in vas cupreum in quo sit

---

1. *quod*, éd. Hendrie.
2. *corrigiolam*, éd. Hendrie.
3. *corrigiolas*, ms. de la bibliothèque impériale de Vienne, n° 2527; *corrigiunculas*, éd. Hendrie.
4. *regula*, éd. Hendrie.

aqua, et statim resiliet minutatim, quod mox confringas cum rotundo malleo donec subtile fiat, sicque lavabis et pones in concha munda, atque cooperies panno laneo. Hoc modo singulos colores dispones. Quo facto tolle unam partem auri solidati, et super tabulam æqualem adhærebis cum cera in duobus locis, accipiensque pennam anseris incisam gracile sicut ad scribendum, sed longiori rostro et non fisso, hauries cum ea unum ex coloribus vitri, qualem volueris, qui erit humidus, et cum longo cupro gracili et in summitate subtili rades a rostro pennæ subtiliter et implebis quemcunque flosculum volueris, et quantum volueris. Quod vero superfuerit repone in vasculum suum et cooperi, sicque facies ex singulis coloribus, donec pars una impleatur, auferensque ceram cui inhæserat, pone ipsam partem super ferrum tenue, quod habeat brevem caudam, et cooperies cum altero ferro quod sit cavum in similitudinem vasculi, sitque per omnia transforatum gracile, ita ut foramina sint interius plana et latiora, et exterius subtiliora et hispida, propter arcendos cineres, si forte superceciderint; habeatque ipsum ferrum in medio superius brevem annulum, cum quo superponatur et elevetur. Quo facto compone carbones magnos et longos, incendens illos valde; inter quos facies locum et æquabis cum ligneo malleo, in quem elevetur ferrum per caudam cum forcipe; ita coopertum collocabis diligenter, atque carbones in circuitum compones et sursum ex omni parte, acceptoque folle utrisque manibus undique sufflabis donec carbones æqualiter ardeant. Habeas etiam alam integram anseris sive alterius avis magnæ, quæ sit extensa et ligno ligata; cum qua ventilabis et flabis fortiter ex omni parte, donec perspicias inter carbones ut foramina ferri interius omnino candeant, sicque flare cessabis. Expectans vero quasi dimidiam horam discooperies paulatim donec omnes carbones amoveas, rursumque expectabis donec foramina ferri interius nigrescant, sicque elevans ferrum per caudam, ita coopertum pones retro fornacem in angulo donec omnino frigidum fiat. Aperiens vero tolles electrum et lavabis, rursumque implebis et fundes sicut prius, sicque facies donec liquefactum æqualiter per omnia plenum sit. Hoc modo reliquas partes compones.

DE POLIENDO ELECTRO.

Quo facto tolle partem ceræ ad longitudinem dimidii pollicis, in quam aptabis electrum ita ut cera ex omni parte sit, per quam tenebis, et fricabis ipsum electrum super lapidem sabuleum æqualem diligenter cum aqua, donec aurum æqualiter appareat per omnia. Deinde super duram cotem et æqualem fricabis diutissime donec claritatem accipiat; sicque super eandem cotem saliva humidam fricabis partem lateris, quæ ex antiquis vasculis fractæ inveniuntur, donec saliva spissa et rubea fiat; quam linies super tabulam plumbeam æqualem, super quam leniter fricabis electrum usque dum colores ejus translucide et clari fiant; rursumque fricabis laterem cum saliva super cotem, et linies super corium hircinum, tabulæ ligneæ æqualiter affixum; super quod polies ipsum electrum donec omnino fulgeat, ita ut si dimidia pars ejus humida fiat et dimidia sicca sit, nullus possit considerare, quæ pars sicca, quæ humida sit.

---

113. Milieu du XII° siècle.

Fabrication d'un encensoir fondu.

Theophili *Schedula diversarum artium*, lib. III, cap. LX, éd. Ilg.

DE THURIBULO FUSILI.

Tolle argillam fimo mixtam et bene maceratam, et fac siccari ad solem, siccatamque comminue et diligenter cribra. Deinde cribratam aqua commisce et fortiter macera, et exinde compone tibi duas massas ad magnitudinem quam vis thuribulum habere, unam inferiorem, alteram superiorem, quæ altior erit; quæ massæ vocantur nuclei. Quos statim perforabis ligno in longitudine in quatuor costis æqualiter inciso, sicque siccabis ad solem. Post hæc transduces eis ferrum, quod dicitur tornatile, longum et mediocriter gracile, quod sit in una summitate grossius et in tres costas percussum æqualiter, ac magis magisque gracile deductim usque in finem, in cujus grossiori parte imponetur aliud ferrum breve et curvum, sive lignum, cum quo possit circumverti. Deinde habebis duas columnellas ligneas super scamnum fixas et ab invicem sejunctas secundum longitudinem ferri, quæ singulæ habeant in anteriori parte singulos clavos similiter ligneos, ad mensuram palmi longos, et ad similitudinem gradus incisos; super quos ponetur lignum aliud rotundum, ita ut possit propius et longius removeri, super quod requiescat manus tornantis. His ita compositis, inter duas ipsas columnas pone ferrum tornatile, quod nucleos continet, et coram te ad lævam manum sedente adjutore, qui circumvertat illud, tornabis ferris acutis et latioribus ex omni parte usque ad æqualitatem, sicque formabis nucleos illos ut sibi conjungantur æquali latitudine et spissitudine in medio. Intercides vero inferiorem partem a medietate inferius, ita ut latitudo superior duabus mensuris inferiorem superet, in qua formabis et pedem. Eadem quoque mensura intercides superiorem partem, cujus tamen altitudo tanta erit, ut ter intercidatur ad similitudinem lignei campanarii, ita ut quælibet incisura sursum magis magisque gracilis sit. His ita tornatis, eice ferrum, et cum cultello incide in latiori limbo superioris nuclei quatuor angulos usque ad incisuram, quæ ei proxima est, ita ut in crucis modum formetur, et unumquodque cornu æquales habeat latitudines in tribus parietibus, sed altitudo contineat mensuram et dimidiam latitudinis : in qua etiam pinnacula ad similitudinem tectorum formabis; facies quoque in proxima turri octo costas, quatuor latiores et quatuor strictiores, quas etiam rotundas facies, ita ut anguli latiorum promineant et strictiorum cavi sint, ut sic rotunditas appareat; in quibus ad mensuram suam tecta convenientia formabis. Turrim vero penultimam eodem modo formabis, sic tamen ut rotundæ costæ super inferioris latas formentur, et inferioris rotundæ sub superiorum latis aptentur. Superior vero turris octo costis æqualiter latis et absque tectis formetur. Hæc erit superior pars thuribuli.

Inferioris partis autem latior limbus, incisis angulis similiter in crucis modum formabis, ut superiori coaptetur et inferior limbus in rotundum finiatur. His taliter aptatis, tolle duo ligna ad longitudinem pedis et grossitudinem unius digiti, et attenuabis ea ad spissitudinem, qua ceram habere volueris, aliudque lignum tantæ longitudinis rotundum et grossum ut hasta lanceæ; et habebis ascellam latam longitudine pedis et duabus ulnis longam et valde æqualem, super quam configes prædicta duo ligna, ita ut a se spatio dimidii pedis disjuncta lignum contra lignum æqualiter aptetur. Deinde tolle ceram puram quam igni appositam fortiter macerabis, sicque calidam inter duo ligna super ascellam collocabis prius aqua subposita ne adhæreant, et illud rotundum lignum madefactum utrisque manibus fortiter superducens secundum spissitudinem lignorum attenuabis. Et cum multas partes æquales ceræ paraveris, sedens juxta ignem incide eas particulatim secundum spatia, quæ in argilla thuribuli incideras, et unicuique spatio suam particulam modice calefactam aptabis, atque cum ferro ad hoc opus apto et calefacto circumsolidabis. Cumque hoc modo totum nucleum exterius cooperueris, accipe ferrum tenue ex utraque parte acutum in modum gracilis sagittæ, cum parvula cauda ligneo manubrio infixum, et cum illo ex omni parte circumcides, et cum buxeo ligno eodem modo formato planabis, et ut in nullo loco cera spissior sit sive tenuior quam in alio, procurabis. Deinde pertrahe in singulis frontibus singulos arcus, et in obliquis parietibus similiter, et sub singulis arcubus ex utraque singulas valvas, ita ut unaquæque valva quartam partem spatii contineat, et duæ partes in medio remaneant; in quibus spatiis pertrahes sub unoquoque arcu singulas imagines apostolorum, quæ singulæ teneant singulos breves in manibus, effigie qua volueris, quorum nomina scribes in limbo circa arcus. In spatiis vero triangulis, qui tectorum pinnas sustinent, formabis similitudines duodecim lapidum, disponens unicuique apostolo convenientem lapidem, secundum significationem nominis sui, quorum nomina scribes in inferiori limbo ejusdem spatii, et in singulis angulis juxta lapides facies singulas fenetstellas. Hæc erit similitudo de qua propheta dicit : Ab Oriente portæ tres, et ab Occidente portæ tres, et ab Meridiano portæ tres, et a Septentrione portæ tres. In quatuor autem angulis, qui sunt inter divisiones portarum, formabis in cera singulas turriculas rotundas, per quas catenæ transibunt. His ita dispositis, facies in proxima superiori turri singulas imagines angelorum integras in quadrangulis spatiis, cum scutis et lanceis suis, quasi ad custodiam murorum stantes, et in rotundis turriculis formabis columnellas cum capitellis suis et basibus. Eodem modo facies in penultima turri, quæ brevior est, dimidias imagines angelorum et pari modo columnellas. In superiori vero turri, quæ gracilior erit, facies fenestras lungas et rotundas, et in summitate turris propugnacula in circuitu, in quorum medio formabis agnum, et in capite ejus coronam et crucem, et circa dorsum ejus brevem arcum, in cujus summitate sit anulus, qui imponatur media catena. Hæc est superior pars thuribuli cum opere suo.

Inferiori vero parte simili modo cooperta cera, formabis in singulis spatiis singulas imagines prophetarum cum suis brevibus, et aptabis unicuique apostolo convenientem prophetam, ut testimonia eorum, quæ brevibus sunt inscribenda, sibi concordent. Circa prophetas vero non facies portas, sed tantum spatia earum sint quadrangula, et in limbis super capita scribantur eorum nomina. Facies quoque in angulis quatuor turres in quibus catenæ firmentur ut superioribus coaptentur. In inferiori vero rotundo spatio facies circulos quot potueris, vel volueris, in quibus formabis singulas imagines virtutum, dimidias specie feminea, quarum nomina scribes in circulis. Ad postremum autem in fundo formabis pedem et tornabis, et omnia spatia circa imagines superius et inferius erunt transforata. Deinde unicuique parti suis infusoriis atque spiraculis impositis, circumlinies diligenter argillam tenuem et siccabis ad solem, rursumque et tertio facies similiter; quæ partes jam vocantur formæ. Quas omnino siccatas pones ad ignem et, cum calefactæ fuerint, ceram liquescentem funde in aquam, rursumque pone ad ignem, sicque facies donec ceram omnino eicias. Post hæc in loco apto et æquali pones carbones grossos et frigidos, super quos stabilibis formas foraminibus inferius conversis, et circumpones eis lapides duos qui resilire non possunt ad calorem ignis, et ordinabis eos lapidem super lapidem in similitudinem muri absque temperamento siccos, ita ut inter lapides multa foramina et parvula remaneant. Quibus ita compositis, altius aquam formæ sint spatio dimidii pedis, circumfunde carbones ardentes, ac deinde frigidos usque ad summum, et cave ut tanti spatii sit inter formas et lapides, quod carbones capere possit. Cumque carbones omnes incanduerint, interdum cum gracili ligno movendi sunt circumquoque per foramina inter lapides ut se conjungant, et calor ex omni parte æqualis sit. Et cum in tantum descenderint ut formas videre possis, iterum imple frigidis carbonibus usque ad summum, sicque tertio facies. Et cum videris formas exterius candescere, pone vas in ignem cum auricalco quod fundere volueris, et primum modice, deinde magis magisque sufflabis, donec omnino liquefiat. Quo facto cum curvo ferro et ligno infixo diligenter commove, et vas in latus aliud converte, rursumque auricalco imple et liquefac, sicque facies donec vas plenum fiat. Quo facto cum curvo ferro denuo commovebis, et a carbonibus purgabis, et sufflatore fortiter flante cooperies magnis carbonibus. Deinde amotis lapidibus formas eicies ab igne, et argillam abundanter aqua perfusam atque in modum fecis attenuatam cum panno diligenter circumlinies, sicque juxta fornacem, in quam fundis, fossa facta formas impone et terram circumquaque exaggera, et ligno inferius æquali crebrius inpengendo diligenter comprime. Statimque panniculum multipliciter complicatum et fisso ligno impositum præ manibus habeas, ejectoque vasculo ab igne cum forcipe curvato rostro, et panniculo apposito, qui sordes et favillas defendat, diligenter infunde. Hoc modo formis utrisque fusis sine sic stare, donec infusorium superius nigrescat; deinde remota terra et a fossis extractas repone in tuto loco donec omnino frigeant, cavens summopere ne calidis formis aquam superjacias, quia interiores nuclei, si humorem persenserint, statim inflantur et omne opus disrumpetur. Cumque per se refrigeratis argillam removeris diligenter circumspice, et si quid per negligentiam vel casu defuerit, locum illum circumlimando attenuabis, et apposita cera, nec non argilla superaddita, cum sicca fuerit, calefacies, sicque superfundes, donec rivo in partem decurrente, quod superfundis adhæreat. Quod cum respexeris, si minus fuerit firmum, cum combustione vinitreæ petræ, et limatura ex mixtura argenti et cupri, sicut præscripsimus, solidabis. Post hæc diversis limis quadrangulis, triangulis, atque rotundis campos omnes primo translimabis, deinde ferris fossoriis fodies et rasoriis rades; ad ultimum sabulo cum lignis in summitate modice conquassatis undique purgatum opus deaurabis.

114.   1162-1163 [1].

Institution du past et de l'aboivrement et attribution de la juridiction à la corporation des boulangers de Pontoise.

Luchaire, *Catalogue analytique des actes de Louis VII*, n° 463.
Actes inédits, p. 419 [2].

In nomine, etc. Ego Ludovicus, Dei gratia Francorum rex. Notum facimus universis presentibus et futuris nos concessisse bolengariis Pontisare quod nullus in villa faciat panem ad vendendum, nec molendinarius, nec fullo, nisi talis homo qui sit legitimus bolengarius et qui propria manu sciat facere panem et album et bisum. Hac autem de causa constitutum est quod unusquisque eorum, in vindemiis, dabit nobis unum modium vini et in cellarium regis illud

---

1. Entre le 8 avril 1162 et le 23 mars 1163.
2. Cf. un renouvellement de Philippe-Auguste de novembre 1217, dans *Ordonn.*, XI, 308. Cf. L. Delisle, *Catal. des actes de Philippe-Auguste*, n° 1779.

tradet tale vinum quod sit bonum et legitimum. Et si serviens noster pronuntiaverit vinum non esse legale, ipse qui dabit vinum legitimum in fide sua asseverabit et sic absolutus recedet. Qui autem intrabit in hoc officium potabit bolengarios et singulis dabit gastellum unius oboli. Et ille quietum habebit ministerium qui de reddendo vino nostro submonebit alios. Pro voluntate vero nostra providebimus eis magistrum, cui respondeant, et pro quo justicient se, et pro nullo alio, neque pro populo, neque pro serviente aliquo, salvis redditibus prepositure nostre et salvo jure Anscufi de Senortio. Quod ut ratum, etc... Actum Parisius anno Domini M° C° LXII°. Data per manum Hugonis cancellarii.

115.   1170-1189[1].

Henri II, roi d'Angleterre, ayant égard aux services que lui rend leur industrie, confirme la ghilde des tanneurs de Rouen, son monopole et ses usages.

Chéruel, *Hist. de Rouen pendant l'époque communale*, I, p. 34, note 2.

Henricus, Dei gratia rex Angliæ, dux Normanniæ et Aquitaniæ et comes Andegaviæ, comitibus, baronibus, justiciariis, vicecomitibus, ministris et omnibus fidelibus suis salutem. Sciatis me concessisse et hac mea carta confirmasse tanatoribus meis de Rothomago gildam suam et tanum et unctum suum, et omnes consuetudines et rectitudines gildæ suæ libere et quiete, plenarie et honorifice, et quod nullus operetur de officio eorum in Rothomago nec infra leucatam Rothomagi nisi per eos, pro servicio quod ipsi tanatores mihi faciunt. Quare volo et firmiter præcipio quod nullus eos vexet nec disturbet nec in placitum ponat de officio eorum nisi coram me. Testibus Egidio Ebroicensi episcopo et Nicholao d'Estotevilla; apud Arquas.

---

1. Gilles du Perche, qui figure dans cette pièce en qualité de témoin, a occupé le siège épiscopal d'Evreux de 1170 à 1189.

116.   1180.

Accord entre Raimond-Bérenger IV, comte de Provence, et Guillaume le Gros, vicomte de Marseille, réglant les conditions d'exploitation d'une mine de plomb argentifère sise dans le territoire de Toulon.

Arch. des Bouches-du-Rhône, B 289.
Blancard, *Essai sur les monnaies de Charles Ier*, p. 34, n° 1.

Anno ab Incarnatione Domini M° C° LXXX° facta fuit hujusmodi conventio inter R[aymundum] Berengarii, Dei gratia comitem Provincie et W[illelmum], vicecomitem Massilie, super argentariis Toloni, videlicet quod illi qui fatiunt incile, quicquid invenerint fatiendo incile, proprium debet esse illorum, una vero argentariorum, ubicumque fuerint, preter Tolonum et cumquambium plumbi, argenti et emptiones et venditiones in tribus partibus dividi debent, quarum unam habebit comes, aliam Willelmus dominus Massilie, aliam factores cave. Justicie vero tantum in duas partes dividi debent : medietatem habebit comes, aliam W[illelmus] dominus Massilie et omnes predicti reditus debent venire in manibus predictorum factorum cave et per manus illorum partiri debent. Et sciendum est quod predictus comes Tolonum cum suo territorio, quatenus monstratum est, et omnes euntes et redeuntes terra marique[1] ad argentariam et ubicunque fuerint in Provintia, occasione predicte argentarie, defendere promisit. Preterea sciendum est quod, ubicumque factum fuerit argentum vel plumbum de predicta argentaria, apud Tolonum deferri debet et hoc totum, sicut supra scriptum est, Willelmus dominus Massilie, suo nomine et fratrum suorum, cum uno milite, sacramento firmavit. Hoc idem et comes duobus militibus jurare fecit.

---

1. On lit dans le texte : *marique terre.*

117. Entre le 1ᵉʳ novembre 1182 et le 16 avril 1183.

Anciennes coutumes des bouchers de la grande boucherie à Paris.

Ordonnances des rois de France, III, 259. — Cf. L. Delisle, *Catalogue des actes de Philippe-Auguste*, nᵒ 68.

In nomine sancte et individue Trinitatis. Amen. Philipus Dei gratia Francorum rex. Noverint universi presentes pariter et futuri, quoniam carnifices nostri Parisienses nostram adierunt presentiam, requirentes ut antiquas eorum consuetudines, sicut pater et avus noster Ludovicus bone memorie et alii predecessores nostri reges Francorum eis concesserunt et in pace tenere permiserunt, ita et nos eis concederemus et in pace tenere permitteremus. Ad quorum preces, consilio eorum qui nobis assistebant, concessimus, verum quoniam consuetudines ille in carta quam a patre nostro habebant, non erant scripte, eas scripto mandari et sigillo nostro confirmari precipimus. Sunt autem hec consuetudines.

1. Carnifices Parisienses possunt vendere et emere bestias vivas et mortuas et quecumque ad carnificium pertinent, libere, sine omni consuetudine et sine pedagio dando, infra banlugam Parisiensem, undecumque res ille veniant aut quocumque etiam ducantur, si forte eas aliquo duci contingerit. Pisces maris et pisces aque dulcis simili modo vendere possunt et emere.

2. Nemo potest esse carnifex Parisiensis, quin alii carnifices habeant sua jura, scilicet pastum et potum, nisi spontanea voluntate perdonare voluerint.

3. In octabis Natalis Domini, dabit nobis singulis annis unusquisque carnificum duodecim denarios, in octabis Pasche et sancti Dionisii tredecim denarios illi qui id a nobis tenet in feodum.

4. Quisque carnificum singulis diebus dominicis quibus sciderit carnes porcinas sive bovinas, debet preposito

nostro obolum de stallagio; et quisque carnificum debet nobis singulis annis unum haubentum vini in vindemiis.

Que omnia ut perpetuam obtineant firmitatem, paginam sigilli nostri auctoritate et regii nominis caractere inferius annotato communivimus. Actum Parisiis, anno ab Incarnatione Domini millesimo centesimo octogesimo secundo, *regni nostri anno quarto.* Astantibus in palatio nostro, quorum nomina supposita sunt et signa. Signum comitis Theobaldi dapiferi nostri. Signum Guidonis buticularii nostri. Signum Mathei camerarii. Signum Radulphi constabularii. Data per manum [Hugonis cancellarii].

118. 1187, août.

Privilèges accordés par Raimond V, comte de Toulouse, aux maîtres de pierre de Nîmes.

Layettes du Trésor des chartes, I, n° 350.

Anno ab Incarnatione Domini MCLXXXVII, in mense augusti, nos per Dei gratiam R[aimundus], comes Tholose, dux Narbone et marchio Provincie, bona fide et sine dolo, laudamus et concedimus tibi Durando et B. Bligerio et R. de Veranicis et omnibus magistris lapidum qui modo sunt vel in antea fuerint cohabitatores urbis Nemausi, feudum hujusmodi, quod ab antiquo vobis concessum audivimus, scilicet ut non detis justiciam, nec faciatis expensas in causis et placitis que habueritis in curia nostra Nemausi, nisi tantum in judice, et ipsas cum moderamine justo, pro qualitate et quantitate negotii; excipiuntur homicidium et proditio. Et pro hoc feudo, singuli, una die et singulis septimanis, cum edificavero in Nemauso, debetis operari sine loquerio, sed de curia debetis habere victualia, et in ceteris diebus victum et loquerium, sicut quilibet alius. Item, cum exieritis in exercitu nostro, debetis exire cum ferramentis vestris, et ego debeo vobis habere bestiam ad ferramenta vestra vehenda, et victum prestare, et pro singulis castellis diruendis c. solidos. Hoc laudamentum fuit factum apud Carnaz, in presentia R. Milonis, R. de Bocheto, et Rascaon, et Petri B. de Anglada, W. Ricardi, Poncii Figeria et multorum aliorum. Petrus Petiti, mandatus ab utraque parte, scripsit.

119[1].   1189.

Interdiction des confréries.

Concile provincial tenu à Rouen le 10 février 1189, statut xxv.
D. Bessin, *Concilia Rotomagensis provinciæ* (1717), p. 97.

Sunt quidam, tam clerici quam laici, hujusmodi societatem ineuntes, ut de cetero, in quibuslibet causis vel negotiis, mutuum sibi præstent auxilium, certam in eos pœnam statuentes qui contra hujusmodi veniunt constitutionem. Et quoniam hujusmodi societates seu fraterias circa personas utriusque ordinis canonica detestatur Scriptura, eo quod earum observantia quosdam etiam usque ad crimen perjurii perducat, ne amodo fiant, aut, si factæ fuerint, ne observentur, sub interminatione anathematis prohibemus.

---

120.   1190, entre le 5 avril et le 31 octobre.

Commerce du vin à Paris.

Trésor des chartes, reg. JJ. 211, fol. 18. — Cf. *Catalogue des actes de Philippe-Auguste*, p. p. Delisle, n° 372.

In nomine sancte et individue Trinitatis. Amen. Philippus, Dei gratia Francorum rex. Noverint universi presentes pariter et futuri, quoniam, propter incrementum ville Parisiensis et burgensium nostrorum, ad peticionem corumdem burgensium, concedimus et volumus, quod nullus qui

---

1. Cf. plus haut n° 93.

vinum adducat Parisius per aquam, possit exonerare ad
terram Parisius, nisi fuerit stacionarius et residens Parisius,
testimonio[1] proborum hominum Parisiensium; sed licet
homini cujus vinum fuerit, vendere in navi, vel in taberna
vel in grossum. Verum si aliquis extraneus emerit vinum
illud in navi, accipiet vinum illud de navi in quadrigam
et ducet extra baillivam Parisius, sine exonerare ad
terram. Quod ut perpetuam obtineat stabilitatem, sigilli
nostri auctoritate et regii nominis karactere inferius annotato presentem paginam precipimus confirmari. Actum
Silvanecti, anno Incarnati Verbi M. C. nonagesimo
secundo, regni nostri anno tertio decimo. Astantibus in
palacio nostro quorum nomina supposita sunt et signa.
Dapifero nullo. Signum Guidonis buticularii. Signum
Mathei camerarii. Constabulario nullo. Data vacante cancellaria.

---

122. Entre le 1er novembre 1193 et le 9 avril 1194.

Sauf-conduit accordé aux marchands d'Ypres.

Archives du Nord, B 1561. *Premier cartulaire de Flandre*, pièce 608,
f° 165 v°. Warnkoenig et Gheldolf, *Histoire de la Flandre*, t. V
(1864), p. 330, d'apr. l'orig. scellé aux Arch. d'Ypres. — Cf. L. Delisle,
Catalogue des actes de Philippe-Auguste, n° 392.

In nomine sancte et individue Trinitatis. Amen. Philippus,
Dei gratia Francorum rex. Noverint universi presentes pariter
et futuri quod nos mercatores de Ypra cum rebus suis in
protectione et conductu nostris recipimus in terra nostra
reddendo pedagia que debuerint, hoc modo quod nec ipsi
aut res eorum pro pecunia quam comes Flandrie aut alius
debeat arrestabuntur, nisi illi qui arrestabuntur debitores
fuerint aut fidejussores, aut nisi ad presens forefactum rationabiliter capti fuerint, neque ipsi advocabunt alienam pecu-

---

1. Vidimus de 1315, dans *Ordonnances*, XV, 51 : *testimoniis*.

niam pro sua. Si vero inter nos et dominum suum aliqua emerserit contentio, non arrestabimus eos aut pecunias eorum infra quadraginta dies, sed habebunt spatium quadraginta dierum ad res suas de terra nostra educendas, et si ipsi aut res ipsorum capti fuerint in terra nostra aut arrestati indebite, nos exinde tantum faciemus quantum de burgensibus nostris Parisiensibus. Quod ut firmam perpetuamque obtineat stabilitatem, sigilli nostri auctoritate et regii nominis karactere inferius annotato presentem paginam precepimus confirmari. Actum Parisius anno Incarnati Verbi millesimo centesimo nonagesimo tertio, regni nostri anno quinto decimo. Astantibus in palatio nostro quorum nomina supposita sunt et signa. Dapifero nullo. Signum Guidonis buticularii. Signum Mathei camerarii. Signum Droconis constabularii. Data vacante cancellaria.

---

122. Entre juillet 1194 et mars 1195.

Les matières premières du cru peuvent être employées sans donner lieu à la perception des droits sur l'industrie.

Enquête dans un débat entre le chapitre et la communauté des habitants de Chartres.

Cartulaire de Notre-Dame de Chartres, p. p. Lépinois et Merlet, I, 240.

Gaufridus Salvus, serviens, juratus, dixit .... de Morello tonellario .... quod uxor ejus, pannificans, tracta fuit in causam violentia Clementis, tunc prepositi Carnotensis, sed decretum fuit, in episcopi Josleni curia, astante Clemente preposito, quod de lana ovium suarum pannificare poterat, et, si quid ad perfectionem panni deesset, supplementum poterat comparare sine consuetudine, totumque vendere immuniter, sed pannum integrum de lana emptitia non licebat ei facere vel vendere. Hoc etiam de immunitate pannificandi testatur magister Erembertus. Addidit etiam Gaufridus predictus quod vidit Fulcaudum fullonem, prius talliabilem comiti, postea in servicio Roberti, tunc decani, ab omni exactione immunem.

123. 1197.

Histoire d'une construction.

Wilhelmi *Chronicon Andrensis monasterii* [1]; *Mon. Germ. hist. SS.*, XXIV, 724.

Eodem anno[2] dominus abbas Iterius a subditis suis est admonitus et post multas admonitiones ad hoc inductus, ut domum ad opus infirmorum construeret ab orientali parte dormitorii et claustrum interponeret. Videbant enim magnam pecuniam ex provisione domini Petri abbatis huic loco dimissam magna ex parte nunc utiliter nunc inutiliter defluxisse, et summo affectu hoc opus desiderabant perfici ex illo residuo, quod adhuc sciebant superesse. Acquiescente abbate, circumquaque invitati sunt artifices et cimentarii, cesores lapidum et alii operarii. Ut autem aptior inveniretur construende fabrice locus et a dormitorio aliquantulum remotus, domus columbarum lapidea et quadrata solo tenus deicitur. Domus infirmorum lignea funditiis evertitur, diversi generis arbores radicitus evelluntur, et in profundis terre visceribus fundamenta constituuntur. Ceptum opus brevi tempore elapso surgit in altum, et famis angustia totam affligens patriam urget et accelerat opus sumptuosum. Nam multos hic operari vidimus non nummis conductos, sed solo pane et tenui cervisia contentos, et pro adjectione alicujus pulmenti satis exhilaratos. Denique de Tornacensi civitate ad claustri constructionem magna strues marmorum per flumina et per terras huc advehitur a nemore Sancti Vulmari de Nemore[3] major strues lignorum in curribus et quadrigis adducitur, plumbi et stagni copia magno pretio comparatur, et sic infra biennium totum opus mirifice consummatur.

---

1. Abbaye d'Andres, dioc. de Thérouanne, puis de Boulogne.
2. 1197.
3. Samer-au-Bois.

124. 1198 (n. s.), 25 mars.

Privilèges des Flamands à Cologne.

Archives du Nord, Chambre des comptes, B 10, n° 210.
Warnkœnig, *Histoire de la Flandre*, II, pièces justif., n° VIII.

Notum sit omnibus quod burgenses Colonienses et Flandrenses in eo convenerunt quod, dum aliquis Flandrensium per terram vel aquam paratus fuerit ad recedendum, si quis ab eo debitum repetit, unde testes habuerit, secundum jus Coloniense eum convincere debet, et amplius eum non retardabit; quod si testes non habuerit, ille qui impetitur simplici juramento sola manu, sine interceptione quod *byvanc* est et absque dilatione, prestito se purgabit et liber[av]erit. Nullus de terra eorum apud nos ad duellum provocari potest, vel ad judicium quod vulgo *ordeil* dicitur, nisi forte homicidium fecerit aut alicui vulnus dederit sive de falsa moneta deprehensus fuerit vel pacem violaverit. Nichil repetatur ab eis pro debito alterius, nisi illud proprio ore reddere promiserit vel fidejussores fuerint. Acta sunt hec anno Dominice Incarnationis M°C°XC°VII°. Datum Coloniae VIII kalendas Aprilis.

---

125. 1199, 21 mai.

Jean sans Terre accorde aux bourgeois de Rouen des privilèges commerciaux et civils déjà accordés en partie par Henri II[1].

Vidimus de Jean Salvaing, bailli de Rouen du 27 novembre 1445. Arch. municipales de Rouen[2]. Chéruel, *Hist. de Rouen pendant l'époque communale*, pièces justif., n° IV.
Cf. Giry, *Établissements de Rouen*, I, 29 et II, p. V; Fréville, *Mémoire sur le commerce maritime de Rouen*, II, n° VII.

Johannes, dominus Anglie et Ybernie et dux Nor-

---

1. Cette charte est en réalité une confirmation de la commune de Rouen, d'où nous avons extrait les clauses relatives au commerce. La charte de Henri II, de l'année 1150 ou environ, est publiée dans Chéruel, *ouv. cit.*, p. just., n° 1.
2. L'original de cette charte est perdu depuis longtemps. — M. R. de

FAGNIEZ. — *Documents relatifs à l'histoire de l'industrie et du commerce.* 7

mannie et Aquitanie et comes Andegavie, archiepiscopis, episcopis, comitibus, baronibus, vicecomitibus, baillivis, ministris et omnibus fidelibus suis citra mare et ultra salutem. Sciatis nos concessisse et presenti carta mea confirmasse civibus Rothomagi, libertates et quietancias suas.....

13. Item quod ipsi cives Rothomagi, ubicunque venerint in terra nostra cum mercaturis suis, quecumque sint, eas pacifice et quiete vendant ad detallagium vel alio modo ad libitum suum, et carcant eas et decarcant, et portant et reportant ubicunque voluerint, salva prisa nostra vinorum suorum quam habemus apud Londonias ad opus nostrum, ad bibendum et donandum ubi nobis placuerit, et non ad vendendum, scilicet de unaquaque navigata vini duo dolia, unum ante mustum et aliud retro mustum, ad electionem nostram et ad advenantum, quod alia vina illius navis vendita fuerint et quod pretium illorum vinorum quod habebimus, intra quindecim dies integre reddatur. Et volumus quod prisa illa fiat intra octo dies, postquam illi qui vina illa adducent, scire facient baillivo nostro, qui prisam nostram faciet apud Londonias : Et nisi infra[1] istum terminum ita fiat, extunc predicti cives de eis faciant quod voluerint, absque licentia ab aliquo capienda.

14. Item ipsi cives Rothomagi habeant apud Londonias portum de *Dunegate*[2], sicut habebant in tempore Edwardi regis, tali consuetudine quod, si in portu illo aliquam navem invenerint, undecunque sit, precipient eam inde auferri et expectabunt unum fluctum et unam ebbam, et, si navis inde ablata non fuerit, cives Rothomagi cordas navis illius rescindent si voluerint, et eam sine clamore et forisfacto inde depellent, et, si navis illa periclitabitur ex illa depulsione, nemini inde respondebunt.

15. Item quod nullus mercator transeat Rothomagum cum mercatura sua per aquam Secane, ascendendo vel

---

Beaurepaire a bien voulu collationner pour nous le texte donné par Chéruel sur le vidimus, d'après lequel il a été publié et qui est aujourd'hui la rédaction la plus ancienne et la plus autorisée.
1. *intra*, Chéruel.
2. Downgate, port sur la Tamise dans la cité de Londres.

advalando, nisi civis manens apud Rothomagum fuerit.

16. Item nullus, nisi sit manens in Rothomago, potest vinum discarcare in celario vel in domo.

17. Item quod ipsi cives sint quieti a pasnagio et pasturagio per omnes forestas et terras nostras.

18. Item quod ipsi cives Rothomagi, et naves et homines sui, cum averiis et pecuniis suis, ascendant et advalent, et transeant per cheminum aquae nostrae Secane, in quamcumque partem voluerint, et pontes et percas, absque alicujus licentia, si eis necesse fuerit, levant et iterum reficiant.

19. Item quod nulla navis de tota Normannia debet eschippare ad Hiberniam nisi de Rothomago, excepta una sola, cui licet eschippare de Cesarisburgo semel in anno, et quecumque navis venerit de Hibernia, ex quo capud de Gernesio [1] transierit, Rothomagum veniat, unde nos habebimus de unaquaque navi unum tymbrum de martryna [2] aut decem libras Rothomagi, si navis mercatores jurare poterunt quod illas martrinas non invenissent emendas ad portum in quo carcaverunt, pro consuetudine nostra auferenda, et vicecomes Rothomagi habeat de unaquaque navi viginti solidos Rothomagenses, et camerarius Tancarvillæ unam aucipitrem aut sexdecim solidos Rothomagenses.

20. Item nullus extraneus mercaturas illarum navium vel aliarum que venerint de ultra mare emat, nisi per manus hominum Rothomagi. Si quis autem hoc fecerit, medietas de tali misericordia cum cives Rothomagi judicabunt, erit nostra, et alia civium Rothomagi pro forisfacto.

21. Item consuetudines Deppe similes sint consuetudini civium Rothomagi in thelonio.

22. Concedimus etiam et confirmamus eisdem civibus Rothomagi communiam suam cum omnibus libertatibus suis et justitia sua sicut unquam eam melius habuerunt.

23. Volumus etiam et firmiter precipimus quod nullus miles, dum guer[r]am nostram habemus, moram faciat in

---

1. La pointe de l'île de Guernesey.
2. Une certaine quantité (v. franç. *timbre*) de peaux de martre.

civitate Rothomagi magis quam per unam noctem, nisi per preceptum nostrum, vel pro corporis sui infirmitate.

Testibus Roberto comite Mellenti, Willelmo Marescalco, Willelmo de *Kreon*, Gerardo de *Fournival*, Rogone de Saceio, Willelmo de Pratellis, Willelmo de *Cantelou*, Johanne de Bracestria, Willelmo filio Alani. Datum per manum Roscelini, tunc agentis vices cancellarii nostri apud Dieppam, XXI^a die Maii, anno ducatus nostri primo, Matheo Grosso tunc majore Rothomagensi.

---

126.   Seconde moitié du XIIe siècle.

Histoire d'une construction.

Wilhelmi *Chronicon Andrensis*; *Mon. Germ. hist. SS.*, in-fol. XXIV, 710.

DE CONSTRUCTIONE HUJUS ECCLESIÆ [1] SUB ABBATE PETRO.

Pace tandem temporis adepta, sopitis guerris et variis sibi illatis injuriis, dominus Petrus ad ecclesiam antiquam semirutam et minantem cotidie ruinam renovandam totus accingitur. Lapidum, calcis et sabuli grandis ad hoc strues et materia preparatur; lapidicina inter montem de *Fielnes*[2] et *Antingehem*[3] sita, unde ecclesia antiqua cum edificiis prioribus fuit extructa, pro eo quod adeo remota fuit, deseritur, et in parrochia de *Campanies*[4] citra montem de *Mas* a domino Petro, indagatore sedulo, alia lapidicina satis vicinior invenitur. Tam hieme quam estate ibidem operi insistitur. Aperta terra, mons lapideus cavatur, vetus et ruinosa ecclesia funditus evertitur, recens et decens inchoatur; durior quoque lapidum materia in fundamento locanda ad bases, columpnas et capitella cum maximo sumptu de comitatu Boloniensi huc adducitur. Interim in capitulo cantatur, acceleratur opus, et in brevi spacio chorus, cum turri et

---

1. Abbaye d'Andres au diocèse de Boulogne.
2. Fiennes, Pas-de-Calais, ar. Boulogne.
3. Autingues, Pas-de-Calais, ar. St-Omer, c^{on} Ardres.
4. Campagne-lez-Wardrecques, Pas-de-Calais, ar. et c^{on} Saint-Omer.

duabus crucibus ei annexis, auspice Christo, consummatur. Quo opere feliciter ad finem perducto, parrochiani omnes, tam nobiles quam alii, domini Balduini[1] comitis consilio animati, ad exemplar operis incepti navem ecclesie ad opus suum ab abbate perfici petierunt et centum ei marcas ad hoc agendum unanimiter promiserunt; quas tamen tepide, remisse et negligenter persolverunt. Nam lebetes, ollas eneas, caldarias et trepetes ferreas ex eis tandem, deficiente promisso, extorqueri oportuit, et totum fere pondus operis abbati perficiendum incubuit. Ipse vero in solo Deo spem constituens et beate Rotrudis[2] auxilium die et nocte deposcens, preter spem omnium, opus lapideum infra paucos annos consummavit, lignis de haia Gisnensi huc adductis fabricavit, plumbo cooperuit. Nunquam tamen predicatorem pro pecunia questuose acquirenda, ut quibusdam ecclesiis et monasteriis mos est, hinc emisit; nunquam a principibus et potentibus subsidium mendicavit, et tamen, opere perfecto, se solito ditiorem invenit.

127. Seconde moitié du XII° siècle[3].

Opérations subies par le lin et le chanvre.

Moriz Haupt, *Zeitschrift für Deutsches Alterthum*, 1859, XI, p. 215.

ALTERCATIO OVIS ET LINI.

Ovis.

Quis queat in quantas rapieris dicere pœnas,
Femineis manibus vulsa solo penitus?

---

1. Baudoin II, comte de Guines.
2. Patronne de l'abbaye.
3. Si ce poème devait être considéré comme l'œuvre d'Hermann de Reichenau surnommé le *Contrait*, mort en 1054, il faudrait nécessairement le reporter à une époque antérieure à cette date mais cette attribution, acceptée par Edelestand Du Méril (*Poésies populaires latines antérieures au XII° siècle*, p. 381) et même par Haupt (*Zeitsch. f. D. A.*, XI), n'est rien moins qu'établie (Wattenbach, *Deutschlands Geschichtsquellen im. M.* 6° éd. II, 44) et nous avons cru, dès lors, devoir adopter l'opinion de Quicherat (*Notes mss. sur l'histoire de la draperie*) qui nous a paru, à raison de sa compétence dans l'histoire des industries textiles, un arbitre autorisé sur cette question chronologique.

Prorsus ut intereas undisque soluta putrescas,
  Nigros trunca prius perpetiere lacus.
Post longum tempus ab aqua transibis ad œstus,
  Ut possis minui sicca labore levi
Ruricolas validos, fortes contusa lacertos
  Prorsus lassabis tritaque malleolis.
Cum jam perdideris quod habebas ante vigoris,
  Ibis femineo dedita ludibrio.
In ligno tensum, quod talem servit in usum,
  De ligno factis te ferient gladiis.
O quoties structam jaculis ex mille coronam
  Transibis, quoties prœtereundo gemes!
Per tam terribiles rapiens tua viscera dentes
  Te violenta manus mille trahet vicibus.
Cum nil restabit in te quod prendere possit
  Istud supplicium, tunc patiere novum :
Astringit solidas panno pix illita setas,
  Compositas œquis exterius stimulis :
Hœ scrutando tuas penitus penitusque medullas
  Consument totum si quid erit reliquum.
Herba modo viridis (frustra tumefacta superbis)
  Tunc tot trita modis nil nisi floccus eris,
Ventis ludibrium, leve pondus in aera raptum.

---

128.   XII° siècle.

Concours enthousiaste des populations aux constructions religieuses [1].

Gesta abbatum Trudonensium, éd. Köpke. Mon. Germ. hist. SS. in-fol. X, lib. I, 234.

Interea abbas Adelardus secundus[2], sollicite agens ne tantus eleemosinarum fructus otio totus cederet et luxui, monasterium quod neque vetustate, neque rimis aliquam ruinam videbatur minari, non sane passus est præsumptuo-

---

1. Cf. n° 132.
2. Adelard II fut élu abbé en 1055. Cette partie des *Gesta* a été rédigée par Rodolphe, qui fut élevé à la dignité abbatiale en 1108.

sorum hominum, tam monachorum quam laicorum, temeritate dirui, sed amplitudine latitudineque majus satis ordinatum muro firmissimo, columnisque spectabilibus, pulcherrimo tandem opere, sed expensis inestimabilibus reparari. Videre erat mirabile, et relatu erit incredibile, de quam longe quanta hominum multitudo, quantoque studio et lætitia lapides, calcem, sabulum, ligna, ac quæcumque operi erant necessaria, nocte ac die, plaustris et curribus gratis, propriisque expensis non cessarent advehere. Ipsi quoque lapides maceriales, atque in fundamento grandes atque gravissimi positi, fideliter hoc possunt attestari, qui in tota Hasbania cum non possint reperiri, de alienis partibus comprobantur apportati. Columnas autem de Guormatia [1] per Renum Coloniam usque navigio deductas, atque aliunde alias plaustrisque invectas, tamquam a Colonia usque ad nos per terram vehendas populus vicatim, funibus plaustris injectis, ardentissimo studio rapiebat, et sine omni boum jumentorumque adminiculo, per ipsum quoque fundum Mosæ sine ponte trajectas catervatim ad nos ymnisonis vocibus perducebant. Quid plura? muro vidit consummatum et tecto totum pene obumbratum, excepta parte aliqua, quæ inter majorem turrim et arcum grandem antepositum continetur.

129.   XII° siècle.

Vêtements et autres objets liturgiques.

Gesta abbatum Trudonensium, lib. VI [2]. Mon. Germ. hist. SS., in-fol. X, 256.

Ad missæ suæ ornamentum reponendum scriniola duo tali operi convenientia fecit, suoque studio amictum magno aurifrigio et longo ornatum, albamque laqueum a collo aurifrigio factum, et nodum unde alligebatur ex auro et margaritis pulchre habentem compactum, in eis acquisivit.

---

1. Worms.
2. Cette partie des *Gesta* a été également rédigée par Rodolphe, élu abbé en 1108.

Similiter et cingulos duos, unum de nigro bonoque pallio latum satis, aurifrigio latitudinis trium digitorum in fine decoratum, alium de pallio varii coloris valde bonum, a nodo ante ventrem cingentis eum, filis aureis usque ad summitatem operose multum crasseque undique contextum. Sed et balteum et calicem cum patena argenteum, intus et circa oras exterius deauratum, pixidem argenteam, similiter et argenteam acerram, vasque argenteum ad vinum, trium firtonum[1] pondus habens; thuribulum quoque de cupro deauratum, catenulas argenteas habens; pelviculam simulacro bestiolæ caudatam de cupro factam ad suscipiendam aquam manuum lavandarum, intus habentem imaginiolas argenteas fusili opere cælatas ; tresque tuellas, unam sternendam super altare, aliam sub libro, tertiam ad tergendas manus. Crucem quoque cum crucifixo et pede quatuor Evangelistarum imaginibus operoso, utrumque de cupro sed deauratum. Columbam etiam cupream, auro tamen superius argentoque variatam, continentem aquam ad opus manuum. Casulam de nigro pallio circa collum et a collo usque ad pedes ante ventrem aurifrigio lato ornatam; cappam similiter de nigro pallio paene eodem, circa collum, et super cristam capitii aurifrigio ornatam, ante pectus habentem plus quam palmæ unius longitudinis, æqua longitudine et latitudine aurifrigium neque tantum aurifrigium quam rem filis aureis desuper solidissime contextam, in medio habentem gemmulam bullula circumclusam. Hæc omnia ad officium missæ suæ, et ad ornamentum æcclesiæ proprio studio de novo acquisivit. Redemit quoque cappam unam albi pallii valde bonam, thuribulum quoque argenteum appendens septem marcas, quod postea cum prestitisset archidiacono cuidam nomine Alexandro cum pallio uno optimo, quod ipse quoque emerat, et calice argenteo, nunquam rehabere potuit, quæ ita usque hodie nostra æcclesia perdidit. Pallium quoque unum, quod sufficit ad majus altare cooperiendum, emit totum novum, et de spisso pallio purpurei coloris, pallentis tamen, in grandiusculis rotis ima-

---

1. En franç. *fierton* ou *fertin*.

ginibus bestiarum variatum. Hoc hodie quoque penes nos habetur.

130.   XII° siècle.

Ghilde marchande.

Pagart d'Hermansart, *Les anciennes communautés d'arts et métiers de Saint-Omer*, dans *Mém. de la Société des antiquaires de la Morinie*, XVII (1880), 5-10.

HÆC SUNT CONSUETUDINES GILDE MERCATORIE.

1. Si quis mercator manens in villa nostra vel in suburbio in gildam nostram intrare voluerit et pergens alicubi deturbatus fuerit vel res suas amiserit vel ad duellum fuerit provocatus, omnino nostro carebit auxilio.

2. Si quis gildam non habens aliquam waram[1] vel corrigia vel aliud hujusmodi taxaverit et aliquis gildam habens supervenerit, eo nolente, mercator[2] quod ipse taxaverat emet. Si quis vero gildam habens mercatum aliquod non ad victum pertinens valens V gr. s.[3] et suprataxaverit, et alius gildam habens supervenerit, si voluerit, in mercato illo porcionem habebit, quod si forte taxator supervenienti porcionem contradixerit et coram decano testimonio duorum de gilda convinci poterit quod porcionem contradixerit, duos solidos emendabit.

3. Adveniente tempore potacionis, jus est ut decani capitulum suum submoneant ipso die adstari potacioni ibique precipiant ut hora nona ad sedem suam pacifice veniant, et quisque erga alium pacem habeat de veteri ac novo facto.

4. Statutum est autem si quis aliquem ad potandum secum adduxerit vel filium vel nepotem vel famulum, de unoquoque XII d. dabit; ob hac sententia magistros excludimus.

5. Si quis vero non habens gildam ad potacionem venerit et ibi latenter bibens deprehensus fuerit, V gr. s. dabit, vel in momento gildam emat; inde clericos, milites et mercatores extraneos excipimus.

---

1. Nous n'avons pu déterminer le sens de ce mot.
2. Après le mot *nolente* il faut suppléer : *in mercato illo porcionem habere* et remplacer *mercator* par *emptor*.
3. *grossos solidos*.

6. Si quis scaochas aut patinos in gildalla attulerit, dimidiam unciam argenti dabit vel X denarios.

7. Si quis stulte contra decanos locutus fuerit, duas uncias argenti dabit.

8. Si quis contra alium stulte locutus fuerit, duobus audientibus, dimidiam unciam dabit.

9. Si quis aliquem pugno vel pane vel lapide percusserit, non enim intersunt alia arma, duas uncias dabit.

10. Si quis a sede sua iracundia contra alium surrexerit, unam unciam dabit.

11. Si quis, audito tintinnabulo, clamorem fecerit vel se erexerit, dimidiam unciam dabit.

12. Si quis cyfum cum potu extra gildallam absque licencia portaverit, dimidiam unciam dabit.

13. Si quis ad capitulum suum prima pulsante non venerit, XII d. dabit; qui vero absque licencia recederit, non infirmitate cogente, XII denarios dabit.

14. De omni stulticia que agitur infra duos dies potacionis in facto vel verbis coram decanis respondendum est nec coram alio judice; sic enim definitum fuit tempore Gulurici *Rabel* castellani [1] ac divisum inter Guluricum et burgenses.

15. Constitutum est ut decani vinum et ea que ad gildam necessaria sunt procurent quousque de acquisitis sua recipiant.

16. In potacione nostra custodes portarum portas levantes burgensibus ad potacionem vel ad capitulum existentibus quisque unum lotum, quisque propinatorum unum lotum singulis noctibus, quisque hostia custodientium unum lotum; si quis de gilda infirmatur et cognitus sit a vicinis suis, singulis noctibus unum lotum. Si quis extra regionem fuerit, uxor ejus singulis noctibus unum lotum habebit. Si vero in nuptiis fuerit, nulli de vino suo respondendum est. Sacerdotes vero omnes ad vesperas existentes quisque singulis noctibus unum lotum; ideo omnes quorum diversorum parrochiani sumus. Custos Sancti Audomari qui primam sonat per quam ad capitulum nostrum adunamur et

---

1. Ouvry Rabel, châtelain de Saint-Ouen de 1072 à 1083 ou environ.

nobis reliquias accommodat singulis noctibus unum lotum. Ideo quatuor plegii sumuntur ut si unus illorum vixerit integre persolvet unus [quasi] omnes plegii exstiterint [1]. Debitore vero mortuo omnes plegii liberi sunt.

17. Si quis gildam emerit juvenis vel senex, priusquam in cartula ponatur, II d. notario, decanis vero duos denarios.

18. Jus vero decanorum est ut, duobus diebus ante primam, cum notario su[o] comedant de communi in thalamo gildalle et vinum tunc habeant, aliquod si fieri non potest aliquo occupati negotio, quisque decanorum ad hospitium suum per capitulum dimidium sextarium habeat; notarius autem unum lotum pro matutinali prelibacione. Singulis vero noctibus, prout justum est, ordinatis ac distributis, quisque decanus ad hospitium suum unum sextarium habeat, notarius vero dimidium sextarium habeat. Si quis cum armis portas intrare voluerit, a custodibus arma detineantur quousque redeat vel quousque ab hospite suo aut ab alio sibi noto pacificus esse testetur. Finita potacione et persolutis expensis omnibus, si quid remanserit, communi detur utilitati vel ad plateas vel ad portas vel ad ville municionem, postea autem omnes posteros in Christo monemus ut pauperum ac leprosarum misereantur.

131.   XII° siècle.

Serfs exercés dans certains métiers.

Vita Gebehardi episcopi Constantiensis in Suevia. Mon. Germ. hist. SS., in-fol. X, 588.

Post hæc, convocatis servis suis [2], elegit ex eis optimos quosque et constituit ex eis coquos et pistores, caupones et fullones, sutores et hortulanos, carpentarios et singularum artium magistros, et constituit eis ut, eo die quo fratribus deservirent, de annona quoque fratrum in pane reficerentur, quia dignus est operarius cibo suo. Ut autem bono animo suis ministrarent dominis, huiusmodi donario ipsos cumulavit, scilicet ut, cum quis præsentium

---

1. Nous avons substitué *exstiterint* à *exstiterunt* à cause de *quasi*, que nous avons cru devoir suppléer.
2. Il s'agit de Gebhard, évêque de Constance, de 980 à 995.

vel eorum successorum, qui de progenie illorum esset, moreretur, exuviæ de eo non sumerentur, sed hæredes relictam hæreditatem indivisam possiderent; si vero de alia progenie aliquis accessisset[1], ab hoc donativo alienus exstitisset.

132.   XII⁰ siècle.

Concours de la population à la construction des églises[2].

Sugerii *Libellus de consecratione ecclesiæ et translatione corporum sancti Dyonisii.*
Recueil des historiens des Gaules et de la France, XIV, 313.

Locus quippe quadrariæ admirabilis prope Pontisaram castrum..... molarum cæsoribus sui quæstum ab antiquo offerebat, nihil egregium hactenus proferens, exordium tantæ utilitatis tanto et tam divino ædificio, quasi primitias Deo sanctisque martyribus, ut arbitrabamur, reservabat. Quotiens autem columnæ ab imo declivo funibus innodatis extrahebantur, tam nostrates quam loci affines bene devoti, nobiles et innobiles, brachiis, pectoribus et lacertis, funibus adstricti, vice trahentium animalium, educebant, et per medium castri declivium diversi officiales, relictis officiorum suorum instrumentis, vires proprias itineris difficultati offerentes, obviabant quanta operant ope Deo sanctisque martyribus obsequentes.

133.   Vers le XII⁰ siècle.

Glaçure plombifère de poteries.

Recueil de recettes à la suite du *Metricus liber Eraclii de coloribus et de artibus Romanorum*, p. p. A. Ilg dans *Quellenschriften für Kunstgeschichte*......, IV[3].

QUOMODO VASA FIGULI PLUMBEANTUR.

Accipe terram figulorum quantum sortem poteris invenire

---

1. *Var.* successisset.
2. Cf. N⁰ 128.
3. Nous avons tenu compte, pour l'établissement du texte, des variantes relevées par M. Giry. Voir sa Notice sur le traité d'Eraclius, dans les *Mélanges Duruy. Bibl. de l'École des Hautes Études*, fasc. 35, 1878.

et in fumo cum aliis vasis mitte, ubi tantum lento igne coques, vel in alio igne, quousque tota sit rubea. Quando frigida fuerit, mitte eam in quodam vase, et tamdiu tere, quousque tota sit quasi pulvis. Deinde accipe aquam, et misce cum ea, et in alio vase cola, et usque ad alium diem sic eam dimittes. Postea illam aquam proicies foras. Deinde accipe illas feces, et cum alia terra que sine sabulo est misces, cum duabus partibus illius fortissime terre supradicte. Postea tere eam cum malleo. Deinde qualecunque vas volueris facies. Postea accipe illam fecem quam sivisti quiescere, et cum oleo misces, et illud vas quod fecisti, antequam coquatur, per totum linies. Deinde pones eum in secreto loco quoadusque totum siccetur, et ne ventus ei contrarius sit. Si vero eum plumbeum facere volueris, accipies farinam de frumento et in ollam bullire eam facies, et refrigerari permittes et de ipsa aqua eam per totum in circuitu linies. Postea accipe plumbum bene solutum. Si tamen viride eum volueris facere, accipe cuprum vel auricalcum, quod melius est, et cum plumbo misce sic. Accipe plumbum et in vase eum optime funde. Quando totum liquefactum fuerit, circumvolve manibus tuis illud in vas usque dum pulvis fiat et ita VI partes auricalci limature cum eo misces. Cum vas illud de aqua farine humefactum fuerit, statim pulverabis de plumbo. Si vero vis ut croceus sit, de puro plumbo et sine limatura pulverabis. Deinde in majori vase intus vas illud repone, et in furno mitte ut sit plus splendidum et pulcrum, lento tamen igni, ut non nimis fortiter nec nimis flebiliter.

---

134. Fin du XII° — commencement du XIII° siècle.

Métier à drap.

Alex. Neckam, *De nominibus utensilium*,
dans *Lexicographie latine*, p. p. Scheler.

Textor terrestris eques est, qui duarum reparum adnitens apodiamento, equum admittit [1] assidue, exili tamen contentum dieta. Scansilia autem, ejus fortune conditionem representantia, mutua gaudent vicissitudine ut, dum unum evehitur, reliquum sine nota livoris deprimatur. Trocleam [2] habet circumvolubilem, cui pannus evolvendus idonee possit maritari. Cidulas [3] etiam habeat trabales, columbaribus [4] distinctas et diversa regione sese respicientes, cavillis [5] ad modum pedorum [6] curvatis, trabibus tenorem tele ambientibus, licia [7] etiam tam teniis [8] quam fimbriis [9] apte sociantur. Virgis in caputio debitis intersticiis insignitis stamen deducat tam supponendum quam superponendum. Trama autem beneficio navicule transeuntis transmissa opus consolidet, que pano [10] ferreo vel saltem ligneo muniatur inter fenestrellas [11]. Panus autem spola vestiatur. Spola autem ad modum glomeris penso cooperiatur. Ex hoc penso materia trame sumatur, dum manus altera textoris naviculam jaculetur usque in sociam manum, idem beneficium manui priori remissuram.

135.   1200 (n. s.), 15 février.

Lettre de change.

Blancard, *Documents inédits sur le commerce de Marseille au moyen âge*, t. 1, p. 3.

In nomine Domini nostri Jhesu Christi, Amen. Anno ab Incarnatione Ejusdem M°C°LXXXX°VIIII°, indictione III*, XV° die mensis febrouarii. Ex presentis scripti serie manifestum sit omnibus ipsum legentibus et audientibus quod

---

1. Des gloses traduisent par : *let cure, alaschet.*
2. Glose anglaise : *windays.*
3. *Lates.*
4. *pertus.*
5. *kiviles.*
6. baculus pastorum, *croce.*
7. *files.*
8. *frenges.*
9. *urles.*
10. *broche, chevil.*
11. *festéres?*

nos Bartolomeus Macellarius, de Massilia, et Petrus Vitalis, uno consensu et communi voluntate, accepimus mutuo, in urbe Messane, a te Stephano de Mandulio et Guillelmo Benlivenga, M VI C tarenos [1] auri ad pondus Messane, in fortuna Dei et maris, qui sunt uncie LIII et tercia ; de quibus, ex firmo contractu, convenimus vobis nos daturos esse vobis in Provincia, pro unacumque uncia, LV s. regalium Massilie coronatorum : summa[m] CXLVI l. et XIII s. et IIII d. Hanc monetam debemus et tenemus vobis reddere et aquitare, in pace et sine molestia, usque ad unum mensem postquam navis incoriata [2], in qua navigamus, venerit Massiliam vel ad alium portum salutis, in Provincia, ad discargandum ; et, ad majorem securitatem vestram, obligamus vobis in pignore, in eadem nave incoriata, CXLI bacenos qui sunt comunes inter nos duos ; et preterea ego Petrus Vitalis obligo vobis in pignore de meo proprio IIII saccos de galla qui sunt quintaria II de Accon minus XXVII rotulis, et VI faisos liquiricie [3] qui sunt quintaria III de Accon minus tercia. Ego Bartolomeus addo pignus, de meo proprio, V faisos becunarum, scilicet pelles CCCXXIIII, et VIIII faisos liquiricie qui sunt VI quintaria Accon minus XVIII rotulis ; quod magis valent ista pignora quam debitum vestrum est, erit ad resegum nostrum ; reliquum, ad resegum vestrum. Eodem tempore, ego prefatus Bartolomeus accepi mutuo a te predicto Stefano de Mandulio VIII uncias auri, de quibus medietas est Ugonis Vivaldi, pro quibus debeo dare vobis, in Provincia, XXII l. de predicta moneta, pro quibus mitto vobis in pignore XXV bacenos et I quintarium liquiricie, ad pesum Accon, et X et VIII rotulos. Si moneta esset abatuta predictorum regalium vel deteriorata in lege vel in pondere, debemus dare vobis marcam argenti fini pro LVII s. donec totum debitum persolvatur. Ista vobis attendemus sicut pretaxata sunt, sine fraude et malo ingenio, salva existente nave vel majore parte rerum navis. Acta sunt hec in urbe Messane,

---

1. Monnaie apulienne et sicilienne.
2. Nous ignorons le sens de ce mot. Faut-il corriger : *incaricata?*
3. Botelettes de bois de r... 'isse.

anno, mense et indictione pretitulatis, coram istis testibus :
† Ego Ugo Aldoardus testis sum; † ego Bonus Vassalus
de Turribus idem testor; † ego W. de Petralata testor;
† Ego Petrus R. de Narbona testor; † ego W. Vigorosus
testor; † ego Petrus Multonus de Crista testor. Ego
magister Raimundus, qui hec scripsi, testificor.

Au revers : Bartolomeus Macellarius et P. Vitalis debent
B. de Mandolio et G. Bellivenga M DC turinos (*sic*) auri.

---

136. 1204-1205, du 25 avril 1204 au 9 avril 1205.

Tisserands d'Étampes.

Ordonnances des rois de France, XI, 286.
Dom Fleureau, *Les antiquités de la ville et duché d'Estampes*, p. 132.
— Cf. Delisle, *Catalogue des actes de Philippe-Auguste*, n° 807.

In nomine sancte et individue Tr'nitatis. Amen. Philippus, Dei gratia Francorum rex. Noverint universi presentes pariter et futuri quod nos, amore Dei, quittavimus omnes textores manentes et mansuros Stampis, qui propriis manibus texent, tam in lineo quam in lana, ex omnibus consuetudinibus quæ ad nos pertinent, scilicet, tam de collecta et taillia quam de omni demanda et introitu ministerii, salvis iis quod ipsi dabunt nobis rectum toloneum nostrum, et salva sanguinis effusione, quod probari possit per testimonium legitimorum testium, et salvo exercitu nostro et equitatione nostra.

Propter hanc autem liberationem quam eis concessimus, ipsi dabunt nobis viginti libras singulis annis, scilicet X libras in crastino festi sancti Remigii et X libras in crastino Privicarnii.

Omnes autem textores ad horam rectam incipient et ad horam rectam dimittent opus suum.

Ili vero ad voluntatem suam eligent et constituent, quotiescunque voluerint, quatuor de probis ministerialibus illorum, per quos ipsi se justificabunt et emendabunt ea quæ erunt emendanda.

Hi quatuor ministeriales fidelitatem domino regi facient et præposito, et jurabunt conservare jus suum, et levabunt prædictas XX libras.

Hi etiam quatuor custodient quod draperia sit fidelis et bona, et, si ibi forisfactum fuerit, emenda erit nostra.

Concessimus etiam iis quod redditum istum extra manum nostram mittere non possumus.

Quod ut perpetuam obtineat stabilitatem, sigilli nostri auctoritate et regii nominis caractere inferius annotato presentem paginam præcepimus confirmari. Actum Parisius, anno Incarnati Verbi MCCIV, regni vero nostri anno XXIV. A-tantibus in palatio nostro, quorum nomina supposita sunt et signa. Dapifero nullo. [Signum] Guidonis buticularii. [Signum] Mathæi camerarii. [Signum] Droconis constabularii. Data vacante cancellaria, per manum fratris Guarini.

---

137.   1204-1205.

Validité des ventes et participation des tiers aux marchés.

Consuetudines et libertates ville Montispessulani.
Thalamus parvus. Montpellier, 1840, p. 46 et 62.

1ª pars. CI. Emptio vel venditio non valet sine palmata, vel sine solutione precii, particulari vel universali, vel sine rei tradicione.

CII. Arris datis, penitens eas amittit; accipiens penitens eas in duplum restituit.

. . . .

2ª pars. VI. Si aliquis in Montepessulano aliquod mercatum fecerit, et alii homines habitatores Montispessulani presentes fuerint in domo vel in loco ubi illud mercatum factum fuerit, si tunc dicant se velle ibi habere partem, ille qui mercatum receperit tenetur eis partem dare in illo mercato. Verum tamen illi quibus partes in illo mercato date fuerint, tenentur facere ut venditor clamet quittum illum qui mercatum receperit, arbitrio boni viri, pro ratione partium que date sunt eis in illo mercato. Et postquam aliquis petierit partem, ille qui mercatum fecerit potest eum cogere ut hanc partem in illo mercato habeat. In his autem que aliquis emit ad suum usum vel familie sue non tenetur alicui dare partem. Nec homo Montispessulani tenetur dare partem homini extraneo de aliquo mercato, sed tenetur extraneus dare partem habitatori Montispessulani et alii homini extraneo.

138. 1208, 13 juin.

Privilège honorifique des pelletiers de Lyon.

Obituarium Lugdunensis ecclesiæ, p. p. C. Guigue, Lyon, 1867.

In nomine sanctæ et individuæ Trinitatis. Sequitur forma ritus, secundum privilegium pelleteriorum civitatis Lugduni in ecclesia Sancti Joannis civitatis præfatæ, per nos Reynaldum, Dei gratia primæ Lugdunensis ecclesiæ archiepiscopum, approbata de voluntate et consensu insignis capituli et dominorum canonicorum comitum Lugduni.

Cum capitulum et domini canonici comites Lugduni et ego Reynaldus, ecclesiæ prænominatæ minister humilis, cognoverimus quod ab antiquo et a tempore cujus contrarii non existit memoria, magistri pelleterii civitatis præfatæ Lugduni sint in possessione et saysina privilegii processionaliter incedendi cum facibus accensis et accedendi singulis annis, in festo sancti Joannis Baptistæ, ad ecclesiam Sancti Joannis de Lugduno, et quod ibidem existentes in quadam platea, quæ est ante fores ecclesiæ, duo ex antiquis de arte pelleteriorum dictæ civitatis cavalcantes super mulas albas, in signum munificentiæ et donationis fundi ecclesiæ amore Dei factæ ab antiquo per quendam pelleterium amore divino impulsum, recipi debeant cum ceremonia et vestibus sacerdotalibus et cum cruce per dominos canonicos et comites Lugdunenses et introduci, post cavalcadam factam in platea, in ecclesiam Sancti Joannis, in ordine decoro, ubi dicti magistri pelleterii offerunt et recipiunt panem benedictum per manus unius canonici et comitis Lugdunensis, qui tunc per capitulum mittitur, in recompensam et commemorationem donationis de fundo ecclesiæ antiquitus factæ; idcirco nos Reynaldus, ecclesiæ Lugdunensis minister humilis, requestæ sive supplicationi magistrorum pelleteriorum civitatis Lugdunensis, per Petrum Adalberti, eorum syndicum, nobis præsentatæ devote, annuentes seu quasi consentientes, concedimus seu confirmamus per præsentes, de voluntate et expresso consensu capituli et dominorum canonicorum comitum Lugduni, quod dicti magistri pelleterii, seu duo ex antiquis de arte ipsorum pelleteriorum, juxta seriem sui antiqui privilegii, possint et valeant libere, quiete et pacifice ritum et ceremonias præfatas facere singulis annis, in festo sancti Joannis, scilicet processionaliter incedere cum facibus accensis, et accedere usque in plateam Sancti Joannis cum duobus magistris pelleteriis super mulas albas cavalcantibus ante fores ecclesiæ Sancti Joannis, et debeant postea recipi in ordine decoro cum ceremonia et vestibus sacerdotalibus et etiam cum cruce per dominos canonicos et comites Lugduni et introduci, post cavalcadam factam in platea, in ecclesiam Sancti Joannis, et ibi offerant singuli pelleterii et recipiant panem benedictum per manus unius de dominis canonicis et comitibus Lugduni rationibus prætactis, et hæc omnia ipsis magistris pelleteriis et tibi Adalberto, syndico prænominato, sic annuimus pro parte ipsorum et confirmamus prætactum privilegium pro præsenti et futura ætate; et in signum præmissorum sic concessorum, præcipimus tibi Arnaldo de Capraria notario hanc cartam scribere. Testes fuerunt : Petrus Odolrici, legum doctor, Artaldus de Podio, capellanus mei Reynaldi, Berengarius Aymarii, licentiatus, Rostagnus Pellicerii, capellanus, et plures alii. Ego Raynaldus hoc signum fecit ⁊. Ego Arnaldus de Capraria subscripsi et apposui signum meum in fidem præmissorum, Lugduni, idibus Junii, anno Domini millesimo ducentesimo octavo.

139.   1210 (n. s.), janvier.

Société de commerce entre les bourgeois de Paris et de Rouen.

L. Delisle, *Cartulaire normand*, p. 296. Cf. *Catal. des actes de Ph.-Aug.*, n° 1185.

Philippus, Dei gratia Francorum rex. Noverint universi presentes pariter et futuri, quod super contentione sacramenti de societate mercature, que erat inter burgenses nostros Parisienses et burgenses Rothomagenses, pax fuit composita inter eos, assensu utriusque partis, coram nobis apud Gisorcium, in hunc modum.

Si mercator Parisiensis voluerit habere societatem mercature cum burgensi Rothomagensi vel burgensis Rothomagensis cum burgensi Parisiensi, sive serviens ejus pro ipso, si mercator voluerit habere sacramentum socii sui, quando convenient, ipse vocabit duos probos homines mercatores, quales voluerit, ad sacramentum societatis mercature capiendum, et ille a quo requiretur sacramentum, tenetur facere sacramentum de societate mercature, scilicet quod fidelem societatem faciet socio suo de mercatura illa. Dicti autem burgenses adinvicem creantaverunt, quod quicquid servientes eorum facient de societate mercature, stabile erit et firmum; non tamen ideo remanebit, quin mercator teneatur ad faciendum sacramentum socio suo, sicut dictum est. Actum apud Gisorcium, anno Domini millesimo ducentesimo nono, mense Januarii.

140.   1210 (n. s.), 22 mars.

Contrat de commandite.

Blancard, *Documents inédits sur le commerce de Marseille*, t. I, p. 6.

In nomine Domini. Anno Incarnationis ejusdem M° CC° VIIII°, indictione XII°, XI kalendas Aprilis. Notum sit cunctis quod ego Petrus Vitalis confiteor et recognosco

me habuisse et recepisse in comanda a vobis Stephano de
Mandoil et Bernardo Balbo XXV l. regalium coronatorum,
que sunt mutuate III bisantios et quarta pro libra sarracenatos in Aconem persolvendos, renuntians ex certa scientia
exceptioni non numerate pecunie; cum qua comanda ibo ad
laborandum in hoc itinere ultremaris, in nave de Oliva, ad
vestrum proficuum et meum, ad fortunam Dei et ad usum
maris; et totum lucrum et capitale convenimus et promitimus reducere in potestatem vestri vel vestrorum fideliter,
et veritatem inde vobis dicam; et ita hec me observaturum
in mea bona fide per stipulationem promito; et in omni
lucro quod Deus ibi dederit, debeo habere et accipere
quartum denarium. Actum est hoc ante domum Amatoris.
Testes, ad hoc rogati et vocati, fuerunt : Bertrandus Gom-
bertus, Stephanus Barreria, Petrus Tabareas. Et ego
Januarius, publicus notarius Massilie, his interfui et mandato utriusque partis hanc cartam scripsi.

Au revers : E nisi a n' Esteve de M[and]eill X l. oltra la
compainnia.

---

141. 1210, août.

Ghilde marchande.

Wauters, *Libertés communales*, preuves 67, 68.

Ego Reginaldus, comes Bolonie et Ida, uxor mea, Bolonie
comitissa, notum fieri volumus tam presentibus quam futuris
quod nos scabinos de villa nostra de Kaleis et probos
homines nostros de eadem villa et omnes infra banleucam
de Kaleis habitantes, a communitate aliorum hominum
nostrorum de terra de Merc separavimus, ita quod jura
sua et libertates suas, sicut eas habebant antequam a
predicta communitate separati essent, possidebunt. Si autem
scabini vel queremanni super se judicium habuerint quod
dicere nesciant et diffinire, apud Merc de judicio illo suam
facient inquisitionem; et si apud Merc super hoc docti esse
non poterunt, judicium illud inquirent apud Breboro.

Concessimus etiam predictis burgensibus quod, quando assisiam suam facient, quod de omnibus cotallis que infra banleucam suam erunt, que per aspectum(?) scabinorum debebunt assederi, assisiam suam faciant. Dedimus igitur et concessimus sepedictis burgensibus quod infra banleucam suam habeant gueldam mercatoriam, adeo libere et quiete ut illam habent illi de Mere. Actum apud Kaleis, anno ab Incarnatione Domini M° CC° decimo, mense Augusto.

---

142. 1213, 30 novembre.

Société d'assistance mutuelle et de partage des bénéfices, constituée par les armateurs de Bayonne.

Pardessus, *Collection des lois maritimes.* IV, p. 284.
Ballasque et Dulaurens. *Études historiques sur la ville de Bayonne.*
t. I. p. 439.

CONSTITUTIO SOCIETATIS NAVIUM BAIONENSIUM.

In nomine Patris et Filii et Spiritus sancti. Amen. Regnante illustrissimo J[ohanne] rege Anglie felicis memorie, anno quo Assius de Navallis fuit electus in episcopum Baionensis ecclesie, in festo beati Andree apostoli, rectores et naute navium Baionensium constituerunt inter se societatem, que dicitur *Societas navium Baionensium*, de assensu et voluntate totius populi Baionensium, ad honorem Dei et beate Marie et omnium sanctorum, salvo jure et fidelitate domini sui regis Anglie et suorum heredum, et, cum fuerit[1], ad eorum inimicos infestandos. Hanc quidem societatem concesserunt et assecuraverunt tenere et observare inviolabiliter pro bono pacis et utilitate navigii, sicut in_ _ius est subscripta. Quam quicunque servare noluerit, non debet juvari ab aliis, cum indiguerit in necessitatibus navis sue; immo quicunque prestaret ei vel navi sue auxilium punietur in X libris Morlanorum[2] erga societatem.

---

1. Peut-être faut-il suppléer ici *opus*.
2. *Morlanensibus* dans les deux éditions.

1. Hec est igitur constitucio societatis navium, quod nullus rector vel nautarium presumat affretare navem suam nisi primo boglata [1] fuerit. Si vero due vel tres vel plures boglate fuerint, possunt affretare. Bollon [2] desinat pro duobus solidis Turonensium, si fuerit hominis advene. Trosellum de lana IIII[or] quintallorum pro tribus solidis; trosellum de curanio [3] pro IIII[or] solidis. Saram [4] de cora pro tribus solidis. Tracam [5] de coriis philosis [6] pro XVIII denariis. Tracam de coriis tanatis pro duobus solidis. Milliarium de cullo [7] hominis advene pro V solidis et erit proprium portitoris [8]. Cavallum, mulum, runcinum, mulam pro XX solidis et erit proprium portitoris. Trosellum de cordubanis XVIII, duo denarios pro IIII[or] solidis. Trosellum de stamine [9] IIII quintallorum, solidum. Trosellum de lino IIII quintallorum pro tribus solidis. Malindum de cuxo [10] pro VI denariis et sit proprium portitoris. Quintallum de vuccuris [11] pro VI denariis. Quintallum de cepo pro VI denariis. Quintallum de feno pro sex denariis. Trosellum de canapi pro III solidis. Trosellum de cordatis [12] IIII periarum et dimidie pro III solidis. Quintallum de olemandis [13] et de ficubus pro IX denariis. Milliare de licno [14] pro III solidis. Carcam de carnibus bovinis pro III solidis.

2. Cum autem naves fuerint parate ad siglandum apud Puttam [15], siglent et navigent quotquot fuerint parate. Si tunc aliqua remaneret, relique que siglaverint non faciant

---

1. Frêt à recevoir la cargaison. Voy. Pardessus 284 n. 2 et Jal, *Gloss. nautique*, v° *Bulk*.
2. Acquit du droit prélevé sur les marchandises composant la cargaison. Pardessus, n. 3.
3. Espèce de cuir. Pardessus, 285, n. 1.
4. Mesure non encore déterminée. *Ibid.*, n. 2.
5. Dizaine de cuirs.
6. Pour *pilosis* : cuirs crus ou verts.
7. Nous ne pouvons donner aucune interprétation satisfaisante de ce mot.
8. Il appartiendra au percepteur de déterminer si l'expéditeur est étranger.
9. Laine destinée à la chaîne du drap.
10. Nous n'osons proposer aucune interprétation de ce mot.
11. Nous n'en hasarderons non plus aucune pour ce mot.
12. Synonyme de *cordis*. Pardessus, 285, n. 12.
13. Amandes.
14. Les deux éditeurs ont imprimé *licno*, tout en proposant, après Lappenberg, de lire *licno = ligno* (bois).
15. La Pointe, embouchure de l'Adour (Balasque et Dulaurens, I, 142, n. 6.)

partem illi. Si autem pro malo ingenio vel ex industria remaneret, debet egressis partem facere et egresse nunquam ei, nisi egressus ejus impederetur inpetu aut taliter aut veteri defectu ne posset cum aliis navigare. Quod si sic remanserit, debet esse socia cum egressis de naulo au freto quod sumpserint. Res quoque et mercandise, que affretabuntur in navibus que debent navigari in Rupellam vel Burdegalam vel Roianum vel Oleronem aut inter duas terras, esse [debent] de societate.

3. Item [quando] navis, que ad navigandum in Flandriam affretabitur, facere debet de rebus affretari in Rupellam partem, relinquimus ·:·: relique nullam faciant sibi porcionem[1].

4. Item navis, que affretabitur de Rupella in Flandriam, de freto quod exinde habuerit, nulli faciat porcionem.

5. Sciendum est praeterea, quod trosellus, qui Baionum apportatus fuerit de Rupella, solvet pro freto vel naulo VI denarios morl. Milliare de cupro IIII^{or} sol. Milliare de allecibus XII den. morl. Milliare de stagno IIII sol. Milliare de plumbo duos solidos et VI den. Quintallum de borra VIII morl. Honus vel carca anguillarum II sol. Filum de canapi VI den. Miliare de congruis[2] VIII sol. Miliare de marlicio[3] III den.

6. Item naves que invenerint se in Flamperra[4], si de eadem aigada vel marea[5] siglaverint, in veniendo Baionum vel Empelle[6], debent esse socie freti sui. Si tamen aliqua illarum haberet penes se res vel mercaturas, quas posset ostendere affretasse in pannis in finibus[7], antequam alie naves ibi applicuerint, debent integre esse sue ; sed de residuis faciet aliis porcionem. Porro naves Baionenses, ubicunque fuerint, debent se juvare et auxiliari adinvicem in suis negociis

---

1. Le navire, qui chargera une partie de son fret à La Rochelle, ne participera pas aux bénéfices de l'association. Voy. Pardessus, p. 286, n. 5
2. Congres, anguilles de mer.
3. Merluches.
4. La Flandre.
5. Ces deux mots veulent également dire marée.
6. Lisez : *Rupellam*.
7. Draps de belle qualité. Pardessus, 287, n. 6.

et necessitatibus pro cujusque commodo, et honore et exaltatione domini sui, regis Anglie et suorum viriliter et potenter.

7. Item navis qui in Yspanniam navigabit, possidebit integre quod portabit. Si autem in aliquo portu Yspannie alique naves congregate fuerint, debent esse socie quotquot insimul fuerint, de Faro¹ usque ad Sanctum Sebastianum, ad navigandum in Enpellam² vel Burdegalam vel Baionum. Si tum ea que primo applicuerit aliquid acceperit, suum erit, si de eadem aigada siglaverit vel mareia.

8. Item si aliqua navium de paratis siglare apud Punctam siglaverit et postea redierit ex improsperitate temporis vel aure, si remanentes aliquid freti interim receperint, debet inde particeps esse.

9. Item si aliqua navium, que ad navigandum in Flandriam affretaverit vel aliquid pactum de redita super se proinde retinuerit, punietur in X libris morl. si poterit inde probari.

10. Denique omnia ista sposponderunt observare et tenere ad honorem, firmitatem et conservationem fidelem domini sui, regis Anglie, et suorum. Quod quicunque non fecerit in X libris morl. punietur.

11. Naves autem que venient ante portum Puncte cum turpi tempore, debent ingredi portum quam citius poterunt. Quarum ea que primo intraverit, expectet aliam quam cito fuerit infra portum. Si de mane intraverit, expectet usque ad noctem, si necesse fuerit. Si de vespere, expectet per spacium unius marerie vel aigade ante cabanas de Puncta.

12. Et quelibet navis faciet navi socie compotum, infra triduum ex quo fuerit exhonerata, de omnimoda societate.

13. Si forte aliqua navium fuerit necligens vel deficiens in hiis pactis ab inde probata fuerit, statim in C solidis punietur.

14. Et si proinde placitaverit et devicta fuerit, in X libris, sive omnia condampnetur.

---

1. Férol en Galice.
2. Lisez : *Rupellam*.

15. Sane si aliquis rectorum navium vel nautarum dedignaverit instituere computatorem vel talliatorem in freto recipiendo, ab aliis debet poni.

16. Insuper caveat sibi, ne super convicinis vel eorum mercimoniis ponatur aliquid fori [1] ab aliquo, nisi quod commode ab eis haberi poterit.

17. Debent quoque se coadunare ubique, tam in mari quam in terra, pro suo commodo et honore domini sui, regis Anglie, sublevando bona fide et pro bona intentione.

18. Nec pretermittendum est, quod, si aliqua navis veniret ante portum Puncte, que auxilio indigeret, rectores et naute navium debent illico squipare unum batallum vel duos, vel quotquot erunt necessarii et debent festinare in adjutorium dicte navis pro eadem et rebus in ea contentis salvandis. Sed sumptus perinde factos debent solvere merces navis. Que si tenues fuerint, navis juvet eas in sumptibus secundum arbitrium custodiendis.

19. Quicunque autem rectorum vel nautarum, ex quo ei jussum fuerit a custode, renuebit, rector in VI, marinarius in III solidos condempnetur, si tunc rectum et justum exonium pretendere non valeret. Et quicunque hanc penam solvere noluerit vel pignora defenderit, pro duplo debet pignorari.

20. Ceterum si quis hujus societatis socius fuerit alicubi impeditus, alii ei auxilientur et valeant, prout commodius poterunt, sine suo magno dispendio et gravamine.

21. Statutum est etiam ne quis rector navium ducat secum marinarium, nisi sit de hac socie'ate. Si tamen advenam voluerit habere, poterit, dummod.. heat eum in juramibus [2] ut alios, universa quorum rectores na um [3]. Quicunque poterit, habent immunicionem ferream; et quilibet marinarius, quicunque fuerit custos vel dominus duodecime partis navis,

---

1. Péage. Pardessus, p. 288, n. 1.
2. Sic. Si l'on corrigeait : juramiaibus, le texte n'en deviendrait pas meilleur.
3. Sic. On se rapprocherait probablement du texte, évidemment altéré et mutilé, en modifiant ainsi celui de Lappenberg reproduit par Pardessus : « alios universos quorum rectores navium habent gubernationem. »

habeat municionem ferream. Et alii quicunque poterunt bono modo, vel ad minus purpunctum et capellum de ferro, ut possint defendere ab inimicis et effugare hostes domini sui, regis Anglie, si tempus guerre ingruerit. Taliter debet et quilibet rectorum navem suam affretare, ne naute sui suam admittant[1] caritatem ; quod si facient, restitui debet eis.

22. Item rectores debent cavere summo opere, ne in locatione navium suarum ponat aliquis[2] malum[3] forum dolosum vel cavillosum, unde sibi vel sociis suis possit infamia generari, quia quicunque hoc faceret, in X libris turonens. punietur.

23. Et quocienscunque preco ville erit eis necessarius pro negotio societatis et navigii, debet eis dari a majore. Et quicunque de dicta societate cum audierit, debet statim accedere ad locum quem preco nominabit ; si non, rector in XII, vel nauta in VI denariis punietur.

24. Si quis vero de concivibus Baionensibus et domini sui, regis Anglie, fidelibus, hanc societatem nondum assecuraverit quam Baionam venerit, vel alicubi, quo duo vel tres de custodibus societatis fuerint congregati, ostendatur ei societas et modus ac materia ; qui si voluerit esse de consortio aliorum, stat par aliis et de consortio sit unus. Sin autem, redigatur in scriptis et nuncietur aliis ipsius protervitas et despectus. Cui nullus sociorum prebeat auxilium vel consilium in necessitatibus navis sue, quousque societatem, sicut alii, assecuraverit observare. Quod quicunque fecerit, ex quo notuerit, in X libris morl. punietur. Item quilibet rector, qui affretabit navem suam, debet eam affretare salvis societatis conventionibus sive pactis, et quod possit auxiliari sociis, sicut ex prius est expressum.

25. Statuerunt etiam inter se, quod si quis rector indiguerit festinanter carpentario ad opus navis sue, cum accipiat de quacunque fabrica aliarum navium de societate voluerit,

---

1. Pour *amittant*.
2. *Aliquid* dans les deux éditions.
3. *Malum* dans les deux éditions.

dummodo ejus amarem [1] retineat et suum salarium reddat ei. Cui si quis de societate contradixerit vel carpentarium ire cum eo non permiserit, marcam [2] solvet custodibus.

26. Si quis rector de societate esset in aliquo portu, quod non posset navem ad suum libitum affretare, quod affretaret eam prout posset melius de consilio rectorum aliorum presentium.

27. Caveant quoque tam rectores quam marinarii neve pasciscantur aut promittant nec vestem, marcham[3] nec calciamentum, nec unus aliquis cuiquam magistro vel operario pro fabrica navis sue, nisi tantum modo diurnum salarium, quod dari eis consuevit: quia quicunque hoc faceret in marchia puniretur.

Quia vero proceres civitatis Baionensis viderunt et recognoverunt quod istud est ad profectum et bonum totius ville Baionensis et utilitatem officii navigandi et honorem et exaltationem domini sui, regis Anglie, duxerunt presens sigillo sue commun[i]e roborandum.

---

143.   1218, de mai au 31 octobre.

Banalité de moulin à tan.

B. N. mss., Collection Duchesne, 77, fol. 32, v°, copie. — Collection Fontanieu, 34, fol. 223, copie.. — Cf. Delisle, *Catal. des actes de Philippe-Auguste*, n° 1827.

In nomine sancte et individue Trinitatis. Amen. Philippus, Dei gratia Francorum rex. Noverint universi presentes pariter et futuri quod, cum [inter] dilectum et fidelem nostrum Guidonem buticularium Silvanectensem ex una parte et tannatores communie Silvanectensis ex altera contentio verteretur super molendino ad tannum, tandem de consensu et communi voluntate partium amicabilis

---

1. Outil de charpentier, peut-être marteau. Pardessus, 289, n. 2.
2. Dans le texte : *mararam*. Voy. Pardessus, n. 3.
3. Nous ignorons le sens de ce mot.

intervenit compositio coram nobis in hunc modum videlicet quod dictus Guido faciet de suo proprio quoddam molendinum ad tannum apud Aviliacum[1], ad quod tannatores manentes in civitate Silvanectensi et in suburbio civitatis ejusdem tenebuntur venire pro tannis suis conterendis successive, ita quod ad aliud molendinum non ibunt pro tanno conterendo, et de singulis modiis tanni contriti reddent domino buticulario et heredibus suis XII denarios. Actum apud Gonesiam, anno Dominicæ Incarnationis MCCXVIII, regni vero nostri XXXIX. Astantibus in palatio nostro quorum nomina supposita sunt et signa. Dapifero nullo. Signum Guidonis buticularii. Signum Bartholomæi camerarii. Signum Mathæi constabularii. Data vacante cancellaria.

---

144. 1219, 24 juillet.

Traité de commerce et de navigation entre Marseille et le comte d'Ampurias.

Layettes du Trésor des chartes p. p. Teulet, I, n° 1352.

In nomine Domini, anno Incarnacionis ejusdem M°CC°XVIII°, indictione VI, VIIII° kalendas Augusti. Sit notum omnibus, tam presentibus quam futuris, quod nos rectores Massilie, videlicet Stephanus Rigaldus, Martinus Castaneti, Willelmus Marinus, Arnaldus de Podio, Durandus Amelius, Willelmus Vinaldus juvenis et Oto Capra, per nos et omnes socios et successores, nomine universitatis Massilie, ville vicecomitalis, super his habito pleniori et deliberato consilio, ad sonum campane congregato, consiliariorum, capitum misteriorum et aliorum quamplurium proborum virorum, donamus et concedimus in perpetuum vobis, domino Hugoni comiti Ympuriarum et

---

1. Avilly, hameau de la commune de Saint-Firmin (Oise, arr. et canton de Senlis), à six kilomètres en aval de Senlis, au bord de la Nonnette.

vestris, ut de cetero vos et vestri et omnes homines vestri et singuli et de terra vestra sive districtu, seu de jurisdictione vestra, secure semper possitis apud Massiliam venire et in districtu Massilie sive jurisdictione, et inde exire sive recedere, cum lignis et sine lignis, dum tamen ligna illa essent vel erunt ligna de riparia, honeratis et exhoneratis, honerandis et exhonerandis, cum mercibus et sine mercibus, ubique vos et vestri et homines vestri predicti, omnes et singuli, possitis et possint emere, vendere, permutare et negociari, si vobis vel vestris vel dictis hominibus vestris vel de terra vestra seu jurisdictione placuerit. Excipimus tamen illam personam et personas que aliquem vel aliquos Massilienses personaliter offendisset. Que quidem apud Massiliam venire non possit, nisi voluntate et beneplacito dicte persone Massilie offense. Et hec predicta vos et vestri ac homines vestri et de terra vestra sive de districtu et jurisdictione facere possitis sine datione vel exactione aliqua vel usatico aliquo, excepto usatico antiquo et excepta dacita tabule Massiliensis de mari, talis monete videlicet cujus LVI sol. regalium coronatorum valeant marcham argenti.

2. Item nos supradicti rectores, per nos et socios ac successores nostros omnes, et nomine dicte universitatis Massiliensis, donamus et concedimus in perpetuum vobis predicto comiti et vestris quod unam navem, que sit vestra vel vestrorum hominum, scilicet in terra vestra vel districtu seu jurisdictione perpetuo habitancium, et non gratia salvaturie vel ad tempus, vel que navis sit vestra et hominum Massilie ville vicecomitalis, possitis apud Massiliam honerare peregrinis, causa eundi ultra mare, quotiens volueritis et peregrinos habere poteritis vel alio a portu Massilie cum dicta nave navigare, vel eam in aliud navigium mittere, videlicet apud Alexandriam vel Bugeam vel Septam, vel in qualibet (sic) aliud viagium vobis placuerit, honeratam et exhoneratam; et pro dicta nave possitis apud Massiliam tabulam tenere vel teneri facere, prout Massiliensis vel Massilienses aliqui pro suis navibus apud Massiliam tabulam

tenebunt pro tempore, et dictam navem in portu Massilie possitis reducere, et ibi tenere et portum facere, ipsamque recolligere, sive reponere honeratam et exhoneratam; et hec similiter facere possitis, vos et vestri, in perpetuum, ut dictum est, sine datione et exactione aliqua et usatico aliquo, excepto usatico et excepta ducita tabule Massiliensis de mari[1], ad quam tabulam dicta vestra navis pro tempore, pro qualitate et quantitate ipsius navis solvat, sicut navis aliqua Massiliensium.

3. Verumptamen si forte contingeret quod devetum[2] aliquod, unum pluraque, fieret vel fierent navibus Massiliensibus, illud devetum et deveta semper dicta vestra navis adeo observare, attendere et adimplere teneatur, sicut navis aliqua Massiliensis ipsum devetum vel deveta observabit, et sub eadem pena que imposita fuerit pro dicto deveto vel devetis observandis et attendendis. Quam penam rectores Massilie, qui pro tempore fuerint, efficaciter exhigere possint et accipere a dicta vestra nave, sine contradictione vestra vestrorumque et omnium personarum pro dicta nave; et pena exacta, predicta omnia et subsequentia, et omnes convenciones et promissiones, et obligaciones et pacta inter nos et vos havita, universa et singula, in suo robore nichilominus semper firmiter perdurent.

4. Supradicta omnia et subsequencia universa et singula, et supradictam concessionem et donacionem, nos prenominati rectores, per nos et omnes socios et successores nostros, et nomine dicte universitatis Massilie, promittimus vobis supradicto comiti et vestris, sollempniter per stipulacionem in perpetuum, rata et firma habere et tenere, attendere et complere in integrum, et nullatenus contravenire nec impedire nec substrahere aliqua racione vel exceptione, vel occasione, vel aliquo jure, vel juris vel facti subtilitate.

5. Et insuper vos et vestros et homines vestros, omnes et singulos, semper et ubique pro posse nostro, bona fide et

---

1. *Table de mer*, droit de douane.
2. Interdiction.

sine fraude, et maxime in terra Massiliensi et jurisdictione sive districtu, personis et rebus salvare, custodire et defendere et non imponere nec exigere aliquam dacitam sive exactionem aliquo modo, aliqua racione vel occasione, aliquo tempore vobis vel vestris vel hominibus vestris, nisi pro usatico antiquo ut dictum est. Recognoscentes ex certa sciencia et confitentes nos predicti rectores omnia supra dicta et subsequentia et singula facere pro commodo et utilitate nostra et civitatis Massiliensis sive dicte universitatis et omnium et singulorum in ea habitancium et in districtu Massilie sive jurisdictione, et non ad lesionem nec jacturam ejusdem universitatis, videlicet eo quia vos, dictus dominus comes, per vos et vestros dedistis et concessistis atque remisistis, et donatis atque remittitis in perpetuum nobis predictis rectoribus, recipientibus nomine dicte universitatis et omnium civium et singulorum Massilie et in ea habitancium et de districtu sive jurisdictione Massilie, naufragium omnium navium ceterorumque lignorum, cujuscumque generis sint vel fuerint, per totam sive in tota terra vestra seu districtu et jurisdictione, in terra marique.

6. Item quia per vos et vestros concessistis atque donastis et remisistis, et donatis et remittitis, nobis predictis rectoribus, recipientibus nomine nostri et dicte universitatis Massilie et ejusdem universitatis, et omnium et singulorum civium Massilie et ejusdem universitatis, et omnium habitancium in civitate Massilie sive districtu seu jurisdictione ejus, plenariam potestatem generalem ac liberam et licenciam omnimodam honerandi et extrahendi bladum, cujuscumque generis, cum navibus et lignis aliis cujuscumque generis et sine lignis per terram et per mare, in tota sive per totam terram vestram, sive quacumque parte terre vestre vel jurisdictionis seu districtus vestri, nobis vel hominibus Massilie vel de districtu seu jurisdictione Massilie placuerit, nisi maxima et evidens caristia bladi esset in tota terra vestra, et talis et tanta quod nec vos nec vestri homines nec aliqua alia persona extranea, de terra vestra sive jurisdictione seu districtu, bladum aliquod extraheret, non

obstante nobis vel nostris, sive hominibus Massilie vel de jurisdictione seu districtu, deveto aliquo sive interdicto vestri vestrorumque vel alicujus persone. Et hec propedicta nobis et predictis hominibus Massilie et habitatoribus ejus et de districtu sive jurisdictione liceat facere sine datione vel exactione aliqua, excepto usatico antiquo quod est de quolibet modio frumenti septem solidos Barsilonenses, et de quolibet modio ordei quinque solidos Barsilonenses, quorum quinquaginta solidi valeant marcham argenti.

7. Item, quia promisistis nobis et promittitis recipientibus et stipulantibus nomine nostri et dicte universitatis Massilie et omnium et singulorum ejusdem universitatis Massilie et in ea habitancium et de districtu Massilie sive jurisdictione, et debetis omnes homines Massilie et singulos, et habitatores Massilie, et omnes homines et singulos de districtu Massilie sive de jurisdictione ad terram vestram accedentes, personis et rebus, semper et ubique pro posse vestro, per vos et vestros, salvare, custodire ac defendere ab omni persona et personis.

8. Et promisistis et concessistis ut in terra vestra et per totam terram vestram et districtum sive jurisdictionem, dictos homines Massilie sive habitatores ejus seu de districtu sive jurisdictione libere et secure veniant, stent et inde redeant, emant, vendant, permutent et quocumque alio modo voluerint negocientur, sine datione vel exactione aliqua, excepto usatico antiquo.

9. Item, quia quedam alia concessistis et donastis et remisistis, atque donatis et remittitis et conceditis atque promittitis nobis rectoribus recipientibus nomine nostri et nomine dicte universitatis Massilie et omnium et singulorum ejusdem universitatis, et omnium et singulorum in Massilia habitancium et in districtu Massilie sive jurisdictione, prout in instrumento publico continetur inde facto per manum Rostagni Payni, publici notarii Massilie, renunciantes in omnibus supradictis et singulis omni juri scripto et non scripto, legali et canonico ac consuetudinario, confecto et conficiendo, competenti et competituro, per quod

predicta vel aliquid de predictis infringere vel revocare vel contravenire possemus aliquo tempore, aliqua racione vel jure, et renunciamus specialiter auxilio sive beneficio [in] integrum restitucionis, et dupli decepcionis et induciis XX dierum et quatuor mensium.

10. Item convenimus nos dicti rectores et promittimus per nos et omnes socios et successores nostros, et nomine dicte universitatis, vobis predicto comiti quod, postquam civitas Massilie sive universitas fuerit absoluta et relaxata a sentencia sive a sentenciis excommunicacionis vel interdicti, qua vel quibus nunc tenetur astricta et innodata, si vobis vel vestris placuerit, quod omnes concessiones predictas, donaciones et remissiones atque promissiones et sacramenta et renunciaciones et omnia predicta et singula renovabimus et reiterabimus vobis vel vestris, vel alicui recipienti nomine vestri vel vestrorum, et quod faciemus fieri exinde cartam sive instrumentum ad cognitionem et arbitrium sapientis viri.

11. Et ut predicta omnia et singula attendantur, observentur et conpleantur a nostra parte in integrum, nos predicti rectores mandavimus Cambavariam, earum concivem Massilie, in animabus nostris et omnium hominum et singulorum dicte universitatis predicte ad sancta Dei evangelia corporaliter jurare.

Et ego predictus Cambavaria, mandato et jussu predictorum rectorum, et in animabus suis et omnium et singulorum dicte universitatis, ut dictum est, corporaliter ad sancta Dei Evangelia juro. Actum in capitulo rectorum Massilie. Testes interfuerunt: Ancelmus Ferus, Willelmus Vivaldus, Mosquetus, Karolus de Mari, etc.[1]. — Et ego Rostagnus Paynus, publicus Massilie notarius, qui hoc, mandato predictorum rectorum et rogatu dicti comitis Ympuriarum, presens instrumentum composui et signum meum apposui, et insuper, ad majorem omnium predictorum firmitatem, et ad omnem inde tollendam dubietatem, et ne de cetero

---

1. Suivent vingt-cinq noms.

super predictis aliquis possit oriri scrupulus questionis, presens instrumentum bulle plumbee capituli rectorum Massilie munimine, jussu predictorum rectorum, roboravi.

---

145. 1219, août.

Les corporations font des acquisitions immobilières.

Le Roux de Lincy, *Titre relatif à la corporation des drapiers de Paris*, dans *Bibl. de l'École des Chartes*, 1re série, V (1843-44), 477.

In nomine sancte et individue Trinitatis. Amen. Ego Radulfus de Plesseio notum facio universis presentibus pariter et futuris quod ego, de assensu et voluntate Aaliz, uxoris mee, vendidi mercatoribus confratribus de draperia Parisius domum meam, cum toto porprisio, quam habebam Parisius retro maceriem Parvi Pontis, que fuit Bartholomei de Furcosa, et triginta solidos et duos denarios censuales, capiendos in domibus sitis circa domum et porprisium confratrie dictorum mercatorum, imperpetuum possidenda, pro centum libris et sexaginta solidis Parisiensibus, duodecim denariis censualibus, quolibet anno, michi et heredibus meis persolvendis. Si vero confratres supradicti in jam dicta censiva aliquid emere, vel domum cum porprisio ad censivam dare voluerint, bene licebit eis emere absque contradictione aliqua, in censiva domus et porprisii et in censiva pecunie memorate, dummodo persolvant venditiones. Aaliz etiam, uxor mea et Odelina, mater mea, quittaverunt dotem suam et quicquid juris habebant in rebus prenominatis, fide corporaliter prestita, quod contra istam venditionem nichil de cetero attemptabunt. Preterea Robertus de Plesseio et Guillelmus, fratres mei et Petronilla, soror mea, Stephanus Parmarius, Guillelmus de Villa *Escoublain* et Gilo de Nosiaco dederunt fidem suam de recta guarantia facienda, tali conditione quod, si aliquis de parentela infra annum veniret, qui venditionem istam retraheret, ipse persolveret viginti libras Parisiensium, pro pena, confratribus supradictis et insuper omnes expensas bona fide factas eisdem confratribus resarcirent. Quod ut perpetue stabilitatis robur obtineat, presentem paginam sigilli mei munimine roboravi. Actum anno Incarnationis Dominice millesimo ducentesimo nono decimo, mense Augusto.

---

146.   1222, 5 juillet.

Étaux concédés en fief héréditaire.

Layettes du Trésor des chartes, p. p. Teulet, I, n° 1541.

Noverint universi, tam presentes quam futuri, quod dominus Ramundus, Dei gratia dux Narbone, comes Tolose, marchio Provincie, dedit ad feodum omnibus probis hominibus macellariis de banquis majoribus de civitate illa, scilicet qui modo ibi sunt, et qui de eorum genere fuerint, et omnibus illis qui de eorum genere uxores habuerint, et omni progeniei que de illis uxoribus exierint, tallivum et venditionem in ipsis banquis majoribus de civitate. Tali pacto dedit eis hoc feodum jam dictus dominus comes quod ullus banqus de carne non possit esse ullo tempore in civitate Tolose, nisi isti predicti banqui, et banqui de Dalbata [1], et banqui qui fuerunt juxta domum Petri Urseti qui fuit, et quod nemo possit carnes in istis predictis banquis majoribus scedere (sic), nisi fuerit de eorum genere, et illi qui uxores habuerint de eorum genere, et illi qui exierint de illis mulieribus ; et quod nemo possit scedere carnes recentes in civitate Tolose nisi in istis jam dictis III banquis, scilicet in istis banquis majoribus et in banquis de Dalbata, et in banquis qui fuerunt juxta domum Petri Urseti qui fuit. Et pro hoc feodo ipsi macellarii debent credere domino comiti et suis vicariis sive bajulis pro eo carnes I mensem, et vendere eis illas cum XIII° denario de lucro. Et si de illa venda inter se discordabant, debent se inde concordare pro

---

1. Les étaux de l'église de la Dalbade à Toulouse.

cognitione II proborum hominum de ipsis banquis vel de IIII^{or}. Et si forte ad capud illius mensis dominus comes, aut sui vicarii, aut sui bajuli, pecuniam de illa credentia eis persolutam non habuerint, quod deinde non teneantur ei credentiam facere donec sint paccati. Et ad comunes exercitus istius ville Tolose, vel in quacumque parte dominus comes fuerit in Tolosano, in obsidione vel in tala, quod debent ibi ei adducere carnalagia, scilicet de bovibus et vaccis et de arietibus et porcis et debent similiter ei credere carnes 1 mensem postquam ipse dominus comes fuerit recessus ab obsidione illa vel a tala vel postquam dominus comes et exercitus fuerit reversus in hac villa Tolose. Et si ad caput illius mensis dominus comes aut sui vicarii aut sui bajuli non habuerint eis persolutam pecuniam de illa credentia, quod deinde non teneantur ei credentiam facere donec sint paccati. Et quod de omni bove et vacca, que sit de sua propria laboransia, ut homo possit illum vel illam adducere vivum usque ad capud de istis banquis majoribus, quod debent dare domino comiti, vel suis vicariis vel suis bajulis pro eo, de carnes uniuscujusque illarum animalium IIII^{or} sol. Tolosanos. Et cum istis jam dictis censibus et usibus, sibi et suis heredibus retentis, dictus dominus comes mandavit firmiter et convenit jam dictis probis hominibus macellariis, vel scilicet qui modo ibi sunt et qui de eorum genere fuerint, et illi[s] qui uxores habuerint de eorum genere, et omni progeniei que de illis uxoribus exierint, quod predictum feodum nec predictas convenientias ullo tempore non removeat, nec aliquis heres ejus, nec etiam ab aliquo vel ab aliqua removeri permittat. Et insuper ipse dominus comes pro se et pro suis heredibus promisit et debet ac convenit eis facere bonam et firmam guirentiam de omnibus hominibus et feminis qui vel que in his que superius scripta sunt aliquid ullo tempore presumerent removere. Hoc feodum fuit ita datum V° die in introitu mensis Julii, regnante Phylippo rege Francorum, et eodem Raimundo Tolosano comite, et Fulcone episcopo, anno ab Incarnatione Domini M°CC°XX°II°. Hujus rei sunt testes :

Bertrandus de Montibus et Arnaldus d'Escalquencis et R. d'Escalquencis et Ugo Johannes et Bernardus Signarius et Bernardus Caraberida et Poncius Grimoardus et Petrus Stephanus de Fenulleto et Arnaldus de Galeciano et Petrus Gitbertus et Bonus Puer judeus et Ugo Pictor, qui hanc cartam scripsit.

---

147. 1222, décembre.

Fournisseurs de l'évêque de Paris.

Transaction entre le roi de France et l'évêque de Paris au sujet des droits de juridiction.
Cartulaire de Notre-Dame de Paris, p. p. Guérard, I, 122 [1].

....Volumus et concedimus ut episcopus Parisiensis et successores sui Parisienses episcopi habeant apud Parisius unum draparium, unum cordubanarium, unum ferronem pro fabro et ferrone, unum aurifabrum, unum carnificem in Parviso, unum carpentarium, unum cercularium, unum bolengarium, unum clausarium, unum pelliparium, unum tannatorem, unum speciarium, unum cementarium, unum barbarium et unum sellarium, gaudentes libertate quam ministeriales episcoporum Parisiensium hactenus habuerunt, et unum prepositum qui eandem habebit libertatem, quamdiu erit prepositus episcopi. Episcopus autem, quando dictos assumet ministeriales ad servitium suum, dicet, in fidelitate quam nobis vel successoribus nostris fecerit, quod eosdem assumet ministeriales bona fide, sine mescapere versus nos; et nos non gravabimus in talliis ministeriales illos, post mortem episcopi, occasione serjanteriarum predictarum; ac ministeriales taliter assumptos debet episcopus nominare nobis vel preposito nostro Parisius vel facere nominari.....

---

1. Cf. Delisle, *Catalogue des actes de Philippe-Auguste*, n° 2180.

148. 1223, 1er août.

Mesures conservatoires prescrites aux exécuteurs testamentaires des commerçants de Montpellier morts à l'étranger.

Statuts consulaires de Montpellier.
Germain, *Histoire de la commune de Montpellier*, I, pièces justif., IV.

XIX. Si mercator aliquis Montispessulani fecerit viagium causa negociandi per mare vel per terram, et ipsum mori contingerit in ipso viagio alicubi extra Montempessulanum; si testamentum vel aliquam ultimam dispositionem fecerit et gadiatorem vel gadiatores sive commissarios statuerit, quibus res quas detulerit vel earum custodiam committat vel commendet, ille gadiator vel gadiatores statuti a mercatore defuncto, antequam res defuncti moveant vel attingant, vocent ad minus quinque testes notos, legales et ydoneos, prout eis melius videbitur bona fide, qui sint de Montepessulano, si ibi reperiantur, alioquin de locis vicinioribus Montispessulani, si reperiantur, coram quibus res et merces defuncti recognoscant, et inde, facto computo et summa, eos nominatim in eorumdem presentia in scriptura redigant, cui scripture quilibet illorum quinque testium sigillum apponat, et ejus scripture transcriptum retineat et habeat quilibet eorum quinque testium. Quo facto ille gadiator vel gadiatores res et merces defuncti, vel, illis bona fide distractis ab eis, earum implicaturas, in primo passagio vel reditu de illo viagio vel saltem in alio proximo sequenti, deferre vel reducere, vel per aliquem vel per aliquos ydoneos, prout sibi bona fide melius videbitur, mittere ad villam Montispessulani teneantur. Et hec omnia faciant ad *resegne*[1] et periculum et expensis illorum ad quos res et merces ille pertinebunt, et lucri facti in illo viagio cum illis rebus et mercibus habeant octavam partem gadiatores prefati. Si autem ultra dicta tempora illi gadiatores res et merces

---

1. Au risque.

defuncti ab eis habitas et receptas cum forma prefata distulerint deferre, reducere vel remittere, ab eo tempore in antea sint ad periculum et *resegue* dictorum gadiatorum.

Et quia testamentum extra Montempessulanum factum semper per septem testes probari non potest, sufficiat si per quinque testes ydoneos probetur. Si antem mercator decesserit intestatus alicubi extra Montempessulanum, et ibi sint quinque mercatores Montispessulani vel plures, prestito ab eis corporali sacramento, eligant unanimiter bona fide unum vel duos ydoneos, prout eis melius videbitur. Qui electus vel electi, prestito ab electo vel electis sacramento de custodiendis et reddendis rebus bona fide, cum dicta forma recognoscant et recipiant res et merces defuncti. Et in eo electo vel electis in omnibus et per omnia observetur idem et obtineatur quod supra dictum est in gadiatoribus a defuncto statutis.

Si vero non sunt ibi quinque mercatores Montispessulani, illi qui erunt ibi de Montepessulano, sive sint mercatores sive non, evocati, quinque testibus ydoneis de Montepessulano, prout eis videbitur, vel de locis vicinioribus Montispessulani, si reperiantur, res et merces defuncti cum scriptura inde facta et quinque sigillis roborata recognoscant. Et illius scripture translato a singulis illorum retento, res et merces defuncti, facto inde computo et summa, si sunt in terra Sarracenorum, in duana deponant, si sunt in terra Christianorum, in aliquo loco tuto, secundum quod eis melius videbitur bona fide. Sub tali tamen forma fiat depositio rerum et mercium defuncti, quod reddantur cuilibet deferenti litteras apertas cum pendentibus sigillis consulum et curie Montispessulani continentes quod ei reddantur. Et ille qui sub predicta forma res restituerit sit perpetuo liberatus.

Si vero aliqui res et merces defuncti mercatoris testati vel intestati attingerint, ceperint vel receperint nisi cum forma predicta, sint periculo et *resegue* eorum.

149.   1223, octobre.

Marché pour la construction du château de Dannemarche à Dreux.

Instructions du comité des travaux historiques. Littérature latine et histoire du moyen âge, par L. Delisle. *Documents*, n° 26.

Sciant omnes quod tales sunt conventiones inter Robertum, comitem Drocensem, et magistrum Nicholaum de Bello Monte Rogeri, de castro suo faciendo in loco qui dicitur *Danemarche* juxta Drocas. Dictus magister faciet ibi turrim talem qualis est turris Novigenti, de omni opere cementario et de puteo [1]. Et ballium [2] quod ibi inceptum est perficiet de eadem latitudine de qua est et altius duobus pedibus, et desuper scutum et quernellum. Et perficiet tres turriculas ibi inceptas, et quartam faciet talem quales sunt tres alie jam dicte; et grossitudo turricularum ducetur ad rasum quernellorum murorum; et desuper faciet scutum et quernellum. In latere vero ex parte ville faciet duas turriculas, habentes de croso decem pedes, et murus erit inferior duobus pedibus quam alius murus. Murum vero qui incipit a domo Hugonis Crassi, tendentem usque ad domum Guillelmi de Alneolo, faciet altum de sex pedibus, et de latitudine competenti ad eundum super murum, et desuper scutum et quernellum. Dictus siquidem magister debet omnes predictos muros intabulare et proficere [3]. Et tenetur facere fossatum profundum circa turrim de quatuor tesis et dimidia; et tenetur dictum fossa... ...uirare de opere firmo et stabili; et debet facere pontem competentem ad turrim per desuper illud fossatum. Comes vero adducet in plateam petram, sabulum, calcem, aquam et boscum ad faciendum *eschafauz* et *claies*, que magister faciet ad coustamentum suum; et hec, opere perfecto, comiti remanebunt. Et propter hoc opus faciendum, donat comes dicto magistro mille centum sexaginta et quindecim libros parisiensium et duo paria

---

1. Fouille, terrassement.
2. L'enceinte, le *bayle*. Ce mot désigne à la fois la muraille et la cour qui s'ouvre derrière. C'est dans le premier sens qu'il est employé ici.
3. Ed. : *porferire*. Voy. Du Cange, v° *Intabulare* 2

robarum. In cujus rei testimonium, per assensum dicti magistri, presentem paginam sigilli mei munimine confirmavi. Actum anno gratie M° CC° XX° III°, mense Octobris.

---

150.   1224, juin.

Tissage domestique.

Archives nationales, K 930, n° 1.

Pierre, par la grace de Dieu abbé de l'eglise de seint Denys et Mahieu, sire de Monmorenci et connestable de France à touz ceus qui ces presentes lettres verront saluz en nostre Segneur. Nous fesom asavoir que, come contenz fust entre noz bourjois de la terre seint Denys et de la terre seint Marcel d'une part et noz toisserrans de la terre seint Denys et de la terre seint Marcel d'autre part seur ce, ce est asavoir que les bourjois voloient avoir en leurs mesonz mestiers de toisserrans communement et alouer ouvriers de toisserrans communement sanz contredit, ausint comme leur devanciers bourjois avoient eu devant, si comme il disoient, à la parfin lesdites parties, selone les coustumes anciennes et les us premiers eux entre eus, se mistrent seur nous et compromistrent en nous; et nous, l'inquisition feite diligaument seur les choses desus dites et l'us et la coustume, et oïes les confessionz des parties, comme par la leal enqueste et par la confession des parties nous fu feite soufisaument foi que li dit bourjois qui voloient avoient eu en leurs mesonz de l'ancienne coustume mestiers et ouvriers sanz differense et sanz contredit ausint comme li toisserrant, par le consel de preudes hommes, feismes nostre dit, que li devant dit bourjois qui voudront avoir les devant diz mestiers et les ouvriers, les aient sanz contredit aussint comme li toisserant, selone l'ancienne coustume et que nus des hores en avant n'ose aler encontre l'ancienne coustume et la communité devant dites, ou mimoire de laquele chose nous seelasmes ces presentes lettres de noz seals. Ce fu feit l'an de grace mil deus cens et vint et quatre, ou mois de juing.

151.   1224, 22 novembre.

Franchise accordée à des industriels venus de l'étranger.

Arch. départementales du Nord, B 22.

Ego Johanna, Flandrie et Hannonie comitissa, notum fieri volo omnibus tam presentibus quam futuris quod ego et successores mei a quinquaginta viris qui ad operandum lanam ab hac die in antea venient manere apud Curtracum neque talliam neque exactionem aliquas extorquere poterimus nec debemus, quamdiu vixerint, ita tamen quod heredes eorum, post decessum patrum suorum, mihi servient, sicut alii mei burgenses. Datum apud Curtracum anno Domini M° CC° XX° quarto in die sancte Cecilie [1].

---

152.   1228, novembre.

Marché passé entre l'évêque de Beauvais et l'orfèvre fieffé de l'évêché.

Instructions du comité des travaux historiques. *Littérature latine et histoire du moyen âge*, par L. Delisle. Documents, n° 27.

Milo, Dei gratia Belvacensis episcopus, omnibus qui presentes litteras viderint, in Domino salutem. Ad noticiam omnium volumus pervenire quod nos dedimus et concessimus magistro Ivoni aurifabro, civi Belvacensi, quoddam feodum quod in manu nostra habebamus, quod vocatur feodum *des Meigniens*, jure hereditario possidendum ; et ipse reddet nobis annuatim in Natali Domini pondus auri cocti quod tantum equiparatur ponderi oboli Belvacensis monete ; et debet resarcire cyphos mazilinos [2], de suo filo argenti, de domo nostra, si opus fuerit. Preterea dedimus ei duos

---

1. Sceau en cire blanche représentant la comtesse Jeanne sur une haquenée, le faucon au poing. Contre-sceau : écu au lion de Flandre avec la légende : *secretum meum*.
2. De madre.

modios bladi annuatim in festo sancti Remigii, in aumentum feodi, et ipse pro aumento illius feodi debet resarcire vasa domus nostre, in hunc modum : scutellas resarcire aut de novo facere, si opus fuerit, usque ad sex per annum ; et bachinos resarcire et duos novos planos facere per annum, si opus fuerit ; et cyphos et cupas resarcire quotienscumque opus fuerit ; et debet facere tres pedes novos in cyphis de mazilino, et tres virolos in tribus cutellis ; et anulos reparare, si opus fuerit, et sex novos facere per annum, si opus fuerit ; et reparare corrigias, et transmutare de corio in corium, si opus fuerit ; et bracularia [1] reparare, et unum novum facere, si opus fuerit ; et debet facere merellos plumbeos, et reparare omnia illa que pertinent ad capellam nostram ; et debet reparare vascula nostra de cristallo in quibus sunt sanctuaria nostra. Et hec omnia supradicta faciet nobis de auro et argento nostro. Sciendum est preterea quod nos damus eidem Ivoni unum modium bladi de redditu thesaurarii nepotis nostri, et ipse debet resarcire thurribula de ecclesia beati Petri, et reficere de novo cathenas, si opus fuerit ; et debet resarcire cruces et omnes libros tectos argenti vel auri, si opus fuerit ; et debet resarcire filateria [2] que dependent ante altare, et urceolas argenti, et pomellos de capis pallei [3] ; et nos administrabimus ad hec omnia facienda aurum et argentum pro thesaurario. Preterea sciendum est quod, quando thesaurarius habebit redditus suos in manu sua, ipse tenebit conventionem istam, si voluerit. Nos vero, ne aliqua discordia inter nos et dictum Ivonem suboriri possit, presentes litteras sub cyrographo fecimus annotari, et partem Ivonis sigilli nostri munimine, salvo jure episcopali, communiri. Actum anno Domini M° CC° vicesimo octavo, mense Novembri.

---

1. Manipules?
2. Reliquaires.
3. Pommeaux ou mors de chapes. Voy. Du Cange, v° *Pomellus*. Nous ne nous expliquons ni la forme ni la présence de *pallei*.

153.   1228.

Banalités seigneuriales; prisée des denrées alimentaires destinées à la consommation du seigneur; son monopole pour la vente du charbon.

Charte accordée aux habitants de Saint-Dizier par Guillaume de Dampierre. Bibl. nat., Nouv. acq. fr., 3420.

Retinuimus... nobis infra leucam bannatam furnos, molendina, halas, cloerias et staulos et hæc omnia erunt bennalia domino nec aliquis præterquam nos infra leucam bannatam furnos, molendina, cloerias, halas habere vel facere poterit, exceptis cloeriis quæ tempore confectionis litterarum istarum infra leucam factæ erant.......

In eadem villa habebit dominus adpreciatores escarum suarum sub eodem modo quo comes Flandrensis habet in villa Ypræ et expectabitur de debito sicut expectatur comes in dicta villa.

Item homines dictæ villæ emere non poterunt carbonem nisi de nemoribus domini, de illa scilicet de quo dominus vendere voluerit, quamdiu sibi nemora sua vendere placuerit. Vanellus carbonis minuti vendetur quinque sol. tantum et continebit in se duodecim vannos.

---

154.   1233, 19 mai.

Société en commandite.

Blancard, *Documents inédits sur le commerce de Marseille*, 1, p. 59.

In nomine Domini. Amen. Anno Incarnationis ejusdem M°CC°XXX°III°, indictione VI°, XIIII° kalendas Junii. Notum sit omnibus hominibus, tam presentibus quam futuris, quod nos David judeus, filius quondam Pesati judei, et Caufida judea, ejus uxor, nos ambo pariter, bona fide et sine omne dolo, confitemur et in veritate recognoscimus tibi Bernardo de Mandolio nos a te habuisse et recepisse mutuo XIIII l. regalium coronatorum, in quibus renunciamus exceptioni non numerate et non tradite nobis peccunie; quas XIIII l. vel ejus implicitas ego dictus David debeo portare et portabo in hoc presenti viagio, quod nunc facturus sum aput Ceptam[1], in nave Puelle Gandulphi Arfure, vel alibi ubicunque Deus michi ordinaret, causa mercadarie, nisi tu dictus Bernardus esset aput Ceptam : tunc enim facerem de predicto mutuo juxta voluntatem tuam; pro quibus XIIII l. uterque nostrum in solidum promittimus tibi dicto Bernardo vel fratri tuo Johanni, aut alteri vestrum, dare et solvere in pace et sine omni molestia, in reditu dicte navis, LXX bisancios argenti, mundos de duana et omnibus avariis; obligantes inde tibi omnia bona nostra presentia et futura, et, ad majorem cautelam ut omnia predicta universa et singula attendamus et compleamus, de nostro beneplacito tibi dicto Bernardo ad sanctam legem mosaïcam juramus, renunciantes inde induciis XX dierum et IIII mensium et epistole divi Adriani et nove constitutionis beneficio *De duobus reis*. Et ego dicta Causida (*sic*), confitens dictam peccuniam in meam utilitatem fore versam, certiorata, renuncio juri ypothecarum et legi Julie *De fundo dotali* et Velleiani senatusconsulti beneficio et omni alii muliebri auxilio et specialiter juri quo cavetur ne mulier una cum marito suo valeat obligari. Actum in domo dicti Bernardi, in presentia et testimonio Petri Peisonerii, Salvatoris Corraterii, Raimundi Baharini, et mei Petri Rostagni, publici Massilie notarii, qui, mandato et rogatu partium, hanc cartam scripsi et hoc meo presenti signaculo comunivi.

Au revers : De David judeo confessio XIIII l. facta Bernardo de Mandolio.

M.[2] — Bernardus de Mandolio.

---

1. Ceuta.
2. Cette lettre, comme celles qui précèdent, dans les actes de même origine, le nom de Manduel est celle sous laquelle l'acte est inscrit dans la liste des titres de cette famille de commerçants de Marseille.

155.   1233, 23 décembre.

Société en commandite.

Blancard, *Documents inédits sur le commerce de Marseille*, I, 58.

In nomine Domini. Anno Incarnationis ejusdem M° CC° XXX° III°, indictione VIIᵃ, X° kalendas Januarii. Notum sit cunctis quod ego Guillelmus Blanchardus confiteor me recepisse in comanda a vobis Bernardo de Mandolio et Johanne de Mandolio, fratribus, M et CXX l. regalium coronatorum que sunt implicate in XIIII caricis aluminis parvis et in cordoano, renuncians exceptioni dicte comande non tradite michi et non recepte; cum qua comanda dicta ibo ad negociandum, ad vestrum meumque comodum et ad quartum denarium lucri, in hoc presenti viagio quod facturus sum ad has proxime venturas nundinas de Landico et [nomin]e scilicet a Landico; convenio et promitto vobis predictis fratribus, per stipulationem, me totam dictam comandam et totum lucrum [quod ad] ipsas faciam, et ejus implicitas, fideliter et bona fide reducere in hanc terram et rasonare [1] fideliter in [posse] vestro, capitale et lucrum, in primo reditu meo quem faciam in hanc terram de viagio supradicto [cum] dicta commanda et redeunte ad fortunam Dei, et ad usum maris et terre, et vestram; obligans inde [vobis] omnia bona mea habita et habenda; renuncians inde induciis XX dierum et IIII mensium et omni alii juri [per] quod contra venire possem. Acta sunt hec Massilie, in domo Petri de sancto Maximino, notarii, in presentia et testimonio Aicardi de Barrio, Jacobi de Avinione, Bernardii Sazii, Guillelmi Sazi, et mei Petri de Sancto Maximino, publici notarii Massilie, qui, rogatu partium, hanc cartam scripsi.

Au revers. Guillelmus *Blancart* debet VIˣˣ l.

C. — Bernardus et Johannes de Mandolio.

---

1. Rendre compte.

156. 1234 (n. s.), janvier.

Les corporations prennent des biens-fonds à cens.

G. Fagniez, *Études sur l'industrie et la classe industrielle à Paris au XIIIe et XIVe siècle.* Append., n° II.

Omnibus presentes litteras inspecturis officialis curie Parisiensis in Domino salutem. Notum facimus quod in nostra presencia constituti Philippus de Stanpis et Emelina uxor sua recognoverunt se dedisse communitati carnificum Parisiensium quamdam plateam, quam asserebant se habere Parisius, in platea piscium juxta stalla carnificum Parisiensium, in censiva domini Ade *Harenc*, ut dicebant, pro novem libris Parisiensium de incremento census persolvendis dictis Philippo et Emeline uxori sue ac eorum heredibus singulis annis a dicta communitate, medietatem videlicet ad quindenam Nativitatis Domini, et aliam medietatem ad quindenam sancti Johannis Baptiste, promittentes fide media quod contra istam acensationem per se vel per alios non venient in futurum, et quod dictam plateam predicte communitati garantizabunt ad usus et consuetudines Parisienses contra omnes. Predicta autem Emelina quitavit penitus et expresse quicquid habebat vel habere poterat in predicta platea, ratione doarii vel alio quocunque modo, exceptis predictis novem libris, fide data spontanea, non coacta. De supradicto vero censu terminis superius nominatis solvendo annuatim jamdictis Philippo, Emeline uxori sue ac eorum heredibus, Odo, carnifex, magister carnificum, in nostra presencia constitutus, sexaginta solidos Parisiensium quos dicta communitas carnificum habebat, ut dicitur, in quadam domo sita in vico in quo excoriantur boves de incremento census in censiva ejusdem Ade, quam Hugo Simus tenet, ut dicitur, in contraplegium, nomine dicte communitatis, obligavit. Recognovit eciam idem magister, nomine dicte communitatis, conventum fuisse inter partes in donacione dicti incrementi census quod, si sepedictus census non solveretur dictis terminis supradictis Philippo, Emeline uxori sue ac eorum heredibus, predicta communitas reddere teneretur eisdem duodecim denarios singulis diebus quibus ultra prefixos terminos cessarent a solucione dicti census facienda, pro dampnis et deperditis que incurrerent occasione solucionis minus facte. Voluit insuper dictus magister, nomine dicte communitatis, quod, si deficeret in solucione census predicti, sepedicti Philippus, Emelina uxor sua et eorum heredes recursum haberent ad predictam plateam et ad sexaginta solidos supradictos quousque super dicto censu et dampnis predictis esset eisdem plenarie satisfactum. Hec autem omnia voluit et laudavit communitas predicta coram clerico nostro ad hoc a nobis specialiter destinato, sicut idem clericus nobis retulit viva voce. Actum ad peticionem parcium anno Domini M° CC° XXX° tercio, mense Januario [1].

---

157.   1236 (n. s.), 29 mars.

Sentence de l'official de Cambrai, condamnant les brasseurs de cette ville à payer au chapitre métropolitain le droit de maiere, *et ledit chapitre à leur fournir le ferment, à raison duquel ce droit est dû.*

Cop. moderne. Bibl. nat., Nouv. acq. fr., 3390, p. 134, n° 10.

Universis presentes litteras inspecturis, Gobertus, domini Cameracensis clericus et officialis, salutem in Domino. Noverit universitas vestra quod, cum ecclesia beate Marie Cameracensis cambarios de castello coram nobis traxisset in causam, petitionem suam contra nos edidit in hunc modum, dicens quod, cum ipsa ecclesia dictis cambariis teneatur prestare maeriam [2], et pro maeria dicti cambarii teneantur eidem ecclesie solvere pro primo brassino duos denarios Cameracenses, pro secundo duos similiter denarios et pro tertio unum mencaldum de *brais* boni et legitimi, sicut ipsa

---

1. Sceau de l'officialité pendant à des lacs de soie verte.
2. Ferment. Voy. Du Cange, v° *Maeria* 4.

dicebat, et dicta ecclesia parata sit procurare maeriam eisdem cambariis, prout dictum est, petebat ipsa ecclesia a dictis cambariis ut pro quolibet brassino sibi satisfacerent sicut dictum est, videlicet pro primo super duobus denariis, pro secundo similiter super duobus denariis et pro tertio super uno mencaldo de *brais*, cum ecclesia, sicut dicebat, parata sit et fuerit semper providere eis de maeria. Petebat etiam dicta ecclesia predictos cambarios sibi condempnari in arreragiis que estimabat ad valorem centum librarum Parisiensium, cum dicti cambarii per quindecim annos elapsos dictos denarios et mencaldum braissi, sicut dicebat ecclesia, solvere cessavissent. Et hec petebat salvo jure audiendi....... etc[1]. Lite igitur sollempniter contestata et prestito calumpnie sacramento a procuratore dicte ecclesie habente speciale mandatum jurandi in animam ipsius capituli ex parte una, et a dictis cambariis ex altera, posuit idem procurator quod credebat quod omnes cambarii in archidiaconatu Cameracensi manentes qui faciunt brassinos, tenentur ecclesie dicte pro brassinis singulis solvere redditum qui dicitur maeria, dictis cambariis respondentibus converso quod, licet sint de archidiaconatu predicto, quod ipsi non tenentur ad solutionem dicte maerie et quod nunquam solverunt maeriam dicte ecclesie vel nuntio ejus nec credunt quod illi de archidiaconatu dictum redditum solvere teneantur, ad quod probandum videlicet quod omnes cambarii in archidiaconatu Cameracensi manentes qui faciunt brassinos, tenentur solvere capitulo Cameracensi redditum qui dicitur maeria, eidem capitulo dies assignavimus competenter. Testibus igitur super hiis productis, auditis et examinatis, eorum depositionibus publicatis, dictis testium et rationibus partium diligenter inspectis et consideratis, die ad dicendum in testes et dicta testium assignata, et tandem ad diffiniendum prefixa, dictos cambarios ad hoc ut de prescripto redditu satisfaciant, scilicet pro primo brassino super duobus denariis, pro secundo item et pro tertio super

---

1. Cette omission a été faite par le copiste moderne, qui a reproduit cet acte pour les monuments du Tiers État et à qui nous en devons connaissance.

uno mencaldo de *brais* boni et legitimi et sic de brassinis singulis, de peritorum consilio, prenominate ecclesie condempnavimus per sententiam diffinitivam et ipsa ecclesia tenetur dictis cambariis procurare maeriam, secundum quod in sua petitione confitetur, ipsos et cambarios absolvimus a satisfactione arreragiorum petitorum ab ecclesia eo quod ipsa ecclesia valorem arreragiorum non probavit, condempnatione expensarum factarum in lite nichilominus reservata. In cujus rei testimonium patentes litteras sigilli sedis Cameracensis munimine fecimus roborari. Actum anno Domini M° CC° XXX° quinto, feria quarta post Annuntiationem beate Virginis.

---

158.   1237 (n. s.), 12 mars.

Rapports des corporations avec les églises.

<small>Documents inédits relatifs à l'histoire de Belgique. Cartulaire de Saint-Trond, p. p. Piot, I, 193.</small>

Johannes, Dei gratia abbas, totusque conventus ecclesie Sancti Trudonis, universis presentibus et futuris hujus chyrographi paginam inspecturis[1], etc. Ea propter notum facimus universitati vestre quod fullones oppidi nostri, de communi consensu et bonorum virorum consilio, in elemosinam promiserunt quod quilibet eorum inperpetuum persolveret, singulis septimanis, custodi ecclesie nostre, ad opus custodie, unum denarium Trudonensis monete. Similiter et rasores pannorum promiserunt quod quilibet eorum, ut predictum est, persolveret obolum Trudonensem, salvis tamen sibi proventibus unius domus ad opus infirmorum, qui de eorum fuerint officio; quos proventus custos ecclesie nostre et unus fullo fide dignus sub duabus clavibus conservabunt. Volentes etiam dicti fullones et rasores saluti animarum suarum plenius et salubrius providere, adjecerunt quod quicumque eorum sine uxore et liberis moreretur, omnia

---

1. Nous omettons ici une considération générale dénuée d'intérêt.

bona sua, tam mobilia quam immobilia, deductis debitis et injuste acquisitis, ecclesie nostre ad opus custodie relinqueret. In hujus autem rei perpetuum (sic) prefati fullones et rasores singulis annis, in die beati Trudonis, ad altare ejusdem processionaliter veniant cum oblationibus suis publice et solemniter. Ad hec autem omnia inviolabiliter observanda fide et juramento se obligaverunt sepedicti fullones et rasores, magistris eorum etiam jurantibus, quod ecclesiam nostram in omnibus supradictis fideliter promoverent, nec aliquem de fullonibus secum operari permitterent, qui in aliquo modo predictorum fidem suam violare presumeret, nullumque ad officium magistratus accedere permitterent, nisi prius coram custode et aliis, quos custos vocare voluerit, juramentum prestat quod omnia supradicta, sicut ceteri magistri, fideliter observaret. Quod si aliquis officium magistratus contumaciter assumere voluerit et juramentum prestare contempserit, inhibebitur fullonibus sub prestito juramento ne in domo operentur. Nos autem volentes caritati eorum charitative respondere, concessimus eis participium omnium bonorum que fiunt et fient in ecclesia nostra. Et ut saluti eorum plenius provideatur et inter ipsos perpetua unitas et concordia servetur, unum eis sacerdotem, singulis annis de consilio custodis, assignabimus, a quo ecclesie jura suscipient. Cum autem aliquis eorum in infirmitate laboraverit, cum necesse fuerit, custos vocetur, qui cum sacerdote ipsis deputato extremam unctionem infirmo de monasterio nostro exhibebit. Cum vero aliquis eorum obierit, custos omnes campanas monasterii nostri faciet compulsari. Postea vero corpus defuncti statim ad ecclesiam nostram deferetur. Custos autem cum juvenibus et pueris processionabiliter ante fores ecclesie nostre occurens, corpus defuncti ante capellam sancti Leonardi deponi faciet et ibidem pro defuncto divina celebrabit. Quibus expletis, corpus in cimeterio nostro sepulture commendabit. Die autem sepulture omnes fullones ab opere vacabunt quousque corpus fuerit humatum. In prima autem dominica cujuslibet mensis, custos vel aliquis pro ipso ad ecclesiam sacerdotis ipsis deputati accedet, ibi termino convenient hora misse omnes fullones et rasores pannorum de salute et honestate eorum, mediante custode et suo presbitero, tractaturi. Qui vero tali hora venire neglexerit, octo denarios ad opus infirmorum, ut predictum, persolvere tenebitur, nisi se legitime excusare potuerit. Eligentur autem quatuor ex eis, de consilio custodis, qui de conversatione, vita et honestate ipsorum sub juramento fideliter inquirent et veritatem custodi et presbitero eorum assignata die ad conveniendum intimabunt. Si quis autem accusatus fuerit quod inhoneste se gesserit, monitus primo, secondo et tertio, si se corrigere noluerit, a communione aliorum penitus amoveatur. Item omnis controversia que inter ipsos fore contigerit, de consilio custodis et presbiteri eorum solvetur. Hujus autem testes sunt : Walterus et Clemens, scholteti, Damianus, Godescalcus milites et scabini : Egidius, filius Clementis, Arnoldus, Walterus Ruffus, Reinerus Grutarius et alii scabini et omnes jurati oppidi nostri; Christianus, advocatus, Willelmus de *Montenaken* et Henricus de *Duras*, castellani, et alii quamplures tam clerici quam laici. Hec autem ut rata et firma permaneant, presentem paginam sigillis nostris et sigillo magistri Marcunardi, archidiaconi, nostro necnon et decani consilii Sancti Trudonis fecimus roborari. Predicta omnia tunc temporis custos ecclesie nostre procuravit IIII° idus Martii anno Domini M° CC° XXXVI°.

---

159.   1242. — Bordeaux, 7 octobre.

Lettres de marque contre la France accordées par Henri III, roi d'Angleterre, aux habitants d'Oléron.

Giry, *Établissements de Rouen*, I, 92, note 4.

Ballivi, probi homines et marinelli de *Oleron* habent licentiam gravandi inimicos regis per breve patens quod dominus rex eis mittit. Ita scilicet quod medietas lucri quod in guerra illa perquiretur ad opus domini regis custodiatur.

160. 1243.

Entrepreneurs de maçonnerie et de charpente.

Renouvier et Ricard, *Des maîtres de pierre et des autres artistes gothiques de Montpellier*, Montpellier, 1844, in-4°. Documents, n° V, p. 116.

Coutumes et règlements de la république d'Avignon, p. p. R. de Maulde, dans *Nouv. Revue hist. de droit*, 1re année, 1877, p. 594, 601.

V

STATUTA PROBORUM VIRORUM AVENIONIS [1].

Art. CXXIII. — *De magistris lapidum.*

Item statuimus quod magistri lapidum jurati de iis controversiis quæ coram eis venient, si steterint ibi usque ad tertiam, possint habere VIII den. quilibet inter utramque partem; si usque ad nonam, XVI den.; si per totam diem, II sol. et non amplius. Si autem audiverint controversias in diebus festivis, possint habere per totam diem XII den. et similiter pro rata diei, et hoc intelligimus sine dampno illius cum quo operantur, et predictas expensas victi in causis solvere teneantur.

Art. CXLV. — *Quod magistri teneantur operari cum illis cum quibus convenerint.*

Item statuimus quod, cum quilibet magister lapidum vel lignorum vel quilibet alius magister seu carpentarius in arte sua convenerit operari cum aliquo, certa mercede statuta ei vel non statuta, quod, die assignata ad operandum illi cui convenerit operari, teneatur omnibus modis operari et inceptum opus, si dominus voluerit, adimplere nisi justa de causa magister se poterit excusare, et, si magister contra fecerit, pro singulis diebus quibus in hoc defecerit domino cum quo convenerit operari, in II sol. condempnetur.

---

1. Copie moderne de la bibliothèque du Musée Fabre. C'est par erreur que la date de ces statuts a été rapportée, dans le texte, à l'an 1221. (*Note des premiers éditeurs.*)

161. 1244 (n. s.), mars.

Règlements de fabrique de la draperie de Châlons.

Bibl. de l'*École des Chartes*, IV° série, tome III (1856-57), p. 55.

Par l'acort des borjois drapiers de Chaalons cist escriz est faiz et establis et dist ensi.

La laine en XX doit estre toute plaine III fiz mains, et, s'il en faut plus de III fiz, il est meffaiz, et, s'il en faut C fiz et plus, il doit estre ars et li mestiers et toz li harnès ausi. — La laine en XVIII, autretele. — La laine en XVI, autretele. — La laine en XII, autretele. — La laine en X, autretele. — On ne puet faire nul drap, se roié non, en moins de XVI, par la raison qui est devant dite. — On doit ardoir les dras espaulez de II pars. — On ne doit tistre nule traimme qui soit pinié en estaint taint en cuve, et, s'on li tist, il doit estre ars, fors noire brunete sanz lisiere en noir taint en chaudiere ou bien brun pers retaint sanz lisiere. — On doit ardoir pieces qui sont recloses ensamble, dont l'une vaut pis de l'autre. — On ne doit faire vert, ne brunete, ne blo, ne camelin, se taint en laine non. — On ne doit faire nul drap coe ne nul drap estroit, s'an point non de la verge, ou il ait plus de VIII aunes, se ce n'est forz chaperez por faire chape a eaue. — On ne doit faire nul drap moillé respassez, qu'il ne soit au lei des autres. — Les dras c'on respasse tenduz et cotenez ne met on em point de compo dou lei. — Les dras où l'ong change I peson ou II doit on faire coper par devant les maistres. — On ne doit tistre nule penes en drap ou il ait lisiere, se ce n'est noire brunete ou roiez. — Les dras vergiez ou roiez par mescheance doit on faire cuticier por faire noire brunete. — On ne doit mettre nul drap en gage as useriers ne filoi taint ne laine tainte. — On ne doit faire nus dras fors de sa maison, ou nus ait part ne compaignie. — On ne [doit] vendre point de laine dont on repraigne les dras por vendre a sa pile, ne prester deniers por le faire. — On ne doit anvoier point de laine filer fors de sa maison. — On ne doit prester point d'argent a filière, devant qu'il soit desserviz. — On ne doit prester point d'argent a pinerreces avant plus haut de XII den., devant qu'il soit desserviz. — On ne doit acheter ne vendre laine d'Aingleterre ne d'aillors qui li venderres ne la doie faire autretele com a la mostre, se li venderres ne l'amande a la raison de la mostre. — Nus ne puet ne ne doit vendre laine nostrée por laine d'Aingleterre. — Nos avons pesons droiz a I point autel l'un come l'autre. — Li pesons de VI en la pierre est de XLIII onces. — Li pesons de VIII en la pierre, XXXII onces et I tresel. — Li pesons de X en la pierre, XXVI onces le tierz d'un once mains. — Nos avons pierres de XIII livres et un quarteron de XV onces, et ces pesons et les pierres dreçons nos par les livres et par les mars des changeurs de foire. — On ne doit retenir ouvrier n'ouvriere qui soit en autrui covent. — On ne doit vendre nus dras apres foire faillie. — On ne puet vendre dras ne mostrer, se dedens la hale non. — On ne doit aporter point de feu en l'ostel la nuit qui foire faut, se li maistre non, n'avaler les sarpillieres, se par les maistres non. — On ne doit mener nus dras en foire, s'il ne sont liié a droit liage. — On ne doit vendre nus dras de vile en non de Chaalons. — Les dras que nos vendons a Chaalons nos n'en menons nul en foire. — Nos ne reprenons nus dras qui aient esté vendu en foire ; mais, s'il est mespris, on l'amande au los des prodomes. — On ne doit vendre nus dras de Chaalons en maison la ou l'en vende dras de vile ne de chastel. — Nus tainturiers ne doit taindre, s'en noeve cuve non, s'il nou met en covent au coventer. — Tuit tainturier qui teignent dras vers et brunetes doivent mettre VI livres d'alun au mains en chasqun drap de moison et chasqun II dras novele eaue et novele waudée. — On ne doit faire nul drap, s'il n'est toz cotenez ou toz descotenez. — Tuit li ordoir as dras de moison doivent estre d'un lone. — Qui reoigne drap de moison il meffait ; et s'il i avoit home nul qui feist force as vallez qui portent la verge, ne as maistres qui sont establi por garder loiaument la draperie por faus drap, s'il estoit trovez sor lui, il ne doit estre compaing de l'ostel de Chaalons. — Tuit li drap de moison doivent estre ordi de XXX aunes a waudequin, et qui le voet faire plus grant si le face. — Li dras doit estre ploiez d'une aune de lonc. — Et je maistre Simon de Maisons et Jehans de Pontoise, gardes dou regale de Chaalons, a la requiste de l'université des drapiers de Chaalons et por le bien de la communité de la draperie, et por ce qui c'est li preu de la draperie, si com il dient, en ce present escrit avons mis nos seaus, et por ce que des or en avant soit ferme chose et estable. Ce fu fait l'an de l'Incarnation nostro Seigneur Jhesu Christ M CC et XLIII, ou mois de marz.

162. 1244, juillet.

Entreprise de la monnaie de Lyon.

Guigue, *Cartulaire lyonnais*, Lyon, 1885, in-4°,
tome I, n° 391, p. 478.

Nos Aymericus, divina permissione prime Lugdunensis ecclesie archiepiscopus, licet indignus, notum facimus universis presentes litteras inspecturis quod Johannes de Senua, civis Lugdunensis, vendidit, tradidit et concessit, precio quinquaginta quinque libris fortium Lugdunensium, Hugoni de *Rochitallié*, civi Lugdunensi, medietatem totius juris quod habet et habere potest quacunque ratione in moneta Lugdunensi et in sculptura ferrorum; et vendidit etiam, sub predicto pretio, dicto Hugoni, tradidit et concessit dictus Johannes totam libertatem et franchesiam totius dicte monete Lugdunensis, nichil juris sibi retinens in premissis rebus venditis. Devestivit autem se dictus Johannes de omnibus rebus predictis venditis, et nos dictum Hugonem investivimus de eisdem de mandato et voluntate Johannis memorati. Juravit autem super sancta Dei evangelia coram nobis predictus Johannes numquam contra premissam venditionem per se vel per alium venturum aliquo modo de jure nec de facto, immo, si quis veniret contra, dictum Hugonem vel suos molestando, conveniendo vel trahendo in causam super rebus predictis venditis, in parte vel in toto, dictus Johannes se opponeret pro dicto Hugone et suis, ad justitiam respondendo et indempnem penitus observando. Confessus etiam fuit coram nobis dictus Johannes de supradicto pretio a dicto Hugone sibi fuisse plenarie satisfactum, renuncians in hoc facto exceptioni non numerate pecunie et non tradite, doli in factum, rei minori precio vel minus[1] dimidia justi pretii vendite subsidio, et omni alii exceptioni et juri canonico et civili per quod contra presens instrumentum sive factum posset obici quoquo modo. Nos autem ad quos dominium pertinet rerum venditarum predictarum, recepto jure nostro, ipsas res venditas dicto Hugoni laudavimus et decretum nostrum seu auctoritatem nostram presenti contractui seu venditioni interposuimus. Sciendum est autem quod hec est libertas et franchesia quam dictus Hugo et sui in libertate dicto monete sibi succedentes debent habere et habent in perpetuum nomine dicte emptionis : videlicet quod sunt immunes et exempti ab omni banno, clamore, leda, pedagio, adulterio, exercitu sive chavangia, gaitia et quolibet usagio vel exactione et ab omni communia seu collecta ville sive civitatis, nec tenentur de aliquo delicto, forefacto vel clamore coram nobis vel successoribus nostris neque coram aliquibus judicibus Lugduni de se conquerentibus respondere, excepto homicidio, proditione et furto. Et si dicto Hugoni vel suis in libertate dicte monete sibi succedentibus aliquid debetur, ipsi possunt propria pignora debitoris capere et detinere ubicumque ipsa invenerunt, sine clamore penes dominum effundendo. Item quandocumque decetero monetam Lugdunensem fabricari contingerit, dictus Hugo vel sui dictam monetam debent facere fideliter et legittime et sine dolo vel fraude, et ex quo dicta moneta fabricata coram mandato nostro vel successorum nostrorum ad hoc deputato examinata fuerit et ita vibrata et liberata quod exierit de domo

---

1. Ed. *nimus*.

fabrice, dictus Hugo vel sui non tenentur de aliquo vitio vel falsitate quod in dicta moneta fabricata posset contingere vel modo aliquo reperiri, nec super hoc sunt ulterius inculpandi. Item sciendum est quod hec est libertas et franchesia operariorum monete Lugdunensis et eorumdem servientium : videlicet quod, quamdiu moneta Lugdunensis fabricaverit, operarii ipsius monete et servientes eorumdem masculi et femine sunt inmunes, liberi et exempti ab omni banno, leda, pedagio et quolibet alio usagio vel exactione ; non tenentur de aliquo forefacto vel clamore coram nobis vel successoribus nostris neque coram aliquibus judicibus Lugdunensibus de se conquerentibus respondere, immo coram preposito suo vel magistro monete tantummodo tenentur respondere et parere juri, excepto homicidio, proditione et furto, et, si aliquis ipsorum conqueratur nobis vel successoribus nostris de aliquo qui non pertineat ad monetam predictam, debemus sine mora, sine difficultate, sine gravamine sumptuum eis justitiam exhibere. Ad majorem autem firmit n, de mandato et voluntate Johannis supradicti, presen.. litteras dicto Hugoni tradidimus bulle nostre munimine roboratas in testimonium veritatis. Datum anno Domini M° CC° XL° IIII°, mense Julii.

163. 1246, 27 décembre.

Nomination du capitaine des marchands de Montpellier commerçant en France.

Germain, *Histoire du commerce de Montpellier*, Montpellier, 1861, in-8°, I, pièces justif., n° xv.

Presentis scripti serie sit omnibus manifestum, quod nos consules Montispessulani, cupientes providere honori et utilitati comunitatis mercatorum de Montepessulano et toti societati et comunitati mercatorum de Francia, prohabita diligenti deliberatione cum consilio nostro, sollempniter more solito convocato, ad instantiam et requisitionem mercatorum pro parte nostra, et pro jure partis et societatis nostre, facimus, eligimus et constituimus honorabilem, fidelem et discretum virum, multipliciter expertum, et in variis officiis publicis comprobatum, Stephanum Lobeti, concivem et in consulatu Montispessulani collegam nostrum, et capitaneum consulem de Francia et mercatorum in Francia utentium quocumque modo causa negociationis, et predicto Stephano Lobeti, per nos et per successores nostros, damus et concedimus plenariam potestatem et auctoritatem in omnibus et per omnia faciendi, ad honorem et comodum mercatorum et dicte societatis, quicquid dicte societati noverit expedire, secundum quod aliquis consul Francie dictum locum tenens plenius habuit et actenus est usus, precipientes omnibus et singulis mercatoribus nostris, et aliis ad societatem pertinentibus, ut obediant dicto Stephano Lobeti, et pro eo faciant plenarie, absque omni contradictione et defencione, sicuti unquam fecerunt aut facere debuerunt pro aliquo consule, dictum locum in Francia obtinente. Et quicquid per dictum Stephanum Lobeti consulem factum fuerit preceptum et ordinatum, gerendo officium consulatus, et in hiis que ad ejusdem officium spectabunt, ratum et firmum habebimus et ea per nos et nostros faciemus inviolabiliter observari.

Et ego predictus Stephanus Lobeti, consentiens predicte electioni de me facte, ad mandatum et requisitionem dominorum consulum Montispessulani et totius consilii et mercatorum Montispessulani, predicti consulatus officium, ad honorem Dei et ad honorem et comodum mercatorum et totius societatis predicte, recipio et juro super sancta Dei Euvangelia, a me corporaliter tacta, quod in dicto consulatu et officio toto posse, sine omni fraude et malo ingenio, me habebo et honorem et comodum mercatorum societatis predicte bona fide procurabo, et dampnum et dedecus universorum predictorum, dante Domino, totis viribus evitabo.

Acta sunt hec in domo consulatus Montispessulani, anno Dominice Incarnationis millesimo CC° XLVI°, sexto kalendas Januarii, in presentia predictorum dominorum et totius consilii et mercatorum et plurium aliorum proborum virorum Montispessulani ad hoc vocatorum. Et, ad majorem auctoritatem et perempnem hujus rei memoriam, nos consules Montispessulani presentem paginam sigillo consulatus fecimus comuniri.

---

164.   1247 (n. s.), mars.

Esgardeurs des draps tondus.

Arch. de Douai, reg. AA 89, fol. 56.

ENCORE DES TONDEURS.

Et avoec tost cest atirement ki ci devant est devisés ont li eskevin atiret par le conseil des marchans et des eswardeurs de bergoigne et des vallés tondeurs et des maistres tondeurs ke li vallet tondeur doivent prendre cascun an, ancois k'il issent del eswart, I marchant et li maistre tondeur ausi I marchant et cist doi marchant seront eswardeur de le tonderie I an, et, quant il aront fianciet l'eswart, si prenderont II vallés tondeurs ki seront eswardeur en totes les maisons des maistres tondeurs par toute le vile I an, et si prenderont ausi II maistres tondeurs ki seront eswardeur en toutes les maisons des markans de le vile I an, et ensi d'an en an; et avoec tout cou il ont atiret ke nus ne soit si hardis ki ait enconvent a tondre II fies drap de muison ne coverture ne tiretaine ne burel que il ne le tonge II fies bien et loialment et que on en laisse a le premiere fie II doie au listiel de cief en cief, se ce n'est au burel; et ki II fies ne le tonderoit, et il en estoit convencus par eswardeurs, il kieroit en forfait de C s. de cascun drap u de cascune coverture u de cascune tiretaine et de cascun buriel; et ki en covent aroit a tondre une fie de ces coses devant nomées, se il le rendoit sans tondre, il seroit a C s. de cascune piece et ke nus maistres n'ait que I seul aprentic sor le forfait de C s.; et que il le tiegne II ans au mains sor ce meisme forfait; et, s'il avoit descorde entre le maistre et sen aprentic, li eswardeur vallet et li eswardeur marchant le doivent faire amender, et a cou k'il en atieront li maistres et li aprentis s'i doivent tenir; et ki encontre seroit il kieroit en forfait de C s.; et si doivent li vallet eswardeur prisier l'aprentic dedens le demi an k'il venra a sen maistre, s'il est souffisans, et, s'il n'est souffisans, al plus tost compora sans engien, et, s'il avoit descort au prisier, li marchant eswardeur le doivent amender, et aprentis ne puet caïr en forfait ne ses maistres por lui sor le premerain cors deci adont k'il est prisiés; et, se li maistres requeroit as eswardeurs vallés au cief de demi an auquel ses aprentis fust prisiés, il paieroit le forfait de sen aprentic dusques adont k'il seroit prisiés; et, s'il avient que li vallet eswardeur voisent veir les oevres en le maison des maistres tondeurs et il truevent aprentic ki ne sont prisiés ki enverse malvaisement ne tonge malvaisement sor le daerain cor, et on tient al daerain cor se on n'a laissiet II doie a tondre sor le listrel de cascune part et se cele oevre n'est amendée ancois k'ele soit sakie aval plus de III alnes, li aprentis seroit a V s. de forfait, et ses maistres le doit paier por lui deci adont k'il seroit proisiés. Et se vallés prisiés faisoit oevre avoec aprentic et on i trovoit malvaise oevre, li vallés prisiés doit paier le forfait l'aprentic, et ke nus maistres tonderes ne vallés ne soit si hardis ki oevre en le maison de marchant ne ailleurs puis k'il averoit commenciet oevre a se maison dedens celui jor, ne k'il oevre en se maison puis k'il averoit commenciet a ouvrer ailleurs; et ki cou trespasseroit, il kieroit en forfait de V s. de cascune fie. Et si ne soit nus si hardis, vallés tonderes ne laneres ne cotonneres, ki apareille drap ne coverture ne tiretaine ne buriel en le maison de maistre, ne li maistres ne le suefre mie, ne a le maison de marcant, ausi se ce n'est por lor viestir et aus et lor maisnies, u se li marchant ne lor font aparellier a lor jornées et en paient lor deniers; et ki onques cou trespasseroit, il kieroit en forfait de cascune fie de C s. Et ke nus ne soit si hardis ki apareille drap en le maison de marchant a maistre sor le forfait de V s. de cascun drap; et li marchans en cui maison on l'aparelleroit kieroit en autel forfait. Et si ont li eskevin atiret par le conseil des marchans ke li maistre tondeur doivent avoir por cascun drap aparellier que on tondera II fies V s. d'Artois, et del drap que on tondera une fie IIII s. et IIII d. artesiens ne ke il art ne engien ne kerront por coi il en aient mains que deviset est, ne que nus ne quiere art ne engien por coi il en doinst mains et ki onques cou trespasseroit il kieroit el forfait de C s. de cascune fie; et li eswardeur ne puent issir del eswart dusques adont que cil ki pris seroient por i estre eswardeur apriés aus averoient fianciet l'eswart; et ki encontre seroit del fiancier, il kieroit en forfait de C s. Et tout li forfait ki sont desous L livres si doivent aler a IIII pars al bailliu, as eskevins, as marchans et as eswardeurs des tondeurs; et ki honte ne vilenie diroit ne feroit as eswardeurs por l'okison del eswart de le tonderie, il kieroit el forfait de L livres, et avoec il seroit banis de le vile. Ce fu fait en plaine hale en l'an del Incarnation Nostre Segneur M CC et XLVI, el mois de march.

165.   1247.

Statuts faits par la commune de Poitiers pour les bouchers de cette ville.

Copies mod. Bibliothèque nationale, Fonds latin, 18398 (Collection Fonteneau, XXIII), fol. 54. — Fonds franç. Nouvelles acquisitions franç., 3412, fol. 36.

Cum carnifices seu universitas carnificum Pictavensium funderent indiferenter pro suo libito de consuetudine remisia[1] sua et caperent pro suo libito collegium a novis vel[4] extraneis carnificibus, et per certas horas non mortificarent vel portarent tam vendendi[2] carnes ad bancos, ac conspiraciones et reddera[3] et alias illegitimas consuetudines seu pocius abusiones et corruptelas, contra communem[4] utilita-

---

1. *Suifs* en v. fr. *remes.* Voy. Godefroy *hoc verbo.*
2. *Sic.* Nous proposerions de lire *causa vendendi*, l'abréviation de *causa* ayant pu être lue *tam.*
3. *Reddera* se rattache évidemment à *redditus*, mais le mot lui-même, en admettant qu'on n'ait pas affaire ici à une mauvaise leçon, nous est inconnu.
4. Dans les deux mss., *communiam.*

tem, tenerent et nos major et ceteri scabini Pictavenses inde questiones moveremus contra eos, ipsi carnifices seu ipsa eorum universitas super universis et singulis et etiam super aliis non nominatis casibus et articulis ordinationi Aymerici *Pouverea*, Petri de Caritate, Petri *Garnier* et Guillelmi *Morrail*, alte et basse [1] se commiserunt et compromiserunt, ac concorditer sponte supposuerunt omnimode qui taliter de premissis et singulis aliis articulis et rebus ordinaverunt quod de cetero iidem carnifices non fundant remisia in diebus veneris et sabbatti, tamen diebus ebdomade quo maluerunt fundent, sed ceremia [2] sive grellas non ardebunt seu fundent nisi de nocte.

2. Item ordinatum est quod propter collegium non habebunt de viginti libris inferius, nisi de libra catalli VI denarios adcollegium, de viginti vero libris et de plusagio, si plus habuerit, nisi qui debebit non dabit nisi decem solidos, nisi forte sponte plus dare voluerit, sed ad plus non poterit cogi. Qui vero semel fecerit plenum collegium, ejus heredes ad collegium post eum minime imposterum tenebuntur.

3. Item quod iidem carnifices colligent et permittent vendere extraneos carnifices ad bancos Pictavis legitimas carnes et locabunt eis vacuos bancos, exceptis tamen inimicis suis, et ordinaverunt quod de cetero mortificet et vendet et portet carnes ad bancos quisquis voluerit quaque hora et die pro libito suo.

4. Item quod baccones, boves, porcos et ceteras carnes licite vendat quisquis carnifex Pictavensis vel extraneus, cujuscumque sint carnes civium Pictavensium vel extraneorum seu clericorum et bene venditor accipiat certam inde mercedem.

5. Item factum fuit quod quisquis fundit cremia et remisium aliter quam premissumest [3], reddet decem solidos ville et majori pro pena. Actum, existente majore Guillelmo *Grossin*, anno Domini millesimo ducentesimo quadragesimo septimo.

---

1. Il y a dans les deux mss. *alto et basso*.
2. Cretons, résidu des graisses. Voy. Du Cange : *cremium*.
3. Dans le texte : *et*.

166. 1247-1248, avril.

Charité des barbiers d'Arras.

Guesnon, *Inventaire chronologique des chartes de la ville d'Arras*, n° XXVI, p. 29.

Sacent tout cil ki sont, et ki avenir sont, ke li prieus des frères preecheeurs d'Arras, et li couvens des freres devant dis ont otrié, de par l'autorité del maistre de l'ordene, as barbiers d'Arras une carité a faire en l'oneur Dieu et Nostre Dame et mon sengneur saint Dominike. Et leur ont otriié trois messes cascun an perpetuelment a tous les confreres et consereurs ki i entenront et ki le carité maintenront et ki ens morront. Li premiere messe est le jour de le translation mon sengneur saint Dominike, et les autres II sont a l'anniversaire des freres ki sont trespassé en l'ordene des preecheeurs, et a l'anniversaire de leur peres et de leur meres ki sont trespassé. Et leur ont otriié plaine compaingnie et plaine participation en tous les biens ke on a fait et fera et jour et nuit en leur couvent d'Arras, et par tout leur ordene en sainte crestienté, pour les vis, ki en le carité seront, maintenir en grasse, et pour cels ki morront, acourcier leur paines de purgatore, et haster leur repos parmanaule. A toutes ces choses devant dites acompaigne li prieus et li frere devant dit tous homes et toutes femes ki en ceste carité enterront par le maieur et par les eschevins ke li barbier i meteront. Et pour ceste cose certefiier et faire estaule et creaule, li prieus et li couvens des freres devant dis ont seelée ceste carte de leur seaus. Ce fut fait en l'an del Incarnation Nostre Sengneur M° CC° et XL VII, el mois d'avril.

---

167. 1248 (n. s.), 16 mars.

Billet de change.

Blancard, *Note sur la lettre de change à Marseille au XIII° siècle. Bibliothèque de l'École des Chartes*, XXXIX (1878), p. 124. — *Musée des archives départementales*, n° 81, planche xxxvi.

Ego Gaufridus de Verinhono confiteor et recognosco tibi,

Gregorio de Nigrabono, de Placentia, stipulanti pro te et consociis tuis, me habuisse et recepisse, ex causa permutationis seu cambii, a te, L libras et V solidos monete miscue nunc curribilis in Massilia, renuntians inde exceptioni non numerate et non tradite mihi pecunie; pro quibus L libris et V solidis dicte monete promitto tibi per stipulationem dare et solvere tibi vel consociis tuis vel cui mandaveris XXX libras Pruvinensium in nundinis de Bari proxime venturis, infra rectum pagamentum[1], vel in termino dictarum nundinarum si forte dicte nundine vaccarent, salvis tamen euntibus trossellis meis cordoani, quos inde tibi obligo in pignore pro dictis XXX libris; qui trosselli debent vehi ad tuum resegum et fortunam usque ad quantitatem dictarum XXX librarum ad dictas nundinas; et generaliter inde tibi obligo omnia bona mea presentia et futura, renuntians induciis XX dierum et IIII^{or} mensium et omni alii dilacioni et juri et exceptioni per que contra predicta venire possem.

Factum fuit inde publicum instrumentum.

Testes : Johannes Quincalerius, Willelmus Petri Salves, Poncius Dragonetus.

---

168.   1248, 19 mars.

Procuration équivalant à l'endossement actuel de la lettre de change.

Blancard, *Note sur la lettre de change à Marseille*, Bibl. de l'École des Chartes, XXXIX (1878), p. 127.

Ego Aubertus Acua, civis Massilie, facio, constituo et ordino te Dodonum de Baldissono presentem meum certum et specialem procuratorem ad petendum, exhigendum et recipiendum a Ricavo Pisano, civi Massilie, CCL bisancios sarracenatos Acconis quos michi debet, ex causa permutacionis seu cambii, dare apud Acconem, ex tenore cujusdam

---

1. Probablement, dans la dernière quinzaine de la foire, période pendant laquelle on payait les droits pour les marchandises non vendues.

instrumenti inde facti per manum Giraudi Amalrici, notarii; quod instrumentum tibi trado coram testibus infrascriptis, dans tibi licentiam et liberam facultatem quod dictum instrumentum possis restituere dicto Ricavo, soluto tibi debito supradicto, et quietii clamacionem inde ei facere procuratorio nomine pro me, et agere contra dictum Ricavum et excipere et replicare *etc.*

Et ego dictus Dodonus dictam procuracionem recipiens, promicto tibi dicto Auberto per stipulacionem dictam procuracionem et officium dicte procuracionis me bene et fideliter peracturum, agendo utilia et inutilia postponendo, et quicquid ad me occasione dicte procuracionis pervenerit, tibi restituere bona fide, obligans inde tibi et tuis omnia bona mea presentia et futura. Testes Ristonetus de Cosalo, Guigo Lizacor, W. Garula.

Factum fuit inde publicum instrumentum.

---

169.   1248 (n. s.), 18 mars.

Nolissement.

Blancard, *Documents inédits sur le commerce de Marseille*, 1, p. 285.

Ego R. Merucis, bona fide et sine omni dolo, loco seu nauleio tibi Jacobo Ricomanni de Florencia, stipulanti et recipienti nomine tuo et nomine Jacobi Pretorssi et aliorum consociorum tuorum, quandam galeam meam que dicitur Boreata, ad navigandum de Massilia apud Arelatem et ad portandum res tuas et dictorum sociorum tuorum quascumque volueritis de Arelate apud Massiliam et de Massilia apud Pisis, inter duos pontes. Dictam vero galeam nauleio tibi ad scarefactum[1] precio seu loquerio vel naulo CL l. monete miscue nunc curribilis in Massilia, quas confiteor me a te habuisse et recepisse, renuncians *etc.*; promittens vobis per stipulationem movere de portu Massilie ad tuam voluntatem

---

1. A forfait.

et mandatum et habere in di[c]ta galea L homines, ad dictum viagium apud Arelatem faciendum, et CXVI homines marinarios bonos et sufficientes, armatos de scutis et capellinis, ad dictum viagium Pisis faciendum et cum XV garnixionibus ferri et XX balistis cum carrellis. Item, promicto tibi per stipulacionem te et consocios tuos et res vestras omnes pro posse meo defendere et salvare ab omni persona et personis et esse vobis fidelis et legalis, cum omnibus et per omnia, per totum viagium supradictum et non immitere res aliquas in dicta galea, de Arelate in dicto viagio Pisis faciendo, nisi res tuas, absque mandato tuo, et hec omnia tibi promicto per stipulationem sub pena L l. ad curandum portum Massilie applicanda, que pena comissa et exacta, rato manente pacto; obligans *etc.*; renuncians etc. Testes : Giraudus Alamani, campsor; Dietaviva Albertus, Vassalinus de Finari, Pellorius de Pino, Bertrandus Soquerius. Factum fuit, *etc.*

---

170. 1248 (n. s.), 23 mars.

Nolissement.

Blancard, *Documents inédits sur le commerce de Marseille*, I, p. 305.

Nos Raimundus de Cadro, bona fide et sine omni dolo, loco seu nauleio vobis Raimundo de Costa et Augerio Grosso et Petro Porcello, sabaterio, et Wº Gandulfo et Leoneto de Vicencia, quendam bucium[1] meum qui vulgariter dicitur *Girfalc*[2], ad scarefactum[3], scilicet tibi dicto Raimundo de Costa unam quarterium et terciam partem alterius quarterii, et vobis Augerio Grosso et Petro Porcello duos quarterios minus tercia quarterii, et tibi dicto Wº Gandulfo unam octavam et tibi Leoneto de Vicencia

---

1. Navire assez grand appelé *busse* dans les vieux textes français.
2. Le *Gerfaut*.
3. Voy. nº 169, n.

unam setzenam; dictum vero bucium vobis loco seu nauleio vobis predictis ad scarefactum cum omni sarcia[1] et apparatu suo, ut dictum est, precio seu naulo vel loquerio CL l. monete miscue modo curribilis in Massilia; de quibus confiteor me a vobis habuisse et recepisse C l., renuncians inde exceptioni non numerate et non tradite michi pecunie, et residuas L l. debetis michi dare et solvere in reditu vestro dicti viagii; et est sciendum quod vos debetis cum dicto bucio ire apud Neapolim et movere de portu Massilie hinc ad medium mensem Aprilis proxime venturum, et redire de Neapoli apud Massiliam et movere de portu Neapolis infra X ebdomadas postquam applicaveritis cum dicto bucio apud Neapolim absque tamen justo impedimento; item, est sciendum quod vos debetis habere marinarios ad dictum bucium et eis satisfacere de loquerio suo et expensis et facere omnes expensas necessarias ad dictum lignum ducendum in dicto viagio, tam eundo quam redeundo. Et nos predicti R. de Costa et Augerius Grossus, et Petrus Porcelli et W. Gandulfus et Leonetus, quisque pro portionibus nostris, admitentes omnia supradicta prout superius est expressum, promitimus tibi dicto Raimundo de Cadro tibi dare et solvere dictas L l. que tibi restant adhuc ad solvendum de dicto naulo, in reditu nostro dicti viagii et tradere pignus apud Neapolim pro dictis L. l. cuicumque mandaveris, et omnia supradicta tibi attendere et complere promitimus per stipulationem, sub pena CL l. dicte monete, qua pena soluta et exacta nichilominus manente pacto, obligantes inde tibi et tuis, quisque pro portionibus nostris, omnia bona nostra presentia et futura, renunciantes induciis XX dierum. Testes R. Berengarius, Giraudus Bocados, Hugo Baudoynus, Ancelmetus Feri, filius W. Ancelmi quondam; Pontius Dragoneti. Facta fuerunt inde duo instrumenta partibus predictis.

---

1. Agrès.

171. 1248 (n. s.), 23 mars.

Lettre de change avec aval.

Blancard, *Documents inédits sur le commerce de Marseille*, 1, p. 303.

Ego Hugo Champonus, civis Massilie, confiteor et recognosco vobis Otoni Angossole et Girardo Amico me habuisse et recepisse, ex causa permutacionis seu cambii, a vobis CCCXL l. monete miscue modo curribilis in Massilia, renuncians *etc.*; pro quibus CCCXL l. promito vobis per stipulacionem dare et solvere vobis vel consociis vestris vel cui mandabitis CC l. proviniensium, in nundinis de Bari proxime venturis, infra rectum payamentum, vel in termino dictarum nundinarum si forte dicte nundine vacearent, obligans *etc*; renuncians *etc*. Ad hec ego W. de Narbona constituo et obligo me vobis dicto Otoni et Girardo Amico debitorem et pacatorem in omnibus supradictis, obligans *etc*; renuncians *etc*. Testes : Aubertus de Auria, Guido de Messana, Aubertus Champonus, Bernardus Sparverius.

---

172. 1248 (n. s.), 23 mars.

Lettre de voiture.

Blancard, *Documents inédits sur le commerce de Marseille*, 1, 317.

Nos Henricus de Bonosolacio et Nicolaus Taverna confitemur et recognoscimus vobis Bernardo Gasco de Condomio et Aicardo de Barrio, nos habuisse et recepisse a vobis IIII trossellos cordoani, causa portandi eos ad nundinas de Bari proxime venturas, precio seu loquerio XV l. Vianensium[1], quas confitemur nos a vobis habuisse et recepisse, renunciantes, etc., quos trossellos promictimus vobis per stipulacionem, uterque nostrum in solidum, bene et fideliter portare cum bestiis nostris, absque carretis, et tenere et custodire et dictos trossellos vobis reddere vel Elzardo

---

1. Sans doute pour *Vienneasium*.

Sarraceno recipienti pro vobis, apud Bare, intra nundinas cordoani, in vigilia Pasche Resurrectionis Domini proxime; obligantes *etc.* Testes : Petrus de Bellovidere, Petrus Pegolerius, Bernardus de Bellovidere, Raimundus de Melans.

---

173.   1248 (n. s.), 26 mars.

Société en commandite.

Blancard, *Documents inédits sur le commerce de Marseille*, I, 333.

Ego Petrus Anglicus, pellerius, confiteor et recognosco tibi Petro Pellerio, civi Massilie, me habuisse et recepisse, in societate et ex causa societatis, a te XV l. regalium coronatorum, renuncians etc. ; quam companhiam debeo tenere salvam in terra, infra Massiliam, hinc ad festum S. Michaelis proxime venturum, ad medietatem lucri quam inde habere debeo, et tu aliam ; quam companhiam promicto tibi per stipulacionem bene et fideliter tenere et custodire et cum ea mercari et negociari prout melius potero vel scivero, et totum capitale, scilicet XV l. predictas regalium vel XVIIII l. monete miscue, si tunc tempore esset curribilis in Massilia, reducere in posse tuo cum medietate lucri quod Deus cum dicta companhia michi facere permiserit, et singulis diebus inmittam denarios quos habuero de implicitis meis, in quadam capsia que est ad domum tuam, de qua ego habeo clavem, obligans *etc.*; renuncians *etc.*, et ad majorem cautelam juro ad sancta Dei Evangelia inde corporaliter manu tacta. Testes : Ganfridus Bla[nqui], Filionus de Finari, Johannes de Saissono.

---

174.   1248, 26 mars [1].

Nolissement.

Blancard, *Documents inédits relatifs au commerce de Marseille*, I, 335.

Ego Filionus de Finari, bona fide et sine omni dolo, loco

---

1. Le style suivi par le notaire marseillais qui a dressé l'acte est celui de l'Annonciation.

seu nauleio vobis magistro Gaufrido de Sacere et Brunamonte et Benevenuto de Luca et Gandulfo de Isola et Bressono Manco quandam galeam que dicitur Negreta, ad navigandum de Massilia apud Sardineam, in portu de Torre, vel ubi vos et alii mercatores concordaveritis et ad portandum res vestras de Sardinea apud Massiliam vel usque ad Varaginem, quocunque loco vos et alii mercatores conveneritis; scilicet, tibi magistro Gaufrido LXXIIII quintalia et tibi Brunamonte XXVIII quintalia, et tibi Benevenuto de Luca XXXVII quintalia et tibi Gandulfo XXVIII quintalia, et tibi Bressono Manco XXXIII quintalia; promictens vobis per stipulacionem dictam galeam bene munitam et paratam cum omni sarcia et apparatu suo et cum XXXV marinariis habere et portare vobis predicta quintalia de Sardinea apud Massiliam vel usque ad Varaginem, ubicunque major pars mercatorum una vobiscum concordaverit, precio vel loquerio seu naulo IIII s. Januensium singula quintalia de Sacere, (sic)[1] scilicet carnium vel caseorum vel coriorum; si vero alias res inmiteretis in dicta galea, pro rata dictarum rerum, secundum quod consuetum est. Item, promicto vobis per stipulationem portare res vestras sine naulo de Massilia apud Sardineam et movere de portu Massilie ad dictum viagium faciendum hinc ad diem dominicam proxime venturam, et movere de Sardinea infra XV dies postquam applicaverimus in Sardinea cum dicta galea; et hec omnia promicto vobis sub pena XXV l. Januensium, que pena soluta et exacta nichilominus rato manente pacto; obligans *etc.*, renuncians *etc*. Et nos predicti omnes predicta pacta admitentes, quisque nostrum pro porcione sua, sicut superius est expressum, promictimus tibi dicto Filiono habere tibi dicta quintalia in Sardinea et caricare seu caricari facere in dicta galea infra XV dies postquam applicaverimus cum dicta galea in Sardinea, et tibi dare et solvere IIII s. Januensium pro singulis quintalibus predictis, apud Massiliam vel ubicunque dicta galea

---

1. Ce mot n'a aucun sens. Il faut lire, croyons-nous, *havere*, qui a le sens de marchandise. Ce mot se trouve plusieurs fois avec cette acception dans l'extrait du statut de Marseille sous le n° 181.

applicaverit, causa discaricandi, in reditu dicti viagii Sardinee, et predicta omnia tibi promictimus per stipulationem et sub pena XXV l. Januensium que pena soluta rato *etc.*; renunciantes, *etc.* Testes : Henricus de Bari, W. Gonterius, Petrus Pinelli. Factum fuit, *etc.*

---

175.   1248, 28 mars.

Récépissé de dépôt payable à vue au déposant ou à son ordre.

Blancard, *Documents inédits relatifs au commerce de Marseille*, I, 361.

Ego Giraudus Alamani, campsor, civis Massilie, confiteor et recognosco tibi Petro Mazela de Basa me habuisse et recepisse, ex causa depositi, a te X l. monete m'scue modo currribilis in Massilia, renuncians *etc.*; quas X l. promicto tibi per stipulacionem dare et solvere tibi vel tuo certo nuncio vel cui mandaveris, quandocumque tibi placuerit; obligans *etc.*; renuncians *etc.* Testes : Jacobus Tresmesallas, Gausbertus de Bellovidere, Petrus Isnardus Fulcolinus. Factum fuit *etc.*

---

176.   1248, 31 mars.

Reconnaissance de dette hypothécaire.

Blancard, *Documents inédits relatifs au commerce de Marseille*, I, 392.

Ego Bernardus Ruffus de Insula confiteor et recognosco tibi Johanni Marino de Avinione me habuisse et recepisse, ex causa mutui, gratis et amore, a te XXV l. Raimundensium, renuncians *etc.*; quas XXV promito tibi per stipulacionem dare et solvere in festo Pasce Resurreccionis Domini proxime venturo, et omnes expensas et dampna et gravamina que pro dicto debito petendo tu vel tui faceritis vel incurreretis ultra terminum supradictum promito tibi et tuis in solidum ressarcire, credendo inde tibi et tuis vestro simplici verbo absque testibus et alia probacione, obligans inde tibi in pignore quoddam operatorium meum quod habeo apud villam de Insula quod confrontatur a duabus partibus cum domibus fratris mei Giraudi Ruffi, et generaliter inde tibi obligo omnia bona mea presencia et futura ; renuncians *etc.* Testes : R. Ruffus de Avinione, R. Vitalis, W. Albinus. Factum fuit, *etc.*

---

177.   1248, mai.

Échéances assignées aux foires.

Archives de Douai, Reg. AA 90, fol. 29 v°.

CI PUET ON SAVOIR QUANT LES FIESTES DE BORGOINGNE FALENT.

Il est asavoir que la fieste de Ligni est rendue l'en demain del aneenuef et cele de Bar le mardi devant mi quaremme et cele de Provins en mai le mardi devant l'Asencion et cele de Troies le plus prochain mardi apres le saint Jehan en XV jours et cele de Provins a le saint Aioul le jour de le sainte Crois et cele de Troieces (*sic*) le jour des mors[1].

DANS DES PAIEMENS C'ON DOIT AS REPAIRES DES FIESTES.

On fait le ban que de tous les deniers que on devera paier en ceste vile as paiemens des repaires des fiestes, que chou que on devera au repaire de Ligni que on le pait le dioes[2] apres mi quaremme, et del repaire de Bar le dioes devant Pentecouste, et del repaire de Provins en mai III jours devant le fieste saint Cristofle, et del repaire de Troies a le saint Jehan VIII jours apries le sainte Crois, et del repaire de Provins a le saint Aioul III jours devant le Saint Martin, et del repaire de Troieces III jours devant le vin-

---

1. Cf. Bourquelot, *Études sur les foires de Champagne*, 81-82.
2. Le dimanche.

time jour dou novel et ki ne paieroit chou que il doveroit a ces repaires a ces termines deseure dis u feroit creant a ses deteurs, on en poroit bien demander le loy de le vile puis que cils termines seroit passés. En l'an [M CC] XLVIII[isme] en may.

---

178. 1248-1253.

Concurrence faite aux foires par le commerce en boutiques.

L., Delisle, *Arrêts et enquêtes antérieurs aux Olim*, dans *Inventaire des actes du parlement*, 1, n° 234.

Inquesta facta de mandato domine Regine per dominum Petrum de Ernencuria et St[ephanum], decanum Sancti Aniani Aurelianensis super contencione mota inter abbatem et monachos Sancti Dyonisii, ex una parte, et draparios Parisienses, ex altera, utrum dicti draperii usitati sint vendere Parisius fenestris apertis tempore Edicti[1].

Philippus Boucelli, campsor, juratus, requisitus utrum alias viderit draperios Parisienses remanere de Edicto, quod qui volebat ire ibat et qui volebat remanere remanebat ? Dixit quod alias viderat quosdam ire et quosdam remanere sed non vidit alias quod omnes remanerent. Requisitus utrum illi qui remanebant venderent fenestris apertis ? Quod sic, sicut solent non sedente Edicto. Requisitus utrum aliquos alias viderit compelli per mandatum Regis ire ad Edictum ? Dixit quod non. Requisitus de quadam contencione que alias fuit inter monachos Sancti Dyonisii et draperios et alios ministeriales Parisienses, qui remanserunt in halis tempore Edicti ? Dixit quod vidit ipsos vendere in halis durante Edicto et contencione. Requisitus quomodo sopita fuit illa contencio ? Dixit quod pax facta fuit et carta, ut credit, sed non vidit eam cartam. Requisitus utrum post pacem iverunt ad illum Edictum ? Dixit quod non credit quod iverint nec per coactionem nec per convencionem.

---

1. Le Lendit foire de quinze jours qui se tenait au mois de juin dans la plaine de Saint-Denis.

Dominus Matheus, capellanus capelle domini Regis, in verbo sacerdotis, requisitus dixit quod non recolit aliquem vidisse remanere nec fenestras apertas tempore Edicti. De omnibus aliis, dixit idem quod precedens. Requisitus de tempore? Dixit a quindecim annis et citra. De contencione et pace nichil scit.

Petrus Marcelli, draperius, juratus, requisitus utrum alias viderit draperios Parisius remanere de Edicto? Dixit quod non, nisi illos qui vendunt caligas, sargias, burellos et aliam minutam draperiam. Requisitus utrum illi venderent apertis fenestris? Dixit quod sic. Dixit eciam quod quidam draperiorum tardius ibant ad Edictum et citius revertebantur quam alii. Requisitus [utrum] isti, antequam irent ad Edictum et quando reversi erant sedente Edicto, vendebant Parisius fenestris apertis? Dixit quod sic. Requisitus utrum alias viderit aliquos compelli per mandatum Regis ire ad Edictum? Dixit quod non. Requisitus de tempore? Idem quod Philippus Boucelli. Requisitus de querimonia? Dixit idem quod ille Philippus. Requisitus de alia contencione, pace, carta et de reversione? Dixit idem quod ille Philippus.

Johannes Mathei, campsor, juratus, requisitus utrum alias viderit draperios Parisienses remanere de Edicto; utrum venderent illi qui remanebant fenestris apertis; utrum aliquos viderit alias compelli per mandatum Regis? Dixit idem quod Philippus Boucelli. De tempore, dixit quod a viginti quinque annis et citra. De contencione et aliis questionibus dixit quod non est de tempore.

Andreas de Paciaco, pelliparius, juratus, requisitus utrum alias viderit draperios Parisienses remanere de Edicto, et de omnibus aliis questionibus, dixit idem quod primus, addens quod vidit transcriptum carte.

Petrus Mouton, campsor, juratus requisitus super predictis, dixit quod nichil super hiis sciebat.

Guillelmus Paon, draperius, juratus, requisitus utrum viderit draperios, etc. (*sic*), et de omnibus aliis questionibus suprascriptis, dixit idem quod primus.

Droco Fauque, draperius, juratus.....

Guillelmus de Anna, draperius, juratus .....

Johannes de Sancto Benedicto, mercator, juratus .....

Johannes de Bello-Monte, draperius, juratus .....

Alyaumus Maupas, cantor, juratus .....

Gervasius Rufus, draperius, juratus ....., de se ipso dixit quod aliquando remansit, et socius suus ibat ad Edictum, et aliquando socius suus remansit et ipse ivit .....

Harcherius Panetarius, draperius, juratus ..... de se ipso dicit quod ipse remansit aliquando per octo dies post alios et vendebat fenestris apertis, et de Petro Sarraceni et aliis pluribus loquitur similiter .....

Ewroinus de Valencennis, mercator, juratus ..... de Petro Sarraceno, et Gervasio Ruffo et aliis divitibus loquitur qui habebant magnam draperiam et habebant de roba sua et ad Edictum et ad Parisius, qui vendebant apertis fenestris, sicut recolit.

Galerannus presbiter, in verbo sacerdotis .....

Petrus de Sancto Gervasio, presbiter, in verbo sacerdotis .....

Petrus Maugrinus, presbiter, similiter requisitus .....

Johannes, presbiter, dictus Parvus, similiter requisitus .....

Johannes de Ytunvilla, clericus, juratus .....

Michael, magister balengarie, juratus .....

Robertus de Asneriis, taillator, juratus .....

Johannes, taillator, juratus. Non recolit aliquem [draperium] vidisse remanere, nisi fuerit in aliqua peregrinacione ; et tunc, sicut recolit, non vendebant gentes sue .....

Robertus, caligarius, juratus .....

Bertrandus de Vigneio, cordubennarius, juratus .....

Robertus, taillator, juratus .....

179.   1249, 13 septembre.

Coalition.

Lépinois et Merlet, *Cartulaire de Notre-Dame de Chartres*, II, p. 142, n° CCXCV.

LITTERA DE CARNIFICIBUS

In nomine Patris et Filii et Spiritus Sancti. Amen. Nos Robertus de Curtiniaco, decanus Carnotensis, per arbitrium sive per dictum nostrum arbitrando dicimus quod vos, Stephane magister carnificum, Johannes Pelliparie et Petre Martini, pro vobis, et alii carnifices Carnotensis civitatis, pro quibus compromisistis in nos *haut et bas*, sub pena sexaginta librarum Carnotensium, purgetis vos circa nobis in capitulo per sacramentum vestrum quod non fecistis sacramentum inter vos vel colligacionem, pactum vel convencionem seu communiam vel appositionem pene vel minarum, de carnibus vestris venalibus non vendendis ad credenciam capitulo Carnotensi, vel, si aliquid predictorum fecistis, revocetis et emendetis in manu nostra nec de cetero hoc servetis; emendam vero taxamus hoc modo in scriptis, videlicet quod vos carnifices, tres porcos, de precio triginta solidorum [1], quorum unus, presente mandato nostro, tradatur elemosynarie Carnotensi, alius leprosis banleuge, tertius Filiabus Dei de Carnoto, hac instanti die dominica. Actum anno Domini M° CC° XL nono, in capitulo Carnotensi, die Veneris ante Nativitatem Beate Marie Virginis.

---

180.   Vers 1250 [2].

Police établie par la comtesse de Flandre [3] dans les foires de Flandre.

Archives du Nord, B 1591. *Cartulaire de Namur*, pièce 19. Warnkönig, *Histoire de Flandre*, trad. Gheldolf, II, p. 184-185 et pièces just., n° xxx.

C'est li ordenance me dame le contesse d'endroit les

---

1. Il semble qu'il faille suppléer ici : *tradetis*.
2. Vidimus de Gui, comte de Flandre, fils de Marguerite, du 30 juin 1290.
3. Marguerite de Constantinople, comtesse de Flandre de 1244 à 1280.

fiestes de Flandres ki furent mises sour li par l'assent des eschevins de Flandres. Au commencement dist me dame que, wiit jourz devant feste falie et wiit jourz apres, on ne puist vendre nul drap entir en nulles des villes de Flandrez, se ce n'est en feste, sour paine de vint sols, cascun drap taint en laine et le bureel diis sols, de celui qui venderoit et de celui qui acateroit autant, se ce n'est de ceaux qui mainent en une ville, dont li uns puet vendre et aceter a l'autre le draperie de leur ville. Et puis que on commencera a loyer pour aler as festes en Flandrez, on doit clore toutes les hales de Flandrez, et tenir clozes de celui jour que on commence a loyer dusqu'a wiit jours apres feste fallie. Et s'est a entendre que estrange marcheant qui par mer vont ou viennent qui ne sunt arrestant en la terre ma dame pueent acater et vendre hors de feste la [ou] il leur plaira, mais on ne leur doit nulle hale ouvrir. Encore dist ma dame que vaire oevre, cuirs, cire et touz autrez avoirz de pois, fors laine, et tous autres avoirs qui coustumierement seulent venir a feste, que, wiit jours devant feste fallie et viit jours apres, on ne les puist vendre en nulle ville de Flandres, se ce n'est a fieste, fors cil qui sunt manant en une ville cil les pueent vendre li uns a l'autre et estrange marcheant qui par mer vont ou viennent et ne sunt arrestant en le terre, et cil qui feste ne voelent tenir. Et cil qui feste vodront tenir, il ne pueent vendre se en feste non, ainssi comme devisé est, sour paine de LX livrez. Et si dist madame d'androit les laines que on n'en puist nulle vendre en nul lieu en Flandres, s'en feste non, wiit jours devant feste fallie et XII jours apres, se ce ne sunt cil qui sunt manant en une ville, li uns al autre pour lor ouvrage faire. Et qui contre ce iroit, il seroit en fourfait envers madame de cent sols pour cascun sac. Encore dist madame que quiconque acate avoir dedens feste, quels avoirs que ce soit, il ne le puet mener fors de le ville de ci atant qu'il aura fait gré a celui a cui il aura acheté; et, se il s'en aloit et menast l'avoir sans gré [faire], il est tenus pour fuitiu, et, en quel lieu que on le treuve en Flandres, on le peut arrester et faire

tenir, et li marchans a qui on devera le debte doit faire se
debte cognoistre par les eschevins de la feste la [ou] li avoirs
sera vendus, et ce que cil eschevin en cognoistront et tesmon-
gneront doit estre tenu, ne ne se puet cil aidier de le loy de
le ville ou il sera arrestés ne d'autre par quoy li cognissance
des eschevins de le feste ne soit tenue, et le doit me dame
punir comme suitiu. Encore dist madame que on ne puist
vendre en nulle ville de Flandrez la où feste est, tant que
feste et paiemens dure, le lot de vin que IIII den., outre le
commun fuer assis es villes de Flandres hors de feste sour
paine de C sols le tonnel d'Aucerre et de France et de tel muison et de diis livres de Rinoys. Encore dist madame que d'endroit les hostex dont cil qui venroit as festes auront mestier,
on les doit faire rewarder par V prudomme dont cil de Bruges
mettront un, cil de Gand un, cil d'Ypre un, chil de Lille un,
cil de Douay un et par tel pris que cil V y asserront ou li
plus grant partie des V en aura les hostex. Et qui encontre
ce seroit, il seroit a X livres. Et pour ce ne demorroit mie
que on lor livrast l'ostel. Encore dist madame que, se en ces
choses deseure escriptes a aucune chose a esclairer ne a
amender, elle en retient le pooir de l'amender par le conseil
des bonnes villes de Flandres, et vielt madame que ces bans
et ceste ordenance commencent a entrer a Messines.

---

181. 1253-1255.

*Devoirs des consuls et des directeurs des fondiques dans les
Échelles du Levant, table de mer*[1]*, preuves en matière de
commandite, gages spécialement affectés dans la cargaison à la garantie du commanditaire, commandes, nolissements, écrivains de navires, jet maritime.*

Extrait d'un statut de Marseille de 1253 à 1255. Livre I, chap. xvii.
Pardessus, *Collection de lois maritimes*, IV, p. 256.

DE CONSULIBUS EXTRA MASSILIAN CONSTITUENDIS.

Constituimus ut amodo, quandocunque aliqui consules

---

1. Registre des entrées et sorties des navires.

fient vel constituentur in viagiis Surie aut Alexandrie vel Cepte vel Bozie [1], vel alicubi alibi extra Massiliam, quod illi eligantur a rectore communis Massilie et creentur et constituantur similiter semper tales quod illi consules sint de melioribus facundia et discretione et probitate et honestate, ad honorem et utilitatem communis Massilie ex illis qui tunc temporis ad dictas partes transfretarent, et quod illi fiant et constituantur cum fient a rectore Massilie qui pro tempore fuerit, cum consilio et assensu syndicorum et clavariorum communis Massilie vel majoris partis eorum; et eodem modo dentur et constituantur eis consiliarii. Et dicti consules omnes, qui ad partes predictas ire debebunt vel sunt ituri, jurent ad sancta Dei Evangelia quod nullatenus meretrices mittant vel mitti paciantur ab aliquo in fundico illius terre cui preerunt, stagiam ibi a dictis meretricibus faciendo. Et quod vinum aliquorum non Massiliencium non facient nec permittent vendi vel mitti in dictis fundicis, quandiu erit ibi vinum Massiliencium ad vendendum, et quod non conducent vel conduci permittent aut alias qualitercunque haberi sustinebunt botigas aliquas extraneis, scilicet non Massiliencibus aliquibus, sine voluntate expressa et licentia habita dicti fundegarii fundici supradicti. Et quod dicto fundegario non impedient vel imbrigabunt vel fieri facient al·quid vel aliqua que contraria sint hiis que dicto fundegario a rectore Massilie sunt vel erunt concessa vel conventa. Et similiter quod non compellent dictum fondegarium a se vel aliis quibuscumque emere vinum aut res alias aliquas majori precio quam valerent in ea terra vinum aut res ille aut res similes.

Item et quod bannum alicui non imponent nec aliquem condempnabunt illi consules sine consilio et assensu consiliariorum [2].

Si vero imposuerint bannum vel penam, vel condempnaverint aliquem cum consilio consiliariorum [3] suorum vel majo-

---

1. Pour *Bogie* : Bougie.
2. Éd. ; *conciliatorium*.
3. *Id.*

ris partis eorum, statuimus quod ratum habeatur et firmum, eo salvo quod rector qui pro tempore fuerit in Massilia, infra mensem unum post adventum illius vel illorum cui vel quibus bannum aliquod vel pena aliqua imposita esset vel fuerit, vel condempnatus fuerit, ut supra dicitur, si consul presens fuerit, et ille cui bannum impositum est vel condempnatus est, conquestus fuerit, inde possit de dicto banno vel condempnatione cognoscere et dictum bannum vel condempnationem revocare, si rectori videbitur inique fuisse processum.

Consul vero, ex quo bannum imposuerit, nichil penitus relaxare vel immutare presumat sine consensu consiliariorum suorum vel majoris partis eorum; latam vero sentenciam nullatenus valeat revocare. Et si forte contigerit quod alicubi sint X vel XV homines de Massilia vel plures ubi non sint consul vel consules statuti, ut supra dicitur, tunc auctoritate hujus capituli, liceat eis et possint concorditer, omnes vel major pars eorum aut illi qui ab eis vel majori parte eorum ad eligendos consules vel consulem electi fuerint, per se consules Massilie eligere, qui super eis et aliis Massiliencibus ibi advenientibus habeant eandem potestatem quam haberent alii consules, ut supra dicitur, a rectore Massilie constituti, donec alii consules in Massilia constituti, secundum quod predictum est, ibi venerint et non ultra.

Verum si ipse qui electus fuerit consul a majori parte hominum Massilie recusaret vel nollet recipere consulatum, puniatur in X libris regalium coronatorum nisi justo impedimento recusaretur. Verumtamen propedicti consules, qui in eo officio eligentur, ut dictum est, extra Massiliam a Massiliencibus eligantur meliores facundia et discretione et honestate et dilectione et probitate erga commune Massilie de illis qui ibi de Massilia invenirentur. Et illi qui sic electi erunt jurent coram aliis tunc ibi presentibus quod bona fide et sine dolo et fraude, remotis inde odio et amore et timore, præce et pretio, predictum regant et teneant consulatum, omnibus coram eis conquerentibus, pro posse suo, justiciam exibentes.

Si qui autem consulum supradictorum omnium aut aliquis ex eis, quod absit, contra hoc vel aliquid horum, temerario ausu, fecerint vel venire presumpserint, fidem suam circa haec quam promiserint, negligentes, puniantur inde singuli horum deliquent[i]um a rectore Massilie in XXV libris regalium coronatorum.

Statuentes similiter observandum inviolabiliter amodo quod nemo Massiliencium vel alius, undecunque sit vel fuerit, qui majori libertate vel franquisia gaudeat vel utatur in Suria vel alicubi alibi quam ceteri homines de Massilia communiter, nullatenus possit vel debeat nunquam fieri vel constitui consul in Syria vel alibi ubi predicta libertate uteretur, si tamen alius vel alii boni vel ydonei illuc euntes tunc invenientur vel ibi essent vel qui videantur tolerandi ad peragendum officium dicti consulatus. Sed nec magister qui vulgariter naucherius appellatur, vel aliquis dominus vel domini major vel majores alicujus navis possint esse consul vel consules extra civitatem Massilie in illo viagio quo ibit, nec possit vel debeat unquam fieri nec constitui in Suria, si tamen alii invenientur in dicto officio tolerandi.

Similiter statuimus ne aliquis fundegarius vel nabetinus vel qui suum vinum vendit vel vendi faciat ad minutum, nec aliquis qui, preter mercadariam, ministerium suum vel corratariam exerceat in terra illa, possit fieri vel constitui illic consul. Sed et illud adjungimus quod qui consules sunt uno anno, in alio non sint consules nisi in illo casu in quo alius non inveniretur sufficiens.

Adjicientes preterea observandum quod, si aliquis fundegarius vel nabetinus vel aliqui quandocunque facient contra sacramentum quod fecerint vel facient rectori Massilie in redempcione dicti fundici, perdant incontinenti omne jus quod tunc habent in dicto fundico, et ab inde non sint fundegarii fundici supradicti.

Livre I, chap. xviii (Pardessus, p. 259).

DE CONSULIBUS EXTRA MASSILIAM CONSTITUENDIS.

Ordinamus presenti capitulo ut consules extra Massiliam

constituti secundum formam capituli quod est supra de consulibus hujusmodi constituendis, in causis audiendis et examinandis hanc habeant diligenciam, ut secum assumant et habeant in earum examinatione et decisione duos de consiliariis suis melioribus et discretioribus, vel unum ad minus, cum quorum consilio peragant universa, sed et quemdam notarium publicum secum habeant ad acta omnia conscribenda et precipue notarium Massilie, si eum habere poterunt.

Si vero nullum habere poterunt, habeant secum scriptorem navis qui speciale subeat sacramentum de hiis que audiet cum fide et diligencia conscribendis; et habebunt consules cartularium in quo acta universa, scilicet peticiones, posiciones, reposiciones et testium et instrumentorum productiones, sentencie et mandamenta scribantur et alia omnia que pertinebunt ad causam; sic tamen ut nullum mandamentum proferant inter nolentes, sed inter eos duntaxat qui gratis eorum se subjecerint mandamento; inter alios vero jus dicant secundum quod eis videbitur cum suo consilio faciendum.

Sane que acta fuerint coram hujusmodi consulibus rata perpetuo esse volumus ac in curia Massilie facta essent; salvo tamen adhuc beneficio mensis de quo fit mencio in proxime precedenti statuto.

Verum ne occasione justicie litigantes a consulibus pergraventur, statuimus quod de omni questione que coram eis ventilabitur, si sit X bisanciorum vel supra, nomine justicie, ab eo qui succubuerit decimam partem tantum accipiant; si vero infra X bisancios fuerit, tertiam habeant, justicie nomine, ab eo qui succumbet et hujus justicie medietas sit consulum et altera sit communis Massilie, nec liceat eis aliquid inde remittere. Et post redditum suum infra dies octo restituere teneantur communi Massilie medietatem ad dictam communem pertinentem et cartularium de actis causarum confectum ut dictum cartularium cum aliis actis curie servetur.

Livre I, chap. xlii (Pardessus, p. 261).

DE TABULA MARIS.

Ordinamus perpetuo inviolabiliter observandum quod tabula maris teneatur in domo clavarie communis Massilie et illam expediant clavarii, prout exigit eorum officium, et quod sit ibi scriptor bonus, diligens et fidelis, qui omnia scribat fideliter et sit in clavaria quotidie, ne mercatores, cum se expedire voluerint, retardentur et predicta expedicio fiat in dicta clavaria.

Addentes etiam huic capitulo quod nullus expediatur nec juret super expedicione mercium seu quilibet rerum alibi quam in clavaria et nisi unus clavarius sit ibi presens ad minus et scriptor clavarie, et quod in presencia mercatoris qui solverit, denarii reponantur in archa vel archis dicte clavarie.

Item statuimus quod omnes intrate et obventiones et redditus et aventure seu procassia civitatis et communis Massilie que erunt in denariis, incontinenti cum habite fuerint et percepte, reponantur in archa clavarie predicte per clavarios vel per aliquem ex eis.

Livre II, chap. xvi (Pardessus, p. 263).

DE FIDE INSTRUMENTORUM.

Verum quod societates et commande pluribus subjacent periculis, in eis specialiter duximus statuendum quod, quamvis producatur contra reum publicum instrumentum, liceat nichilominus reo, premissis non obstantibus, opponere et probare, non solum infra tres menses sed etiam infra legitima tempora, excepciones istas scilicet de amissione vel de oblatione commande vel societatis vel de fractura navis vel navium in quibus portabantur; et hoc intelligimus de commandis que per mare portantur vel per terram extra civitatem Massilie et idem dicimus de vendicionibus vini quod portatur ad fortunam Dei et usum maris.

Livre III, chap. v (Pardessus, p. 265).

DE PIGNORE DATO IN NAVIBUS PRO ALIQUA PECUNIA.

Constituimus quod, si quis alicui aliquod mutuum fecit vel faciet portandum in aliquod viagium ad fortunam vel resigum [1] ipsius mutuantis, pro quo mutuo specialiter pignus a debitore sibi traditum est vel erit, quo pignus suo signo signaverit vel signabit aut non, si forte pignus illud fortuito casu aut sine culpa debitoris in eo viagio amissum fuerit et navis in qua illud pignus est vel erit honeratum vel major pars rerum in eo viagio honeratarum salve ibunt ad locum ubi ex proposito ibant vel alibi ubi portum faciet dicta navis causa exhonerandi, tunc predictus debitor nichilominus de predicto mutuo vel de eo quod inde convenit dicto creditori vel alii, pro eo teneatur; et hoc quando convenit vel conveniet inter eos contrahentes, debitorem inde teneri salva eunte nave vel majori parte rerum in ea honeratarum. Alioquin, si hoc non convenerit vel conveniet inter eos, sed actum aut dictum fuerit ab eis quod dictum pignus eat in viagio ad fortunam creditoris, tunc, amisso pignore, ut dictum est, debitor ille nullatenus tunc de illo debito teneatur.

Si vero creditor ille nullum pignus, aut si etiam generale pignus scilicet aliquarum rerum in nave aliqua honeratarum, vel simile, pro dicto mutuo recipit vel recipiet, et navis vel lignum illud in quo honeratum fuerit vel esset illud pignus generale vel alie res dicti debitoris vel major pars rerum ibi honeratarum in eo viagio casu fortuito perierunt vel peribunt, tunc dictus debitor minime teneatur dicto creditori de dicto debito nisi pro ea parte duntaxat pro qua salvaret dictus debitor res quas in dicta nave vel ligno habet et haberet, vel que ad eum ibi pertinerent; tunc pro ea parte rerum, quocunque modo, a dicto debitore inde salvatarum illi creditori pro dicto mutuo teneatur.

Si autem navis vel lignum in predicto casu aut major

---

1. Aux risques.

pars rerum ibi honeratarum salve erunt, similiter dictum debitum totum tunc salvum sit predicto creditori.

Et similiter, si quando pignus speciale salvatum esset, tunc, amissa etiam nave illa, vel majori parte rerum in ea nave honeratarum, dictus debitor creditori predicto de suo dicto debito satisfacere de eo pignore speciali teneatur et non aliunde, nisi forte inter eos tunc vel antea expresse aliter conveniret.

Livre III, chap. xix (Pardessus, p. 265).

DE SOCIETATIBUS ET COMMANDIS.

Constituimus ut, si quis alicui pecuniam aut rem aliquam in societate vel commanda ad certum viagium cum ea faciendum ad aliquem locum nominatum dedit vel concessit aut dabit vel concedet, et ille qui taliter recepit sine licencia vel consensu dicti socii vel commendatoris vel heredum ejus, antequam ad dictum locum veniat vel postmodum, alii tradiderit rem illam vel commandam seu illud quod ex ea emptum vel acquisitum fuerit, vel dimiserit eam, volens ire alicubi, tunc ad predictum qui ea recepit ut dictum est, periculum illarum rerum spectet, et secundum quod aliquis hominum ejusdem navis in qua recepit ibat aut ire convenit vel debuit, de similibus mercibus [quæ?] ad magis habuerit vel habebit, illi qui eam commandam aut predictam rem tradidit vel ejus heredibus proinde dare teneatur.

Livre III, chap. xx (Pardessus, p. 266).

DE EODEM.

Statuimus ut si quis alicui societatem aut commandam fecerit vel faciet eique potestatem dederit vel dabit ut cum ipsa societate vel commanda in quodcunque viagium ei placebit vadat, vel locum ad quem dictam societatem vel commandam portare debeat non nominavit tempore dicte societatis vel commande ei facte vel tradite seu carte inde facte, quacunque viagia facere volet sine dolo et fraude possit et liceat facere inde. Si vero socius vel commendator postea mandaret ei per litteras sigillo capituli vel curie Massilie munitas, ut cum dicta societate vel commanda, completo primo viagio, revertatur, teneatur ille hoc facere, nisi aliud viagium tunc jam inceperit, ex quo dampnum incurreret si illud non compleret; in quo casu liceat ei, non obstante dicta denuntiacione, ipsum viagium jam inceptum ab eo complere, quo completo redire Massiliam teneatur vel dictam societatem vel commandam, scilicet partem capitalis et tocius lucri, dicto socio vel commendatori contingentem bona fide per aliquem fidelem nuncium et ydoneum, testibus convocatis, ipsi socio vel commandatori remittere; et hec faciat nisi justo impedimento remaneret.

Si autem locus quo eam societatem vel commandam portare debeat socius aut qui commandam recepit nominatus fuerit, tunc completo viagio nominati loci, inde redire Massiliam vel remittere teneatur socio vel commendatori partem capitalis et lucri tocius ei contingentem, ut supra dictum est.

Qui vero societatem aut commandam accepit [et] contra hoc fecerit, id totum quod de societate vel commanda aut ea occasione habebit, quando recepit litteras seu mandamentum predicto modo, sit socio vel commandatori salvum; et insuper partem tocius lucri quod haberet ex dicta societate vel commanda, cum redibit aut societatem vel commandam remittet, inde tribuat; in quibus casibus non minus cupitale[1] habere creditur nisi minus tunc temporis, quando recepit litteras vel commendamentum, ut supra dictum est, se habere probaret.

Livre III, chap. xxi (Pardessus, p. 267).

DE EODEM.

Si quis alicui societatem vel commandam fecit seu dedit, vel faciet aut dabit, et ille qui societatem vel commandam illam recepit, de aliquo viagio redierit, rebus aliquibus, sed non societatis vel commande, in eo viagio unde tunc redie-

---

1. Éd. : *capitali*.

rit relictis vel alibi per aliquem alium transmissis, unde discordia inter eos socios vel commendatores oriretur, ille qui societatem vel commandam illam accepit vel recipiet, illum cujus res dicte relicte vel transmisse essent et qualiter eas ab eo receperit per officium judicis nominare et dicere compellatur, et sub sacramento veritatis, si socio vel commendatori predicto placebit; et si socius vel commendator predictus qui societatem illam vel commandam fecit vel faciet, aliter esse, duobus vel tribus testibus ydoneis, probaret, quam predictus juraverit, tunc predictarum rerum, ut dictum est, relictarum vel alibi transmissarum partem ipsi probanti contingentem ab eo qui easdem reliquit vel transmisit in dupplum exigere possit.

Livre III, chap. xxii (Pardessus, p. 267).

DE EODEM.

Constituimus ut, si quis, societatem vel commandam ab aliquo habens, de viagio aliquo redierit et illum a quo dictam societatem vel commandam habuerit vel habebit vel ejus heredes non inveniet, sine ejus licencia vel eorum, partem ejus vel illorum non inventorum secum portare vel mittere alibi non possit dictus socius vel commendatarius; quod si fecerit et periculum aliquod inde evenerit, partem dicte commande vel societatis et non periculi socio vel commendatori competentem resarcire proinde teneatur; et si tunc inde lucratus fuerit, tres partes illius lucri eidem tribuat; si vero per alium ibi miserit res dicte societatis vel commande, tunc partem inde competentem eidem socio suo vel commendatori cum tribus partibus proficui, si quod inde haberet, sine mora eidem reddere teneatur.

Livre III, chap. xxiii (Pardessus, p. 268).

DE EODEM.

Generaliter decernimus ut quilibet socius vel commendarius qui ab alio res aliquas, nomine societatis vel commande, portaverit vel portabit in aliquod viagium, cum inde redierit, dictam societatem vel commandam sive implicitas inde habitas vel redactas, in potestate capitanei sui illius scilicet qui res in societate vel commanda eidem tradidit, si ipse capitaneus vel ejus successor hoc volet vel postulabit ab eo fieri, ponat et assignet sine mora; si autem ille qui dictum societatem vel commandam detulit alias res separatas ab ipsa societate vel commanda haberet, dicto socio vel commendatori eas consignare non cogatur nec tradere.

Livre III, chap. xxiv (Pardessus, p. 268).

DE BODEN.

Ordinamus hoc presenti capitulo ut, si quis faciet alicui seu aliquibus aut dabit vel tradet commandam vel societatem aliquam deferendam vel portandam in nave vel ligno aliquo, si ille qui dictam commandam vel societatem recepit ibit in dicta nave vel ligno de quo inter eos contrahentes fuerit facta mencio et navis vel lignum dictum rupta vel fracta aut fractum vel captum erit in dicto viagio, abinde dictus commendatarius vel socius qui in nave vel in ligno dicto ibat occasione commende vel societatis dicte vel ejus heredes minime valeant conveniri a predicto qui predictam societatem vel commandam ei fecit vel tradidit vel ab illius heredibus vel successoribus, ea ratione quia ipsi dicant vel negent dictum commendatarium vel socium qui in nave vel ligno predicto [ibat] in dicto viagio vel aliquid inde honerasse vel portasse, et hoc taliter valeant ut dictum est si [1] forte predictus commendator vel socius qui dictam societatem vel commandam inde portandam fecit vel tradidit aut dedit, probaret illiusve heredes vel successores, predictum cui dicta commanda vel societas fuit facta vel tradita portanda in dicto viagio, eam in terra reliquisse vel non portasse in nave vel ligno supradicto, aut nisi in dicta captione vel ruptione sive fractione dicta commanda vel societas aut res eorum salve facte fuerint vel ibi non amisse.

---

1. Éd. : *nisi*.

Livre III, chap. xxv (Pardessus, p. 268).

QUALITER SOCIETATES ET COMMANDE REPETI POSSUNT.

Ordinamus presenti capitulo quod, si quis commandam portandam alicubi extra Massiliam per mare vel per terram fecit retrorsum vel faciet amodo, seu societatem aliquam rerum mobilium aut se movencium seu mercium vel pecunie numerate, que commanda vel societas tamen data vel tradita fuerit vel erit ad periculum ejus portanda vel ducenda vel mittenda qui dedit vel tradidit seu dabit vel ad ejus resigum, de qua commanda vel societate facta erit carta publica aut non, quod de ea commanda vel societate dicta, que retrorsum facta est vel fiet deinceps, possit qui eam fecit vel tradidit aut ejus heredes vel successores juris aut rei et liceat eis proinde petere et agere quidquid eorum occasione ad eos pertinet aut pertinere posset sive competeret adversus dictum qui dictam societatem vel commandam receperit illiusve heredes aut successores infra quatuor annos tamen, computandos a tempore quo dictam commandam vel societatem poterit petere seu proinde agere cum effectu adversus dictum commendarium vel socium aut eorum heredes vel successores vel ab eis inventis in Massilia vel alibi congruo loco et tempore.

Et si de ultra dictos quatuor annos predictos quis petere vel proinde agere distulerit, abinde non audiatur proinde volens petere vel exigere aliquid predictorum occasione; et si quod instrumentum publicum de predicta commanda vel societate, tempore dationis vel traditionis illius, factum fuerit vel inventum, illud, elapsis dictis quatuor annis, inefficax et inutile sit et habeatur omnique robore destitutum. Hec omnia decernimus amodo observanda in predictis commandis et societatibus, nisi forte actor possit allegare adversus predicta, quod ille quem, occasione dicte societatis vel commande, convenire volet vel jam convenerit, attinet sibi usque ad tercium agnitionis vel cognicionis vel affinitatis gradum, quare tantum distulit petere eidem gratiam faciendo; vel nisi possit allegare idem actor inopiam debitoris, quare cum effectu dictam societatem vel commandam petere non poterat vel absenciam vel minorem ætatem vel justam ignoranciam, dicens se ignorasse illud debitum occasione dicte commande vel societatis seu ea que proinde possint petere sibi deberi infra tempus predictum; aut nisi ille actor furiosus sit aut mente captus vel talis cui bonis fuerit interdictum aut in alterius potestate constitutus, in quibus casibus proxime dictis incusandi non sunt si proinde non egerunt, quod, etiam si vellent facere, adimplere, lege sibi opitulante, non valebant : et quod dictum est de petendo vel agendo, occasione predictorum, infra dictum quadriennium, locum habeat taliter quod omnis causa vel lis que proinde, ut dictum est, fiet vel movebitur omnino infra dictum quadriennium terminetur nisi per curiam staret vel arbitros aut compromissarios, vel judices delegatos coram quibus predicta questio verteretur vel nisi minor etas unius litigantium illud fieri impediret aut nisi forsitan ex quo, occasione predictorum, fieri potuit exactio vel peticio cum effectu, aliquod lucrum vel pars debiti proinde data fuit vel conventio aut remotio vel instrumentum de predictis vel eorum occasione denuo erit facta; ubi vero innovatio vel nova recognicio coram testibus ydoneis vel cum publico instrumento facta inde fuerit, interruptum intelligatur quadriennium quod currebat et a die illius innovationis novum quadriennium computetur.

Livre IV, chap. vii (Pardessus, p. 270).

DE NAVIBUS CONDUCTIS AD NAULUM.

Statuimus ut ille qui navem vel aliud quodcunque lignum ad naulum conduxit vel conducet, ad aliquem locum certum ducendam vel ducendum vel mittendum aut mittendam, si ultra locum nominatum eam vel illud duxerit vel ducet aut miserit vel mittet, nisi justo et manifesto impedimento hoc fecerit vel faciet, si navi illi vel ligno periculum vel dampnum contigerit, tunc navem illam vel lignum emendare et naulum solvere teneatur et compellatur. Quod si salva navis vel lignum inde rediret, tunc naulum totum conventum et insuper estimatione facta per miliaria de eo quod ultra certum locum duxerit, naulum inde tribuat. Si vero infra nominatum locum ubi portus sit vel non sit, ierit vel ibit vel navem vel lignum miserit, ut supra dictum est, tunc naulum totum quod convenit solvat.

Sed et de periculo vel dampno, si quod navi vel ligno sine culpa inde contigerit, non teneatur; et hoc intelligimus et dicimus de nave vel ligno ad scarum [1] conducta vel conducto.

Livre IV, chap. vIII (Pardessus, p. 270).

DE EODEM.

Si quis navem alicui vel aliquibus ad aliquem locum nominatum ducendam locaverit vel locabit et certo termino, et navem ipsam locator dictus, prout convenit, statuto termino illuc duxerit vel miserit, si ille qui navem conduxit eam caricabit vel non caricabit, inde naulum conventum dare teneatur. Quod si naulum non dederit, si dominus navis vel ille qui navem duceret vel mitteret de naulo illo minus haberet, qui navem conduxit illud restaurare teneatur locatori predicto. Sed si ad terminum quem convenerit navem non duceret vel non mitteret et huc justo impedimento remaneret, si postea convenienti tempore illuc sine fraude navem duceret vel mitteret, conductor, sive eam caricaverit, sive non, tunc naulum dare inde locatori teneatur vel quantum minus de naulo illo ille qui locavit haberet vel in eo loco ab aliis habere potuit, quod si justo impedimento illuc non staret et navem dicto termino quo debebat non duceret vel non mitteret, tunc totum dampnum quod conductor inde haberet locator navis eidem conductori restituere compellatur.

---

1. Jal (*Gloss. naut.*, v° *Scar* 1) explique ce mot par quai et cite en exemple ce passage. Cf. Du Cange, v° *Scar*. L'acception de forfait, avec laquelle il se présente déjà dans le n° 169 et que Jal a relevée aussi n° 2, nous paraît convenir bien mieux.

Livre IV, chap. ix (Pardessus, p. 270).

DE EODEM.

Si qui navem alicui in aliquod viagium ducendam locaverit vel locabit et pro naulo inde sibi convento pignus vel arras[1] ab eo qui conduxit vel conducet acceperit vel accipiet, et ille qui conduxit pignus vel arras proinde dabit vel dedit et illuc ire, prout convenit, nollet, nisi justo et manifesto impedimento remaneret, pignus vel arras illas amittat et insuper restituat ei qui pignus vel arras accepit vel accipiet totum dampnum sive interesse quod inde haberet, pignoribus tamen vel arris computatis in dampno illo vel interesse : si vero justo impedimento remaneret vel impediretur dictus conductor, in nichilum teneatur; converso autem teneatur similiter qui navem locavit et pignus vel arras dictas accepit vel accipiet dicto conductori : justum siquidem impedimentum intelligimus infirm[it]atis aut captionis aut detemptionis a domino vel a judice facte sine culpa sua et hiis similia.

Livre IV, chap. x (Pardessus, p. 271).

DE EODEM.

Si quis navem vel aliud quodcunque lignum alii locaverit vel locabit et eam vel illud postea nolit vel nollet concedere vel dare, nisi ille qui conduxit precium nauli eidem locatori accresceret[2], statuimus ut quidquid proinde qui locavit ab eodem conductore vel alio pro eo acceperit vel recipiet eidem conductori sine mora reddere teneatur similiter; hec eadem decernanda decernimus inter eos et ab eis qui avera aliqua portanda per terram alicubi conduxerint aut conducent vel dederint aut susceperint ad vecturam.

Statuentes quod in casibus omnibus supradictis, qui plus hac occasione a conductore extorserit, non solum illud conductori restituat sed et tantumdem, pene nomine, solvat; cujus medietas sit curie et altera conductoris; et hoc per officium precipimus expediri.

---

1. Des arrhes.
2. Que moyennant une augmentation du nolis.

Livre IV, chap. xxvi (Pardessus, p. 278).

DE SCRIPTORIBUS NAVIUM ET ALIORUM LIGNORUM.

Statuimus quod omnes scriptores navium qui tamen ibunt in nave aliqua in viagiis aliquibus teneantur et jurent speciali sacramento se scribere et scribent omnia avera mercatorum in suis cartulariis, et similiter nomina eorum mercatorum et cognomina et prenomina qui fecerint honerari et honeraverint avera illa in navibus, et quod signa que illi mercatores faciunt vel facient in averis suis, dicti scriptores faciant similiter in suis cartulariis dictis, scilicet cujusque mercatoris dictorum vehentium merces vel avera in eis navibus; et hoc faciant dicti scriptores de omnibus mercibus vel averis honeratis in navibus illis quarum ipsi, ut dictum est, scriptores sunt vel erunt.

Statuentes similiter quod dicti scriptores de predictis omnibus a se scriptis teneantur facere et faciant absque mora copiam mercatoribus dictis et aliis universis quorum intererit ex juxta causa predicta scripta sibi exhiberi vel edi, vel aliqua eorum que omnia prope dicta vel eorum exemplum legitime inde factum dentur vel exhibeantur et edantur a dictis scriptoribus bona fide.

Addentes his similiter quod dicti scriptores nullatenus tradant vel reddant alicui dicta cartularia quin semper ea vel consimilia penes se habeant et retineant que possent ostendere curie Massilie, si necesse erit vel peteretur ab eis; quod si non fecerint, puniantur inde in rebus et personis arbitrio rectoris vel consulum Massilie aut dicte curie; et jurent in curia Massilie omnes scriptores predicta fideliter adimplere et ultimas volontates decedentium in navibus ad quas scribendas vocati fuerint fideliter scribere et nihil addere vel minuere nisi de voluntate testatoris, et credatur scriptis cartulariorum navis, preterquam in ultimis voluntatibus in quibus, cum cartulario navis, duo testes nichilominus exigentur, qui jurati deponant sic esse ut in navis cartulario continetur.

Item ordinamus et statuimus quod scriptores navium que

peregrinos portabunt teneantur speciali sacramento et sub pena L sol. scribere in duobus cartulariis omnia nomina peregrinorum et cognomina si qua habent, quanto clarius et discretius poterunt et sine abreviaturis, et caveant quod tot sint linee in uno cartulario quot in alio et non plures; et in eisdem cartulariis scribatur ad quorum viandam erunt peregrini predicti et numerus equorum similiter, si cum peregrinis equos navis portaverit; et cum compleverint numerum unum ex illis cartulariis dimittant in curie potestate.

Item singulis peregrinis separatim cartam suam tradant, in qua contineatur platea [1] cum nomine et cognomine peregrini nec quicquam pro carta illa recipiat, prout in statuto veteri continetur nec aliquem praeter se in dictis cartulariis aliquid scribere patiatur; et quod in omnibus fidem geret integram peregrinis; et, si quid in fraudem eorum per alios fieri viderit vel perpenderet, vicario vel judici palacii quam cito poterit indicabit.

Item ordinamus et statuimus quod scriptores navium et marinarii ad suam viandam nullum habeant peregrinum ultra sex et, si quis contra fecerit, in C solidis pro peregrinis singulis puniatur.

Addimus similiter huic capitulo quod dominus sive domini navis teneantur per sacramentum habere et tenere quendam bonum et ydoneum scriptorem ad portum navis tempore quo onerabitur dicta navis, qui scriptor juret et teneatur sacramento fideliter scribere in suo cartulario omnia avera que in dicta nave mittentur vel honerabuntur et nomina et cognomina illorum quorum erunt dicta avera, ut supra proxime dictum est, et denuntiare scriptori tabule dicte navis ipsa die qua dicta avera fuerint honerata, que dies in qua honerabuntur dicta avera scribatur ab ipsis scriptoribus in cartulariis suis, et, postquam dicta avera recipientur taliter scripta in dictis cartulariis, ut supra dictum est, si postmodum dicta avera amissa vel subrepta fuerint in dicta nave,

---

1. La place assignée à chaque pèlerin.

dominus seu domini dicti navis seu ille vel illi qui habebunt curam dicte navis restituere per officium compellantur predicta avera vel eorum extimationem sine mora illi vel illis quorum fuerint illa predicta avera, in eo loco ubi predicta navis portum fecerit causa discargandi.

Preterea cum sciamus olim fuisse statutum id quod nobis videtur utile et hic repetimus renovando, videlicet ut domini seu ductores lignorum cohopertorum Massilie in omnibus viagiis in quibus ibunt cum lignis suis vel alienis cohopertis quorum regimen ad ipsos pertineat, habeant scriptorem in quolibet ligno bonum et legalem qui fideliter scribat in cartulario suo omnes res et merces que honerabuntur in ipsis lignis seu avera et signa ipsorum averorum et nomina et cognomina ipsorum mercatorum quorum erunt res seu avera que in dictis lignis honerabuntur; et predicti scriptores jurent omnia fideliter scribere et facere bona fide.

Livre IV, chap. xxx (Pardessus, p. 282).

DE JACTU MERCIUM IN MARI.

Si, superveniente aliquo periculo maris vel ventorum vel timore cursariorum aut aliis justis modis, contingeret jactus mercium que in nave vel ligno aliquo erunt misse fieri, si jactus ille communi concordia mercatorum factus fuerit, vel majoris vel sanioris partis eorum qui in ea nave vel ligno tunc essent, sive justo vel legitimo modo, causa justi periculi imminentis evitandi et navis illius vel ligni merciumque in ea honeratarum servandarum vel conservandi, tunc dampnum illius jactus et pejoratio mercium propter jactum illum facta super totum avere quod in nave dicta vel ligno tempore illius jactus remanserit, nave etiam vel ligno ita salvatis ibi computatis, per solidum et libram adequentur, vel contributio inde fiat, in qua contributione avere dictum quod jactum est et merces inde pejorate computentur secundum quod similes merces illis valebunt in illa terra in qua navis dicta vel illud lignum eas res salvatas discaricabit portum faciendo.

182. Vers 1255 (?)

Service de police fait par les corporations.

Livre rouge de l'échevinage de Reims. Varin, *Archives administratives de la ville de Reims*, I, 2ᵉ partie, 769.

Ce sont li mestiers de Reins liquel doyent warder les portes, ainsi comme il s'ensuit, as couronnemens des rois, quant il est mestiers.

Li cordonniers, bazeniers et vachiers à la porte a Veelle.

Item li sargiés et li telliers a la porte Nueve.

Item li barbiers, li ferrons et li fevres a la porte Valoise.

Item li cherpentiers a la porte Renier Buyron.

Item li boulengiers et li wasteliers a la porte de Porte-Mars.

Item li bouchiers et li pissonniers [a] la porte Chacre.

Item li frepiers [a] la porte S. Pierre.

Item li couvreux pour le feu qu'il y voisent au besoing.

Item li megissiers wardent leur rue.

---

183. 1256, août.

Police et juridiction de la boulangerie à Rouen.

Layettes du trésor des chartes, p. p. le marquis de Laborde, n° 4283.

Ludovicus, Dei gratia Francorum rex. Noverint universi, tam presentes quam futuri, quod, cum contentio esset inter majorem et cives Rothomagenses, ex una parte, et Laurentium dictum Cambellanum, panetarium nostrum de Rothomago, ex altera, super justitia, custodia, forefactura, ponderibus panis, et emendis bolengariorum et aliorum vendentium panem in civitate Rothomagensi et infra banleucam civitatis ejusdem et aliis ad predicta pertinentibus, que omnia dictus Laurentius dicebat se debere habere in dicta civitate et banleuca ejusdem, quod predicti major et cives eidem denegabant, tandem idem Laurentius, in nostra presentia constitutus, quicquid in premissis omnibus habebat vel habere poterat quoquo modo, prefatis majori et civibus, ac eorum successoribus imperpetuum omnino quittavit et dimisit, sine aliqua reclamatione sui vel heredum suorum, pro viginti libris Turonensium annui redditus, a predictis majore et civibus sibi solvendis duobus terminis, videlicet ad festum beati Michaelis decem libras, et ad Pascha alias decem libras, quousque hujusmodi viginti libras annui redditus in certo loco infra balliviam nostram Rothomagensem eidem Laurentio et heredibus suis assignaverint competenter, ad usus et consuetudines loci in quo fiet assignatio memorata, quam assignationem tenentur facere infra tres annos. Supradicta autem eisdem quittavit et dimisit idem Laurentius, salvis sibi et heredibus suis omnibus aliis juribus, tenementis, redditibus, libertatibus et servitiis, ad panetariam dicti Laurentii pertinentibus, secundum quod in cartis Henrici et Ricardi, quondam regum Anglie, continetur. Hujusmodi vero redditum tenebunt a nobis et heredibus nostris idem Laurentius et sui heredes, sicut et alia jura et libertates panetarie supradicte. Nos autem, ad petitionem partium, premissa omnia, prout superius continentur, volumus, concedimus, et auctoritate regia confirmamus, salvo jure in omnibus alieno. Quod ut ratum et stabile permaneat in futurum, presentes litteras sigilli nostri fecimus impressione muniri. Actum apud Pontem Arche, anno Domini M° CC° quinquagesimo sexto, mense augusto.

---

184.   1257, 18 septembre.

Transaction au sujet de l'office ou fief de panetier de l'abbaye de Saint-Remi de Reims.

Varin, *Archives législatives de Reims*, 2° partie, tome I, 193.

CARTA QUID PANETARIUS NOSTER DEBEAT HABERE.

Universis... magister Poncius de Parnaco, officialis curie domini Ottoboni cardinalis, Remensis archidiaconi[1], salu-

---

1. Impr. *archidiaconus*. C'était le cardinal Ottoboni qui était archidiacre de Reims.

tem in Domino. Noverit universitas vestra, quod, cum discordia esset inter Herverum (*sic*) de Saceyo, quondam panisterium Sancti Remigii Remensis ex una parte, et viros religiosos abbatem et conventum Sancti Remigii Remensis ex altera, super eo quod officium sive mesterium panisterie, quod habere se debere dicebat dictus Herverus (*sic*) in monasterio Sancti Remigii Remensis, saisitum erat per ipsos abbatem et conventum, tam pro eo quod ex parte dictorum abbatis et conventus dicebatur dictum Herverum minus sufficienter servire in dicto officio, sive mesterio, et in servitio dicti mesterii in tantum cessasse, quod dictum mesterium sive officium ad dictos abbatem et conventum erat rationabiliter, secundum usum et consuetudines dicti monasterii, devolutum, quam aliis multis de causis, tandem idem Herveus (*sic*) cum dictis abbate et conventu transigendo sic convenit, quod iidem abbas et conventus eidem Herveo, quamdiu vixerit, singulis diebus, per se vel per eorum mandatum, reddere tenebuntur quatuor panes, videlicet duos conventuales, et duos hospitales, sive de hospitio, albos, et singulis annis duo dolia vini, videlicet quodlibet dolium septem modiorum ad modium remensem de decima de Saceyo, apud Saceium, et sexaginta solidos annuatim, pro vestibus suis. Item, viginti solidos parisienses pro uno bacone, unum sextarium pisorum, unum sextarium fabarum et quatuor bigatas lignorum, quamlibet ad duos equos, singulis annis, ut dictum est, infra festum beati Remigii in capite octobris, ad hospitium dicti Herveri (*sic*) Remis deliberandos; ita etiam, quod, si dictum Herveum contingat decedere priusquam Ælidim uxorem suam, dicta Ælidis nichilominus, quamdiu vixerit, pro premissis a dictis abbate et conventu, vel eorum mandato, percipiet et habebit singulis diebus duos panes albos de hospitio, unum dolium vini predicti singulis annis. Item, triginta solidos pro veste, decem solidos pro bacone, unam minam pisorum et aliam fabarum, et duas bigatas lignorum loco et termino supradicto. Post decessum vero dictorum Hervei et ejus uxoris, dicti abbas et conventus et eorum monasterium a prestatione premissorum quitti erunt pariter et immunes. Hiis autem mediantibus, idem Herveus et ejus uxor eisdem abbati et conventui [et] eorum monasterio in perpetuum quittaverunt dictum officium sive mesterium; et feodum ejusdem mesterii seu officii eisdem abbati et conventui et eorum monasterio reddiderunt, promittentes fide data dictus Herveus et ejus uxor se in dicto officio sive mesterio, ratione feodi cujuscumque, dotis, vel alia quacumque ratione, nichil de cetero reclamaturos, quibus etiam mediantibus, idem Herveus et ejus uxor receperunt, et se recepisse recognoverunt a dictis abbate et conventu quaterviginti libras parisiensium, ipsos abbatem et conventum et eorum monasterium super eisdem quaterviginti libris penitus quitantes. In quorum omnium, etc. Actum anno.... M° CC° L° VII°, mense septembri, feria quarta post Exaltationem sancte Crucis.

185. 1258.

Hanse parisienne.

Arch. nat., X¹ª 1, fol. 6 v°. Beugnot, *Les Olim*, t. I, p. 50.

Inqueste reddite in pluribus Parlamantis (*sic*), antequam precedentes terminarentur, postquam tamen dominus [rex reditus fuit ex[1]] partibus transmarinis[2].

. . . .

Inquesta utrum cives Rothomagenses possint ducere de ponte Medontensi versus Parisius mercaturas suas, sicut sal, allecia et alia per aquam, etiam si non sint de societate mercatorum Parisiensium. Probatum est quod non.

---

1. Les mots entre [ ] ne sont plus lisibles sur le registre. Ils sont empruntés à l'édit. de Beugnot.
2. Ce titre est placé en tête du fol. 6 r°. La rubrique qui précède immédiatement (en tête du fol. 5) porte : « Inqueste terminate et deliberate Parisius, in Parlamento Penthecostis anno Domini M° CC° L°° VIII° » et la suivante, (fol. 7 v° en tête) « Inqueste terminate Parisius in Parlamento octabarum Nativitatis beate Marie anno Domini M° CC° L° octavo ».

186. 1258.

Consuls de mer à Montpellier.

Germain, *Hist. du commerce de Montpellier*, I, pièces justificatives, n° xxxiii. Cf. II, 69-70.

Cum super electione maris consulum facienda nulla esset tradita certa forma, sed ex usu retro temporibus in modum non convenientem neque congruum[1] processisset, nos consules Montispessulani, videlicet R. de Sauzeto, Jo. de Bordellis, Stephanus *Rog*, R. de Cassillaco, P. de Lunello, R. de Claperiis, R. Cavallerii, Jo. de Juvinacho, Bertrandus de *Varanegues*, R. Michael, P. *Marques* et Bernardus Bartholomeus, ad requisitionem et instantiam plurium proborum virorum de Montepessulano, super ipsa electione consulum maris inposterum facienda, qui debent esse IIII[or], congruens remedium inponere affectantes, habito diligenti consilio et tractatu, taliter duximus providendum, videlicet quod deinceps, annis singulis, vesperis anni novi, viginti viri per consules majores Montispessulani, prestito ab ipsis consulibus juramento corporali quod illos bonos et utiles ad officium consulatus maris eligant, prout conscientia ipsis dictaverit, eligantur, qui viginti per dictos consules electi in partes IIII[or] dividantur, in quarum qualibet V ponantur, et fiant V carte, in una quarum tantum sit aliqua scriptura seu figura, et singule carte mandentur intra rutlonum[2] de cera, ejusdem ponderis et ejusdem coloris, et per hominem ignarum vel puerum aliquem dabitur cuilibet dictorum V unus rutlonus, et ille qui tali casu vel sorte habebit illum rutlonum, in quo erit cartela scripta seu figurata, intelligetur esse consul maris et consul erit maris illius anni, et sic fiet de aliis, quorum aministratio incipiet in kalendis januarii et nullus illorum qui consules maris fuerint, debent eligi vel assumi in eodem officio intra tres annos proximos a tempore finiti sui officii computandos.

---

1. Le texte porte : *non convenientem sed neque congruum*. *Sed* n'est ici qu'une répétition inutile.
2. *Pour* rotulum.

187.   1259, décembre.

Ouvriers nourris par le client.

Lépinois et Merlet, *Cartulaire de Notre-Dame de Chartres*, II, p. 172, n° CCCXXXII.

ORDINATIO QUOD EPISCOPUS CARNOTENSIS TENETUR IN CIBO ET POTU OPERARIIS IN ARGENTO ET AURO CIRCA MAJUS ALTARE ET SACRAM CAPSAM LABORANTIBUS.

Matheus, permissione divina, episcopus Carnotensis necnon R[adulphus], decanus et universitas capituli Carnotensis, universis presentes litteras inspecturis, salutem in Domino. Notum facimus universis quod, cum inter nos Matheum, episcopum Carnotensem, ex una parte, et viros venerabiles decanum et capitulum Carnotense, ex altera, esset contentio super eo videlicet quod nos decanus et capitulum Carnotense asserebamus quod reverendus pater Matheus episcopus et quilibet episcopus qui pro tempore esset et fuerit episcopus Carnotensis, de usu et consuetudine approbata ecclesie Carnotensis, solvere teneretur expensas omnibus operariis in auro et argento, qui pro tempore operantur seu operati fuerint et operabuntur in futurum, in capsa seu circa capsam beate Marie, et in tabula seu circa tabulam que est ante majus altare ecclesie Carnotensis, et in retrotabula sive circa retrotabulam, seu tabellos majoris altaris, et circa ea que pertinent ad majus altare ecclesie Carnotensis, nobis Matheo, episcopo Carnotensi, in contrarium asserentibus, necnon et super arreragiis seu expensis factis circa predicta, ratione preteriti temporis, contentio verteretur, tandem nos episcopus et decanus et capitulum memorati in viros venerabiles Johannem, archidiaconum Carnotensem, et Arnulphum de Berjouvilla, canonicum Carnotensem, compromisimus de omnibus et singulis supradictis, promittentes bona fide quod quicquid predictus archidiaconus et Arnulphus super premissis pronunciabunt et ordinabunt, nos Matheus, episcopus Carnotensis et nos decanus et capitulum Carnotense inviolabiliter observabimus et faciemus observari, super arreragiis vero commisimus prenominatis Johanni archidiacono et Arnulpho, ut ipsi, ratione preteriti temporis, pronunciarent et ordinarent pro sua voluntate. Nos autem Johannes, archidiaconus, et Arnulphus, canonicus Carnotensis, super premissis omnibus, inquisita diligenter a fide dignis veritate, promittimus et ordinamus quod reverendus pater Matheus, Dei gratia episcopus Carnotensis, et quilibet episcopus, qui pro tempore fuerit episcopus Carnotensis, solvat de cetero et solvere teneatur omnes expensas, in cibo et potu, omnibus operariis in auro et argento, qui pro tempore operantur et operati fuerint et eciam operabuntur in futurum in capsa, sive in sacro scrinio beate Marie Carnotensis, et in tabula que est et erit ante majus altare ecclesie Carnotensis, et in retrotabula seu tabellis qui sunt et erunt super majus altare ecclesie Carnotensis ad dorsum ejusdem altaris. Super arreragiis autem ordinamus, ex causa probabili, quod reverendus pater Matheus, Carnotensis episcopus memoratus super premissis, ratione preteriti temporis, nichil solvere teneatur. In cujus rei testimonium et firmitatem, nos, Matheus, Carnotensis episcopus, et nos R[adulphus], decanus et capitulum Carnotense, necnon et nos, Johannes, archidiaconus Carnotensis, et Arnulphus, canonicus Carnotensis, presens factum et scriptum sigillavimus sigillis nostris. Actum anno Domini millesimo CC°L.mo nono, mense decembri.

188.   Milieu du XIII° siècle.

Foulage du drap.

Arch. municipales de Douai. Reg. AA 90, fol. 6 v°

DANS DEL ESWART DES FOULONS.

Li eschevin ont atiré par l'asentement des drapiers et des maistres pareurs de ceste vile et par l'asentement des vallés que il n'ait que 1 seul maistre en une maison et k'il ne soit nus maistre pareres si hardis qui ait que I seul aprentic en une maison et s'en covient cascun maistre avoir I tant seulement et se li convient tenir I an au mains et li aprentis ne se puet rachater pruec k'il voelle demourer au mestier et kiconques chou trespasseroit il kieroit el forfait de C s.

2. Et ke nus maistres ne soit si hardis qu'il face oevre de fouler preuc qu'il ait IIII vaisiaus ouvrans en se maison sor le forfait de XX s., et, se li eswardeur voloient avoir se fiance, ne del maistre ne des valés, qui ne soit nus qui encontre soit sor le forfait de XX s.

3. Et ke nus maistres ne soit si hardis qu'il estofe drap a nul vallet sor le forfait de C s.

4. Et ke nus vallés ne soit si hardis qui voist entour as maistres, s'il n'i va par le congié des eswardeurs, sor le forfait de C s. et bannis de le vile.

5. Et li maistres si doit le drap, ançois qu'il voist as lices, bertauder[1] et envierser[2] et de teus forces qui soient convegnables par le dit des eswardeurs et li maistres ki nel feroit ensi seroit a XX s.

6. Et ke nus maistres des pareurs ne prenge bure a drap parer se a pois non et bure boin et loial et li vallés n'en prenge point a sen maistre se a pois non, et si prenge on I quarteron demie livre mains por le drap; et si ait cascuns maistres pois de keuvre sor le forfait de XX s.

7. Et ke drapiers ne drapiere n'envoit drap au maistre s'il n'envoie le bure avoec sor le forfait de XX s.

8. Et puis que li maistres ara données livrisons a acun vallet, que nus altres maistres ne le mete en oevre en toute la semaine sor le forfait de XX s. et li vallés ki ailleurs ouverroit seroit a XX s.

9. Et si ne preste li maistres as vallés nul denier sor lor mains[3] sor le forfait de XX s.

10. Et si ne soit nus pareres si hardis ne vallés k'il esproe

---

1. Tondre. On trouve aussi souvent *bretauder*.
2. Tondre l'envers de l'étoffe.
3. Sur leur travail, ne fasse des avances aux ouvriers.

drap puis qu'il est venus de le lice ne sor le lisiere ne ailleurs sor le forfait de XX s.

11. Et ki ne soit nus maistres pareres si hardis ki n'ait II paire de forces au mains convegnables par le dit des eswardeurs, et k'il les aient quises devens le quinsainne que li eswardeur l'en semonront sor XX s.

12. Et ki ne soit nus maistres pareres si hardis ki detiengne drap por parer qui soit es broes s'on li aporte, se on n'en a tesmoingnage qu'il viengne de boin liu, sor le forfait de C s.

. . . .

13. Et ke nus n'escondie a ouvrer avoec altrui preuc que il parole a lui sor XX s.

14. Et ke nus maistres ne liut vallés a jor sor C s. ne nus vallés ne soit si hardis ki se liue a jor sor XX s. ains ait sen droit de l'oevre.

. . . .

15. Et se li eswardeur trouvoient vallet qui ne fust convegnables et le doivent oster; et se li maistres le retenoit encontre le volenté des eswardeurs, il seroit à XX s.

16. Et si doit on metre au chain drap V denrées de grumel et au kain de fleur de vece III denrées, a le kaainne tiretainne IIII denrées, a le vielece tiretainne II denrées; et ki plus de grumiel demanderoit ne meteroit il seroit à XX s.; et, puis que on ara mis le bure, que on n'i puist nient metre avoec ne apriés grumiel sor le forfait de XX s.

17. Et si doivent li vallet venir a l'oevre en le maison de leur maistre le matinnée ançois que li bancloke soit parsonnée et si doivent tantost entrer en l'oevre et li vallet ki n'i venroient dedens celi eure kieroit ou forfait de XII d., et si ne poroit faire oevre en tout le jour.

. . . .

18. Et quant li vallés est venus a l'oevre, que il prenge tel drap que li maistres li volra donner et sans refuser, et oevre tantost; et li maistres li doit livrer et partir loialment, et li vallet s'en doivent tenir a tels dras que li maistres lor donroit: et li valles ki le refuseroit seroit à XX s.

19. Et si doivent li vallet prendre tant de tiere que li maistre

lor donront et li maistre lor doivent ausi donner tant de terre que li vallet demanderont.

20. Et si doivent li maistre livrer as vallés toute l'estofe qu'il convient as dras bien faire, si comme cardon asés, terre asés, caude eue assés, et toutes les autres estofes qu'il i covient; et li maistres ki asés n'en liverroit kieroit ou forfait de C s.

21. Et ke li vallet levent bien les dras dusques a le volenté de leur maistre et si n'espussent nient leur terre ne aclarissent ne prengent escurement, se n'est por leur maistre, sor le forfait de XII d.

22. Et que li vallet forbatent bien les dras III fiés de malvais cardon et a caugiet de cascunne part II fiés, et hors et ens...........

23. Et quant li dras ert forbatus, que li vallet le repecent bien a broke sor le forfait de douze den. douissiens.

24. Et que on foule bien dusques au dit des maistres.

25. Et que on lainne bien tous les draps mouilliés et camelins et tous autres dras aussi bien el moilon[1] que as lissieres jusques au dit des maistres et des eswardeurs sor le forfait de XII d. douissiens.

26. Et ke nus vallés ne mete nuef cardon sor drap ne sor tiretainne ne sor couverture, se n'est par le congiet del maistre, sor le forfait de XII d. douissiens.

27. Et s'il avenoit a alcun drap moulliet u il euist a amender, fust por laner fust por fouler fust por enwiseure fust por grivaus fust por autres mesfais, li maistres foulons le doit amender enviers le drapier u... le drapiere par le dit dou drapier et dou maistre pareur, et, se cil ne se pooient concorder, li eskevin i doivent metre le tierc por le concorder...........

28. Et si ne puet on parer le drap ki valt VI mars u plus en mains de III jors sor le forfait de C s.

29. Et por ces oevres bien faire, doivent avoir li vallet por leur deserte dou drap qui vaura plus de VIII mars VI s.

---

1. Milieu.

d'artisiens et li maistres pareres en doit avoir por s'estole et por se desierte XXVI d. art.

30. Et dou drap de VIII mars et de mains doivent avoir li vallet V s. d'artisiens et li maistre pareur XXII d. art.

31. Et dou drap desous VI mars qu'on puist parer en II jors par le sairement del maistre, li vallet en doivent avoir L d. art. et li maistre pareur XVIII d. art......

32. Et ke nus vallés ne maistres ne soit si hardis qui plus ne mains en doinst et en ses deniers [1], sans nule denrée prendre et ki chou trespasseroit il kieroit ou forfait de X livres et si seroit bannis de le vile.

33. Et que li drapiers u li drapiere paient as maistres dedens les XV jours que li dras ert ses sous le forfait de X livres.

. . . .

34. Et li maistre doivent paier leur vallés leur deserte le semmedi qu'il aront conté dedens l'avire semmedi prochain sor le forfait de C s.

35. Et si doivent li eswardeur tous les jours c'on fera oevre aler entour III au mains, uns drapiers et doi maistre, si doivent avoir pour leur painne et pour leur travail a cascunne couple I d. cascunne semainne; et li maistres doit retenir cest denier de ses vallés sor se fiance et se doivent avoir la tierce part de tous les forfais ki kieront en leur eswart, li baillius le tierce part et li vile le tierce part......

36. Et li maistres puet retenir le deserte son vallet pour son forfait.

. . . .

189. Milieu du XIII° siècle.

Règlements de fabrication.

Arch. municipales de Douai, Reg. AA 90, fol. 60 v°.

BANS SOR ORFEVRES.

On fait le ban k'il ne soit nus si hardis ki face oevre ki

---

[1]. En deniers secs, en deniers comptants.

soit d'orfaverie en toute ceste vile, que il oevre d'or ki pires soit que a IX d. esterlins.

2. Et que nus ne soit si hardis ki face oevre d'argent qui pires soit que d'esterlins. Et ki onques trespasseroit cest ban, poroec que ce fust maistres, il seroit a X livres et si perderoit l'oevre ..... et se li convenroit deporter del ouvrage 1 an; et s'il avenoit cose que li vallés qui soit el pain le maistre ne ses fils ne hom ki soit par louier au maistre, s'il avenoit que nus d'eus caoit ou forfait de ceste oevre, li maistres a qui il ert doit caïr en tel forfait....., peroec que li eswardeur quidassent que li maistres le seust, et, s'il avenoit k'il eust vallet en le forge qui soit au tierc denier ne k'il ait sen lui liuet en le forge, s'il ne fait tele oevre com il est ci devant devisé, il carroit ou forfait de X livres et si perderoit l'oevre, ... et se li convenroit deporter del ouvrage 1 an de dens ceste vile;..... et que nus merchiers ne autres ne venge tele oevre puis que li eswardeur li aroient deffendut .....

3. Et que nus ne soit si hardis ki soude d'estaim en noeve oevre ne en viese, se ce n'est par le congiet des eswardeurs sor le forfait de XX s.

....

4. Et que nus orfevres ne face hanup de keuvre ne piet de keuvre ne autre ouvrage de keuvre ki soit dorés ne argentés, se ce n'est ouvrages d'eglise, se ce n'est par le conseil des eswardeurs.

5. Et que nus ne face aniel d'or ne afike d'or noef la u il mete piere fause ne de voirre sor ce meisme forfait ne ki face aniel ne afike de keuvre ne de laiton la u il mete piere naturel sor ce meisme forfait.

....

190.   Milieu du XIII° siècle.

Liste des vingt-deux villes drapières de la hanse de Londres.

Arch. municipales de Douai, Reg. AA 90, fol. 29.

CE SUNT LI NON DES XVII VILES, S'EN I A XXII.

Arras, Amiens, Abevile, Monsteroels, Rains, Sains

Quentins, Sains Omers, Cambrais, Tornais, Aubentons, Valenciennes, Gans, Bruges, Yppre, Dickemue, Lille, Douais, Chaelons, Biauvais, Huis, Balloes [1], Pieronne.

191. Milieu du XIIIe siècle.

Ramage du drap à Douai.

Arch. municipales de Douai, Reg. AA 90, fol. 11 v°.

BANS DES TENDEURS EN LICE.

On fait le ban que nus tenderes, maistres ne vallés, ne soit si hardis que il tenge drap, couverture ne tiretaine en tout le pooir de ceste vile, se il n'a ançois fianciet as eskevins u as eswardeurs de le draperie u as eswardeurs des marchans que il tenderont et feront bien et loialment les oevres de le vile.

2. ..... que il ne soit nus si hardis, hom ne feme, que il tenge drap, couverture ne tiretainne en lice, se li lice n'est boinne et loials et ensegnie del enseigne de le vile de lone et de let, sor le forfait de X livres et sor bannissement de le vile.

3. Et ke toutes les lices soient bien estofées de roiles, de claus, de cordes et de polies, et, se troi clau i faloient ensanle en alcun liu en ordene l'un apries l'autre, li maistres de le cort kieroit ou forfait de II s. por cascunne si faite defaute c' on trouvera es lices, et, se li drap empiroient par le defaute de claus u de roiles u de cordes u de polies u par le tendeur u par malvaise warde, que li maistres de le cort renge le damage u au drapier u a le drapiere u au marcant cui li dras u li couverture u li tiretaine seroit, par le dit des eswardeurs; et, se li maistres de le cort n'estoit souffisans de rendre celui damage, que li sires de le cort le doit rendre par le dit des eswardeurs.

4. Et ke on tenge tous les dras des marchans, des drapiers et des drapieres XXXVIII alnes en lices al mains et II alnes et demi quartier de let au mains sor le forfait de C s.

---

1. Bailleul.

5. Et que on raplaine bien cascun drap en lice I boin trait a estal au mains sans trainer le cardon, sor le forfait de V s.

6. Et de ces V s. de forfait puent li eswardeur prendre wage en le maison des maistres por lor vallés qui l'aroient mesfait; et li maistre le puent et doivent recovrer sor leur vallés qui l'aroient deservi.

7. Et ke nus ne puist oster drap de lice dechi adont que li dras ert bien ses et bien raplainés au point c'on l'ostera de le lice sor le forfait de XX s. de cascun drap.

8. Et que nus ne soit si hardis que il oste le polie de chi adont que li dras ert bien ses, sor le forfait de XX s., se li lice la u li dras seroit tendus n'estoit ombragé par le dit des eswardeurs.

9. Et se il le tendoit en une altre lice, que il le tendist en une wuide lice, et que il le tenge se muisson de lonc et de let sor le forfait de X s.; et ke on ne puist amender drap devant altre drap sor le forfait de XX s.

10. Et se nus dras est arrestés que il ne puist mie si tost venir a muisson en lice, li tonderes doit mander les eswardeurs et le doit tendre devant als, et chou que li eswardeur diroient que il ieuist deservit au tendre, li tonderes le doit prendre et nient plus sor le forfait de C s.

11. Et se cis dras ne pooit venir a muisson en lice par le dit des eswardeurs, li eswardeur le doivent colper en trois pieces, et si seroit cils u cele cui cis dras seroit en forfait de XX s.; et si ne puent ne doivent ces III pieces estre recousues ensanle ..... ne vendues ensanle ..... sor le forfait de C s.

12. Et s'il avenoit cose que on perdist drap u couverture u tiretainne puis ke li maistres de le cort u alcuns des vallés de le cort l'aroient pris en le maison dou pareur u a le tinture u ailleurs, se on le perdoit u alcuns damages en avenoit, que li sires de le cort le renge au drapier u a le drapiere u au marchant cui li dras u li couverture u li tiretainne seroit par le dit des eswardeurs de le draperie u des eswardeurs des marchans sans amenuisier le fuer dou drap u de le couverture u de le tiretainne et li eswardeur doivent

raporter les verités as eschevins del damage ke il aroient en quis.

13. Et se puent et doivent doi eswardeur de le draperie et doi eswardeur des marchans au mains semonre au signeur de le cort, puis que eschevin l'aroient jugiet, que il renge le damage a celui u a celi qui cils dras u li couverture u li tiretainne seroit, dedens les XV jours, et se li sires ne le rendoit dedens ces XV jors, il kieroit el forfait de X livres, et se li convenroit rendre le damage.

. . . .

14. Et se li eswardeur avoient mestier d'aucun des maistres des cors pour aus aidier et consellier de leur eswart, il les puent prendre et mener avoec als par les cors des lices de le vile, et li maistres qui aler n'i volroit kieroit ou forfait de C s.

. . . .

15. Et c'est asavoir que li drapier et les drapieres et li marchant doivent les tendeurs paier en deniers ses dedens le semmedi apres chou que leur drap ert bien ses et bien aparelliés u li couverture u li tiretaine, et, s'il ensi n'estoient paiet, il puent retenir le premier drap u le premiere tiretainne ke cils u cele ki leur deveroient leur envoieroient desi adont qu'il seroient paiet, et li maistre doivent paier les vallés cascun semmedi, et, s'il ensi ne les paioient, il kieroient ou forfait de V s.

16. Et se puet avoir cascuns maistres en se cort I aprentic sans plus, et, se debat avoit entre les maistres et les vallés, il en doivent ouvrer par le consel des eswardeurs.

---

192. Milieu du XIII° siècle.

Teinturerie.

Arch. municipales de Douai, Reg. AA 90, fol. 23 v°, 24 v°.

ENCORE SOR TAINTURIERS.

Et que tout li tinterier tingnent bien les dras, de quele

couleur que ce soit, et de boinnes estofes, si come de boin bresil et de boin alun et de boinne warance et de boin wesde et de boinne cendre et de boinne rasinne, et que il boulent bien les dras, et que on mete¹ a cascun drap au premier boulon XII livres de boin alun, et a l'autre boullon apries IX livres de boin alun al mains, et a cascun drap mouret² sans warance mete on X livres de boin bresil au mains, et a IIII vermaus dras u a IIII vieles mecte on I fais et une quarte au mains de boinne warance et loial et bien eschionnée, et en XXIIII dras mourés mete on une mesure de warance au mains boinne et loial et bien eschionnée, et as pieces a l'avenant; et si mete on au vert drap apries sec III ponciaus de boinne waude au mains, et au vert cler II ponciaus et demi au mains et de boinne waude.

ENCORE DES TEINTURIERS

On fait le ban que nus tinteniers (sic) ne soit si hardis que il tingne dras ne couvertures, se il ne sunt tissut et paret en ceste vile, sor le forfait de L livres et sor bannissement I an de la vile; et cils u cele cui li dras u les couvertures seroient les perderoient; et se borgois u borgoisses faisoient tindre tels dras ne teles couvertures par escampe³, il kieroient el forfait del tinteries et li tinteriers en seroit quites, s'il avoit tesmoingnage que eskevin creissent que cils u cele li euist dit que li dras u li couverture fuissent tissut et paret en ceste vile.

---

193.   1261, (n. s.) février.

Monopole du commerce des bougies.

Archives nationales, Reg. *Olim*, I, fol. 108 v°. Beugnot, *Les Olim*, in-4°, 1839, t. I, p. 490. Cf. Boutaric, *Actes du parl.*, n° 516.

Judicia et consilia expedita Parisius in Parlamento octabarum Candelose anno Domini M° CC° sexagesimo⁴.

---

1. Nous avons substitué partout *mete* à *mece* qui est dans le texte.
2. De couleur brune.
3. En dissimulant cette contravention.
4. Reg. *Olim*, fol. 107 v°.

Decanus et capitulum Sancti Aniani Aurelianensis adjornati in ista curia contra Guillelmum, cerarium, burgensem Aurelianensem, super eo quod vendebatur candela cerea in ipsa ecclesia Beati Aniani, dixerunt quod nolebant super hoc[1] [in] curia respondere, cum hoc tangat libertatem et exemptionem ecclesie sue, quam ipsi tenent a Papa. Idem Guillelmus dicebat quod tenebantur hic respondere, cum nullus possit vendere Aurel[ianis] candelam ceream nisi de assensu ipsius, quod ipse tenet in feodum a capicerio Aurelianensi, ut dicebat, et capicerius tenet hoc ab episcopo Aurelianensi, et episcopus hoc tenet a rege cum alio regali suo. Et hoc confitebantur ipsi capicerius et episcopus. Determinatum fuit quod ipsi decanus et capitulum Sancti Aniani non tenentur super hoc in ista curia respondere.

---

194.   **1261, août.**

Commerce du vin à la Réole.

Nouvelles coutumes et privilèges de la Réole. *Arch. hist. de la Gironde*, II, n° cxcvii, p. 265.

45

CUM BIN NORD NO SE DEU MESCLA AN LO BILH.

En apres, en l'an de Nostre Senhor mil CCLXI[2], mensis augusti, establit fo en aquet medis temps per lo senhor et per los juratz et per los prodomes de la Reula que nulhs taberneys ny autes gens no sien tant arditz que mesclin bin bilh an noet, ny no y metin nulha malbada sabor ny las ulhin d'ayga ny metin nulha malbada sabor per bene.

46.

Cum nulh no deu far mostra de bin, si no d'aquet que ben.

E an establit que nulh home ny fempna no fassa cridar bin sino aquet que ben a taberna, ny l.o fassa mostra de

---

1. Beugnot corrige : *super [hoc in] hac curia.*
2. Peut-être faudrait-il ici lire *MCCL, XI mensis..*, au lieu de *MCCLXI, mensis...* L'article 48, daté de MCCLVIII, commence par ces mots : *En apres.*

nulh bin si no d'aquet que ben en taberna, ny de milhor, ny de sordege ; et meis que a bin atabernat no fassin nulhs afaitamentz ; et meis que bin atabernat que sara estanquat, no sia preyat a maior pretz que del premey cop que fo atabernat ; et meis que, depusques que agen atabernat 1 tonet de bin o pipa de bin, que no pusquen bene d'aute tant entro que lo premey sia acabat de bene.

47.

Que nulh home no fassa cridar bin si no per tal cum es.

E meis an establit que degun home ny fempna no fassa cridar lo bin ny lausar, si no que per tal cum sara. So es assaver : per bin tersen, per tersen o rey bin, per rey bin o bin bilh, o tornat, o passat per la berenha que tal cum sara lo fassa cridar et no autrement ; et qui contra aquest establiment, o encontre alcun d'aquestes fara, sara punhit per lo senhor et juratz en la maneyra que s'ensec : que perdre lo bin et correre la bila, mostrant publicquement la falsetat que aure feit ; et otra aquo, si era taberney que agos feit encontra lo dit establiment o en alcun d'aquetz, sare pribat de son office de taberneria per tot temps ab bolontat del senor et juratz ; et tot aute qui taberney no sere, que perdre lo bin et dare LX s. de gatge ; et otra aquo, que correre la bila ; et si negun home o fempna n'era acusat, lo senhor et juratz s'en deven informar avant que prenga nulha bergonhia.

195. 1261, octobre.

Tisserands de toile.

Arch. municipales de Douai, Reg. AA 90, fol. 4 vo.

DANS DES TELIERS DES VIII HOMES [1].

On fait le ban que il ne soit teliers si hardis que il face asanlée ne taskehan ne ki desfenge [2] l'oevre a faire en tout le

---

1. Les huit eswards du métier.
2. Délaisse.

pooir de ceste vile ne ki lait a ouvrer por froidure ne por altre cose, se ce n'est par le consel des eskevins, et ki le feroit il caroit ou forfet de L livres et si seroit banis II ans et II jors de le vile.

2. Et ke il ne soit nus teliers si hardis en toute ceste vile qui tisse sor ostille qui ne soit ensegnié del ensegne de le vile dras de Douay de muisson[1] sor le forfait de L livres et sor bannissement I an de le vile et sor perdre l'ostille.

3. Et ke nus n'amainne ne face amener en ceste ville ostille de dehors vile ne ne face ostille sor cest mesme forfait, se ce n'est par le consel des eskevins, mes, s'il est hom cui il faille costeres a s'ostille[2], qu'il les face par le consel des eskevins et, s'il le faisoit autrement, il caroit ou forfait de C s.

4. Et ke nus ne liue ne tiengne a liuage ostille en tout le pooir de ceste vile, sor le forfait de C s. et sor perdre l'ostille.

5. Et ke nus ne venge ostille, se ce n'est a borgois u a borgoise de ceste vile, sor le forfait de C s. et sor perdre l'ostille.

6. Et si fait on le ban que ne soit nus si hardis qui conmence a tistre le matinnée ne a noer ne a entraire ne a volre de chi adont que li cloke que li eskevin i ont asisse sonnera le matinnée sor le forfait de II s.

. . . .

7. Et si ont ausi pooir li VIII home d'arester files et autres coses sor chiacun de leur mestier, s'il croient qu'il viengne de malvais liu u de malvais aquest et si le doivent raporter as eskevins; et se cil VIII home sevent home de leur mestier qui ne soit preudon et de boin renon, il le doivent noncier et dire en le hale os eskevins sour leur fiances et sor leur sairemens.

. . . .

8. Et ke nus ne voist entour pour asanler le kemun ne por

---

1. Qui ne soit garanti par la marque de la ville comme ayant la moison légale.
2. S'il manque à son métier les pièces appelées *costeres*.

rouver¹ deniers ne por prendre deniers ne a aprentis ne ailleurs, se ce n'est par le congié des eskevins sor le forfet de L livres et sor estre bannis II ans de le vile.

9. Et, s'il avoit descort entre le maistre et sen aprentic et sen vallet et entre les vallés dou mestier, il s'en doivent del tout deduire par les VIII homes et ki encontre de chou........ il seroit a XL s.

. . . .

10. Et si fait on le ban que il ne soit nus teliers si hardis ne maistres vallés qui viengne en le place s'il a oevre, se ce n'est pour luier ouvriers, sor le forfait de C s.

11. Et si ont li VIII home a tous les forfais qui eskieront en leur eswart le tierc, li vile le tierc et li baillius le tierc et au forfait de le cloke ont li VIII home les II pars et li baillius le tierc. Ce fu fait l'an del Incarnation M CC et LXI el mois d'octombre et renouvelés l'an M CC et LXII el mois de marc.

196.   Entre 1261 et 1270².

Talemeliers de Paris.

Depping, *Règlements sur les arts et métiers de Paris...* p. 6 et suiv.
Lespinasse et Bonnardot, *Le Livre des métiers*, p. 3.

CIS TITRES PAROLE DES TALEMELIERS QUI SONT DEDENS LA BANLIUE DE PARIS.

Haubans est uns propres nons d'une coustume asise, par laquele il fu establi ancienement que quiconques seroit haubaniers, qui seroit plus frans et paieroit mains de droitures et des coustumes de la marchandise de son mestier que cil qui ne seroit pas haubaniers. Haubanier furent ancienement establi a un mui de vin paier, et puis mist li bons rois Phe-

---

1. Demander.
2. Pour la justification de ces dates voy. G. Fagniez, *Essai sur l'organisation de l'industrie à Paris aux XIIIᵉ et XIVᵉ s.*, dans *Bibliothèque de l'École des chartes*, série VI, t. IV, p. 3-4. Cf. Borelly de Serres, *Rech. sur divers services publics*, p. 547, 548.

lippe cel mui de vin a VI sols de Parisis pour le contens qui estoit entre les povres haubaniers et les eschançons lou roy qui le hauban recevoient de par lou roy.

2. Des mestres qui sont haubaniers li un doivent demi-hauban, c'est a savoir III sols ; li autre plain hauban, c'est a savoir VI sols, et li autre hauban et demi, c'est a savoir IX sols.

3. Tout li mestre de Paris ne sont pas haubanier, ne nul ne puet estre haubanier se il n'est de mestier qui ait hauban, ou se li rois ne li otroie par don ou par vente.

. . . .

6. Quant li noviax talemelier ara en tele maniere fet quatre ans acomplis, il prendra un nuef pot de terre, et ara dedans le pot nois et nieules, et venra a la mesor au mestre des talemeliers, et aura avec lui le coustumier et touz les talemeliers, et les mestres vallés que l'on apele joindres, et doit cil noviax talemelier livrer son pot et ses nois au mestre, et dire : « Mestre, je ai fait et acompli mes quatre années » et li mestre doit demander au coustumier si ce est voirs. Et, se il dit que ce est voirs, li mestre doit baillier au noviau talemelier son pot et ses nois et commander li qu'il les jete au mur, et lors li noviax talemelier doit jeter son pot et ses nois et ses nieules au mur de la meson le mestre au dehors, et lors doivent li mestres coustumiers, li noviax talemeliers et tout li autre talemelier et li vallet entrer en la meson au mestre, et li mestre leur doit livrer feu et vin, et chascun des talemeliers, et li noviax, et il mestre vallet doivent chascun un denier au mestre des talemeliers pour le vin et pour le feu qu'il livre.

7. Li mestre des talemeliers doit faire a savoir au coustumier, aus talemeliers, aus joindres, que il viegnent a ce jour a sa meson, et il i doivent venir ou envoier leur denier au mestre des talemeliers pour le vin devant dit.

8. Se li talemelier et li joindre ne vienent a cel jour, se il en sont semons, ou il n'envoient leur denier au mestre des talemeliers, li mestre des talemeliers leur puet deffendre le mestier tant come il aient paié le denier devant dit.

9. Le jour que le mestre des talemeliers doit assigner au coustumier, aus talemeliers, au[s] mestres vallés, doit estre le premier dimanche après le premier jour de l'an.

. . . .

13. Li rois a doné a son mestre panetier la mestrise des talemeliers, tant come il li plaira, et la petite justice et les amendes des talemeliers et des joindres et des vallés, si come des entrepresures de leur mestier et des bateure sanz sanc et de clameur, hors mise la clameur de propriété.

14. Li mestre panetiers doit faire prendre guarde du mestier des talemeliers, et en a les amendes de par lou roy, tant come il li plaira; et doit cil mestre panetier prendre un preudome talemelier qui li guarde son mestier et ses amendes, et qui bien sache connoistre les bones denrées et les leaus. Quant li rois a doné a son mestre panetier le mestier de talemelier, li mestre panetier doit venir a Paris, et faire asembler touz les talemeliers par celui qui est en son leu; et doit eslire XII des plus preudomes du mestier de talemelerie, ou plus ou mains, selonc ce qu'il li semble bon, qui miex sachent connoistre le pain, et qui plus sachent du mestier pour le proufist a ceus qui dedans la vile sont; et doivent icil XII preudome jurer seur sainz que il garderont le mestier bien et leaument, et que, au jugier le pain, qu'il n'espargneront ne parent ne ami, ne ne condempneront nullui por haine ne por mailvoillance a tort.

15. Nul talemelier ne doit cuire au dimenche ne au jour de Noel, ne l'endemain, ne au tierc jour, mes au quar jour de Noël puent il cuire.

16. Nul talmelier ne puet cuire le jour de la Tiphaine, ne au jour de la Purification Nostre Dame, ne au jour Nostre Dame en mars, ne au jour Nostre Dame de la mi aoust, ne au jour de la Septembresche [1].

17. Nul talemelier ne puet cuire au jor de feste d'apostre duquel la veille soit jeulable, ne en la feste saint Pierre

---

1. Le 8 septembre, jour de la nativité de la Vierge.

engoule aoust[1] ne a la feste saint Barthelemi, ne lendemain de Pasques, ne le jour de l'Acension, ne l'endemain de la Penthecoste.

18. Nul talemelier ne puet cuire au jour de la feste Sainte-Crois après aoust, ne au jour de la feste Sainte Crois en may, ne au jour de la nativité saint Jehan Baptitre, ne au jour de la feste saint Martin d'yver, ne au jour saint Nicholas en yver.

19. Nul talemelier ne puet cuire le jour de la Magdelaine, ne au jor de la feste saint Jaque et saint Christofle, ne au jour saint Lorent.

20. Nul talemeliers ne puet cuire au jour de la saint Jaque et saint Phelippe, ne au jour de la saint Denise, ne au jour de la Touz Sainz, ne au jour de la feste au[s] Mors, si ce ne sont eschaudés a donner por Dieu, ne au jour de la feste sainte Genevieve après Noël.

21. Nul talemeliers ne puet cuire es veilles des festes desus dites, que li pains ne soit au plus tart a chandoiles alumans dedans le four, ne es chamedis fors qu'en la veille du Noël, qu'ils puent cuire jusques au matines Nostre Dame de Paris.

22. Li talemeliers puent cuire les lundis ains jour, si tost come matines de Nostre Dame sonent, se aucunes des festes desus dites n'i escheent.

23. Se aucun talemelier cuisoit en aucun des jours des festes desus dis, il seroit de chascune fournée a VI deniers d'amende au mestre et en II saudées de pain que li mestres et li juré donroient pour Dieu a chascune fois que li talemelier en seroit repris; et, se li pains failloit a Paris, si convenroit il qu'il presist congié de cuire au mestre des talemeliers.

. . . .

44. Li reis Phelippes establi que nus hom qui ne demorast dedans la banliue de Paris, ne pooit pain aporter ou faire aporter pour vendre à Paris fors que au samedi,

---

1. Le 1ᵉʳ août.

pour la reson de ce que li talemelier qui sont dedans Paris doivent la taille, le guet lou roi, et doit chascun, chascun an, au roy IX sols, III oboles, que de hauban, que de coustume ; et chascune semaine, III ob. de pain de tonliu au roy, ou a ceus a qui li rois l'a doné, se li rois ne les en a franchis, et ceste coustume a este guardée tré le tans le roy Phelippe ; dont il avint au tans le roi qui ore est, qui Diex doint bone vie, que li talemelier de Corbeil et d'ailleurs louerent greniers en Greve et ailleurs, pour vendre leur pain seur semaine, que ils ne pooient faire ne devoient ; li talemelier de Paris en furent plaintif au roy, et li requirent que l'establisement que li roys Phelippes ses aious leur avoit doné feist tenir et garder et li monstrerent le grant profist que li rois avoit des talemeliers en payant les coustumes esquelles li talemelier sont tenu a paier au roy, chascuns chascun an, lors li rois conferma l'establisement de son aoul, et conmanda que nus talemelier demorans hors de sa banlive n'aportast ne ne feist aporter pain a Paris pour vendre, fors que aux samedis, et, se il l'aportoit ou feist aporter, qu'il fust perdus et donés por Dieu par le mestre et par les jurés du mestier, se bestons n'estoit, c'est a savoir des grands gelées et des grands iaues, par l'enpeeschement desquelles li talemelier de Paris ne puisent asouvir la vile de Paris.

197.   Entre 1261 et 1270.

Banvin.

Depping, *Règlements sur les arts et métiers de Paris*, p. 23.
Lespinasse et Bonnardot, *Le Livre des métiers*, p. 26.

DES CRIEURS DE PARIS.

Se li rois met vin a taverne, tuit li autre tavernier cessent, et li crieur tout ensemble doivent crier le vin le roi au mein et au soir par les quarrefours de Paris et les doivent li mestre des crieurs mener et de ces vins crier doivent-il avoir chascun IV deniers ausi come de leur autres tavernes.

198. Entre 1261 et 1270.

Orfevres de Paris.

Depping, *Règlements sur les arts et métiers de Paris*, p. 38.
Lespinasse et Bonnardot, *Le Livre des métiers*, p. 33.

DES ORFEVRES ET DE L'ORDENANCE DE LEUR MESTIER.

Nus orfevre ne puet ouvrer d'or a Paris qu'il ne soit a la touche de Paris ou mieudres, laquele touche passe touz les ors de quoi en oevre en nule terre.

2. Nus orfevres ne puet ouvrer a Paris d'argent que il ne soit ausi bons come esterlins ou mieudres.

3. Nus orfevres ne puet avoir que un aprentis estrange; mes de son linage ou du lignage sa fame, soit de loing, soit de pres, en puet-il avoir tant come il li plaist.

4. Nus orfevres ne puet avoir aprentis privéz ne estrange a mains de X ans, se li aprentis n'est tex qu'il sache gaingnier cent sols l'an et son despens de boivre et de mangier.

5. Nus orfevre ne puet ouvrer de nuit, se ce n'est a l'euvre lou roy, la roine, leur anfans, leur freres et l'evesque de Paris.

. . . .

7. Nus orfevres ne puet ouvrir sa forge au jour d'apostole, se ele n'eschiet au semedi, fors que un ouvroir que chascun ouvre a son tour a ces festes et au diemenche; et quanques cil gaigne qui l'ouvroir a ouvert, il le met en la boiste de la confrarrie des orfevres, en laquele boiste en met les deniers Dieu que li orfevre font des choses que il vendent ou achatent apartenans a leur mestier, et de tout l'argent de cele boiste done on chascun an le jor de Pasques un disner as povres de l'Ostel Dieu de Paris.

199.   Entre 1261 et 1270.

Fevres de Paris.

Depping, *Réglements sur les arts et métiers de Paris*, p. 44, 46.
Lespinasse et Bonnardot, *Le Livre des métiers*, p. 38.

DES FEVRES, DES MARISSAUX, DES VEILLIERS, DES GREIFIERS ET DES HAUMIERS.

Nus ne puet estre fevre a Paris, c'est a savoir marischax, greifiers, hiaumiers, veilliers, grossiers, que il n'achate le mestier du roy; et le vent de par lou roy son mestre marischal, a l'un plus et a l'autre mains, selonc ce qu'il li plera, dessi a V sols, les quex V sols il ne puet passer.

2. Li rois a doné a son mestre marischal ce mestier et la justice du mestier, tant come il li plera.

3. Quiconques est del mestier devant dit, il doit chascun an au roi VI deniers aus fers le roy, a paier au huitenes de Penthecoste; et les a son mestre marischal, tant come il li plera; et de ce est tenuz li mestres marischax le roy au ferrer ses palefroy de sa siele tant seulement, sanz autre cheval nul.

. . . .

14. De ces jo... ...es a li mestres usé et use encore posiblement en toutes les terres aus joustices de Paris, et en la terre l'evesque et en l'autrui, hor mise la terre Sainte Geneviève et Saint Martin des Chans, qui li empeechent et destourbent a user ent, contre Dieu, contre droit et contre reson puis V ans a en ça par la force de leurs semonses, c'est a savoir que Sainte Geneviève le semonnent a Orliens et a Blois tout de une cause, et Saint Martin des Chans le semonent a Hesdin et ailleurs.

200. Entre 1261 et 1270.

Fin de la journée de travail.

Depping, *Règlements sur les arts et métiers de Paris*, p. 60.
Lespinasse et Bonnardot, *Le Livre des métiers*, p. 51.

DES BOUCLIERS D'ARCHAL, DE QUOIVRE ET DE LAITON NUEF OU VIÉS DE PARIS.

Li vallet ont leurs vesprées, c'est a savoir en quaresme si tost come complie saint Merri iert sonée, et hors quaresme si tost come il voit passer le segont crieur pardevant sui du soir.

Li mestre bouclier se sont assenti a ce que il meesmes aient cele meisme vesprée que li vallet ont pour eus reposer, toutes fois qu'il lour plera.

201. Entre 1261 et 1270.

Contrat d'apprentissage. Fin de la journée de travail. Morte saison.

Depping, *Règlements sur les arts et métiers de Paris*, p. 62, 63.

Li mestre qui prent aprentiz, il doit huchier au convenances du marchié II des mestres et deus des vallés por oïr les convenences faites entre le mestre et l'aprentiz, et convient que li mestres qui garde le mestier i soit apelez.

. . . .

Li mestres et li vallet ont leur vesprées por eus reposer; c'est a savoir en quaresme quant complie est sonée, et en charnage au segont crieur du soir; et vent aler les vallez chascun un un mois en aoust, se il vuelent.

202. Entre 1261 et 1270.

Maître des œuvres de maçonnerie.

Depping, *Règlements sur les arts et métiers de Paris*, p. 107, 110.
Lespinasse et Bonnardot, *Le Livre des métiers*, p. 88, 91.

DES MAÇONS, DES TAILLEURS DE PIERRE, DES PLASTRIERS ET DES MORTELIERS.

. . . .

Li rois qui ore est, cui Diex doinst bone vie, a doné la

mestrise des maçons a mestre Guill. de Saint-Patu tant come il li plaira. Lequel mestre Guill. jura a Paris es loges du Palès pardevant dit que il le mestier desus dit garderoit bien et loiaument a son pooir, ausi pour le povre come pour le riche, et pour le foible come pour le fort, tant come il plairoit au roy que il gardast le mestier devant dit. Et puis icelui mestre Guill° fist la forme de serement devant dit pardevant le prevost de Paris ou Chastelet............

17. Le mestre du mestier a la petite joustice et les amendes des maçons, des plastriers et des morteliers, et de leur aydes et de leur aprentis, tant come il plera au roy, si come des entrepresures de leurs mestiers, et de bateures sanz sanc, et de clameur, hors mise la clameur de propriété.

18. Se aucun des mestiers devant diz est adjornés devant le mestre qui garde le mestier, se il est defaillans, il est a IIII den. d'amende a paier au mestre; et, se il vient a son jour, et il cognoit, il doit gagier; et, se il ne paie dedanz les nuiz, il est a IIII den. d'amende a paier au mestre; et, se il nie, et il a tort, il est a IIII den. a paier au mestre.

19. Li mestre qui garde le mestier ne puet lever que une amende de une querele; et, so cil qui l'amende a faite est si croides et si foz que il ne voille obeir au conmendement le mestre, ou s'amende paier, le mestre li puet deffendre le mestier.

20. Se aucun du mestier devant dit a qui le mestier soit deffenduz de par le mestre, ovre puis la deffense le mestre, le mestre li puet oster ses ostiz, et tenir les tant que il soit paié de s'amende; et, se cil li voloit efforcier, le mestre le devroit faire savoir au prevost de Paris, et le prevost de Paris li devroit abatre la force.

....

22. Li morteliers sont quite du gueit et tout tailleur de pierre, tres le tans Charles Martel, si come li preudome l'en oï dire de pere a fil.

203. Entre 1261 et 1270.

Tisserands de drap de Paris.

Depping, *Règlements sur les arts et métiers de Paris*, p. 114.
Lespinasse et Bonnardot, *Le Livre des métiers*, p. 93 et suiv.

DES TOISSERANS DE LANGE.

. . . .

2. Nus toissarans de lange ne autres ne puet ne ne doit avoir mestier de toissarrenderie[1] dedenz la banliue de Paris, se il ne set le mestier faire de sa main, se il n'est filz de mestre.

3. Chascun toissarrans de lange de Paris puet avoir en son hostel II mestiers lés et I estroit, et hors de son ostel ne puet il avoir nul se il ne le vent[2] ausi come uns estranges les porroit avoir.

4. Chascun filz de mestre toissarrant de lange, tant come il est en la garde de son pere ou de sa mere, c'est a savoir que il n'ait[3] point de fame, ne n'eust onques eue, puet avoir II mestiers larges et I estroit en la meson son pere, se il sait faire le mestier de sa main, ne n'est pas tenu de paier guoit ne nule autre redevance, ne d'achater le mestier du Roy, tant come il sont en ce point.

5. Chascun toissarens de lenge puet avoir en sa meson I de ses freres, I de ses neveus, et pour chascun de ceus peut il avoir II mestiers larges et I estroit en sa meson, pour que li freres ou li niés facent le mestier de sa main, et sitost qu'ils le leroient a fere, li mestres ne porroient pas tenir les mestiers; ne ne sont pas tenus li freres ne li niés d'achater le mestier du roy, ne de gaitier, ne de taille paier, tant come il sont en la mainburnie leur frere ou leur oncle.

6. Li mestre toissarrans de lange ne puet pas, par la reson de ses filz males ou de l'un de ses freres ou de l'un de ses neveus, avoir les mestiers desus diz hors de sa meson.

7. Nus toissarans de lange ne puet avoir les mestiers desus

---

1. Ms. provenant du Châtelet : *tisseranderie*.
2. Ed. Lespinasse et Bonnardot : *vent*.
3. Depping : *est*.

diz pour nului, se il n'est si fil de leal espouse, ou ses freres ou ses niés nés de leal mariage; quar, pour le fil de sa fame, ou pour son frere ou pour son neveu, ne les puet il pas avoir, se il n'est ses fils ou ses freres, ne pour nul ame ne les puet il avoir se il n'est ses fiuz, ou ses freres de par pere ou de par mere, ou filz de son frere, ou de sa seur de leau mariage.

8. Chascun toiserrant de lange puet avoir en sa meson 1 aprentiz sanz plus; mes il ne le puet avoir a mains de IIII anz de service, et a IIII livr. de Paris, ou a V anz de cervise et LX s. de Paris, ou a VI anz de cervise et XX s. ou a VII anz[1] sans argent.

9. Li mestre toiserrant puet bien prendre son aprentiz a plus servise et a plus argent; mes a mains ne les puet il pas prendre.

10. Li aprentiz puet rachater son servise s'il plest a son mestre, mes que il ait servi IIII anz, mes li maitre ne le puet vendre ne quiter se il n'a servi IIII anz, ne prendre autre aprentiz, ja fust chose que li aprentiz s'enfouist, ou qu'il se mariast, ou que il alast outre mer.

11. Li mestre toiserrant de lange ne puet avoir aprentiz tant que li IIII anz durent que ses autres aprentiz le doit servir, se cil aprentiz n'est morz, ou s'il ne forjure le mestiers a toujours; mes, sitost come il seroit mort, ou il auroit le mestier forjuré, li mestres pourroit prendre l autre aprentiz, tant seulement en la menniere desus devisée.

12. Se li aprentiz s'en va d'entour son mestre par sa folie ou par sa joliveté, il est tenuz de rendre et de restorer au mestre touz les couz et tous les doumages que il aura eu par sa defaute ainz qu'il puist revenir au mestier entour cel mestre, ne autre, se li mestres ne le veut quiter.

13. Se li aprentiz s'en va d'entour son mestre par la defaute de son mestre, il ou si ami doivent venir au mestres des toisserranz, et li doivent monstrer, et li mestres des toisserranz doit mander li mestres de l'aprentiz devant soi, et lui

---

1. Lespinasse et Bonnardot ajoutent : *de servise*.

blasmer, et dire li que il tiengne l'aprentiz honorablement come filz de preudoume, de vestir et de chaucier, de boivre et de mangier et de toutes autres choses dedenz quinzainne ; et s'il ne [le] fait, on querra a l'aprentiz l autre mestre.

14. Se li mestres de l'aprentiz ne le fait au conmandement du mestre des toisserranz, il doit prendre l'aprentiz, et mestre le ailleurs, ou il li semblera boen et doit fere donner deniers a l'aprentiz, se il les set gaaingnier. Et, se li aprentiz est tieux qu'il ne sache gaaingnier deniers, li mestre des toisserrans li doit querre mestre au coumun du mestier, et le doit pourvoier.

15. Se li aprentiz se part d'entour son mestre par la defaute de son mestre dedenz le quart de l'an, li mestres li rent les III parz de son argent, et, se il s'en part dedenz demi an, li mestre li rent la moitié ; et, se il s'en part que il n'ait a fere de son servise que le quart de l'an, li mestres ne li rent que le quart de son argent. Et, se il a l'an entier esté entour son mestre, et lors s'en part par la defaute du mestre, li mestre ne li rent point de son argent, car la premiere année ne gaaingne-il riens, et IIII livres ou cent s., se il les a eu du sien, il les puet bien avoir despandu entour le mestre.

16. Se li mestres est si poures que il ne puist rendre a son aprentiz qui d'entour li s'en va par sa defaute, son argent en tout ou en partie, si come il est dit desus, ou il muert ou il s'enfuit, li mestre du mestier li doit fere du coumun querre mestre souffisanment ; quar il est ordené en leur mestier que nuz ne doit prendre aprentiz, se ce n'est par le consuell du mestre et de II des IIII jurez au mains.

17. Li mestre et li dui juré, ou li III ou li IIII, se il sont a l'aprentiz prendre, il doivent regarder se li mestres est soufisant d'avoir et de sens pour aprentiz prendre. Et, se li mestre et li juré voient que li mestres qui prent aprentiz n'est bien soufisant d'avoir l'aprentiz et tenir, il puent prendre bon plegerie et soufisant d'enteriner les convenances envers l'aprentiz, si que li aprentiz ne perdent leur tans, et son pere ne perde son argent.

18. Quiconques est toissarans à Paris, il puet teindre a sa meson de toutes coleurs, fors que de gaide, mais de gaide ne puet il taindre, fors que en II mesons; quar la roine Blanche, qui Diex absoille, otroia que li mestiers des toissarans peust avoir II hostex esquex l'en peust ovrer du mestier de tainturerie et de toissaranderie et franchement, sans estre tenus de nule redevance faire au[s] tainturiers, et que yoilz toissarans peussent avoir des ouvriers et des vallés tainturiers sans nule alience et sans nule banie, et ensement li autre toissaran puoent avoir des vallés et des ouvriers as tainturiers, pour taindre les autres coleurs devant dites.

19. Quant li toissarans tainturiers de gueide muert, li prevos de Paris, par le conseil des mestres et des jurés des toissarans, doivent metre I autre toissarant en son leu, qui ait le meesme pooir de taindre de gueide que li autres avoit. En leur mestier de toissaranderie, ne puet on taindre de gueide fors que [en] II hostex, et ce meesmes leur otroia la roine Blanche, si come il a esté dit pardesus.

20. Nus toisserans ne puet avoir laine a tistre estanfort camelin, que ele ne soit a XXII cens la laine plaine de VII quartiers de lé, et, se ele est plus estroite de VII quartiers de lé, il en paie V s. d'amende au roy et aus jurés; desquex V s li rois a II s. VI den., et li juré II s. VI den. pour leur paine. Et se il le tist en mains de XXII^c la laine, il paie V s. d'amende. Et se aucun a la laine devant dite qui ait mains de VII quartiers de lé, et mains de XXII^c la laine plaine, il est a X s. d'amende, moitié au roi, moitié aus jurés, pour la reson de leur jornées qu'ils perdent pluseur[s] fois en gardant le mestier; quar il n'i treuvent pas touz jours amendes.

21. Nus toisserans ne puet tistre a Paris camelins bruns ne blancs, se il n'est nays en laine, a mains de XX^c, et de VII quartiers de lé; et, se laine est a mains de XX^c, il est a V s., et, se elle n'a VII quartiers de lé, il est à V s.; et, se laine n'a le lé, ne les XX^c, il est a X s., desquex li rois a la

moitié, et li mestre et li juré, pour leur paine et pour leur travail, l'autre.

22. Nus toisserans ne puet tistre a Paris dras plains, se il ne sont nays, a mains de XVI^c la laine plaine et de VII quartiers de lé, et V quartiers en poulie, seur l'amende devant dite.

23. Nus tisserans ne puet tistre camelins nays ne roiés nays a Paris, a mains de XVI^c la laine plaine, et de VII quartiers de lé, seur l'amende devant dite.

24. L'en apele *drap nays* a Paris, le drap duquel la chaane et la tisture est tout d'un.

25. Toutes laines, a quelque drap que elles soient, doivent estre de VII quartiers de lé au mains, seur l'amende devant dite, se on tist ens.

26. Nus toissarrans, quelque drap qu'il tisse, ne doit lessier que XX ros wis que d'une part que d'autre, et, se il en lesse plus de XX wis, il doit pour chascun ros XII den. d'amende, ja tant n'i en i aura de wis que les XX; et de cele amende a li rois la moitié, et li mestres et li juré l'autre pour leur journées et pour leur paines.

27. Se aucun oevre est maagnée [1], c'est a savoir derouté, et cil a qui l'oevre est le fet savoir au mestres et aus juréz, li mestres et li juré li pueent doner congié de tistre a plus de ros wis que XX, selonc ce que il leur semble bon.

28. Nus ne puet a Paris metre en oevre laine ne file taint en noir de chaudiere, se il n'i a autre coleur desus, ne nul file blanc foilié, ne nule laine jaglolée, ne en chaine ne en teinture, se ce ne sont chaynes a dras qui sont jaglolées, que il ne soit en V s. d'amende, moitié au roy, et moitié aus mestres et aus jurés, soit toisserans ou autres [2].

---

1. Ms. Delamare : *mehaignée*.
2. Addition en marge du ms. fr. 24069 (anc. Sorbonne) transcrite dans les mss. de Delamare et du Châtelet : « Li mestre et li juré, par le comm[andement] « du mestre, ont accordé les art[icles] qui s'ensuivent : c'est a savoir que nul « ne face pièce d'en [vers] ne d'endroit que de IIII livres pesans au [plus]. « Item, que l'eschesvel de chascune [pièce] ait I plé en double au mains, et que « il ait XV escheviaux [en] chascun tiercel. Item, que la traime soit sevrée de « l'envers et mise d'une part. Item, que nul n'achate file taint, se n'est en « plain marché ou du commandement du mestre (et) des jurés. »

29. Treme de pers pignié, treme de burnete pignié, treime de vert pignié ne pueent estre tissues fors que en leur chaynes meesmes, c'est a savoir en chayne de cele meesme couleur qui ait eté tainte en layne et pignié. Et, se il le fet, il est a XX sols d'amende, se il ne le fet pour son vestir; et, se il ne le fait pour son vestir, pour sa fame ou pour sa mesniée, ou pour faire retaint, il doit les XX sols desus diz d'amende, et jurer seur sains, pardevant le mestre et pardevant les juréz, que il cel drap ne vendra a nule ame que il ne li die le mahaing devant diz, sanz demande; et, se il vent le drap devant dit, et il ne die le mahaing ansi come il a juré, li mestre et li juré le doivent faire savoir au prevost de Paris, et li prevoz le doit punir selonc ce que il li samble raison. De ces XX s. a li rois la moitié, et li mestre et li juré l'autre, pour leur paine et pour leur travail.

30. Nus ne puet metre aignelins avec laine pour draper, et, se il le fet, il est de chascune drapée en X s. d'amende, au roi la moitié, et aus mestres et aus jurés, pour leur paine et pour leur travail, l'autre.

31. Tout drap doivent estre ouni de laine, et ausi bons au chief come en mileu, et, se il ne le sont, cilz a qui il sont, est pour chascun drap en V s. d'amende, de quelque mestier que il soit, moitié au roy, et moitié aus mestres et aus juréz pour leur paine et pour leur travail.

32. Nus ne puet avoir drap espaulé, c'est a savoir drap del quel la chayne ne fust ausi bone au milieu come aus lisieres, que il ne soit en XX s. d'amende, moitié au roi, et moitié au mestres et aus juréz, ou que li mestres et li juré le puissent trouver ou as polies ou ailleurs.

33. Li mestre et li juré doivent le drap espaulé faire aporter en Chateleit, quant il l'ont trouvé, et illuec doit estre le drap copé en V pièces, chascune pièce de V aunes, se tant en y a en drap; et illuec li mestres et li juré rendent a celui qui le drap estoit ses pièces par le conmandement au prevost par paiant les XX s. d'amende desus diz; et doivent li mestre et li juré prendre le serement de celui qui les pieces de drap sont devant dites, que il cel drap ne rasamblera en

nule maniere, ne qu'il les pieces ne vandra a nule ame que il ne li die le mahaing qui dedenz le drap estoit; et, se il [le] feit, li mestre et li juré le doivent ferre savoir au prevost de Paris, et li prevoz le doit punir tres griefvement, selonc que il li plera.

34. Nus toissarans ne nus tainturiers ne nus foulons ne doivent metre fueur en leur mestiers par nule aliance, par laquelle cil qui a fere auront de leur mestier ne puissent avoir de leur mestier pour si petit pris come il porront, et que cil meesmes qui de ces mestiers desus diz sont ne puissent de leur mestiers faire si bon marchié come il vaudront; et, se aucun des mestres desus diz feisoient en leur mestier alcune aliance, li mestre et li juré le feroient savoir au prevost de Paris et li prevoz defferoit leur alliances et en prendroit amende, selonc ce qu'il li sembleroit que bien fust.

35. Nus toisserans qui voist es foires de Champaigne, ne doit vendre drap de Saint-Denis ne de Laigni ne d'ailleurs, mellé avec les dras de Paris, ne a Saint-Denis meismes, ne en la hale que li tisserrant de Paris ont assise es hales de Paris; et, se il y estoit trouvé, il seroit leur perdus, et les auroient les joustices des leuz; c'est a savoir, a Paris li rois, a Saint-Denis li abbés, et ailleurs la joustice du leu.

36. Nus tissarrant ne doit soufrir entour lui ne entour autre du mestier larron, ne murtrier, ne houlier qui tiegne sa meschine au chans ne a l'ostel, et, se il i a aucun tel sergent en la vile, li mestre et li vallés qui tel sergent i saura le doit fere savoir au mestre et aus jurés du mestier; et li mestre et li juré le doivent faire savoir au prevost de Paris, et li prevoz de Paris leur doit fere vuidier la vile, se il li plaist: mes il ne troveroit qui le meist en oevre, se il ne s'estoit chatoiez de sa folie.

37. Quiconques est toiserans a Paris, se il a estal es hales pour vendre ses dras, il doit chascun an, de chascun estal, V sols de halage a paier au roy, a la mi quaresme II s. et demi, et II s. et demi a la saint Remi, et chascun samedi ob. de coustume de chascun estal, et VI s. de la huche, a

payer a la foire saint Ladre, ains que foire soit faillie. Et par ces VI s. sont il quite de la ob. devant dite, et del tonliu de leur dras qu'il vendent ou qu'il achetent tant come la foire dure. Et est a savoir que chascun de leur estauz ne doit tenir que V quartiers de lonc, ne plus ne doivent il de halage, ne de huge, ne de mailles, ja tant de persones n'i aura a l'estal[1].

38. Nus toisserant ne doit de drap que il vende a detail noiant de tonlieu.

39. Chascun toisserant doit de chascun drap qu'il vent es hales entier VI den. de tonliu, et autant en doit li acheteur s'il n'achate pour son user.

40. Chascun toisserant doit de chascun drap entier qu'il vent seur semaine en son ostel, se il demeure en la terre lou roy, II den. du drap de tonlieu, et autant en doit li acheteres, se il n'achate pour son user, hors mise la semeine l'evesque en laquele chascun toisserant, en quelque leu qu'il venge[2], en son hostel, es hales ou ailleurs, doit VI den. de chascun drap de tonlieu, et autant la en doit cil qui achate, s'il ne l'achate pour son user. Ce tonlieu devant dit n'est pas tenus li vendeur de recevoir ne de demander a l'achateur, se il ne leur plaist; ne le sien meesme ne doit il paier, se on ne leur demande, ne amende nule n'en doivent de fourceler en autrui terre que en la terre lou roy. Doivent li toisserrant leur tonlieu, en l'une terre plus, et en l'autre mains, selonc ce que il i ont acoustumé, des dras qu'il vendent en leur hostaus seur semeine.

41. Nus ne doit de drap que il vende, en quelque lieu que il vende, en son hostel, es hales ou ailleurs, que les tonlieus desus devisez, de quelque couleur et de quelque lieu que li dras soit, vende ou achate.

42. Chascun toisserrant doit de chascuns sis treçons de file qu'il achate ou marchié de Paris ou ailleurs, en la terre lou roy, I den. de tonlieu; et, se il le vent, il en doit autant,

---

1. Ed. Lespinasse et Bonnardot : *l estal*.
2. Ms. Delamare : *il vende*.

et, se il l'achate en autrui terre, il doivent le tonlieu, selonc les coustumes des terres.

43. Et se autres que toisserant, soit fame ou home, vent file ou achate, il doit [de] XVIII den. obole, et de mains noiant. Et, conbien que li filez couste plus, de si a IX livr. ne doivent que ob.[1], et, se il poi e IX livr., et il i ait XIX den. de file outre, si doit-il I den., et, s'il poise IX livr., et il n'i avoit que XVII den. de file outre, si ne doit-il que ob. et ensi du plus plus, et du meins mains, de IX livr. en IX livr.

44. Nus toisserrans ne puet metre nul gart en oevre, c'est a savoir file gardeus et laine jardeuse et, si l'i met, que il ne soit a V s. d'amende, pour que on le puist apercevoir en pluseurs lius apertement, desquex V s. li rois a la moitié, et li juré l'autre moitié.

45. Li vallés toisserrans doivent venir a leur oevres au point et a l'eure que li autre monestereil i vont, c'est a savoir charpentiers et maçon.

46. Et ne doit nuls dudit mestier commencier oevre devant l'eure de soleil levant, sus l'amende de douze deniers le mestre et VI d. le vallet, se ce n'est pour parfaire un drap a besoignier : ou quel cas le vallet puet venir une journée tant seulement.

47. Li gais des toisserrans est au mestre et as toisserans par XX s. de Paris, que li mestres des toisserans paie toutes les nuiz que leur gais siet au roy, et X s. de Paris a ceus qui lo reçoivent, pour leur gages, et pour les gages aus gaites de Petit Pont et de Grand Pont, et pour LX homes que il livrent toutes les nuiz, gaitant que leur gais afiert.

48. Li mestre du mestier des toisserans doit semondre le gait, quel que il soit, et en est sergens lou roy de ce service faire, et le doit faire bien et loiaument par son serement.

49. Nus toisserrans ne doit gait qui LX ans a passé, ne cil a qui sa fame gist d'anfant, et de ce se doivent il fere

---

1. Le ms. Delamare ajoute : quar les IX livres ne doivent que obole.

creable au mestre de leur mestier qui semont le gait de par lou roy.

50. Li vallés toisserrans doivent lessier oevre de tistre, sitost que le premier cop de vespres sera sonés, en quelque paroise que il oevre, mes il doivent ploier leur oevres puis ces vespres.

51. Nus toisserrans ne puet vendre dras a Paris en gros, se il ne les vent par aunes.

52. Toutes les amendes desus dites doivent estre paiées au prevost de Paris ou a son conmencement, et de la main du prevost, ou de son conmendement, doivent avoir li mestre juré la moitié pour leur paines, si come eles sont devisées par desus.

204. Entre 1261 et 1270.

Ouvriers foulons.

Depping, *Règlements sur les arts et métiers de Paris*, p. 131. — Lespinasse et Bonnardot, *Le Livre des métiers*, p. 108.

....

8. Li vallet conmandé a année sont tenu d'aler en l'oevre de leur mestres a l'eure et au point que li maçon et li charpantier vont en place pour eus aloner. Et, se li vallés ne sont conmandé, il doivent aler en la place jurée a l'Aigle[1] ou quarrefour des chans pour eus aloner, se aloner se voelent a l'heure et au point devant dite, se il n'i lessoient a aler par banie.

9. Li vallet doivent aler a la place devant dite, sanz asamblée et sanz banie, a l'heure devant dite.

10. Se aucun vallet fait contre cest establissement, il paiera V s. d'amende au roy.

11. Li vallet ont leur vesprées, c'est a savoir que cil qui sont loué a journée, lessent oevre au premier cop de vespres Nostre-Dame en charnage, et en quaresme au cop de conplie, et au samedi au premier cop de none de Nostre-

---

1. Maison de la rue Baudoyer où se réunissaient les ouvriers foulons pour se faire embaucher.

Dame, et a la nuit de l'Acension, quant crieur portent vin; et la veille de la Penthecoste, la veille saint Pierre après la saint Jehan, la veille de la saint Lorent et la veille de la mi août, si tost que li premier crieur vont, et la veille de Pasques, si tost come il oent les sains soner.

12. Se mestre a mestier de vallet a la vesprée devant dite qui a cele journée ait ouvré a lui, aloer le puet sans aler en place, se il se pueent concorder du pris. Et, se il ne se pueent concorder, li vallès puet aler en la place au chevet Saint Gervais, devant la maison la converce; et ileuc vont querre li mestre vallés, quant il leur faillent a la vesprée, ou aus autres eures du jour.

....

15. Doi mestre du mestier ne pluseur ne pueent estre conpaignon ensamble en un ostel.

....

19. Li vallet foulon se doivent desjeuner en charnage ciez leurs mestres a l'heure de prime, s'il desjeuner se voelent et il pueent aler disner hors de l'ostel a leur mestres, ou il leur plaist dedenz la vile de Paris; et doivent venir après disner a l'oevre au plutost que il porront, par reison, sans banie et sans attendre li uns li autre a desmesure. Et quiconques fera encontre, il amendera au roy en XII den. toutes les fois que il en sera repris; desquex XII den. li IIII juré qui le mestier gardent de par lou roy, aront IIII den. par la main du prevost de Paris, pour les cous et pour les mises que il font au mestier garder.

---

205. Entre 1261 et 1270.

Cumul de métiers.

Depping, *Règlements sur les arts et métiers de Paris*, p. 137. — Lespinasse et Bonnardot, *Le Livre des métiers*, p. 112.

DES TAINTURIERS DE PARIS.

Nus toissarrans de lange ne puet ne ne doit taindre de gueide a Paris, ne de autre couleur, pour la reison de ce que il ne leur plaist pas que tainturier de gueide puisse tistre de lange. Laquele chose est contre Dieu et contre droit et contre reison, et especiaument et expressèement contre le roy et contre sa droiture, si come il est avis aus preudeshomes du mestier de tainturerie de Paris; quar li mestier de toissarranderie est tex que nul ne le puet avoir se il ne l'achate du roy; et, puisqu'il est au roy a vendre, dont n'est-il pas aus toisserrans a deffendre; et li toisserran le deffendent bien quand il ne voelent que nul le face faire, s'il n'est filz de mestre; mès si plaisoit a la tres deboniere excellence le roy, tout cil qui seroient preudome et loyal, qui auroient le mestier de toisserranderie achaté, pourroient estre tainturiers, et li preudome tainturiers porroient estre toisserrans, pour tant que il achatent le mestier du roy; et ensinc la droiture le roy en croistroit, et vaudroit miex touz les anz de CC livr. de paris.; q ir on feroit touz les ans trop plus de dras, et vendroit et achateroit on files et laines, et moult d'autres choses, desquex li rois auroit moult grant profit.

---

206. Entre 1261 et 1270.

Malfaçons et salaires à la tâche.

Depping, *Règlements sur les arts et métiers de Paris*, p. 143. — Lespinasse et Bonnardot, *Le Livre des métiers*, p. 116.

DES TAILLEURS DE ROBES.

5. Quiconques est taillieres de robes a Paris, et il mestaille I robe ou I garnement par le drap mal ordené au taillier ou par l'innorance de son taillier, li mestaiz doit estre veuz et regardez par les mestres qui gardent le mestier. Et se li mestres dient par leur serement que le garnement soit enpiriez par mestaillier, li taillieres doit rendre le doumage a celui qui le garnement est, par l'egart des mestres du mestier et si·le doit amender au roy de V souz de parisis d'amende toutes les foiz qu'il en seroit repris; esquieux

V s. li preudomme qui gardent le mestier de par le roy ont
II s. de paris. a leur conflarie, pour les povres de leur mestier soustenir.

6. Li valet couturier du mestier desus dit qui mespran-
dront ou mestier desus dit par leur cousture ou par leur fet,
se leur mestres en est plaintiz aus mestres qui gardent le
mestier, il l'amenderont par le dit des mestres en rendant
le doumage a leur mestres, et l'amenderont d'une journée
aus mestres qui gardent le mestier, pour les povres de leur
conflarie soustenir.

7. Li valet tacheeur aus tailleeurs ne puent demander
autre louier de leurs mestres que le droit pris que il ont
usé depieca.

207.   Entre 1261 et 1270.

Gardes jurés.

Depping, *Règlements sur les arts et métiers de Paris*, p. 162. —
Lespinasse et Bonnardot, *Le Livre des métiers*, p. 133.

DES CHANDELIERS DE SIEU.

Li preudome du mestier des chandeliers de suif de Paris
vos requierent, sire prevos de Paris, que IIII preudomes
que il vos nomeront facent serement que il garderont bien
et loiaument le mestier de par lou roy, et que il garderont
la droiture le roy et la droiture a touz ceux ausquex ce
apartendra et que icil preudome ou li uns de eus ait pooir
de par le roi de prendre les mauveses oevres la ou il la
troverront, et aporter par devant vos, sire prevos de Paris,
pour jugier et pour jousticier.

208.   Entre 1261 et 1270.

Apprentis. Gardes jurés.

Depping, *Règlements sur les arts et métiers de Paris*, p. 172. — Lespinasse et Bonnardot, *Le Livre des métiers*, p. 141.

DE CEUS QUI FONT TABLES A ESCRIRE A PARIS.

....

10. Se ucun aprentis s'en va d'entour son mestre par la defaute de son mestre, le mestre le doit amender a l'esgart des preudomes qui gardent le mestier. Et se li aprentis s'en va par sa folcur ou s'envoiseure, li mestres ne puet prendre aprentis devant que XXVI semaines soient passées, et puis les XXVI semaines, il puet prendre aprentis en la maniere desus dite.

11. Toutes les fois que li aprentis qui, par sa propre envoiseure, se part d'entour son mestre veut revenir a son service dedens les XXVI premieres semaines, revenir i peut, pour tant qu'il rende a son mestre touz les couz, touz les domages et touz les depers qu'il aura euz par sa defaute, pour le reson de ce qu'il auroit lessié son service.

12. Li aprentis qui entour son mestre ne veut revenir dedens les XXVI semaines devant dites, ne puet metre main au mestier devant ce que il ara rendu a son mestre touz les couz [et] touz le[s] domages qu'il ara euz pour sa defaute, pour ce qu'il li a lessié son service.

13. Se li mestre a pris un autre t. 'etier puis les XXVI semaines, et ses aprentis qui, par sa joliveté, l'a lessié, voille revenir au mestier entour autre que a son mestre, [revenir i puet], pour tant qu'il paie a son mestre les couz et les domages que son mestre i aura euz par sa defaute, mes entour son mestre ne puet-il revenir, quar le mestre ne puet avoir que I aprentis.

....

19. Li II preudome juré, garde du mestier devant dit, doivent ravoir du conmun del tout le coustement qu'il metent pour garder le mestier devant dit, et en sont creu par le serment qu'il ont fait, sauve le taxement au prevost de Paris devant alant, s' mestier en est.

209.   Entre 1261 et 1270.

Fils de patrons. Accaparement. Caisse de retraites pour la vieillesse.

Depping, *Règlements sur les arts et métiers de Paris*, p. 175. — Lespinasse et Bonnardot, *Le Livre des métiers*, p. 145.

DES CUISENIERS.

....

2. Item, que nulz ne puisse prendre varlet ou dit mestier d'ores en avant, s'il n'a esté aprentiz ou dit mestier deux ans ou s'il n'est filz de mestre et aucune chose sache ou dit mestier; et, se le filz du mestre ne sait riens du mestier par quoi il puisse la marchandise exercer, que il tiegne a ses despens un des ouvriers du mestier qui en soit expert jusques a tant que ycelui filz de maistre le sache convenablement exercer, aus diz des maistres du dit mestier. Et se il avient que aucuns des ouvriers du dit mestier face le contraire, il paiera X s. d'amende, c'est a savoir VI s. au roy et IIII s. aus maistres du dit mestier pour leur peine.

....

7. Item, que nulz n'achate oes que en la place ou es champs qui sont entre le ponceau du Roulle du pont de Chaillouau jusques aus faubours de Paris, au costé d'entre Saint-Honoré et le Louvre. Et ne voisent encontre les marchans forains pour les acheter, ne fasse compagnie de marchandise, sur peine de X. s. et de forfaire la marchandise qui acheteront hors des lieux dessus diz, lesquex X s. seront paiéz en l'amende dessus dite.

....

14. Item, que le tiers des amendes qui seront levées afferans a la portion des maistres du dit mestier, pour les causes dessus dites, soient pour soustenir les povres vieilles gens du dit mestier qui seront decheuz par fait de marchandise ou de viellece.

210.   Entre 1261 et 1270.

Participation des tiers aux marchés. Veuves de patrons.

Depping, *Règlements sur les arts et métiers de Paris*, p. 178. — Lespinasse et Bonnardot, *Le livre des métiers*, p. 148.

DES POULAILLIERS.

Se aucun polaillier achate aucune denrées apartenant a son mestier, et aucun qui n'a pas le mestier de polaillerie achaté veut partir a lui, il ne le puet faire, ne ne doit, soit bourgois ou estagier de Paris ou autres.

Fame de polaillier puet tenir le mestier de polaillerie apres la mort son mari ausi franchement come se ses sires vesquist et, se elle se marie a home qui ne soit du mestier, et elle vueille tenir le mestier, il li convient achater le mestier en la maniere desus devisée ; ensement li convenroit il achater le mestier se ses maris estoit du mestier et il n'eust le mestier achaté, quar li hom n'est pas en la seignorie a la fame, mes la fame est en la seignorie a l'ome.

211.   Entre 1261 et 1270.

Devoirs des patrons entre eux au sujet de leurs ouvriers et de leurs apprentis.

Depping, *Règlements sur les arts et métiers de Paris*, p. 182. — Lespinasse et Bonnardot, *Le Livre des métiers*, p. 150.

DES DEICIERS DE PARIS.

. . . .

6. Nus deicier ne puet ne ne doit enmargier ne sortrere li aprentiz li un a l'autre devant que il ait fet son terme, ne aloer le vallet ne li soriant li un a l'autre devant adonc que il ait fet et paracompliz son service.

7. Se aucuns des aprentiz aus deiciers de Paris ou aucun de leur vallez s'enfuist ou s'en part ainz qu'il ait fet ou paracompli son service, et il se coumende hors de la vile

de Paris chies aucun home du mestier, et icil home aporte
ou envoie a Paris aucunes des denrées de son mestier pour
vendre, nus deicier de Paris ne puet ne ne doit achater
nules des denrées devant dites de icelui ouvrer devant donc
que il ait getéz d'entour lui le vallez ou l'aprentiz au deycier
de Paris, se icil ouvrer ne veut jurer seur seinz et douner
plegerie que il l'aprentiz ou li vallez devant dit metra hors
d'entor lui dedenz le tiers jour que il s'en ira a son hostel.

---

212.   Entre 1261 et 1270.

Juridiction du maître des fripiers.

Depping, *Règlements sur les arts et métiers de Paris*, p. 191. —
Lespinasse et Bonnardot, *Le Livre des métiers*, p. 159.

DES FREPIERS.

Nus ne puet estre frepier dedenz la banlieue de Paris,
c'est a savoir vendeur ou achateur de robes viez, linges ou
langes, ne de nulle maniere de cuirien, viez ou nuef, se il
n'achate le mestier du roy; et le vent de par lou roy li
mestre chamberier lou roy ou son conmendement, auquel
chamberier li rois l'a doné, tant come il li plera; et le
vent cil chamberier a l'un plus et a l'autre mains, tant come
il li semble bon.

2. Li chamberier ou son conmendement ne puent ne ne
doivent le mestier devant dit vendre a nul ame que il ne soit
preudom et loial, et duquel il aient boen tesmoignage et
souffisant qu'il soit preudome et loiax; quar au mestre qui
le mestier garde [appartient], quant aucun enterz est trouvez seur un frepier, que il le tesmoigne a estre preudom et
loial, et fort chose seroit, se il le tesmoignoit a preudome
et loiax, et il ne le connoissoit, ou il ne l'eust oï tesmoignier par bone gent et par leaus.

3. Le mestre qui garde le mestier de par le mestre chamberier le roy, doit aler pardevant le prevost de Paris, toutes
les fois qu'il en est requis, pour tesmoignier le frepier, soit

povre soit riche, qui est arestez pour aucun enterz, qui s'avoe a frepier, delivrer, se ce n'est pardevant le mestre du mestier et par son tesmoignage, pour les faus avoemens qu'en i feit; c'est a savoir que cil qui sont arestez pour enterz dient qui sont frepier, et il ne le sont pas : c'est espece de larrecin.

. . . .

10. Li frepier, li vallés et leur aprentis sont joustisable au mestre du mestier de toutes les choses qui a leur mestier apartienent, de quelque terre que il soient, si come de la marchandise et de la conpaignie de la marchandise ou de dette fuite de la marchandise, ou de perte ou de gaaign en la marchandise, ou d'aucune autre maniere de mesprenture, ou d'aucune chose apartenant a la marchandise.

11. Se aucun du mestier devant dit se plaint d'aucun autre du mestier pardevant le mestre, et di qu'i ait part en aucun guarnemens qui ait esté [achaté] ou vendu pardevant lui, il en doit estre creuz par sa foi sanz nul autre espece de preuve, se l'autre partie ne dist que a l'achater cel guarnement eust gent qui bien seussent la verité de cele chose, et requeissent que il en feussent oï, que alors les devroit il le mestre jousticier et les tesmoings fere jurer. Et ce que li tesmoing tesmoigneroient, le mestre le devroit faire tenir et enteriner.

12. Se aucun du mestier est ajournez devant le mestre, venir i doit; et, s'il n'i vient, il le doit amender au mestre de IIII den., et, se il i vient, et il connoisse ou nie, il est a IIII den. d'amende au mestre; et, se il nie, et il est atains, si doit-il IIII den.

13. Les IIII den. d'amende prent li mestres de ceux qui connoissent ausi bien come de ceus qui nient, qui sont ataint de leur niance, pour la reson de ce que en sa joustice n'a point de despit; ne plus n'en puet-il lever d'amende que IIII den. de l'article d'une querele : c'est a savoir d'un deffaus[1], d'un gagement, d'une dette conneue ou niée ou atainte.

---

[1]. Dans les deux édit. : *deffans*.

14. Se aucun du mestier devant dit dit vilonie ou feit vilonie a un mestre du mestier ou a aucun de ses sergens, ou a aucun autre en jugement pardevant le mestre, amender le doit a celui que il aura dite la vilonie et au mestre, par le loial taxement du mestre. Et, se il ne le veut fere, le mestre li puet defendre et conmender que il ne s'en voise hors de l'ostel, ne que il n'en porte le droit lou roy. Et, se il est si foz et si roides et si aboutiz que il ne vueille obeir au conmandement le mestre, ou paier au mestre s'amende ou enteriner ce que il aura gagié pardevant le mestre, ou venir aus ajournemens, le mestre puet prendre toutes les choses que li foz et li roides et li aboutiz aura en plain marchié apartenant a son mestier, toutes les fois que il les troverra enz el marchié. Et, se il les rescouoit, ou il nule des choses apartenant a son mestier n'aportast au marchié, le mestre le devroit faire savoir au prevost de Paris, et li prevoz de Paris li doit faire oster la force, et faire enteriner ce qui aura esté fait bien et loiaument pardevant le mestre du mestier de freperie, et au mestre du mestier faire amender la force qui li aura esté faite, et rendre les amendes que on li devra.

15. Tuit li vallet frepier, tuit li vallet gantier, et tuit li vallet peletier doivent chascun, chascun an, I den. au mestre des frepiers, a paier a la Penthecoste; et par cel denier est li mestres tenuz a ajorner pardevant lui, a la requeste de chascun vallet des mestiers devant dits, touz ceus qui des mestiers seront, toutes les fois que il auront mestier.

16. Se aucun des vallés devant diz ne paie le den. devant dit, li mestre puet prendre son gage ou deffendre que l'en ne le mete en oevre, tant qu'il ait fait gré au mestre de s'amende.

17. Se aucun vallet des mestiers devant dits ne vient a l'ajournement le mestre, ou il n'enterine aucun des conmendemens le mestre, le mestre li puet deffendre le mestier, se il ne treuve aucune chose du sien ou il puist prendre s'amende, et faire enteriner son conmendement. Et, se aucun le met en oevre par desus le conmendement le mestre, il

est a l'amende desus devisée, et en puet li mestres user en la maniere desus devisée.

18. Li frepier ont part l'un a l'autre des choses que on vent et achate en leu ou il soient apartenant a leur mestier. Et se aucun frepier ne puet aller en marchié, envoier il puet un vallet qui soit de son lignage, pour que il soit son aprentiz, ou sa fame, ou aucun de ses enfans; et il puet partir li une des persones devant dites tant seulement en leu de lui.

19. Cil qui crient par la vile la cote et la chape ont acheté le mestier de freperie en la maniere desus devisée, et partant pueent-il vendre et achater les choses apartenant au mestier desus dit; mes il ne pueent avoir [part] a nul frepier de chose nule que on vent ne achate devant aus, neant plus que a uns estranges; mes li frepier pueent bien partir a eus; mes nul frepier ne pueent partir a nul home qu'il achate pour son user; mes en foire pueent il communaument partir li uns a l'autre c'est a savoir ceus qui crient la cote et la chape et li estranges au[s] frepiers et li frepiers au[s] estranges, et vendre et achater conmunement tant come foire dure par paiant la coustume.

---

213.   Entre 1261 et 1270.

Chef-d'œuvre. Ouvriers.

Depping, *Règlements sur les arts et métiers de Paris*, p. 216. — Lespinasse et Bonnardot, *Le livre des métiers*, p. 175.

DES CHAPUISEURS DE SIELES ET D'ARCHONS ET D'AUVES [1] A PARIS

....

11. Se li aprentis set faire I chief d'œvre tout sus, ses mestres puet prendre I autre aprentiz, pour la reson de ce que, quant I aprentis set faire son chief d'œvre, il est reson qu'il se tiegne au mestier et soit en l'ouvroir, et est reson que on l'oneure et deporte plus que celui qui ne le set faire, si que ses mestres ne l'envoit mie en la vile

---

1. Panneaux de la selle?

quere son pain et son vin ausi comme l garçon, et par cele reson puet li mestre prendre l autre aprentiz, sitost que cil set faire son chief d'œvre.

. . . .

13. Nus mestre de leur mestier ne puet alouer vallet, que li vallès ne jure seur sains que il fera a savoir au mestres qui gardent le mestier touz ceus que il sauront qui mesprendront ou feront contre les articles du mestier ou en aucune chose, sitost come il le porra parchevoir ne savoir, et que icil vallet jurra seur sains que el mestier devant dit overra bien et loiaument selonc les establisemens devant ditz. Et quiconques alouera vallet, ains qu'il ait fait le serement devant dit, il l'amendera a V s. de par. au roy; et li vallès sera tenus de fere le serment. Ce serment doit faire li vallès devant I des mestres qui gardent le mestier, et devant II des preudeshomes du mestier ou III au mains.

. . . .

15. Et se li valet s'en va devant son terme par sa volenté ou par joliveté, et il revient, il ne puet ovrer ailleurs devant que il ait fait son servise aveque son mestre aveque qui il estoit aloué, pour quoy son mestre le vienge prendre.

. . . .

214.   Entre 1261 et 1270.

Jours fériés.

Depping, *Règlements sur les arts et métiers de Paris*, p. 222. — Lespinasse et Bonnardot, *Le livre des métiers*, p. 179.

DES LORMIERS DE LA VILE DE PARIS ET DE L'ORDENANCE DE LEUR MESTIER.

. . . .

3. Nus lormiers ne puet ne ne doit metre avant au diemenche ne a nule des festes Nostre Dame, c'est a savoir hors de son hostel; mes il puet bien son hostel tenir ouvert et s'œvre avoir pourpendue parmi son hostel sanz metre hors; et qui fera encontre cest establissement, il amendera de II s. de par. au roy toutes les fois qu'il en sera reprins.

215. Entre 1261 et 1270.

Corporations placées sous la juridiction d'officiers de la maison du roi. Redevances pécuniaires représentant des redevances en nature.

Depping, *Règlements sur les arts et métiers de Paris*, pp. 227, 229, 230. — Lespinasse et Bonnardot, *Le livre des métiers*, p. 183.

DES CORDOUANIERS.

1. Quiconques veut estre cordouaniers a Paris, il convient qu'il achate le mestier du roy; et le vent de par le roy monseigneur Pierre le chambellan et le quens d'Eu, a qui le roys a donné le mestier, tant come il li plera; c'est a savoir, a chascune persone qui achater veut le mestier, XVI s. de paris., desquieux XVI s. misires Pierre le chambellan a X s. et li quens d'Eu les VI s.

2. Sitost come li cordouaniers de Paris ont acheté le mestier et poié les XVI s., i convient qu'i jurent seur sainz pardevant monseigneur Pierre ou pardevant son conmandement, present les preudonmes du mestier, que il le mestier desus dit feront bien et loiaument aus us et aus coustumes du mestier, qui tieus sont.

. . . .

13. Touz les cordouanniers de Paris doivent au roy touz les anz XXXII s. de par. pour unes hueses. Lesquieux XXXII s. il doivent poier au roy ou a son conmandement touz les anz, en la semaine penneuse de Paques.

. . . .

17. Li cordouannier de Paris se sont asenti que monseigneur Pierre le chambellan meste et oste a son plaisir III preudesoumes du mestier desus dit, pour garder le mestier le roy; liquieux jureront sur sains que eus[1] le mestier desus dit garderont bien et loiaument et que il feront a savoir toutes les mesprantures qui fetes i seront au pre-

---

1. Lespinasse : *ens*.

vost de Paris ou a son conmandement, au plustost que il pourront par reson.

. . . .

216. Entre 1261 et 1270.

Apprentis. Filles de patrons. Ouvriers. Police du métier.

Depping, *Règlements sur les arts et métiers de Paris*, pp. 234, 236, 237, 239. — Lespinasse et Bonnardot, *Le livre des métiers*, p. 188.

DES CORROIERS DE PARIS, DE LEUR VALLÈS ET DE LEUR APRENTIS.

. . . .

7. Se aucun orphelin est povres et il ait esté enfes d'aucun corroier et il voille aprendre le mestier de corroierie, li mestre du mestier le font aprendre et le pourvoieent; et pour ce ont li mestre les III s. d'entrée et li V s. de li aprentiz.

. . . .

10. Nus hom corroier ne puet prendre aprentis, se il ne le prent par les mestres, et conviant que li mestres regardent se cil qui l'aprentiz veut prendre est souffisans d'avoir et de sens, que li preudome qui leur enfans font aprendre a corroier ne perdent leur argent et li aprentis son tans.

11. Nus ne puet prendre aprentis se il n'a tenu le mestier an et jour a Paris ou ailleurs, et de ce convient il que il se face creable pardevant les mestres du mestier.

12. Se aucun reçoit aprentis par les mestres et il apovroie ou muert, par quoi il ne puist tenir a son aprentiz ses convences[1] ou le n'ait de quoi tenir, li mestres du mestier sunt tenu d'oster l'enfant et de faire le aprendre et de porveoir.

13. Nus corroiers ne puet recevoir vallet en son mestier, se il n'a ouvré, ou que ce soit, aus us et aus coustumes de Paris; c'est a savoir, que il ait esté au mestier VI ans o plus.

---

1. Lespinasse : *conven[an]ces*.

14. Nus corroiers ne puet vendre son aprentis se li mestre ne va outre mer ou il ne gist ou lit de langueur ou se li mestre ne veut lesier son mestier du tout; et ce ont li preudome establi por les garçons qui s'enorgueillissent, ains qu'il aient fait la moitié de leur termes ou le quart, et nomeement por ce que li uns ovriers ne soustraie l'aprentiz à l'autre.

15. Nus aprentis ne se puet rachater de son mestre se il ne forjure le mestier a touz jours por les resons devant dites et nonmeement por ce que li aprentiz ne feissent a leur mestres annuiz, por quoi li mestre leur souffrissent a rachater le service.

16. Se fille a corroier set le mestier et ele est[1] mariée a home qui ne le set, ele puet ouvrer du mestier par la vile en hostel a mestre, se mestier li est; mes ele ne puet a son seigneur aprendre le mestier, quar ele ne puet estre mestres ne ele n'a esté fame a corroier ne tenir aprentiz; et ce establirent li preudome ancienement por ce que les garces lesoient leur peres et leur meres et conmençoient leur mestier et prendoient aprentis et ne fesoient se ribauderies non; et, quant eles avoient ribaudé et guillé ce poi que elles avoient enblé a leur peres et a leur meres, eles revenoient avec leur peres et leur meres, qui ne les po[o]ient faillir, a mains d'avoir et a plus de pechiéz.

. . . .

21. Li vallet corroiers ont leur vesprées; c'est a savoir, que il n'overront pas en quaresme puis le premier cop de complie ne en charnage puis le premier crieur qui va du soir.

. . . .

28. Quiconques soit corroiers et loe vallet, a quelque jour qu'il le loe, il li doit livrer œvre a toute la semaine por le fuer de la premiere journée et le vallet doit demourer toute la semaine pour celui feur.

. . . .

38. Et est a savoir que en ce mestier doit avoir III preu-

---

1. Depping et Lespinasse : *ele n'est mariée.*

deshomes, que li preudome du mestier eslisent, et icil III preudomes fiencent que il garderont le mesuer bien et loiaument, selonc les establisemens pardessus devisés, et que il i garderont li droiture lou roy; et ces III preudomes metent et eslisent chascun an li preudome du mestier; et cil III preudomes esleu, ansi come il est devisé par desus, eslisent un home et l'amenent pardevant le prevost de Paris et li font jurer que il prendra garde par la vile des entrepresures du mestier et le fera a savoir au III preudeshomes devant dit ou a l'un; et icil III preudomes condempnent l'œvre a mauvaise, se elle l'est, et il gardent la droiture le roy, si come il est dit pardesus.

. . . .

---

217.   Entre 1261 et 1270.

Ouvriers étrangers.

Depping, *Règlements sur les arts et métiers de Paris*, p. 255. — Lespinasse et Bonnardot, *Le livre des métiers*, p. 206.

C'EST L'ORDENANCE DES FOURREURS DE CHAPEAUS A PARIS.

. . . .

3. Item, que nus valléz dehors ne soit receuz que come aprentiz jusques a tant qu'il saiche fourrer de touz poins un chapel, et paiera au roy V s. pour l'entrée de son mestier et III s. aus maistres.

. . . .

---

218.   Entre 1261 et 1270.

Maître des œuvres de charpenterie.

Depping, *Règlements sur les arts et métiers de Paris*, pp. 104, 106. — Lespinasse et Bonnardot, *Le livre des métiers*, p. 86.

DES CHARPENTIERS.

Ce sunt les ordenences des mestiers qui appartiennent a charpenterie en la banlieue de Paris, anssi[1] come mestre

---

1. Depping et Lespinasse : *aussi.*

Fouques du Temple et ses devanciers l'ont usé et maintenu ou temps passé; c'est a savoir charpentiers, huichiers, huissiers, tonneliers, charrons, couvreurs de mesons et toutes manieres d'autres ouvriers qui euvrent du trenchant en merrien.

1. Premierement mestre Fouques du Temple dit, quand li mestiers et la mestrie du dit mestier de charpenterie li fu donnée, il fist jurer a touz les maistres desdiz mestiers que il n'ouverroient au samedi depuis que nonne seroit sonnée a Nostre-Dame au gros saint, se ainsi n'estoit que il levassent [œvre?] que il ne peussent lessier, ou que li huchiers eussent vendu huis et fenestres pour bonnes gens clorre.

2. Item, nus dudit mestier ne peut prendre aprentiz a mains de IIII ans, ne ne puet penre journée pour leurs aprentiz li premiere année, fors que VI den. pour ses despens jusques au soir, ne ne peuent prendre ne avoir que un aprentiz; ne ne peuent prendre autre aprentiz devant que le dit aprentiz premier sera en sa derroine année, se il n'est son fils ou son neveu ou oil de sa fame néz par loial mariage.

. . . .

6. Item, se le dit mestre Fouques ou son conmandement[1] trouvoit ouvrant au samedi puis nonne sonnée a Nostre-Dame au gros saint charpentiers ne huchiers ne huissiers, il en pueit lever XII den. ou l'oustil de quoi cil ouverroit.

7. Item, le dit mestre Fouques fist jurer aus charrons que il ne metroient nus essiaus en charete, se il n'estoient aussi souffisans come il verroient que on les leur meist, se il estoient chareteers.

8. Se justicoient, au temps du dit mestre Fouques et de ses devanciers, toutes manieres d'ouvriers de trenchant, c'est a savoir tonneliers, cochetiers, feseurs de néz, tourneurs, lambroisseurs, recouvreurs de mesons et toutes autres manieres de ouvriers que a charpenterie appartiennent; et estoit ainsi establi que, se nus des ouvriers des mestiers

---

1. Lespinasse ajoute *pour li*.

dessus diz fussent adjourné devant le dit mestre Fouques et il defailloit de venir, il paieroit IIII den. du deffaut de jour; et pooit le dit mestre Fouques establir en chascun mestier un homme, quel que il voloit, pour garder le dit mestier, selonc ce que il est dit dessus, pour raporter les forfaitures au dit mestre. Et prenoit le dit mestre Fouques pour ses gages et pour la mestrie du mestier XVIII den. par jour ou Chastelet et une robe de C. sols prinse a la Toussains.

---

219.   Entre 1261 et 1270.

Réglementation de la pêche dans l'eau du roi.

Depping, *Règlements sur les arts et métiers de Paris*, p. 260. — Lespinasse et Bonnardot, *Le livre des métiers*, p. 212.

DES PESCHEURS DE L'EAUE LE ROY.

1. Nus ne puet estre peechier[1] en l'iaue le roy, c'est a savoir entre la pointe de l'isle Nostre-Dame, pardevers Charenton dessi au pilers de fust du pont de fust qui soloit estre de la carriere de la Vile Nueve Saint Jorge et des Carrieres, si come Marne se conporte, jusques a Fosséz dessi aus molins que l'en dit de Portes, hors mises les Forrieres, qui sont aus escuiers et aus bones gens, d'une part Marne et d'autre, se il n'achate l'iaue de Guerin Dubois, a cui ancisseur le roi Phelippe[2] le dona en eritage ; et le vent cil Guerin a l'un plus et a l'autre mains, si come il li semble bon.

2. Quant cil Guerin a a I peescheur ou a plusurs vendue l'eau le roy devant dite, les achateurs ou li achateres vienent a celui Guerin, au jour de la feste Saint Jehan Baptistre, et requierent celui Guerin qui les saisisse, et cil Guerin les en saisist, sauf le droit lou roy et le sien, et recoit cil Guerin de chascun nouvel pescheur, pour le

---

1. Lespinasse : *nus ne puet peeschier.*
2. Philippe Auguste.

roy XII den., et IIII s. pour lui meisme de saissines ; et ces XII den. cilz Guerin porte dedenz les nuiz a celui qui cele coustume garde et queut pour le roy; et li doit dire le non de celi qui est novel pescheur ; et, toute cele année toute entiere, cil noveaus pescheur est quite toute cele premiere année par les V s. devant diz qu'il a paié. Et en l'autre année apres cele, et en toutes les autres ensuians, chascun poissonier doit au roy, chascun an, III s. de hauban, a paier a la saint Martin d'yver, et II s. de coustume a paier, chascun an, au roy ; c'est a savoir, XII den. au Noël et XII den. a Pasques, et a celui Guerin III obol. a paier a Pasques, et a la Saint Jehan Baptistre II den. et poitevine ; et doivent a celui Guerin, de III ans en III ans, III den. que on apele le congié.

. . . .

9. Tout li pescheur de l'eaue devant dite se jousticent pardevant celui Guerin, si come des engins des poissons deffensables, et en a cil Guerins les amendes devant dites.

10. Toutes ces choses a usé cil Guerins et si devancier tres le tens au bon roy Phelippe.

---

220.   Entre 1261 et 1270.

Hauban.

Depping, *Règlements sur les arts et métiers de Paris*, p. 297. — Lespinasse et Bonnardot, *Le livre des métiers*, p. 253.

CIS TITRES PAROLE DES MESTIERS QUI HAUBAN DOIVENT AU ROY ET DES MESTIERS QUE ON VENT DE PAR LE ROY.

1. Quiconques est talemeliers a Paris, il doit chascun an VI s. de par. au roy por le hauban, a paier a la saint Martin d'yver; et convient que il achate le mestier du roy, se il ne demeure a Saint Marcel, a Saint Germain des Prés, hors des murs de Paris ou en la viéz terre madame Sainte Genevie[ve] ou en la terre du chapitre Nostre-Dame de Paris, asise en Garlende, ou en la terre Saint Magloire, dedens les murs de Paris ou en la terre Saint

Martin des Chans, asise hors des murs de Paris ; et vendent le mestier devant dit de par lou roy cil qui du roi l'ont acheté, a l'un plus et a l'autre mains, si come il leur semble boen.

. . . .

14. Haubans est uns propres nons de une coustume assise ancienement, par laquele il fu establi que quiconques serroit haubaniers, qu'il serroit frans et a mains de droitures paians del mestier et de la marchandise dont il serroit haubaniers que cilz qui ne serroit pas haubaniers.

15. Haubanier furent ancienement establi a I mui de vin paiant[1] en vendenges au roy ; et puiz mist li bons roys Phelippes[2] cel mui de vin a VI s. de paris. pour le contens qui estoit entre les povres haubaniers et les eschançons le roy, qui le mui de vin rechevoient de par le roy.

16. Des mestiers haubaniers li I doivent demi hauban, c'est a savoir III s., li autres plain hauban, c'est a savoir VI s. et li autre hauban et demi, c'est a savoir IX s., si comme nous avons dit pardesus.

17. Tout li mestier de Paris ne sont pas haubanier. Ne nus ne puet estre haubaniers se il n'a [esté] et est del mestier qui ait hauban ou se li rays ne li otroie par vente ou par grace.

. . . .

221. Entre 1261 et 1270.

Boulangers et banalité des fours.

Depping, Ordonn. sur le commerce et les métiers, à la suite des Règlements sur les arts et métiers, p. 349. — Lespinasse, Les métiers et corporations de la ville de Paris, I, p. 198.

CIS TITRES PAROLE DES FOURS DE PARIS ET DE LEUR DROITURE.

En ceste chose se sont acordé li bourgois de Paris et dient que, ou tans le roy Phelippe, de bonne memoire, fu

---

1. Depping : *par ant.*
2. Philippe Auguste.

contens entre les prevoz de Paris, de l'une partie, et les boulengiers de Paris, de l'autre partie, seur ce que li prevoz de Paris voloient abatre et destruire les fours des boulengiers, seur laquel chose li boulengier se plaindrent a monseigneur lou roy et adont, de l'assentement et la volenté monseigneur lou roy, fu ordené en cette maniere :

C'est a savoir que chascun boulengiers pueent faire son four en sa meson, en la quele il manoit, a cuire tout ce que manouverroit en sa meson, por ce que chascun boulengier valoit a monseigneur lou Roy chascun IX s., III d.[1] et encore vaut. Et, se aucuns clers ou aucuns lays envoiast a aucun bolengier son blé que il li en feist pain pour ce cler ou pour cel lay, li boulengier pueent faire ceste chose sans nule achoison. Li bolengiers qui n'ont fours propres pueent aler as autres fours, la ou il croient qu'il miex facent.

Derechief, li boulengier pueent faire fours propres, sanz nul contredit, et touz tans cuisent et ont cuit ou il leur plest miex, sans banie. Ceste enqueste fu faite du commandement du roy Phelippe.

222.   1262, juin.

Privilèges accordés par Marguerite, comtesse de Flandre et de Haynaut aux commerçans de la Rochelle, de Saint-Jean-d'Angély, de Niort, du Poitou et de Gascogne, venant trafiquer à Gravelines.

Finot, *Étude hist. sur les relations commerciales entre la France et la Flandre au moyen âge*, in-8, 1894, p. 343.

Nous Marguerite, contesse de Flandres et de Haynaut, faisons a savoir a tous ceaus ki ces letres verront et orront, ke nous, pour le pourfit et pour l'acroissement de nostre

---

1. Deppling : *III ob.*

vile de Gravelinghes et dou port de celui liu, avons doné et ottrié franchises teles come ci après sunt escrites.

1. A nor améz, as maires et as communs de la vile de la Rochelle, de la vile de Saint Jehan d'Angeli et de la vile de Niort et a lor marcheans et a tous autres marcheans de Poitout de Gascoingne et d'aillors de ces parties de la, ki sunt e, serunt de lor compaingnie et ki a ladite vile de Gravelinghes et audit port vendront pour marcheander et pour besoingnier de lor marchandises, tout au commencement les devant dis marcheans, lor vallés et lors sergans et les gardes de lour avoir et de leur marcheandises nous recevons en nostre garde et en nostre deffense par toute nostre terre et par tout nostre pooir.

2. Après nous volons et ottroins ke li devant dit marcheans et lor vallet et lor sergant puissent es lius devant dis venir et aler, amener et aporter lor marcheandises et marcheander franchement et delivrement, lor droites coustumes paiant, et puissent vendre et achater ou eschangier l'uns marcheans a l'autre et a toutes autres manieres de gens a leur volenté de toutes lor marchandises, queles ke eles soient, et mettre lor avoirs en comendise tout la ou il leur samblera ke bon soit, et qu'il puissent garder et tenir lor avoir et lor marcheandises tant longhement cum il voudront et faire compasgnie de lore avoirs a ceaux de nostre terre et de nostre pooir et aillors, se il voelent, par si ke cil ki sera compains de la marcheandise as devant dis marcheans puist esploitier l'avoir de son compaignon ou de ses compaignons, ensi ke il paie pour ses compaignons tels coustumes cum il deveront de lor parties et do la soe partie ce que a lui en afferra.

3. Après nous volons et otrions ke, se aucuns des devant dis marcheans et de lor sergans ou des wardeurs de lor avoir convenoit plaidier a Gravelinghes ou aillors en nostre terre ou en nostre pooir, ke la justice dou liu li livre consel et amparlier en bonne foi a toutes les fois ke on l'en requerra, au coust resnable de celui pour cui il parle-

ioit ; et volons ke, se il par aventure avenoit que li marcheans u ses sorgans ou li garderes de son avoir monstroit sa plainte u sa besoingné devant nostre justice, ke on ne li voist a nule souspresure[1] desconvenable ne a nul mal engien de sa parole.

4. Après nous voulons et ottrions ke li regars des vins ne puistestre fais par nous ne par nos bailius ne par eskevins ne par nostre justice de Gravelinghes ne par autrui de par nous, fors une fois en l'an, c'est a savoir après ce ke li mot t nouvel seront premierement venu a Gravelinghes ne, pour la raison dou regart des vins ne des autres avoirs as marcheans, nostre baillius ne eskevin ne justice ne puéent ne ne doivent cloere ne fermer les celiers de les maisons ou seront li vin et li autre avoir as marcheans devant dis, ains lor doit on laissier les clés ou a leur sergans ou a lor commandement, et, se on i trouvoit vin ki ne fust loiaul, il conviendroi li marcheans cui tels vins seroit, ou ses commandemens fesist porter ou mener fors de nostre terre dedens vint jours après le regart fait ou ke il l'effondrast ou le fesist effondrer par le seu dou bailliu ou de la justice et des eskevins dou liu et par tant s'en puet passer, et li remandra quites li fus dou tonel et, se li marcheans ou ses conmans ne le faisoit, nostre justice le feroit faire puis les vint jours devant dis et seroit adont li frès dou tonel nostre.

5. Et, se il i avoit aucun vin, dont on fust en doutance, s'il porroit revenir en point ou non, on doit le tonel saieler dou saiel d'eskevins juskes a certain terme convenable pour savoir coment li vins se prouvera et s'il dedens ledit terme revenoit en bon point, faire en puet li marcheans son esploit a sa volenté, et, se il ne revenoit en bon point, on en feroit comme de mauvais [vin] en la maniere devant dite, mais pour foibleté de vin, ne pour ajoster blanc vin aveuc vermel, se dont n'i avoit autre mauvaistée, on n'en puet faire justice ne le tonel effondrer.

---

1. Tromperie.

6. Et, s'il avenoit par aventure ke, devant ou après le terme dou regart des vins devant dit, plainte venist a nostre justice on a eskevins ke aucuns marcheans usast de mauvais vins et ou les eust, regarder ou savoir le porroit on et amender en la maniere ki devant est dite des mauvais vins.

7. Après nous volons et ottrions ke, se aucuns achate vins ou autres avoirs as devant dis marcheans ou a lor commandement, et aucuns de la ville de Gravelinghes i voloit avoir part ou compaingnie, il convient ke cil ki part i voldroit avoir, pait tantost sa partie ou marcheant vendeor en deniers contans, se la marchandise est vendue a paier deniers contans, et, se ele estoit vendue a craonce ou a terme, nus n'i porroit avoir ne clamer part aveuc l'achateor.

8. Après nous volons et ottrions ke, se aucuns achate vins ou autres avoirs des marcheans devant dis ou de lor comant, ke li marchiés soit estables puis ke li deniers Diu en sera bailliés et ke li achateres[1] d'iluekes[2] en avant ne s'en puist resortir ne aler arriere.

9. Après nous volons et ottrions ke, pour le meffait dou vallet ou dou sergeant au marcheant ou dou gardeor de son avoir, ne puist li avoirs dou marcheant estre aresté ne encombrés.

10. Encore nous volons et ottrions ke, se aucuns ajornemens estoit fais sour marcheant ou sour son vallet ou sour son sergeant, ki ne fust presens en la vile de Gravelinghes au jour et a l'ore ke li ajornemens seroit fais, ke cil ajornemens ne li puist nuire ne grever et, se on li metoit seure ke il adont i eust esté presens, nous volons k'il s'en puist esconduire et passer par son sairement, se il n'estoit prouvé par connissance d'eskevins ki eussent esté a faire l'ajornement a sa personne.

11. Après se aucuns des marcheans ou de lor gens voloient loer ou achater osteus en la vile de Gravelinghes, faire lo

---

1. Édit.: *achateus.*
2. Édit.: *diluekes.*

pueent et atraire aveuc austant[1] de compaignons et d'autre gent com il voldront et porront.

12. Après nous volons et ottrions ke les escutes[2] ne puissent venir a la nef quant elle sera venue devant la havene[3] de Gravelinghes pour alegier, fors tant seulement celes ke li marchans ou ses comandemens ou li maistres de la nef atenera et comandera a venir et chargera la premiere escute ki ensi seroit comandée a venir tout arrouteement sa charge avant c'autres escutes puissent riens commencier a chargier, et ensi et en tel forme feront les autres après, tant come li marcheans ou ses commandemens ou li maistre de la nef voldra.

13. Après nous volons et ottrions ke nus escutemans ne puist etre compains a l'autre ne estre deschargieres de vins.

14. Encore nous volons et ottrions ke li marchans ou ses conmans puist faire arrester le cors et l'avoir de son detteur selonc les coustumes dou liu ou la dette et la connissance sera faite et, se aucuns des detteurs estoit fuitis, nous le devons faire arrester ou il soit trouvés en nostre terre et en nostre pooir, et son cors faire ramener en prison ou liu dont il se serait défuis, a la requeste dou marcheant ou de son comandement, et doivent tuit li bien et tous li avoirs dou detteur et de sa feme estre mis et bailliés en paiement au marcheant ou as marcheans a cui on deveroit la dette.

15. Après nous volons et ottrions ke li marcheant et lor comant puissent paier delivrement les frais as maistres des nés ou a leur coumandement de lor avoirs et de lor marchandises par si ke li maistre ou lor commant s'en tiengnent a paié.

16. Encore nous volons et ottrions ke, pour content ki soursist entre nous et cels de Gravelinghes ne pour guerre ne pour ost ne por tans de messons[4], ne de harenghisons[5],

---

1. Édit. : *aus tant*.
2. Barques.
3. Port.
4. Temps de moisson.
5. Temps de la pêche des harengs.

ne remaingne mie ke on ne face tous tans droit et loi as marcheans et a lor gens et a lor comandement.

17. Après, pour ce ke nous volons ke li marcheant devant dit et lor gens et lor comans soient certain des coustumes de Gravelinghes et dou port, combien li venderes et li achateres [i] paieront, nous faisons asavoir a tous ke li venderes i doit paier de chascun tonel de vin ki vendus sera en l'iauwe dou dit port quatre tornois, et de celui c'on vendera a terre seche ou en la vile de Gravelinghe, soit en celiers ou defors, quatre deniers de le monoie de Flandres de chascun tonel et li achateres en paiera outretant, se il n'en estoit frans ou cuites par privilege ou autrement, et des autres avoirs et des autres marcheandises paieront li venderes et li achateres selonc l'usage et les coustumes des devant dis lius. Et si doit on savoir ke nule autre coustume ne establiment nous ne poons ne ne devons alever sour les marcheans devant dis ne sour lor gens ne sour lor marcheandises, especiaument en lor aggravance. Et ces coustumes devant dites paiant et rendant pueent et pourront li marcheant devant dit, lor sergant, lor gent et lor comandement aporter au devant dit port et a la vile de Gravelinghes lor avoir et lor marchandises et remporter et retraire fors a lor volenté quant il voldront, et la ou il voldront, sans nul encombrement de nous ne d'autrui de par nous, sauf tant ke, se il venoient au devant dit port a tout leur avoir de ce ki la endroit ne seroit deschargié ou vendu, il paieroient tel coustume come on a usé juskes a ore.

18. Après on doit savoir ke li eskevins de Gravelinghes doivent oïr les chartres, les cyrographes et les conoissances des dettes as marcheans a toutes les fois qu'il en seroit requis des marcheans ou de lor comant et doivent recevoir en lor garde les contreparties des cyrographes et des chartres devant dites a garder ou pourfit des marcheans sans riens coustant.

19. Encore doit on savoir que li bromant[1] doivent des-

---

1. Brouetteurs.

chargier arrouteement les vins as marchans, ensi cum il vendront premier et mettre es celiers et es voltes, si ke par leur defaute ne par leur negligence li marcheant n'en aient damage, car tel damage que il ensi en averoient, cil lor seroient tenu de rendre plainement.

20. Apres nous devons faire mettre suer loial et convenable sour les celiers et sour les voltes par nostre bailliu et par les eskevins dou liu ; et, se il ne le faisoient, nous le feriens.

21. Apres nous volons et establissons ke li bromant deschargent chascun tonel de vin des alegemens et des escutes et le chargent sour le char et deschargent dou char et mettent et assieent es voltes et es celiers pour dis deniers de la monoie de Flandres, et le tonel de vin ki sera guindés sour le char il deschargeront et metteront et asserront es voltes et es celiers pour sis deniers et trairont chascun tonnel fors des voltes et des celiers, et chargeront sour le char et deschargeront et rechargeront es escutes pour dis deniers, et trairont encore fors des voltes et des celiers, et chargeront sour le char chascun tonnel pour sis deniers.

22. Après nous volons encore et establissons ke li char ke li marcheant voldront ki chargent outre l'escluse, portent chascun tonel de vin a Gravelinghes la ou li marcheant voldront pour dis deniers et de pardeca l'escluse, près dou fossé pour set deniers et de devant le vile pour cinq deniers tout de le monoie de Flandre devant dite.

23. Et si volons et otrions ke, se par le defaute des bromans ou de lor aydes ou de lor cordes ou de lor autres estrumens ou par le defaute des chartrerons cui li char seroient eu ki les menroient ou par la defaute des chars ou des touniaus loier, il i avoit tonnel brisié et vin espandu, cil d'eaus par cui defaute li damages seroit venus renderoit et seroit tenu de rendre au marcheant ou a son comant le damage fait pleinement et entierement.

24. Apres nous volons et ottrions ke les celiers, les voltes ou les maisons ke li marcheant loeront par semaines a Gravelinghes, ke il les puissent avoir et tenir an

et jour, se il voelent, par celui fuer, ou laissier quant il voldront, payant dou tans ke il l'aroient tenu.

25. Encore doit on savoir ke li gaugieres doit gaugier et vergier les vins a le droite verge de Bruges et doit avoir de chascun tonel ke il gaugera deus deniers.

26. Et li corretiers des vins doit avoir douze deniers de chascun tonel de vin ke il fera vendre, et si ne puet demander corretage ne avoir, se il n'avoit esté presens au marchié faire et au denier Diu baillier ou ke il i fust venu par le coumandement dou vendeur ou de l'achateur.

27. Après doit on savoir ke corretiers ne puet estre compains li uns a l'autre de sa correterie ne estre herbergieres de vendeurs ne d'achateurs de vins ne estre marcheans ne compains de marcheandises tant cum il maintendra la correterie, et li doivent estre corretier et gaugeur juré et sairmenté de faire loiaument lor offices et, se il en estoient repris et prouvé, oster les en doit on et autres remettre par autel forme et par autel condition.

28. Apres nous volons et otrions as devant dis marcheans, a lor sergans et a lor vallés ke, se aucuns d'eaus, laquelle chose ja n'aviengne, estoit par aventure tenus de la franche verité a Gravelinghes, ke nostre baillius ne nostre justice ne puet ne ne doit celui punir dou cors ne de l'avoir, ains le doit on amener en nostre presence ou de nos successors contes ou contesses de Flandre et nous i devons regarder toute equité et toute droiture et, tout baras, deloyauté et fauseté mises arriere, nous devons celui traitier selonc raison come bons sires.

29. Après nous volons et otrions as marcheans devant dis et a lor gens ke toutes autres bones coustumes lor vaillent en nostre terre partout et par nostre pooir en autel maniere come elles font[1] a autres marcheans estranges de lor cor et de lor avoirs ki seront present es lius de nostre terre as us et as coustumes de chascun liu. Et toutes ces franchises et ces choses devant devisées, avons

---

1. Édit. : *sont*.

nous proumis, pour nous, pour nos hoirs et pour nos successors a tenir et a faire tenir et garder en bone foy loiaument, et garentir et faire plain gariment as marcheans devant dis et a lor gens perpetuement.

30. En tesmoignage et en seurté de laquel chose nous leur avons donné ces lettres saielées de nostre saiel.

31. Et nous Guis, cuens de Flandres, fils a madame la contesse devant noumée toutes les choses devant dites et devisées greons et otrions et proumetons a tenir et a faire tenir et garder perpetuelment, en[1] bone foi et sans aler encontre et a ce obligons nous et nos hoirs et tous nos successors. Et en tesmoingnage et en perdurable fermeté de ceste[2] chose, nous avons fait mettre a ces lettres nostre saiel aveuc le saiel nostre chiere dame et mere devant dite. Ce fu fait en l'an de l'Incarnation Nostre Seigneur[3] mil deux cens et sexante et deus, el[4] mois de juin.

---

223. 1263, novembre.

Veuves de maîtres.

Olim, I, fol. 129 v°. — Boutaric, *Actes du parlement*, n° 776.

Petebant boulengarii Pontysarenses quod mulieres vidue relicte bolengariorum Pontisarensium compellerentur desistere facere panem venalem, cum per cartam liceat solis boulengariis facere panem venalem, sicut dicebant. Et cum, secundum tenorem ipsius carte, ipse mulieres no[n] potaverint boulengarios nec propria manu sciant facere panem venalem, sicut boulengarii dicebant; ipse vero mulieres e contrario dicebant quod ad hoc non debebant compelli, cum ipse, una cum maritis suis, cum viverent insimul, potaverint boulengarios, ut dicebant, de bonis inter se communibus, cum eciam, de mandato regine Blanche, in

---

1. Édit. : *et*.
2. Édit. : *cesti*.
3. Édit. : *signeur*.
4. Édit. : *es*.

hac saysina fuerint multo tempore et maxime cum carta predicta contra ipsas in hoc casu non faceret, ut dicebant. Tandem, audita carta et hinc inde propositis plenius intellectis, determinatum est quod mulieres relicte boulengariorum, que cum maritis suis boulengarios insimul potaverunt, possunt facere panem venalem, sicut alii boulengarii quamdiu sunt vidue. Et eciam nisi potavissent cum maritis suis, si modo vellent potare bolengarios, possent ipsum panem facere venalem.

---

224.   1264, 23 février.

Boulangerie domestique et boulangerie professionnelle.

W. Wiegand, *Urkundenbuch der Stadt Strassburg* I, n° 549.
(Premier coutumier municipal de Strasbourg)

Nos Heinricus, Dei gratia electus Argentinensis, Bertholdus de Ohsenstein, custos ejusdem ecclesie, universis et singulis presentium inspectoribus volumus esse notum quod, orta dissensionis materia inter magistros, consules et universitatem civitatis Argentinensis ex una, et pistores seu panifices ejusdem civitatis ex parte altera, super eo quod iidem pistores a domibus pistrinalibus ipsorum civium, pro jure eorum, quod vulgo dicitur *einung*, amplius quam antiqua et approbata ipsius civitatis consuetudo exigeret, requirebant, tandem, intervenientibus viris honestis, hujusmodi discordia taliter est sopita, consensu et voluntate dictarum partium plenius accedente, quod deinceps in perpetuum quicunque civis pistrino suo integrum jus, quod dicitur *einung*, acquirere voluerit, panificibus dabit pro hujusmodi jure duodecim solidos denariorum Argentinensium sine omni augmentatione, et pro dimidio einungo sex solidi dari debent. Consenserunt etiam predicti pistores quod, si quempiam civium habentem pistrinum decedere contigerit, quicunque et cujuscunque etatis unus ex liberis suis ipsum pistrinum ex jure hereditario pro sua acceperit portione, simul etiam accipiat jus dimidium, quod dicitur *einung*. Nos igitur, ad instantiam predictarum partium, huic ordinationi et statuto nostrum assensum inpertimur presentibus pariter et favorem ipsamque ratam tenentes et gratam per omnia approbamus, sigilla nostra una cum ipsius civitatis sigillo presentibus in testimonium appendentes. Actum et datum anno Domini millesimo ducentesimo sexagesimo quarto, in vigilia Mathie apostoli.

225. 1264, juin.

Veuves de maîtres remariées.

Olim, 1, fol. 138 v°. — Boutaric, *Actes du parlement*, n° 846.

Cum quedam bolengaria Pontisarensis que tempore viduitatis sue recepta fuerat ad faciendum panem et bolengarios potaverat, postmodum virum duxisset, bolengarii Pontisarenses nolebant ipsam bolengariam ad illud ministerium admittere, eo quod ipsa duxerat maritum, qui nesciebat facere panem propria manu sua, secundum tenorem carte concesse ipsis bolengariis a rege Philippo. Ipsa vero proponebat quod debebat admitti ad hoc quia alias ad hoc admissa fuerat tempore viduitatis sue, ut dicebat, et inde fecerat quod debebat. Determinatum est quod ex quo alias ad hoc admissa fuerat ipsa bolengaria tempore viduitatis sue, iterum debet ad hoc admitti, non obstante matrimonio inter ipsos, non obstante etiam quod nesciat panem facere propria manu sua maritus ejusdem.

226. 1265, 4 juin.

Teinturerie à Montpellier.

Germain, *Hist. du commerce de Montpellier*, t. 1. Pièces justif., n° XXXIX.

Noverint universi quod, quia nos Jacobus[1], Dei gratia rex Aragonum, Majoricarum et Valentie, comes Barchi-

---

1. Jaymo I.

none et Urgelli, et dominus Montispessulani, intelleximus quod in sacramentali et ordinatione antiqua facta in Montepessulano super tinto continetur quod, tinto uno panno, quod cito ejectus est de cacabo in quo tintus est, debet aqua illa in qua tintus est incontinenti eici in terram et spargi, quod ulterius non debet tingi aliquid in eadem, et pro in tinto rubeo quod ibidem fit ponitur minus grana quam in tinto rubeo quod tingitur apud Januam, Lucam et Massiliam, qui aliter, ratione dicte spargitionis aque, amitentur in eodem tinto, propter quod panni in Montepessulano tinti apreciantur multo minus et minori precio venduntur quam panni qui tinguntur apud Januam, Lucam et Massiliam, ideo damus et concedimus vobis probis hominibus et universitati Montispessulani, hinc ad quinque annos primos venturos, quod in aquis illis in quibus tinti fuerint panni ponatur aliquantulum plus de grana, et possitis in illis aquis tingere bisam unam albam, vel alium pannum qui vocatur faudatus, vel unum pannum de *Chalon*, vel medietatem unius panni estani forti de Anglia, vel medietatem estani forti de *Arras*, vel unum sayam de Lua vel de *Biam*, vel unum pannum de serico, libere et sine alicujus contradictione, mandantes tenenti locum nostrum in Montepessulano, bajulo curie, et consulibus ejusdem loci, quod predictam donationem et concessionem nostram per dictos quinque annos firmam habeant et observent. Datum Ilerde, pridie nonas junii, anno Domini millesimo CC° LX° quinto.

---

227.   **1265.**

Suspension du travail. Solidarité dans les achats. Règlement adopté devant l'échevinage par les patrons et ouvriers éperonniers de Poitiers.

Copie moderne, Bibl. nat. Lat. 18398 fol. 54 v°.

Ordinatum fuit et concordatum in scabinagio, [praesente] majore Johanne de *Berry*, inter frenarios Pictavenses et servientes eorumdem, quod ipsi non aperient fenestras sabbato post vesperas nec dominica sequenti, nec de nocte nec diebus predictis curent opera de martello ¹ nisi sint ruelle calcarium, et, si ipsi emerint aliqua opera, ille qui emit alios submonebit, et unusquisque habebit partem suam pro rata pretii que valebit, si placet ei. Conventum etiam fuit inter ipsos quod ipsi possint opera facta garnire sed non operari nec limiare nec tenere pro garniendo ultra vesperas. Et si quis ipsorum contra aliqua prædictorum facere presumpserit, reddit majori et servientibus II. s., quorum medietas communi et alia medietas confratrie sancti Eligii. Actum, ipso majore presente, anno Domini millesimo sexagesimo quinto. Isti juraverunt : G. *Dailli*, Jo. *Forner*, *Aymonet*, Alanus Brito.

228. 1267 (n. s.), février.

Arrêt du parlement autorisant l'entrée à Pontoise, tous les jours de la semaine, du pain fabriqué au dehors.

Reg., *Olim*, 1, fol. 153 v°. — Boutaric, *Actes du parlement*, n° 1093.

Petebant major et pares Pontisarenses quod, sicut cera, ferrum, ligna, fenum et merces alie afferebantur libere venalia apud Pontisaram qualibet die septimane, ita et panis posset ibi afferri venalis de extra villam qualibet die septimane, propter bonum commune populi qui multum ibi creverat, sicut dicebant, et maxime cum, sicut asserebant, nec furni nec molendini bannerii essent ibi. Bolengarii vero dicte ² ville opponebant se dicentes quod super hoc non debebant audiri major et pares predicti nisi solum de die qua est mercatum apud Pontisaram, quia nunquam fuit aportatus aliunde panis ibi venalis, nisi solum die mercati, et quia etiam per cartam regis Philippi ³ ipsi

---

1. Ms. : *marg.*
2. Ms. : *dicti.*
3. Cette charte est de novembre 1217. Voy. *Ordonn. des rois de France*, XI, 308. Cf. Delisle, *Catalogue des actes de Philippe Auguste*, n° 1779.

habent ibi soli officium panem faciendi et vendendi, et inde tenetur quilibet eorum magnum redditum domino regi reddere annuatim, quod facere non possent si panis de extra villam ibi afferretur venalis, et maxime quia in hoc facto pronunciatum fuerat per inquestam inde factam in alio parlamento quod non poterat de extra villam panis venalis ibi defferri, nisi solum die mercati. Proponebant eciam quod, si extranei taliter ibi panem afferrent, afferrent denariatas non talliatas, quas in dampnum populi possent vendere quantum vellent ; quod ipsis bolengariis non permitteretur facere, sicut dicebant. Ad hoc respondebant major et pares predicti quod, si villa sua usum super hoc non haberet, hoc eis non nocebat, cum jus commune et bonum commune habeant pro se, et tamen per dictam inquestam inventum fuerat quod diu est, tempore cujusdam caristie, ibi venerat deforis panis venalis alia die quam die mercati, per quod asserebant inquestam ipsam fecisse pro se, non pro bolengariis antedictis. De carta vero dicebant quod bene placebat eis quod facerent panem sicut erat eis concessum, nec nocebat eis carta, sicut dicebant, cum non exprimeretur in ea quod non posset panis venalis ibi afferri, sicut petebant. Propter quod petebant panem deforis ibi venalem afferri, oppositione bolengariorum non obstante. Tandem, audiiis hinc inde propositis et carta etiam diligenter inspecta, intellecto insuper quod carta ipsa continebat quasi jus iniquum, propter quod verba ipsius erant stricte sumenda et non ad aliud quam tangerent extendenda, pronunciatum fuit quod panis venalis poterat ibi deforis afferri, qualibet die septimane. Ob fraudem tamen circa hoc amovendam, preceptum fuit quod de parvo pane afferantur omni die, excepta die mercati, denariate talliate et non aliter, die vero mercati afferantur ad voluntatem venditoris, sicut fieri solet. De magno vero pane, quatuor vel quinque aut sex denariorum vel amplius, quantum ad pretium, nichil fuit taxatum, sed ematur et vendatur ut fieri poterit.

229.   1267, 5 juin.

Participation des corporations aux cérémonies publiques.

Chronicon Normanniæ.
Recueil des historiens des Gaules et de la France, XXIII, 218.

In festo Pentecostes eodem anno Philippus, primogenitus filius Ludovici regis Francorum, fit miles Parisius, cum tanto urbis et civium apparatu, ut retroactis temporibus vix [tam] solemne festum Parisius factum vel alibi reperiatur. Unde et tota civitas sericis pannis et cortinis extitit ornata, et omnia civitatis ministeria novis vestimentis induta de pannis brodatis, sericis, cendalis aut vestibus aliis, secundum præceptum et dispositionem præpositi Parisius.

Chronique parisienne du XIIIe siècle p. p. L. Delisle, Notes sur quelques mss. du Musée britannique. Mém. de la société de l'histoire de Paris et de l'Ile de France, IV, 188.

Anno Domini M° CC° LX° VII°, die Penthecostes, tenuit rex Francie Ludovicus maximum festum Parisius, et ipsa die fecit Philippum, filium suum, militem..... et in die illius Pentecostes, ob reverentiam dicti regis et ejus filii et honorem, fecerunt cives Parisienses, tam divites quam pauperes, maximum festum, habentes quilibet vestes novas, coloris diversi, incedentes per Parisius ad processionem quilibet de quolibet ministerio cum pari suo, habentes quilibet coram se cereum grossum ardentem, facientes tale festum quod nunquam fuerat Parisius factum tale.

---

230.   1267, 13 juin.

Fondation et police d'une boucherie.

Arch. départementales de la Lozère, G. 298.

Anno Verbi incarnati M° CC° LXVII° ydus Junii, indictione IX^a, Ludovico rege Francorum regnante, O[dilone] Mimatensi episcopo existente, noverint universi presentes pariter et futuri quod multi homines de civitate Mimatensi existentes coram magistro Laurentio de Codat, judice Guaballitani pro reverendo in Christo patre domino Odilone, Dei gratia Mimatensi episcopo, dicentes quod macel'us fiebat in civitate Mimatensi in diversis partibus et inordinate, ex quo magnum tedium et magnum dampnum civibus yminebat et ideo requisierunt dictum judicem ut macellum in aliquo loco congruo ordinaret. Qui magister Laurentius respondit eis quod cogitarent et ordinarent qualiter posset fieri et ubi et sic tunc recesserunt. Et post, eodem anno, die martis post Carniprivium vetus venerunt iterum multi homines de civitate inter quos erant...[1] et ad requisitionem ipsorum dictus magister Laurenius, judex nomine dicti domini episcopi, de consilio et consensu discretorum virorum domini Petri Radulphi canonici et officialis Mimatensis et domini Hugonis de Guardamilitis et Guillelmi Moreti, cellararii et clerici dicti domini episcopi presentium et quorumdam aliorum presbiterorum hominum dicte civitatis, ordinavit, voluit et precepit quod macellus fiat in panno (sic) *del chastel*, in loco appellato *las Lotias*, in quo loco alias dicitur fuisse macellus, qui locus confrontatur cum domo Boairolo et cum domo Raimundo Marque et cum domo *dels Bruls*, mediantibus carreriis publicis circumquaque. Dixit enim et voluit et ordinavit, nomine et ex parte dicti domini episcopi dictus judex et de consilio predictorum, quod alibi quam in dicto loco non vendantur carnes frustatim neque salse neque retentes grosse. Item quod in dicto loco non occidantur carnes grosse nisi forte agni vel eduli. Item quod non vendantur ibi agni vel eduli botati. Item quod non vendantur ibi oves pro multonibus nisi prius super hoc certificentur emptores. Item quod non vendantur ibi sues pro porcis maribus, et, si quis macellarius habet porcum vel porcam granatum vel granatam, quod non vendant eum vel eam pro legali set certificent emptores super vicio ejus. Item quod non debent

---

1. Suivent treize noms.

ibi carnes vendi ircine vel caprine set habeant alium locum proprium ad hoc, si opus fuerit faciendum. Item quod alie bestie non vendantur ibi nisi possint venire pedibus suis ad locum predictum. Item quod non vendantur ibi animalia morbosa. Item voluit et ordinavit dictus judex, nomine dicti domini episcopi et de consilio predictorum et de consensu superius expressorum, quod idem dominus episcopus et ejus successores inperpetuum habeant et percipiant super qualibet tabula que in dicto macello fiet unam libram piperis censualem et quod semel dent eidem domino episcopo XL. libras Vienensium (?) inter omnes illos qui tabulas ibi recipient nomine accapiti et investiture, salvis quibuslibet aliis usibus, censibus et aliis consuetis. Item ordinavit et voluit dictus judex, nomine quo supra et de consilio et consensu predictorum superius expressorum, quod inter omnes illos qui tabulas ibi recipient solvant et solvere teneantur LX libras Vienensium (?) illis a quibus pede[1] ille sunt empte in quibus fiet macellus supradictus. Et hec omnia dictus judex ordinavit nomine dicti domini episcopi, prout supra scriptum est, salva et retenta in omnibus dicti domini episcopi voluntate. Que omnia dict:.s Guillelmus Vitalis et alii post ipsum superius expressi nominatim gratis acceptaverunt et voluerunt et promiserunt d. judici..... se solvere domino episcopo et ejus successoribus in perpetuum dictum censum et dictam summam accapiti, ut est dictum. Item fuit ordinatum quod carnes ille quas occident Judei non vendantur Christianis ibidem. Actum Mimatis, in operatorio Guillelmi *Sudre*, presentibus testibus domino Petro Radulphi, canonico et officiali Mimatensi, Deodato Petri et aliis supra proximo nominatis et multis aliis, et me Guillelme Sudre, publico notario Mimatensi qui, mandato dicti judicis et aliorum supra nominatorum, qui ad solvendum predicta se obligaverunt, hanc cartam scripsi et subscripsi et signum meum et bullam apposui in eadem. Et post, in adventu domini episcopi predicti eodem anno, macellarii infras-

---

1. Le terrain, Voy. Du Cange, *Peda*, 2.

cripti qui presentes erant scilicet.....[1], existentes coram dicto domino episcopo petierunt ab eo ut supradicta omnia..... vellet et ratificaret..... qui omnia suprascripta sibi lecta ratificavit, voluit et concessit, hoc salvo quod illud quod dictum est de carnibus salsis, quia aliqui super hoc murmurabant, retinuit ad manum suam, quam ratificationem et concessionem factam per dictum dominum episcopum predicti Guillelmus Vitalis et alii expressim ultimo nominati acceptaverunt.. et ita tenere..... eidem domino episcopo Mimatensi stipulanti promiserunt, hoc salvo quod quilibet eorum obligavit se tantum ad solutionem predictarum summarum pro parte eorum quemlibet contingente. Actum Mimatis, in claustro quod est juxta fornellum dicti domini episcopi, presentibus testibus......... Hanc cartam scripsi et subscripsi et signum meum et bullam apposui in eadem.

---

231. 1270, mai.

Indemnité due par les patrons aux ouvriers et réciproquement pour travail promis et non fait.

Depping, Ordonn. relatives aux métiers de Paris, à la suite du *Livre des métiers*, p. 351

II. DES OUBLIERS.

....

Et est assavoir que les maistres du mestier dessus dit doivent a leur vallèz II den. pour toutes les nuiz qu'ils deffaudront de baillier leur dou mestier; et li vallèz doivent aux maistres II den. pour toutes les fois qu'il defaudront de porter leur mestier a leur maistres.

....

---

1. Suivent douze noms.

232 1270, novembre.

Itinéraire des marchandises au point de vue fiscal.

Reg., *Olim*, I, fol. 69. — Boutaric, *Actes du Parlement*, n° 1575.

Cum mercatores de Sancto Audomaro dicerent contra pedagerium de Perona quod ipsi euntes et redeuntes de Sancto Audomaro apud Remis et portantes sargias, camelotos, staminas et merceriam, se aquittabant de pedagio apud Roisellum[1] et ita dicerent se a longo tempore usos fuisse, petebant dictum pedagiarium qui eos compellebat de novo ire per Peronam et se ibi acquitare ad desistendum compelli, dicto pedagiario dicente in contrarium hoc fieri non debere, cum consueverint ire per Peronam et se sicut alii aquitare ibidem. Tandem, facta super hoc inquesta, tam pro domino rege quam pro mercatoribus antedictis, quare inventum fuit quod dicti mercatores usi fuerant per longa tempora libere ire per Roisellum et se pro predictis ibi de pedagio aquitare, nec probatum fuit pro rege quod aliquando fuissent per Peronam ire compulsi, prononciatum fuit quod permitterentur per Roisellum ire, super hoc imposito silentio pedagiario supradicto.

---

233. 1270-1271, avril. — 1285, 24 décembre.

Tarif du tissage des draps.

Depping, *Ordonn. relat. aux métiers....*, p. 392.

A touz ceus qui ces lettres verront, Oudart de la Neuville, garde de la prevosté de Paris, salut. Nous fessons a savoir que en nostre presence [furent] establiz le conmun des menuz mestres tessarenz de Paris, et affermerent que, ou temps que sire Renaut Barbou fu prevost de Paris, pluseurs ordenances et acordances furent fetes entr'ex d'une

---

1. Roisel, Somme, ar. Péronne.

part, et entre ceus qui font fere leurs euvres a autrui d'autre part, et que ostroiées leur avoient esté par ledit sire Renaut, et en avoient eue lettre seellée[1] du seel de la prevosté de Paris, laquele lettre il avoient perdue, si come il disent, et nous baillierent une sedule qui estoit le transcript de la dite lettre, ou estoient contenues les dites ordenances, si come il disent, et laquele cedule leur fu leue par nous mot a mot, a la maniere qui s'ensuit :

« A tous ceuz qui ces lettres verront, Renaut Barbou, garde de la prevosté de Paris, salut. Nous fessons a savoir que, come contenz et descort fust entre le conmun des menuz mestres tessaranz de Paris qui font euvres a autrui, d'une part, et de ceus qui font fere leur euvres a autrui, d'autre part, c'est assavoir que li menuz mestres requierent aus preudomes qui leur dras font fere, que l'en meist certain pris en la tisture des dras que l'on tistroit et feroit en la ville de Paris, a la parfin, par le conseul de bones genz, et par le conmandement au prevost de Paris, distrent Henri d'Ateinville, Robert de Louveciennes, Pierre Larme et Guill. d'Anjou, esleuz pour tout le commun des menuz mestres et de touz ceus qui font leur euvres et qui a autrui font fere leur euvres, lors distrent par leur serremenz, en la maniere qu'il s'en suit :

1. C'est assavoir seur touz dras raiéz, des la saint Remi juques a la mi quaresme, diz et huit soulz de parisis[2] pour tistre chascun drap, et des menuéz, tout l'an entier, pour tistre chascun drap vint soulz ; et de la mi quaresme juques a la saint Remi, des raiéz dras desus diz, sanz les menuéz, de chascun drap tistre, quinze soulz de parisis.

2. De rechief de mabréz et d'estanforz et de touz dras a lisiere, des la saint Remi juques a la mi quaresme, seze soulz de parisis pour le tistre ; et de la mi quaresme juques a la saint Remi, pour ces mabréz et pour ces estanfors tistre treze soulz de paris.

---

1. Édit.: *scellée*.
2. Édit.: *Paris*.

3. De rechief pour tistre camelins blans et bruns, diz soulz de paris. de chascun, toute l'année.

4. De rechief de quamelins bruns et blans et pers neys de chascun, seze soulz de paris. pour tistre les, des la saint Remi juques a la mi quaresme, et des la mi quaresme juques a la saint Remi trezain sout de paris. pour tistre les.

5. De rechief de quamelins raiéz et de biffes quamelines raiées, de la saint Remi juques a la mi quaresme, seze soulz de paris. de chascun, pour le tistre; et de la mi quaresme juques a la saint Remi, treze soulz de paris. de chascun, pour le tistre.

6. De rechief de tistre blans plains, de la saint Remi juques a la mi quaresme, de chascun, pour le tistre, dis et huit soulz de parisis, et de la mi quaresme juques a la Saint Remi, de chascun quinze soulz de par., pour tistre les.

7. De rechief li mesme mestre doivent mettre en euvre le file come l'en leur baillera a tistre les blans desus diz.

8. De rechief il ont dit et acordé que tout tarter de file soit mis hors au tistre touz draz, fors les blans desus diz.

9. Et se il en tartent nul, il poieront cinq soulz pour l'amende, dont li rois aura trois soulz, et li mestre des tessarens et li juré deus soulz pour leur poine.

10. De rechief d'estanfors jaglobéz, des la saint Remi juques a la mi quaresme, de chascun, pour le tistre, vint et quatre soulz de par.; et des la mi quaresme juques a la saint Remi, de chascun, pour le tistre, vint soulz de paris.

11. Et est acordé que nus ne peut avoir mendre fuer de tistre les dras desus diz, fors, si come il est dit desus, se mahain n'i a; et se mahaing i a, il doit estre amendé et acordé par le conseul du mestre des tessarenz et des quatre juréz qui i seront establiz de par le roy. Et qui tistra et qui pour meins les dras feit qu'il est dit desus, il l'amendera au roy de cinc soulz de paris., dont li rois aura trois soulz, et li mestre des tessarenz et li juréz deus soulz pour leur poine. Et est acordé que ces amendes seront prises et

levées par le mestre et par les quatre juréz desus diz, qui en porteront au roy ou a son commuadement ce que li roys en devra avoir, c'est assavoir trois soulz. Liquel quatre juréz devant diz seront mis a garder le mestier desus dit, et par l'acort au prevost de Paris, qui le fera par l'assentement au prudeshomes du mestier desus dit.

12. Et est acordé que li quatre juréz seront remuéz[1] chascun an, le mardi d'enprès Pasques, par le canmandement au prevost de Paris et par l'assentement du mestre des tessarenz, liquel quatre jurez seront pris eu mestier desus dit.

13. Et est acordé que nus[2] des menuz mestres desus diz qui font ou feront euvre a autrui, ne peuent prandre, pour tistre les dras desus diz, denrées nules, se deniers ses non. Et qui les prandra, il poiera double amende, dont li rois aura sis soulz et li mestre et li juréz desus dit quatre soulz pour leur poine.

14. Et est acordé que, se aucun des menuz mestres desus diz fesoit aucune convenance par reson des choses desus dites a autrui par fraude, et il povoit estre seu ou prouvé, il poieroit double amende, dont li rois auroit sis soulz et li mestre et li juréz desus diz quatre soulz pour leur poine. Et, se il ne povoit estre seu ou prouvé, si en auroit le prevost de Paris le serement du menu mestre que la dite convenance devoit avoir fete par fraude.

En tesmoing de ce nous avons mis en cest escrit le seel de la prevosté de Paris, sauf ce que li rois ou le prevost de Paris, quiconques i sera, peuent rapeler cet escrit toutes les foiz que il voudront. L'an de l'Incarnation nostre Seigneur, mil CC et sexante dis, au mois d'avrill. »

Et la dite sedule leue au conmun desus dit, si come il est dit desus, il affermerent par devant nous et tesmoingnerent que ce estoit la fourme et la maniere de la dite lettre, et que il avoient fetes et acordées les ordenances qui i sont contenues, si come il est dit desus, entr'ex et ceus

---

1. C. à. d. changés. Dans l'édit. : *reuniez*.
2. Edit.: *se uns*.

qui font fere leur dras a autrui, et par le dit sire Renaut, qui leur en avoit donnees lettres souz le seel desus dit, qu'il avoient perdues, si come il dissoient. Et encore distrent par devant nous, que eus les dites ordenances vouloient et s'i acordoient. Et nous souplierent et requirent que nous les dites ordenances leur voussissons fere seeller du seel de la prevosté de Paris et faire tenir si come il avoient acoustumé.

Et après ce nous feismes venir par devant nous Nicholas Astelin, mestre des tessarenz de Paris, et pluseurs des autres granz mestres tessarenz de Paris qui font fere dras par les diz menuz mestres, que nous feismes jurer, qui nous tesmoignierent par leur serremenz que toutes les ordenances et les choses desus dites furent fetes et acordées entre les parties desus dites, si come il est dit desus, et par le dit sire Renaut, ou temps qui fu prevost de Paris, et leur en donna lettres seellées du seel de la prevosté de Paris, laquele lettre il virent, si come il tesmoignierent par le serrement desus dit. Et nous, oïe la requeste et la supplication du conmun desus dit, et le tesmoignage du dit Nicholas Astelin et de pluseurs autres granz[1] mestres tessarenz de Paris desus diz, qui cette requeste ne debatirent de riens, meismes en ces lettres le seel de la prevosté de Paris. Et voulons que les ordenances desus dites, si come il est dit desus, vaillent et soient tenues entre les parties desus dites, si come il ont acoustumé ca en arreres[2], tant come il plera a nostre seingneur le roy, a nous et a noz successeurs, et sauf a nostre seingneur le roy et a nous et a noz successeurs de muer, de crestre et d'amenuissier es choses desus dites, si come l'en verra que bien et reson sera.

Ce fut fait et donné en l'an de grace mil CC IIII{xx} et cinc, le lundi veille de Noel.

---

1. Edit. : genz.
2. Edit. : anteres.

234. 1271 (n. s.), février.

Examen des produits à la fabrication desquels ont concouru plusieurs industries.

Reg. *Olim*, I, fol. 183 v°. — Boutaric, *Actes du parlement de Paris*, n° 1679.

Orta questione inter textores Parisienses ex una parte et fullones ejusdem loci ex altera super eo quod textores dicebant pannos factos Parisius debere judicari per ipsos et eos qui pravi invenirentur pugniri per ipsos sive comburi, fullonibus hoc negantibus dicentibusque quod judicium hujus modi sive preventio pennorum ad ipsos et non ad alios pertinebat, demum auditis in curia quæ partes proponere voluerunt, ordinavit curia quod ad judicium hujusmodi seu punitionem pannorum ponerentur duo de textoribus et duo de fullonibus, et prepositus Parisiensis unum ex parte regis poneret de quocumque ministeriorum ipsorum sibi placeret, et, si inter ipsos de punitione seu judicio panni alicujus esset discordia, judicio seu sententiæ instituti a preposito una cum duobus ex quatuor predictis staretur.

1271.

235. *Guet à Paris.*

Reg., *Olim*, I, fol. 186 v°. — Boutaric, *Actes du Parlement*, n° 1713.

Conquerentibus scambioribus, aurifabris, drapariis, tabernariis et pluribus aliis civibus Parisiensibus, de preposito Parisiensi quod eorum vadia ceperat, respondit idem prepositus predictus dicta vadia se cepisse eo quod guettare nolebant per villam Parisiensem sicut et XXI ministeria ville Parisiensis ad suum mandatum, licet, mota super hoc alias questione coram domino rege Ludovico inter eos et Parisiensem prepositum, qui tunc erat, determinatum et pronunciatum fuisset contra ipsos quod et presente preposito et absente, guettare tenebantur sicut et dicta alia ministeria ad mandatum ipsius prepositi, sicut dicebat et de hoc recordationem curie instanter petebat. Ex adverso petebant ipsi cives sua vadia sibi reddi, negantes ita pronunciatum fuisse sicut prepositus asserebat, dicentesque se nunquam guettasse Parisius, nisi preposito Parisiensi presente cum eis. Tandem, auditis hinc inde propositis, recordata est curia, pronunciatum fuisse alias parlamento videlicet sancti Martini hiemalis, anno Domini M° CC° LVIII° contra cives predictos quod ipsi ad mandatum prepositi Parisiensis, ipso presente vel absente, sicut dicta ministeria alia, tenebantur guettare. Idque fuit contra eosdem determinatum, presertim cum guetus hujusmodi ad communem utilitatem totius ville Parisiensis pertineat et ipsorum.

---

236. 1273, 12 décembre.

Robert, évêque d'Orléans, seigneur de Nonancourt, renonce au droit de prises à Nonancourt.

Copie moderne. Bibl. nat. Nouv. Acq., Franç. 3409, fol. 99, d'apr. l'orig.

Universis presentes litteras inspecturis, Robertus, divina miseratione Aurelianensis episcopus, dominus Nonancurie et Danville, salutem in Domino sempiternam. Querimoniam majoris et communitatis burgensium nostrorum de Nonancuria recepimus continentem quod nos et gentes nostre equos, culcitras et alia utensilia eorumdem, que nobis et nostris pro tempore fuerunt necessaria, absque aliquo pretio a nobis vel gentibus nostris pro dictis equis, culcitris et utensilibus imposito seu statuto usque ad hec tempora, in castro nostro de Nonancuria cepimus seu capi fecimus in eorundem dispendium, prejudicium et gravamen; unde nobis ex parte ipsorum fuit humiliter supplicatum ut eorundem y[n]dempnitati super hoc providere misericorditer dignaremur, ad instar illustris regis Francie qui in villa sua de Vernolio equos, culcitras et alia utensilia burgensium dicti loci sub certo precio capi facere consuevit. Nos igitur eorum precibus inclinati, volumus, concedimus et statuimus ac etiam prohibemus ne de cetero equi [nec] culcitre dictorum burgensium a nobis vel gentibus nostris vel heredibus nostris seu sucessoribus absque certo pretio de cetero capiantur, sed in captione dictarum rerum pro eisdem reddatur pretium sic statutum, videlicet pro quolibet equo duodecim denarios parisienses, pro culcitra et pulvinari[1] et duobus linteaminibus, duos denarios parisienses. Insuper volumus et benigniter concedimus ac etiam damus licentiam dictis burgensibus appendendi campanas suas, quandocunque voluerint, in pl*** domus communie de Nonancuria deputate. In cujus *ei testimonium et memoriam presentibus litteris sigillum episcopatus nostri, una cum sigillo baronie nostre de Nonancuria duximus apponendum. Datum anno Domini millesimo ducentesimo septuagesimo tertio, mense decembris, die martis post festum beati Nicholay hiemalis. (*Fragment de sceau.*)

237. 1274, juin.

Droit des bourgeois de Rouen sur la navigation de la Seine. Jean duc de Bretagne demande à l'échevinage de Rouen de laisser passer sous le pont de cette ville quarante tonneaux destinés à sa consommation à Paris.

Copie moderne. Bibl. nat., Nouv. acq. fr. 3416, fol. 18.

Johannes dux Britan[n]ie dilectis suis majori et juratis Rothomagi salutem et dillectionem. Cum proponamus vinum mit[t]ere apud Parisius ad maneriam nostram per Robinum de Dorsoult servientem nostrum ad nostros proprios usus et ad largiendum amicis nostris, rationem vestram, de qua ad plenum confidimus, exoramus quatinus dictum vinum nostrum, quod ducit idem Robinus, scilicet

---

1. Ms. *pluvinari*.

usque ad quadraginta dolia, per sub pontem Rothomagensem transire et versus Parisius transcendere vestri gratia permittatis et, propter curialitatem[1] justam, non volumus neque intendimus quod vobis vel libertati civitatis vestre in aliquo derogetur, et, cum nobis alias in casu consimili nobis gratum feceritis, vobis super facta et facienda gratia referimus multas gratias. Datum mense junii anno Domini M° CC° septuagesimo quarto, teste sigillo nostro.

---

238 1275, juin.

Détournement de la soie écrue par les ouvrières.

Bibl. nat., mss. franç. 11709, fol. 41. — Depping, *Ord. relatives aux métiers*, à la suite du *Livre des Métiers*, p. 377.

DES FILERESSES DE SOIE.

A tous ceus qui ces lettres verront Gile de Compiegne, garde de la prevosté de Paris, salut. Sachent tuit que nous, l'an de grace mil CC IIII^{xx} et III, le jour de la saint Remi, veismes une lettre en ceste fourme :

A tous ceulz qui ces lettres verront Regnaut Barbou, garde de la prevosté de Paris, salut. Nous faisons assavoir que par devant nous vindrent le comun des merciers de Paris, et furent plaintiz a nos de pluiseurs grief que les fillerresses de soie de la ville de Paris leur fesoient ; c'est assavoir, quant aucuns des merciers de la ville de Paris bailloient leur soie escrue por ouvrer, pour labourer ou pour filler, en queque maniere que ce fust, il le engagoient ou vendoient chiez Lombars ou chiez juyfs, ou leur eschangoient la bonne soie que il leur bailloient pour ouvrer, pour labourer ou pour filer a bourre de saie, et l'atornoient et apportoient en lieu de la bonne soie a celui qui la leur avoit baillée pour ouvrer, pour labourer et pour filler, et disoient que ce estoit de leur soie, laquele chose est

---

1. Ms. *carealitatem*.

contre droit et contre reson ne n'est pas a souffrir car c'est griefs et domages au commun des merciers de la ville de Paris.

Item, quant il avoient vendue ou engagié ycelle soie que l'en leur avoit ballié pour labourer et pour filer, et cil qui la leur avoit bailliée venoit a eus, et leur demandoit sa soie, il disoient qu'il l'avoient perdue et adirée, et que volontiers leur rendroient et paieroient l'argent que elle valoit apres leurs vies, et que il n'avoient de quoi paier; pour laquele [chose] cilz qui li avoit baillié la soie pour labourer et pour filer les traioient en cause pardevant nous, et estoient plaintis d'eles, et leur demandoient icele soie, et eles responoient que eles l'avoient adirée, et que il n'avoient de coi paier la valeur. Pour les quiex griefs, nous feismes defendre de par le roy que il n'i eust juyf ne Lombart, tant fust hardis, seur cors et seur avoir, qui prestast deniers seur soie escrue ne sor soie tainte, a nule des ouvrieres desus dites, ne que l'en leur chanjast bourre pour soie, ne bonne soie a mauvaise.

Nus juyf de la vile de Paris ne peut ne ne doit acheter soie escrue ne tainte, quelle que ele soit, se ce n'est de marcheant convegnable et sauffisant, ne que nus ne nule ne puisse acheter ne vendre bourre de soie, se ele n'est boulie.

Pour les queus griés desus dis, nous feismes venir le comun des fileresses de soie pardevant nous, et leur defendismes de par le roy, et sor paine d'estre banies, que il n'y eust ouvriere nule tant fust hardie qui des ores en avant meist point de soie que l'en leur baillast pour labourer, pour ouvrer ou pour filer en gages, ne n'en vendist, ne ne changast point; et, se il l'engagoient ou vendoient ou eschangoient puis le jour d'ui en avant, nous le banirions de la vile de Paris juques a tant que gré et satisfacion fust faite a celui qui lor auroit ballié la soie pour labourer et pour filer. Et, s'il avenoit que il venissent en la vile de Paris, puis que eles auroient esté banies, avant que grés eust esté fais a celui qui ladite soie lor auroit ballié, nous les metrions en pilori pour II jours. En tesmoing de ce, nous avons mis en ces lettres le seel de la prevosté de Paris l'an de l'Incarnacion nostre Seigneur MCCLXXV, ou mois de juing.

Et nous ce transcrit avons seelé du seel de la prevosté de Paris, sauf le droit de chascun, l'an et le jour desus dis.

239.   1277 [1] (n. s.), mars.

La maitrise de certains métiers avec les revenus utiles y afférents devient propriété privée.

Bibl. nat. ms. franç. 24069 fol. 250. — Cf. Luchaire, *Études sur les actes de Louis VII*, p. 89 et catalogue n° 431.

LA LETTRE DU DON DES V MESTIERS.

Donnée par copie. — Philippus, Dei gratia Francorum rex. Notum facimus universis tam presentibus quam futuris quod litteras inclite recordationis Ludovici quondam regis Francorum vidimus in hec verba. — Ego Ludovicus, Dei gratia Francorum rex, universis presentes literas inspecturis salutem. Noveritis quod nos dedimus et concessimus ex nunc in posterum Thecie, uxori Yvoni (sic) Lacohe et ejus heredibus magisterium tanatorum, baudreorum, sutorum, mesgeicorum et bursiorum in villa nostra Parisiensi, cum toto jure ipsius magisterii quod habebamus et habere poteramus, et precipue dominium excubiarum dicte ville, cum omnibus pertinentibus ad easdem, et aliorum ad dictum magisterium pertinentium, habendum et possidendum inposterum ab ipsa et ab ejus heredibus. Et insuper quittamus dictam

---

1. Bien que l'authenticité de cet acte n'ait pas éveillé les scrupules d'un diplomatiste comme M. L. Delisle, bien que nous en ayons nous-même fait usage (*Études sur l'industrie...* pp. 4, 142, 143, n. 1) comme d'un document du xii° siècle, l'apparence suspecte que lui donnent ses formules d'adresse, de salut, de notification et de ratification nous a empêché de le classer à sa date. C'est celle du vidimus de Philippe le Hardi que nous avons adoptée pour ce classement, parce que c'est la confirmation de ce prince qui a donné une sanction incontestable et une date certaine à un fait très probablement fondé sur une longue possession. Ce texte nous a été conservé par une copie assez défectueuse du xiv° siècle.

Theciam et ejus heredes ab omni consuetudine et tolta[1] et talia. Neque pro preposito sive viario neque pro alio se justiciabunt, nisi pro corpore regis. Quod ut ratum sit et in pace habeant, literas et sigil[l]um nostrum super hoc dono[2] dicte Thecie et ejus heredibus tradi fecimus. Actum Parisius, anno Domini M° C° LX°, regni nostri XXIIII°. Astantibus[3] in palatio nostro quorum apposita sunt nomina et signa. Signum comitis Theobaldi dapiferi. Signum Mathei camerarii. Signum Mathei constabularii. Data per manum Hugonis[4] cancellarii. — In cujus rei testimonium presentibus litteris nostrum fecimus apponi sigillum. Actum Parisius anno Domini M° CC° septuagesimo sexto, mense marcio.

240.   1277, juillet.

Cumul de métiers.

Reg., *Olim*, II, fol. 36. — Boutaric, *Actes du parlement de Paris*, n° 2082.

Orta questione inter tincturarios Parisienses ex una parte et Michaelem dou Horret ex altera super eo quod dicti tincturarii contra dictum Michaelem proponebant quod ipse Michael textor una cum artificio textorie artificium tincture de novo exercebat, quod de consuetudine dictorum artificiorum facere non poterat, ut dicebant, propter quod petebant, quod idem Michael ab artificio tincture cessaret. Auditis hinc inde propositis, pronunciatum fuit, quod idem Michael utrumque ministerium insimul non poterat exercere et quod ad alterum eorumdem se teneret. Qui Michael artificium tincture acceptavit. Postmodum tincturarii Parisienses in nostra curia contra dictum Michaelem proposuerunt quod ex antiqua consue-

---

1. Il y a dans le texte *coela* ou *tocia*.
2. Ms. *domo*.
3. Ms. *absantibus*.
4. Ms. *Hugonem*.

tudine approbata et diu obtenta in villa Parisiensi fuerat observatum, quod nullus poterat fieri tincturarius, nisi tanquam discipulus in artificio tincture per triennium extitisset, quod idem Michael non fecerat, et ideo tincturarius remanere non poterat vel debebat, dicto Michaele ex adverso dicente quod pater suus fuerat magister tincturarius, et circa patrem suum artificium illud melius addiscere potuit quam circa extraneum, predictis tincturariis dicentibus quod idem Michael quasi per totum cursum vite sue textor extiterat, et artificium tincture nunquam didicerat. Auditis hinc inde propositis, pronuntiatum fuit per judicium quod idem Michael tincturarius remaneret.

241. 1277, novembre.

Fixation par un arbitrage du prévôt de Paris de la durée de la journée des ouvriers foulons.

Depping, *Ordonnances sur le commerce et les métiers à la suite des Règlements sur les arts et métiers de Paris....*, n° xxii, p. 398.

A touz ceulx qui ces lettres verront Guy Dumex, garde de la prevosté de Paris, salut. Comme contens et discort fust entre les maistres foulons de Paris d'une part et les varlets foulons d'autre, sur plusieurs griefs dont les varlets s'estoient plains a nostre seigneur le roy, c'est assavoir que ils disoient que les maistres les tenoient trop tart de leurs vesprées, laquelle chose leur estoit perilleuse et grief pour le peril de leurs corps, dont ils se doubtoient pour aucune occision[1] qui avoit esté faite de leurs varlets, lesdits maistres des foulons disant encontre et requerant a nous que une lettre seellée[2] du seel[3] de la prevosté, faite dès le temps la royne madame Blanche, en laquelle lettre cette presente

---

1. Edit. : *occasion.*
2. Edit. : *scellée.*
3. Edit. : *scel.*

lettre est annexée, leur feust enterinée, et nous eussions eu mandement de nostre seigneur le roy que nous éussions conseil sur la dite lettre aux bourgois de Paris et ledit conseil lui reportissions.

Apres ces choses devant dites, les parties dessus dites se mistrent entour nous hault et bas, et nous, eu le conseil de bones gens, de l'assentement des dites parties, deismes nostre dit en la maniere qui s'ensuit : c'est assavoir que la dite lettre en laquelle ceste presente est annexée, sera tenue et gardée, ce adjousté que les dits varlets venront tous les jours ouvrables a heure de soleil levant, a leur loyal povoir, et feront leur journée jusqu'au vespre. Et la vesprée durera jusques a soleil couchant.

Et ordenons, du consentement des dites parties, pour le commun prouffit, que nul desdits ouvriers dudit mestier, ne maistre ne varlet ne apprentis, ne ouvreront dudit mestier par nuit. Et quiconque d'icelles seroit trouvé ouvrant par nuit, il seroit tenu envers le roy de l'amende contenue en la lettre en laquelle la presente lettre est annexée.

En tesmoing de ce, avons mis a ceste lettre le seel de la prevosté de Paris, l'an de grâce mil II°LXXVII, au mois de novembre. »

---

242.   1279, juillet.

Péage de Bapaume.

Arch. départementales du Nord. Chambre des comptes de Lille, art. B., 158, n° 2064 de l'inventaire de Godefroy. Vidimus en parchemin, scellé.

A tous ceulx qui ces presentes lettres verront Jehan, seigneur de Folevile, chevalier, conseiller du roy nostre sire, garde de la prevosté de Paris, salut. Savoir faisons que nous, l'an CCC IIII^{xx} et unzes, le lundy XXVII jour de mars, veismes unes lettres seellées en las de soie et cire verd du seel du roy nostre sire, dont la teneur est tele :

Karolus, Dei gratia Francorum rex. Notum facimus universis presentibus pariter et futuris quod, de licentia et autoritate nostre parlamenti curie inter procuratorem nostrum generalem pro nobis et carissimum patru[u]m nostrum ducem Burgundie, comitem Flandrie et Arthesii, ex una parte, et dilectos nostros prepositos et juratos ac comunitatem ville et civitatis nostre Tornacensis, ex altera, seu eorum procuratores inferius nominatos, tractatum, concordatum et pacificatum extitit prout in quadam cedula per procuratorem nostrum et procuratores dictorum patrui nostri et de Tornaco eidem curie unanimiter et concorditer traddita continetur, cujus cedule tenor sequitur in hec verba :

Comme plusieurs procez feussent meuz en la court de parlement et pardevant le bailly de Vermandoiz entre le procureur du roy nostre sire, monseigneur le duc de Bourgoigne, conte de Flandres, d'Artois et de Bourgoigne d'une part, et les prevoz et jurez et plusieurs singuliers bourgeois et habitans de la ville de Tournay d'autre, tant en demandant comme en deffendant, sur ce que ledit procureur du roy et ledit monseigneur le duc, a cause de sa conté d'Artoiz, disoient que lesdis bourgeois et habitans, de toutes leurs denrées qu'ils menoient de Flandres ou de Tournay en France, en Bourgoigne, en Champaigne, en Provence, en oultre les mons et aussi de toutes les denrées qu'ils amenoient desdits payz a Tournay ou en Flandres, devoient paage a Bappaumes au conte d'Artoiz, et pareillement devoient paage au roy a Peronne, a Roie, a Compiegne et a Crespi; lesdis de Tournay disans le contraire que de toutes leurs denrées dessusdictes, ilz estoient frans et quictes desdis paages; traictié et acordé est entre lesdictes parties, s'il plaist a la court, que lesdis de Tournay seront francs et quictes desdis paages de toutes leurs denrées qu'ilz menront en ladicte ville et qui en icelles seront dispenssées ou en icelles vendues, se elles ne sont menées es païs a cause desquelz les paages sont deubz, et aussi de toutes leurs denrées qui seront du creu, ouvrage et façon de ladicte ville et banlieue d'icelle, tout sans fraude et mal engin, en paiant les paages des lieux esquelz ilz ne passeront soit a Bappalmes, a Peronne, a Roie, a Crespi, a Compiegne ou ailleurs ; et que lesdis de Tournay des denrées qui passeront de Flandres es dessuz dis paiz et aussi des vins qui venront de France ou de Bourgoigne en Flandres, cessant toute fraude comme dit est, eulx paieront lesdis paages quant les cas y escherront, selon la teneur du registre encien desdis peages dont la teneur s'ensuit :

Omnia averia que transseunt de patria Flandrie sive in Franciam, sive in Burgundiam, sive in Campaniam, vel ultra montes, seu in Provinciam, debent pedagium apud Bappaumum ; et omnia vina veniencia de Francia vel Burgundia, in Flandriam euntia debent pedagium apud Bappaumum. Omnes autem illi qui debent pedagium apud Bappaumum, debent pedagium apud Peronam, apud Roiam, apud Compendium et apud Crispiacum. Tornenses vero et Bolonienses, Normanenses et Corbianenses, Ambianenses, Pontivenses, Belvacenses, Tornacenses, Cameracenses et Falquenbergenses omnes isti vadunt quo volunt reddendo sua[s] rectas consuetudines. Sed, si isti apportarent averia de Flandria in terras predictas, ipsi redderent pedagium appud Bappaumum sicut alii vel repportando vina, sicut supra dictum est.

Et seront lesdis bourgeois et habitans frans et quittes de devoir chemin a Bappaume de toutes leurs denrées, tant de celles qui devront lesdis paages comme de celles qui n'en devront point, selon la teneur de l'arrest pieca doné pour ceulx de Tournay duquel la teneur s'ensuit :

Philippus, Dei gratia Francorum rex, universis presentes litteras inspecturis salutem. Notum facimus quod per curiam nostram extitit recordatum quod, cum olim inter prepositos, juratos et cives Tornacenses ex una parte et dilectum consanguineum et fidelem nostrum Robertum comitem Attrebatensem et pedagiarium ejus de Bappalmis ex altera, contentio verteretur super eo quod dicti prepositi, jurati et cives dicebant quod erant in saisina et usu, et fuerant a tam longo tempore quod sufficere

debebat ad jus acquirendum, ducendi et duci faciendi averia
sua per chemina per que volebant et per veturarios per
quos volebant sine emanda solvenda pedagiario Bappalmarum, nisi transsirent per villam Bappalmarum et e contrario comes Attrebatensis et pedagiarius suus de Bappalmis
dicebant quod erant in saisina et usu, et fuerant a tam longo tempore quod sufficere debebat ad jus acquirendum,
videlicet cappiendi et levandi emandas a quadrigariis et
quadrigis qui ducebant averia burgensium Tornacensium,
etiam si non transsirent per pedagium de Bappalmis ab
illis, scilicet qui non sunt de locis exceptis, videlicet de Ter-
nezio, Boulonezio, de Normania, de Corbia, de Pontivo,
de Belvaco, de Tornaco, de Cameraco et de Fauquen-
bergue; super premissis quolibet pars testes produxit ad
intentionem suam fundandam; quorum attestationibus visis
et auditis diligenter que partes proponere voluerunt, quia
sufficienter inventa fuit probata saisina dictorum civium
Tornacensium, determinatum et pronuntiatum fuit per
curie nostre judicium quod ipsi remanerent in saisina
ducendi et duci faciendi averia sua per chemina que voluerint et per veturarios quos voluerint sine emenda solvenda
pedagiario de Bappalmis, nisi per villam transsierint Bappalmarum. In cujus rei testimonium presentibus litteris nostrum fecimus apponi sigillum. Actum Parisiis, anno Domini
millesimo ducentesimo septuagesimo nono, mense Julio.

Et ne pourront lesdictes parties acquerir possession, ne
saisine, ne prescription l'une contre l'autre a l'encontre
desdis registre et arrest et sont chargez messire Arnault
de Corbie, chancelier de France, monseigneur l'evesque de
Baieux, messire Pierre Bochet, president en parlement,
maistres Oudart de Molins et Pierre Lorsenne, conseillers
et advocaz du roy, d'ordonner et declarer, les parties oyes
sommerement et de plain, dedans la feste de la Chandeleur,
quelles denrées sont reputées de Flandres ou de la façon
de Tournay, et de la maniere de oster les fraudes et en
quelz lieux lesdis de Tournay seront tenus de paier lesdis
pauges des denrées dessusdites venans de Flandres, et aussi
des vins qu'il menront en Flandres. Et, ou cas que, dedans

la feste de la Chandeleur, lesdit monseigneur le chancelier et autres dessus nommez n'en auroient ordonné, eulx rapporteront tout ce qu'ilz auront avisié a nosseigneurs de parlement, lesquelx, oyes les parties sommerement et de plain, en pourront ordonner comme bon leur semblera de raison, et demouront quictes lesdiz de Tournay de tout ce qu'ilz pevent devoir au roy et a mondit seigneur pour cause desdis paages, tant du principal que des amendes de tout le temps passé, et seront reputez comme non advenuz les exploiz faiz d'une partie et d'autre contre la teneur de cest present accord, et sont mis au neant tous les procez qui, pour occasion desdis paages, estoient pendans entre lesdictes parties et aucuns singuliers de ladicte ville et les sergens et paageurs desdis lieux, et se partiront lesdictes parties de court sans despens et seront condampnez par arrest a tenir ce present accord.

Ad quod quidem accordum ac omnia et singula in eodem contenta tenenda, complenda ac firmiter et inviolabiliter observanda prefata curia nostra partes predictas et earum quarumlibet, quathenus unam quamque ipsarum tangit seu tangere potest, ad requestam et de consensu dicti procuratoris nostri generalis pro nobis, ac magistri Jacobi Le Fer predicti patrui nostri procuratoris, ex una parte, et Johannis de Hellemes, prepositi Tornacensis procuratoris et nomine procuratorio, prepositorum et juratorum ac totius communitatis dicte ville Tornacensis, virtute certi procuratorii, cujus tenor inferius est junctus ex altera, per arrestum condampnavit et condampnat, et ea ut arrestum ejusdem curie teneri, compleri et observari ac executionem demandari voluit et precepit.

Tenor procuratorii dictorum de Tornaco sequitur et est talis : A tous ceulx qui ces présentes lettres etc.

Quod ut firmum et stabile permaneat in futurum, presentes litteras sigilli nostri munimine fecimus roborari. Datum et actum Parisius in parlamento nostro, anno Domini millesimo tricentesimo nonagesimo et regni nostri undecimo, seconda die mensis Januarii. Ainsi signé : Concordatum in curia. J. Willequin. Registro collatio facta est.

Et nous ad ce present transcript avons mis le seel de la prevosté de Paris, l'an et le jour dessus diz.

243 1279[1].

Place des corporations dans la constitution municipale de Cahors et police des métiers dans cette ville.

Cop. moderne. Bibl. nat. Nouv. acq. franç. 3390, fol. 2, d'après le Livre tanné de l'ancienne commune de Cahors, fol. 4. Arch. municipales de Cahors.

Aycho so las causas que lhi cossol de la ciotat de Caortz devo far en lor noeletat.

Aysso es la ordenansa del cossolat dels cossols de la ciotat de Caortz.

So es assaber que a Caortz a e deu aver xii cossols e deu ni aver vi per borges, tres devo esser davas lo pont, els autres tres los Sobiros. Deu ni aver i per mercadiers, lequel deu esser a lau an davas lo pont, e autre an davas Sobiros. Autre deu ni aver per affachadors e per sabatiers, autre per totz martels, autre per cardadors e per teschendiers, autre per mazeliers e per homes sobre aygua, autre per affanadors assaber quel cossol que es per affanadors[2] e per sabatiers deu esser a lau an affachador e l'autre sabatier, aquel que es per totz martels deu esser a lau an carpentier e a l'autre masso e a l'autre faure od aurelier[3], aquel que es per mazeliers e per homes de sobre aygua deu esser a lau an mazelier, a l'autre peysonnier et a l'autre parador, aquel que es per cardadors e per teyschendiers a lau an deu esser cardador e a l'autre an teschendier.

2. Item es assaber quel borcier et tug cist cossols desus

---

1. Ces statuts du consulat de Cahors sont postérieurs au mois de décembre 1278, comme cela résulte d'une allusion à un événement qui a eu lieu à cette date. D'un autre côté, l'archiviste du Lot, M. Combarieu, veut bien nous dire que leur écriture est identique à celle d'un acte qui se trouve quelques pages plus loin dans le *Livre tanné* et qui porte la date du 2ᵉ jour après la Toussaint 1278. C'est ce qui nous détermine à en assigner la rédaction à 1279.
2. Tanneurs.
3. Orfèvre.

dige et aquel qu'es pels affanadors deu esser a lau an davas lo pont e a l'autre davas Sobiros, aquist xii cossols, quant so estat fag cossols ni creat de noel, devo far las causas que s'en sego so es assaber que devo jurar. La forma del sagramen es aquesta que s'en sec. Que ilh juro que 1 an estaron cossol al menhs e que no yssiran entro que autres cossols aio fag, que las franquesas e las costumas els usatges de la cioutat gardaran e defendran a lor poder, a bona fe e leyalmen se portaran els affars de la vila vas lo maior e vas lo menor e vas totz comunalmen e a bona fe et que amistat non tendra pro ni enamistat dan et que s'aiusto al divendres se ayze [1] conogut non avio e als autres dias quant mestier sera.

3. ...Item devo establir e far jurar iiii gardias del mestier e des mespes [2] e aquilh iiii devo levar lo mespes e so devo apportar cascun an una vetz en cossolat et lhi cossol devo lo devezir e distribuir en la maniera que es acostumat, so es assaber en la maniera que s'en sec. Remenbransa sia qu'en l'an de la Encarnatio de Nostre Senhor мсськxviii, lo divendres davant la festa de Nadal, lhi cossol de Caortz prezo los deniers del mespes dels draps, los quals lhi cossol fan pezar a iiii proshomes e aquilh iiii proshomes aporto los deniers als cossols el cossolat e dono lo terz als pezadors en estacha [3], el tertz dono al bayle non pas per dever que lo senhoria hi aia e l'autre tertz prendo lhi cossol per donar als escrivas e a lors sirvens. E a la doncs era bayle P. Mercier, e d'aicho foro testimonis : B. Ramon, Arnaut Calvelh, Huc de Bornazel, Guillem de Tascura, Guilhem de Romegos, P. Effortion, Ramnolf Guiral, maestre Andrio Rathie, R. de la Via.

4. Item devo establir e far jurar ii gardias el mestier dels paradors.

5. Item devo establir e far jurar vi gardias el mestier dels teyschendiers, so es assaber iiii de drap lanis e ii de drap de lhi e de carbe [4].

---

1. Essoine, excuse.
2. Produit du poids public.
3. Pour leur salaire.
4. De lin et de chanvre.

6. Item devo establir el masel del pont ii gardias, i boatier e i porcatier.

7. Item el masel de la Conqua, iiii gardias, ii boatiers e ii porcatiers.

8. Item els masels de las taulas iii gardias, i boatier et ii porcatiers.

9. Item devo establir ii gardias dels pechayriers[1] e de la obra del estangh.

10. Item ii gardias de la obra de la cera e del seu.

11. Item ii el mestier dels moliniers.

12. Item devo aordenar qui tenha lo senhal[2] del argen e aquel del estanh.

13. Item qui tenha las claus de totas las portas de la vila e dels pons.

14. Item qui tenha lo marc e la balansa per affinar los pes.

15. Item devo recebre e auzir compte dels autres lors predecessors cossols.

16. Item devo regardar las aunas e los pes e las mezuras el pa, e las mezuras els pes e las aunas que no seran sufficiens devo far trencar e ardre davant lo cossolat, el pa que non es sufficiens devo donar per amor de Dio.

17. Item devo establir e far cridar las piechas els establimens que d'autras son acostumadas a establir ni far cridar e las autras que a lor fist a establir ni affar cridar.

18. Item devo far jurar los excantayres els pesayres dels pes.

19. Item devo far jurar los bladiers els layechiers de la Conqua e aquel que ten la ratoyra et devo aver fermensa de cascu de lor.

20. Item devo far jurar totz los coratiers e las coratieras e devo aver fermansa de lor.

21. Item que fasso eventari dels escrigs de cossolat.

22. Item que fasso semanniers que continro lo cossolat e delhiero los encarceratz.

23. Item los cosselhs que hom fay tendra pel bon estamen de la vila sio mes en i papier.

---

1. Chaudronniers.
2. Le poinçon des pièces d'argenterie et d'étain.

24. Item lhi clergue del cossolat penran moderat salary de tota la escriptura que faran sotz lo sagel del cossolat segon las ordenansas fachas dels notaris per los maestres del rey, e ayscho sotz la vertut de lor sagramen.

25. Item lhi sirvent del cossolat penran de mandar 1 persona de partida a partida 11 den. caorsinas ses plus.

244.   Entre 1279 et 1283[1].

Coalitions.

Beaumanoir, *Coutumes de Beauvaisis*, ed. Beugnot, p. 429-430.

Aliance qui est fete contre le commun porfit, si est quant aucunne maniere de gent fiancent ou creantent ou convenencent qu'il n'ouverront plus a si bas fuer comme devant ains croissent le fuer de lor auctorité et acordent qu'il n'ouverront por mains et metent entr'ax peine ou manaces sur les compaingnons qui lor aliance ne tenront; et ainsi qui se lor souferroit, serait ce contre le droit commun ne james bons marciés d'ouvrages ne seroit fes, car cil de cascun mestier s'efforceroient de penre plus grans loiers que reson, et li communs ne se pot soufrir que li ouvrages ne soit fet. Et porce, si tost que tix aliances vienent a le connissance du sovrain ou des autres segneurs, il doivent geter le main a toutes les persones qui se sunt assenties a tix aliances, et tenir en longe prison et destroite, et, quant il ont eu longe painne de prison, on pot lever de cascunne persoue soixante saus d'amende.

245.   Vers 1280.

Rôle des corporations dans les élections municipales. Police des métiers.

Ancien coutumier inédit de Picardie. — Maraier dans Bouthors, *Coutumes locales du bailliage d'Amiens*, I, 76-78.

. . . .

2. Cascune baniere fait sen maieur fors li waides et li

---

[1]. Pour la justification de ces dates extrêmes, voy. Viollet, *Hist. du droit civil franç.*, 186.

mesureur; et li maires et li esquevin d'Amienz font de ches II banierez maïeur.

3. Li maires et li esquevin nomment par leur sermens III personnes de leur esquevinage ou de dehors leur esquevinage, pour faire maieur de le chité de l'un de ches III, et portent as maieurs de banieres ches III personnes, et li maieur des banieres en prendent I par leurs sermens, le plus souffisant, et ne le poent li maieur dez banieres refuser que li uns de ches III ne soit pris. Et convient que chis qui pris est faiche serment de le mairie; et, se il ne veult faire, on abatera so maison et demourra en le merchi du roy au jugement de esquevins.

4. Li maieur de banierez font XII esquevins et maires nouviaus, et chil douze esquevin en font IV autres.

5. Li maieur des banierez font IV conteurs qui les deniers de le ville et les rentes et les presens et les cauchies de la ville font et wardent; et li maires et li esquevin donnent a cascun sen office de ches officines IV. Et se il en i avoit aucun rebelle que l'office ne vausist prendre, on abateroit se maison et l'amenderoit au jugement de esquevins.

. . . .

18. Le gent de mestier de le terre l'evesque, soient boulenghier, bouchier, taneur, sueur, merchier, corriier, sont tenu de warder les estatuts qui sont en leur mestier au commandement des maieurs des banieres; liquel commandement sont fait et le doivent estre du conseil du grant maieur et les esquevins d'Amiens.

19. Et doivent avoir chele gent de mestier leurs tours as estaus le samedi par leur droiture paiant, et toute le sepmaine continual vendre leurs denrées la ou il ont acoustumé sans faire tort a autrui.

20. Et s'il caïoient en aucune amende par le raison de l'esward de leur mestier, et se li eswardeur des mestiers les voloient pugnir en levant l'amende ou a faire che qu'il appartient, et chil qui meffait aroient estoient rebelle, li

eswardeur du mestier le doivent monstrer a le justiche l'evesque, et le justiche l'evesque les doit pugnir en se terre et est l'amende leur.

21. Et se li eswardeur des mestierz trouvoient as estaus par dedens le ville, ou sans estaus, denrrée appartement mises a vente, ou qui fuissent souspechonneusez sans mettre a vente, li eswardeur du mestier les porroient arrester et venir au maieur et as esquevins, et seroient les denrées pugnies selonc leur fourfaiture, et selonc che qu'il le converroit faire si comme on a acoustumé d'usage.

22. Ne en chesti cas le gent l'evesque n'aroient mie les derrées de leur hommez, ne l'amende, fors pour l'amende paiant, lequele amende serait a chiax a qui elle appartenroit selonc usage ; et, se aucun le gent l'evesque ou aucun de se terre estoient rebelle as cozes desseure dictes, le gent de le terre ne venderoient en le ville, ne tenroient estal, ne officine.

23. Et aussi est-il des hommes de capitre en le forme dessus dicte.

---

246.   1281 (n. s.), 29 février.

Gui, comte de Flandre accorde à des Lombards l'autorisation de s'établir et de trafiquer à Bergues jusqu'à ce qu'ils aient été remboursés par lui[1].

Arch. du Nord, B. 1564, 4ᵉ cart. de Flandre, pièce 60.

Nous Guis, cuens de Flandres avons otroié a demourer en no vile de Berghes por VI ans, de le saint Remi ki vient, a Jorghe Rour, Villaume, son frere, Milan dou Solier et Mainfroi Kakeron, Lombars pour markander, sans usures et sans prester, et nous leur devons rendre au chief des VI ans IIII^c libvres de no monnoie de Flandres et, puis ke

---

1. Warnkœnig (II, 199, n. 1), cite cette pièce d'après Saint-Genois, p. 610 et 691, mais il parle de lombards de *Bruges* et non de Bergues.

nous leur aurons paiés ces deniers, il ne peuent demourer en celi vile plus de IIII mois, pour requerre le leur. Cis otroi fu fais a Douai l'an del grasse M CC LXXX, en le dairain jour de fevrier.

---

247.   9 octobre 1281.

Étalon du lé des toiles, etc.

Depping. *Ord. relat. aux métiers....*, p. 388-390.

DES TISSERANDS DE TOILE.

....

4. Nus ne nule ne doit ouvrer ne fere ouvrer œvre du mestier desus dit qui ne soit de la moison qui est saigniée en une verge de fer que li preudome du mestier desus dit ont gardée et gardent encore dès le tans au boin roi Phelippe, et doit l'en mesurer l'œvre tandis come ele est sur le mestier, et garder que ele soit de la moison de cele verge entre la temple et le ros. Le lonc de cele verge contient le lé du ros des napes de la table lou roi. En cele verge est saignié le point de toutes autres œvres, soit napes, touailles ou œvre plaine, car autrement nus ne les peut faire, se ensi n'est que il les face pour son user tant seulement, du moins de ce point et non du plus; et convient que cil ou cele qui le fet se face creable que ce soit pour son user. Et ce ont establi li preudome du mestier desus dit, pour ce que aucune genz en faisoient fere de plus etroites que ce point, et les vendoient a marcheanz, dont cil marcheant estoient deceux et meesmement les preudomes dudit mestier, desqueles toutes œvres li preudome dudit mestier maintienent les fuers, si come il a esté usé ou dit mestier dès le tans au roi Phelippe.

5. Nus ne nule ne les doit fere por mains; et avec touz ces fuers li preudome dudit mestier prennent et ont usé a prendre seze den. par. de XI. aunes, du plus plus, et du

mains mains, de quelque œvre que ce soit, soient ouvréez ou plaines, et les prennent por querre siu et bren, et por ourdir, tramer et conreer ces XL aunes d'uevre, car nus ne nule ne le doit fere autrement ; et ce est establi por ce que, ou tens desus dit, les boines genz qui fesoient fere leur œvres aportoient chiez eus le conroi a conreer leurs œvres.

. . . .

8. Nus ne nule ne doit tenir II ouvroiers en sa meson, se il ne puet aler de l'un a l'autre sans istre hors sur la voie.

. . . .

11. Nus ne nule ou dit mestier ne doit tistre ne ourdir a jour de feste coumandée a garder en seinte yglise ; l'en puet bien a festes ou fours cuisent et estuves chaufent communement s'uevre aparellier sans tistre et sans ourdir.

. . . .

14. Item, il ont acordé ou dit mestier que, se aucun ouvrier qui venist dehors amenoit avec lui fame por ouvrer ou dit mestier, il ne doit estre receuz a ouvrer devant que il se soit fés creables par boins temoins ou par creableté de sainte yglise que il ait espousé la fame ; et meesmement houlier du mestier qui tient sa putain aus chans ; et, se il en decevoit les gardes du mestier, il est tenuz a paier l'amende, por qu'il soit prouvé contre lui.

. . . .

---

248.   1281 novembre.

Juridiction du grand panetier sur les boulangers.

L. Delisle, *Restitution d'un vol. des Olim*, n° 454.

Visa inquesta facta de mandato domini regis super juribus et consuetudinibus panetarie ville Parisiensis et qualiter panetarii Francie qui pro tempore fuerunt usi sunt, super hoc probatum inventum fuit quod magister panetarius Francie debet ponere Parisius magistrum talemelariorum et duodecim juratos, qui debent jurare quod bene et fideliter servabunt jura panetarie, scilicet quod Parisius fiet bonus panis et sufficiens secundum forum bladi; et si inveniant Parisius panem qui non sit sufficiens secundum forum bladi, poterunt eum capere et dare pauperibus pro Deo; et quod fiet panis de certo precio, scilicet de obolo et de denario et de duobus denariis et non de plus nec de minus; et si inveniant panem majoris precii vel minoris oboli vel duorum denariorum, poterunt eum capere tanquam forefactum panetario; foranei tamen poterunt vendere panem Parisius, cujuscunque precii voluerint; et quod furnerii poterunt vendere panem Parisius cujuscunque precii voluerint de pasta que sibi datur pro tortellis.

2. Item quod magister talemelariorum habebit justiciam talem, quando unus conqueritur de alio super facto ministerii, et de eo quod pertinebit ad ministerium poterit levare a magistro talemelario sex denarios et a valeto tres pro emenda; in omnibus aliis casibus, prepositus Parisiensis justiciabit talemelarios.

3. Item quod magister talemelariorum poterit inhibere officium seu ministerium suum talemelario qui non vellet obedire magistro talemelariorum.

4. Item quod magister poterit ponere in prisionem domini regis in Castelleto talemelarios qui meruerint tenere prisionem; et prepositus Parisiensis non liberabit eos sine vocare magistrum.

5. Item quod nullus talemelarius, etiam si sit juratus, erit liber seu quietus a gueto.

6. Item quod magister et jurati poterunt visitare panem Parisius qualibet die septimane, et, si prepositus viderit eos in hoc negligentes, ipse poterit eos ad hoc cogere et mittere burgenses cum eis ad visitationem panis.

249.   1282, juillet.

Monopole des bouchers.

L. Delisle. *Restitution d'un vol. des Olim*, n° 480 A.

Philippus, Dei gratia Francorum rex. Notum facimus universis, tam presentibus quam futuris, quod, cum contentio verteretur in curia nostra inter preceptorem et fratres domus militie Templi Parisiensis, ex una parte, et magistrum carnificum nostrorum Parisius et communitatem eorumdem, ex altera, super eo quod predicti preceptor et fratres edificabant..... in terra sua, in suburbio Parisiensi..... carnificeriam de novo...., tandem, de bonorum consilio et pro bono pacis, ad instanciam et supplicationem preceptoris et fratrum, de assensu et voluntate ipsorum carnificum, ipsis preceptori et fratribus..... concessimus quod ipsi habeant libere et quiete ex nunc in perpetuum...... solum duos stallos ad vendendum carnes..... Actum Parisius, anno Domini M° CC° LXXX° II°, mense julio.

---

250.   1282.

Privilège politique des changeurs à Beauvais.

Giry, *Documents sur les relations de la royauté avec les villes en France de 1180 à 1314*, Paris, 1885, p. 127.

PARLEMENT DE LA SAINT-MARTIN (11 novembre).

Ex parte communis Belvacensis nobis fuit monstratum quod, cum in villa Belvacensi sint viginti duo ministeria, inter que ministerium scambsorum, qui sunt pauci, est unicum ministerium; qui scambsores habebant de se unum majorem et sex pares in officio ville, et omnia alia ministeria amplius non habebant, et sic illi de scambio pares erant in officio ville omnibus aliis ministeriis. licet in aliis predictis ministeriis sint plures homines ita prudentes et sufficientes sicut illi de scambio, ex quo multa sequebantur inconveniencia, et hoc vergebat in magnum dampnum, prejudicium et gravamen tocius communis et communie Belvacensis; quare ex parte communis, nobis fuit supplicatum ut in officiis ville instituerentur de omnibus ministeriis indifferenter ydonei viri, sicut in aliis communiis villarum regni nostri, ita quod scambsores, sicut nec alia ministeria, in hoc prerogativa non gauderent; predictis scambsoribus e contrario dicentibus supplicationem dicti communis super hoc non esse admittendam, per plures rationes, super quibus nec privilegia nec litteras exhibebant. Auditis rationibus utriusque partis, et habita super hiis deliberatione, pronunciatum fuit quod a modo ponerentur et instituerentur majores, pares et alii officiales in officiis communie Belvacensis indifferenter de ydoneioribus omnium ministeriorum ville, sicut observatum est communiter in aliis villis regni Franc., ita quod scambsores in hoc avantagio seu prerogativa non gaudebunt.

---

251.   **1282.**

Situation des commerçants ultramontains.

Reg., Olim, II, fol. 64, v°. — Boutaric, *Actes du parl. de Paris*, n° 2462.

PARLEMENT DE LA SAINT-MARTIN (11 novembre).

Cum mercatores transmontani Parisius commorantes nobis conquesti fuissent quod cives nostri Parisienses minus juste eos tailliaverant, et compellere intendebant ad contribuendum in dono a villa Parisiensi nuper nobis facto, licet non gaudeant de franchisiis et libertatibus ville Parisiensis, sicut alii cives ville Parisiensis, quare petebant a dicta tallia se absolvi, vel quod si tailliarentur, quod gauderent, sicut alii cives Parisienses, libertatibus antedictis, preposito mercatorum Parisiensium ac civibus nostris Parisiensibus contrarium asserentibus; auditis hinc inde propositis, pronunciatum fuit quod dicti mercatores transmontani, pro rata eos contingente, in predicta tallia contribuent et talliabuntur ratione mercandisiarum suarum. Et quia non morantur continue Parisius animo ibidem perpetuo remanendi, sed recedunt quando volunt et habent plures extraneas societates, que ex hoc commodum reportarent, non gaudebunt libertatibus antedictis, hoc salvo quod, si aliquis mercator transmontanus cum uxore sua, liberis et familia moram trahat Parisius, nec spes sit quod recedere debeat, nec habeat extraneam societatem, nec solvat ultra montes talliam vel aliquas rediventias seu onera ville, gaudebit libertatibus antedictis.

252.   1284, premier trimestre.

Lucquois établis à Paris.

Delisle, *Restitution d'un vol. des Olim*, n° 540.

Cum dominus rex concessisset burgensibus Parisiensibus tailliam assidendam super se et suos tailliabiles, et dicti burgenses faciendo tailliam suam tailliassent seu tailliam posuissent super plures mercatores Lucanos Parisius commorantes tunc, sicut dicti burgenses dicebant, videlicet Caudalium de Stangue, Girardum Gaudent, Ruchinum, Guyadonem Mercurii, Galeranum Martini, Rolandum Bareel, Lonenturam Renzeguel, Franciscum Corboram, Rolandum Rouchum, Federicum Gembel, Bretel[omeum] du Porche, Bonnet Cardrain, Henricum de Chartres, Rolandum Christofori, Bonam dictum Rumelle, Girardum Rolandi, Bonifacium Genevise, Vinvant Lazare, Mathieu Castengue, et summam (?) taillie super dictos Lucanos impositam vellent explectare, dicentes quod solvere tenebantur pro eo quod negociabantur secum tempore quo dicta taillia fuit assessa; etenim Parisius die mercati et in diebus extra mercatum [vendebant] candelas, ceram et alias mercaturas, et tunc temporis morabantur Parisius in hospiciis conductis pro certo locagio quod reddebant illis quorum domus predicte erant, et per alias rationes a dictis burgensibus propositas contra dictos Lucanos, quas rationes dicti

Lucani negaverunt, et rationes contrarias proposuerunt, per quas dicebant se non teneri ad dictam tailliam persolvendam. Auditis hinc inde propositis et rationibus partium intellectis, visis probationibus, pronunciatum fuit per curie nostre judicium quod dicti Lucani tenebantur solvere dictam tailliam ratione mercaturarum quas exercebant Parisius, tempore quo taillie assesse [fuerunt].

253.   1285, mai.

Octroi aux bourgeois de Niort d'un port franc et de droits de navigation sur la Sèvre.

Gouget, *Mémoires pour servir à l'histoire de Niort. Le commerce.* Niort, 1863, in-8°, p. 94, d'ap. l'orig.

Matheus, miseratione divina ecclesie Beati Dionysii in Francia abbas humilis et Simon dominus Nigelle, locum tenentes domini regis Francie, notum facimus universis tam presentibus quam futuris, quod nos, ex auctoritate et vice domini regis nobis commissa et etiam nomine domini regis et pro ipso, concessimus et concedimus burgensibus de Niorto ut ipsi habeant portum liberum ad portandum et reportandum omnia mercimonia per alveum Separis et per totum domanium domini regis, si eis videbitur expedire, usque ad portum de Maranto, solvendo domino regi, seu gentibus suis, de quolibet dolio vini, sex denarios; de modio mellis, tres denarios; de sextario bladi, unum denarium, et tantumdem de farina; de tacra coriorum, sex denarios et infra, secundum quantitatem sui; et ita similiter de aliis mercimoniis que sequuntur: de modio salis, octo denarios; de miliario ferri, decem denarios; de miliario cere, duodecim denarios; de miliario alectium, duos denarios; de miliario piscium siccorum qui vocantur *hador*, duos denarios; de miliario poliporum, sex denarios; de miliario piscium siccorum qui vocantur *gauberges*, *toyls*, *merluz* et *morues*, duodecim denarios. Item de quolibet panno de valore sexaginta solidorum, duos denarios, et infra sexaginta solidos, unum denarium; de bala gingibris, piperis, canele et cumini duodecim denarios; de flaello ficuum et racemorum, unum denarium; de centum crassi piscis seu balene, unum denarium; de centum œni seu arani, seu cupri, unum denarium; de centum cujuslibet alterius metalli, unum denarium; de omni vero nave alia mercimonia afferente, dum tamen mercimonia valeant sexaginta solidos, sex denarios de costuma, et infra sexaginta solidos, tres denarios de rivagio. Et de omnibus et singulis rebus supradictis, volumus solvi domino regi duas partes, et majori et communie de Nyorto, pro refectione alveorum dicti fluvii Separis et pro constructione dicti portus et pro portu ville et aliis rebus, cum locus affuerit, reparandis, tertiam partem, retentis domino regi emendis que, ratione dicti portus vel in dicto portu, pro costuma vel aliqua alia de causa, aliquo modo possent evenire; que due partes et emende colligentur per senescallum domini regis Pictavensem, et tertia pars per dictos majorem et communiam. Et nolumus quod aliquis de juratis dicte communie aliquid solvat de fructibus et reditibus terre sue, nec de rebus emptis ad usum suum de costumis antedictis et de hoc dicti jurati facient fidem coram senescallo domini regis predicto, non coram alio. De mercimoniis vero, quas dicti jurati dicte communie emerint, volumus eos solvere, sicut alios extraneos, costumas antedictas. Que omnia concedimus et statuimus, salvo jure domini regis in aliis et jure in omnibus alieno. Et ut perpetue stabilitatis robur obtineant, sigillum regium, quo utimur, presentibus litteris duximus apponendum. Actum Parisius anno Domini millesimo ducentesimo octogesimo quinto, mense maio.

254. 1285.

Conflit entre les corporations.

L. Delisle. *Restitution d'un vol. des Olim*, n° 575.

PARLEMENT DE LA PENTECOTE.

Inquesta facta ad sciendum qualiter utitur in bonis villis in quibus sit drapperia super eo videlicet utrum tincturarii tingant proprios pannos suos seu proprias lanas suas in domibus suis, et utrum corneberta, toureta, laceta et *crinoles* pertinent ad ministerium tincturarie, visa inquesta, judicatum fuit quod tincturarii, si non velint aliis tingere, non potuerunt tingere in domibus suis lanas proprias nec et filleta nec pannos, quia circa hoc posset committi fraus. Item judicatum fuit quod tincturarii poterant habere corneberta, toureta, laceta et crigniolias ad parandum lanas suas ad faciendum pannos quos tradent textoribus ad texendum, nec poterunt textores recusare quin texent pannos tincturariorum, nec tincturarii quin tingant pannos textorum.

255.   1285, septembre.

Coalitions.

G. Fagniez, *Études sur l'industrie...*, p. 76, n° 3.

ÉCHIQUIER DE LA SAINT-MICHEL (29 SEPTEMBRE).

A touz ceus qui ces lettres verront le baillif de Rouen salut. Comme jugement fust entre les attournés as tisserans de Rouen pour eus et pour le commun de leur mestier d'une partie, et les attournés de la draperie de Rouen pour eus et pour le conmun d'autre, seur ce que les attournez as d. tisserans requeroient au mere et aux pers de Rouen que eus eussent plache pour eus alouer a leur mestier faire, et disoient si comme eus sont une partie du mestier de draperie... et tous autres mestiers ont plache en la ville de Rouen pour eus alouer... A ce distrent les attournez du conmun de la draperie que plache ne doivent ils pas avoir, car bien puet estre que ancianement... il avoient place en la ville de Rouen pour eus alouer jouste une maison que l'on appele Damiete (?) et en lad. plache, quant il y assembloient pour eus alouer, il firent compilacions, taquehans, mauveses montées et enchierissemens a leurs volentez de leurs euvres et moult d'autres vilains faiz qui ne sont pas a recorder, qui etoient au domage du commun de la draperie et de toute la ville de Rouen, pour les quiex meiffaiz la place leur fu ostée et devée par justice bien a cinquante ans et plus et de puis chu temps eus ont eu certaine maniere de eus alouer sanz plache avoir et sanz eus assembler..., les raisons oïes d'une partie et d'autre, les attournés as tisserans dessusd. amenderent de leur volenté le jugement dessusd. en l'eschequier de la saint Michel par devant honorables hommes les maistres dud. eschiquier. Apres l'amende faite, il fut jugié et prononcié par jugement end. eschiquier que les tisserans dessusd. n'aroient desorenavant la plache que eus requeroient a avoir. En tesmoing de laquele chose, nous avons mis a ces lettres le seel de la baillie de Rouen. Ce fu fait par devant les maistres dessusd, en l'an de grace 1285, en l'eschiquier dessus dit.

(*Vidimus de Philippe le Long en 1320 (n. s.)*.

---

256.   1285, 31 octobre.

Commerce de Nîmes.

Ménard, *Hist. de Nîmes*, 1744. I, *Preuves*, p. 110, n° 81.

Anno Domini M. CC. LXXXV, die vigilia festi omnium sanctorum, apud Anicium fuerant facte expeditiones.....

5. Item super eo quod consules civitatis Nemausi peterent mercatores Tuscie et Lombardie comorantes Nemausi compelli deferre suas mercaturas in dicta civitate, et ibi ponderari pondere domini regis; item exercere suas mercaturas in dicta civitate, prout in eorum capitulis et conventionibus quas habent cum domino nostro rege continetur, et prout per capitaneum predictorum ultramontaneorum extitit ordinatum; item compelli ad creandum capitaneum ex se ipsis, per quem dicta capitula observentur, et sic jus regis melius observetur, et ut fraus possit melius evitari et puniri contra facientes, injunctum est senescallo quod servari faciat conventiones contentas in dicta littera domini nostri regis, item capitula facta per capitaneos et consules eorum olim et observari faciat que invenerit rationabilia et non dampnosa domino nostro regi.

6. Item peterent quod fieret robina, expensis domini nostri regis, et mercatorum predictorum et hominum dicte civitatis et terre, per quam possit navigari a mari usque Nemausum, et defferri res dictorum mercatorum, ut mercatura possit in dicta civitate plenius exerceri, et ut ville Aquarum Mortuarum possit per homines dicte terre cicius, si necesse fuerit, subveniri; injunctum est senescallo quod addiscat si mercatores et dicti homines terre consenciant in hoc, et velint contribuere in dicta robina facienda, et quantum, et si esset utilitas domini regis et hominum dicte terre, si dicta robina fieret, et super hoc certificet, quantum cicius poterit, curiam domini regis.

7. Item peterent quod mercatores regni Francie qui suum caput faciunt exercendo suam mercadariam in Montepessulano veniant ad dictam civitatem Nemausi, pro faciendis et exercendis suis mercadariis, ut promiserunt, et ut fuit eis preceptum per nuncios deputatos ex parte domini nostri regis; injunctum est senescallo ut compellantur, juxta id quod promiserunt, et quod requirantur bajuli et domini, sub quibus predicti morantur, ut predictos, prout promiserunt, venire faciant Nemausi, pro mercaturis faciendis et exercendis.

8. Item est injunctum senescallo quod mercatores qui contra conventiones inhitas cum domino rege mercaturas exercent, quod eos puniat, et per captionem bonorum et personarum, si necesse fuerit, compellat, ne similia attemptent facere in futurum.

9. Item injunctum est senescallo ut provideat ne aliqua fraus possit comitti in victualibus que defferuntur in Montepessulano, portando ea alibi, seu fraudem aliter comitendo.

Hec sunt arresta expedita apud Anicium per concilium domini nostri regis Francie, in presencia nobilis viri domini Guillermi de Amploputheo, militis dicti domini regis et nostri, Stephani Sabbaterii, judicis Nemausi[1].....judicis Vallavie. In cujus rei testimonium sigillum nostrum duximus apponendum.

---

1. Cette lacune est dans l'édit.

257.   1287.

Métiers fiéffés.

Delisle, *Restitution d'un vol. des Olim*, n° 637.

PARLEMENT DE LA PENTECOTE.

Illaria dicta la Marcelle, relicta Marcelli dicti le Maistre, dicebat contra dominum regem et tanatores Parisienses quod, nomine liberorum suorum quos habebat in custodia sua seu mainburnia[1], quod, cum dictus Marcellus, eo tempore quo vivebat, et antecessores sui erant et fuerant in possessione vendendi quinque ministeria Parisius, scilicet tanatorum, bursariorum, megiciorum, baudrariorum et sutorum, omnibus volentibus operari et mercari de novo in eisdem Parisius, et justiciandi omnes operantes de novo in eisdem et mercantes, si ab eis vel eorum mandato ministerium non emissent, vel licentiam ab eis non habuissent, et gagiandi eos pro emendis. Dicebat insuper predictum Marcellum et predecessores suos, tempore quo vivebant, fuisse in saisina justiciandi omnes predictos ministeriales non venientes ad guetum mente consueta et gagiandi eos pro defectu, si cum dicto Marcello... .

---

258.   1287.

Juridiction du grand chambrier.

Delisle, *Restitution d'un vol. des Olim*, n° 639.

PARLEMENT DE LA PENTECOTE.

Cum ex parte ducis Burgundie fuerint quatuor articuli propositi, videlicet quod ipse et predecessores Francie camerarii fuerant in possessione per longum tempus usque ad quinque vel sex annos ultimo preteritos, quod dominus rex dessaisivit eumdem, habendi cognitionem et judicium

---

1. Édit : *melonia*.

et executionem falsi operis cordubanariorum et bazannariorum Parisius, ardendo dictum falsum opus; item habendi sex solidos Parisiensium a quolibet qui incipit ministerium cordubanariorum et bazannariorum et fit magister, et recipiendi juramentum eorumdem quod dictum ministerium facient, sicut consuetum est a predecessoribus eorum; item habendi duodecim denarios Parisienses ab omnibus illis qui operantur in dictis ministeriis de nocto, usquequo dicti cordubenarii et bezannarii impediunt ipsum et de novo quominus dictas levet emendas; item hoc idem erat de illis qui operantur sabbati post glasum vesperarum : visis attestationibus et probationibus dicti ducis, inventum est ipsum (?) intentionem suam sufficienter probasse; unde judicatum est et pronunciatum dictum ducem nomine camerarie possessionem habere debero de predictis seu petitis, salva questione proprietatis in predictis.

---

259.   1287, 30 août.

Constructions entreprises à l'étranger par des architectes et des ouvriers en bâtiment français.

Publié par L. Delisle, *Bulletin de la société de l'histoire de Paris,* 1878, p. 172.

A touz ceus qui ces lettres verront Renaut le Cras, garde de la prevosté de Paris salut. Nous fesons a savoir que pardevant nous vint Estienne de Bonnueil, tailleur de pierre, maistre de faire l'eglise de Upsal en Suece, proposant a aler en la dite terre, si comme il disoit. Et reconnut en droit que, pour mener et conduire au couz de la dite eglise, avecques lui, tex compaignons et tex bachelers comme il verra qu'il sera mestier et profit a la dite eglise pour ouvrer de taille de pierre en la dite eglise, il avoit eu et receu de cause de prest par les mains sire Olivier et sire Charles, clers escoliers a Paris, quarante livres de parisis pour mener et conduire les diz bachelers en la dite terre et pour fere leur despens, si comme ledit Estienne dist, des queles quarante livres parisis desus dites le dit Estienne se tint bien apaié par devant nous et en promist a delivrer les dis clers, si tost comme lui et les devant dis bachelers que il merra aveques soi vendront en la dite terre et a faire plainne satisfacion, en telle maniere que lesdiz clers s'en tendront bien apaiéz du tout en tout. Et s'il avenoit que le dit Estienne de Bonnueil ou les compaignons que il li plera conduire et mener aveques lui, en ladite terre de Suece fussent perits en la mer, par vent ou en autre maniere, en alant en ladite terre, que lui, les devant diz compaignons et leurs hers fussent quites et assols du tout en tout de toute la somme d'argent desus dite, si comme il dist. Et quant a ce tenir fermement, ledit Estienne a obligé et soubmiz lui et tous ses biens muebles et non muebles, presens et avenir, ou qu'il soient trovez, a jousticier par nous et par nos successeurs ou par la joustice sous qui il soront trouvez, et en seur que tout que, de la dite somme d'argent, les diz clers ou ceux qui auroient cause de eus en ladite eglise de Suece ne peussent rien demander audit Estienne [ne] a ceus qui li plera a mener en ladite terre ne a leurs hers, pour nul perilz qui leur poist venir dont il alassent de vie à mort. En tesmoing de ce nous avons mis en ces lettres le seel de la prevosté de Paris, l'an de grace mil CC quatre vinz et sept, le senmedi devant feste saint Gille et saint Leu.

260.   1288, vers le 24 juin.

Apprentis et ouvriers.

Depping, *Ord. relat. aux métiers...*, 359.

DES FORCETIERS.

....

De rechief que nus forcetier ne puet ne ne doit a ses austres vallez que a son aprentiz et a son aloueiz qui saura du mestier et qui aura esté aprentiz, si come il est dit dessus, fere chaufer, limer, ne meudre, ne nulle autre chose apartenant au mestier de forceterię, fors que tant seulement batre, tourner la mole et ferir par devant.

---

261. 1288. Du 16 au 23 août.

Translation des commerçants lombards de Montpellier à Nîmes.

Delisle, *Restitution d'un vol. des Olim*, n° 692.

I Littere de ordinatione facta super mercatoribus Nemausensibus.

Anno Domini millesimo ducentessimo octogesimo octavo, in octabis Assumptionis Beate Marie Virginis, in fine parlamenti Pentecostes, super tractatu et concordia conventionum mercatorum Nemausensium recordati sunt magister Gaufridus de Templo, custos Sancti Quintini, et Guillemus de Crispeio, decanus Sancti Aniani Aurelianensis, et Robertus de Murchia, Noviomensis canonicus, scilicet magister Gaufridus, qui presens semper fuit in tractatu dictarum conventionum et unus de tractatoribus, ut dicit, quod semper in tractandis et concordandis conventionibus fuit intentio, tam regis quam mercatorum, quod sic se conferrent ad mercandum et negociandum Nemausi quod de cetero, hoc est a tempore illo, nec mercarentur nec negociarentur apud Montempessulanum. Guillelmus vero predictus, qui aliquociens interfuit tractatui, recordatus est illud idem de tempore quo interfuit, et plus, dum notulam super dictis conventionibus componeret, recordatus se vidisse, ut sibi videtur et profecto credit, in articulis concordatis expresse contineri quod mercatores ex tunc non possent negociari vel mercari apud Montempessulanum, sed sicut antea negociabantur apud Montempessulanum, ita negociarentur et mercarentur Nemausi; et hoc de notula fuit amotum, quia durum et nimis odiosum verbum videbatur; hoc acto extra scripta quod tantum valeret ac si appositum esset, et tunc fuit appositum, ut colit, quod sicut mercabantur apud Montempessulanum, ita tenerentur mercari apud Nemausum. Robertus de Marchia recordatus est quod audivit ab abbate Sancti Dyonisii Matheo ea que magister Gaufridus asserit in suo recordo. — Guillelmus Bottucu, juratus, per juramentum suum recordatus est sicut Guillelmus de Crispeio, et addidit quod in petitionibus seu supplicationibus mercatorum Lombardorum, qui sunt de conventionibus Nemausi in tractatu, semper continebatur expresse quod ex tunc in futurum nullus de ipsis mercatoribus posset mercari apud Montempessulanum et quod illi de consilio regis qui tractabant cum consulibus capitaneis et procuratoribus mercatorum hoc concedebant usque ad concordiam tractationis, sed talia verba, propter eorum ambitionem et ruditatem, non permiserunt apponi, sed consenserunt petitionibus mercatorum, et sic[ut] refert magister Gaufridus, talis fuit intentio utrorumque.

II. Ordinatio facta super debato regis Majorice et hominum Montispessulani, ex una parte, et procuratorem regis Francie, ex altera.

Cum illustris rex Majorice, avunculus noster carissimus et homines Montispessulani conquererentur nobis de nostro senescallo Bellicadri et ejus officialibus, super hoc quod injuriabantur eis in eo quod prohibebant ratione conventionum Nemausi ne mercatores Lombardi venirent negociari in Montepessulano, sicut in aliis locis regni nostri; procuratore nostro se opponente et dicente quod nulla sibi injuria, utpote quia per conventiones initas inter carissimum dominum nostrum et genitorem clare memorie, ex una parte, et predictos mercatores Lombardie, ex altera, fuerat conventum et concordatum, licet scriptum non fuerit sic, quod ipsi mercatores se conferrent apud Nemausum ad mercandum et negociandum, et quod de cetero a tempore illo apud Montempessulanum non negociarentur nec mercarentur; sed sicut antea apud Montempessulanum negociabantur, ita negociarentur et mercarentur apud Nemausum; quam conventionem idem procurator noster per recordum nostre curie obtulit se probaturum. Tandem, visis predictis conventionibus et audito recordo curie nostre super hiis que scripta non fuerunt et fuerunt concordata, pronunciamus per judicium curie nostre predictam conventionem, licet scripta non fuerit, et ex causa, sufficienter comprobatam, et eam esse tenendam et servandam, declarantes quod, postquam predicti mercatores Lombardie cum mercibus suis apud Nemausum applicuerint, homines Montispessulani possunt, si velint, Nemausi venire, et ibi mercari, sicut cuncti mercatores regni nostri. Sub ista formula, senescallo Bellicadri quod dictam conventionem teneri faciat et servari et quod pena debita puniat venientes contra.

---

262.   1290, 11 décembre.

Ouvriers.

Depping, *Ord. relat. aux métiers...*, pp. 366, 367.

DES FOURBISSEURS

....

Item, que nus mestres ne puisse mettre varlet en euvre se il n'a cinc soudées de robe sus lui por leur ouvreuers tenir noitement, pour nobles genz, contes, barons, chevaliers et autres bonnes genz qui aucune foiz descendent en leur ouvreuers.

Item, que nus fourbeeurs ne puisse vendre au diemenche fors que deus fourbeeurs au tour, si come il escherra, por ce que le diemenche est jour de repos, et doit-on oïr le servise nostre Seingneur.

Item, que nus mestres ne puisse donner congié a son varlet, se il ne treuve reson aperte por quoi il le doit fere, au dit et a l'esgart des quatre mestres gardes du mestier et de deus varlez du dit mestier.

....

Item, se varlet vient en la ville de Paris, de quelque lieu qu'il viengne, que il ne soit mis en euvre, se l'en set qu'il doie servise ne deniers a aucun entour que il ait ouvré.

263. 1290, 11 décembre.

Ouvriers. Travail des femmes.

Depping, *Ord. relat. aux métiers...*, p. 408, 409.

DES FAISEURS DE TAPIS SARRAZINOIS.

De rechief que l'en mette lez ouvriers en ouevre ou a l'année ou a journées, si come l'en voudra.

....

De rechief que nul femme ne doit ouvrer ou mestier, pour les periz qu'il i ont ; car, quant une femme est grosse et le mestier despiecé, elle se porroit blechier en telle maniere que son enfant seroit peris, et pour mout d'autrez periz qui y sont et pueent avenir, pourquoi il ont resgardé pieca qu'il ne doivent pas ouvrer.

....

---

264. 1290, décembre.

Ouvriers.

Depping, *Ord. relat. aux métiers* à la suite du *Livre des métiers*, p. 374.

DES HUCHERS.

....
De rechief que nus ne puisse donner ne permettre, ne ne doigne ne ne permette a ouvrier nul deniers que leur journées propres, et tel fuer de euvre qui est et a esté acoustumé a donner en la ville de Paris.

De rechief que nul vallet ne ouvrier ne euvre ne ne puisse ouvrer ne doie chiés chanlanz que son mestre ait, sanz son congié de son mestre a qui il est aloé a l'année.

De rechief que nul mestre de leur mestier ne quere ne ne puisse querre ostuiz, quiex qu'il soient, a ouvrier qui face euvre en tache ou a journée.

....

265.   1292 (n. s.), 11 février.

Monopole des bourgeois de Paris pour le commerce du vin.

Le Roux de Lincy, *Hist. de l'Hôtel de Ville de Paris*, 2e part., p.107.

L'an de grace mil deus cenz quatre vinz et onze, le lundi après les huitienes de la Chandeleur, perdi Renuche Espinel XX tonniaux de vin, que il avoit acheté au port de Greve en l'iaue, d'un marchaant de Ponz sus Yonne, por ce que le devant dit Renuche les avoit descenduz sur terre a Paris, et mis en un celier qui estoit Agace la Mareschalle, assis en la Cité, en la rue aux Feves, laquele chose il ne povet fere selon l'usage des borjois, et selonc leur privileges. Et ce pronnunca Jehan Arrode a ce tens presvost de la marchandise de l'yaue de Paris, par le conseil de bones genz de la ville de Paris, por ce que le devant dit Renuche n'estoit pas stacionere, ne residant en la ville de Paris ; por ce que il confessa par devant ledit prevost en jugement, que il avoit fame et enfans demourans en Lonbardie ; et por ce n'estet il pas tenuz por stacionere et residant à Paris, selonc le privilege du roy que li borjois de Paris ont, jacois ce que le devant dit Renuche avoit bien prouvé par devant ledit prevost que il avoit demouré et fet residence en la ville de Paris par quatre anz passés. Et fu cete santence donnée ou parlouer au borjois du dit prevost, en la presence du dit Renuche, mesire Jacques de Florance neve, messire Salves avoquas du dit Renuche, Bertaut Hescelin, Gefroi de Vitri, Raoul de Paci, clers du parlouer, Nicolas de Chelles, Etienne d'Argenteil, Jehan Vilain, Jacques le boiteux, Hervy et Yvon, serjans du parlouer, et plusieurs autres.

266. 1292-1299.

Procès-verbaux de resaisine dressés par les soins de l'abbaye de Sainte-Geneviève pour établir sa juridiction en matière industrielle et commerciale.

G. Fagniez, *Études sur l'industrie... Append.*, n° XXVI.

LA RESAISINE SUR LES MESTIERS.

1. L'an de grace MCCIIII^{xx} et XI, le mecredi après les Brandons, nous fist resaisir Jehan de Malle, prevost de Paris des gages qui avoient esté pris en nostre terre en la place Maubert, chiez Jaquemart, feseur de coutiaus pour ce que il avoit ouvré ainz jour, laquelle chose estoit contre l'establissement des cousteliers de Paris. A ceste resaisine fere furent Nickolas de Rosai, auditeur de Chastelet presenz[1], mestre Pierre clerc au prevost, mestre Pierre clerc Nicholas du Rosai.....

2. L'an de grace MCCIIII^{xx} et XIX, le mecredi jour de feste sainte Katerine, vint Thoumas Lenglés, mestre des liniers, si comme il disoit, et nous restabli de IIII d. que il avoit pris en nostre terre chiés Jehanete la liniere, demourant près de l'ostel l'archevesque de Nerbonne, et dist que il les avoit pris pour aidier a deffendre et guarder le mestier, non pas pour chose que il le deust fere pour la reson du mestier, ne pour nul droit que il i eust, ne pour acquerre saisine ne droit de jousticier liniers ne linieres de nostre terre, ne droit n'i avait, si comme il disoit, car la joustice appartenoit à l'église. Ce fu fet presenz.....

3. Item le mestre des charpentiers vouloit que les charpentiers de nostre terre responsissent par devant lui des choses qui apartienent au mestier et les fist semondre pardevant lui et, pour ce que il ne voudrent respondre par devant lui, il prist gages des queix nous feusmes resaisiz.

4. Item le mestre des fevres avoit pris gages chiés

---

1. La construction seroit plus satisfaisante si on lisait : A ceste resaisine fere furent presenz Nicholas de Rosai, etc.

Jehan d'Avesnes, serreurier, demourant en la rue saint Nicolas, pour ce que il ne vouloit respondre du mestier par devant lui et en feumes resaisiz par ledit mestre et par son commandement.

5. L'an de grace MCCIIII^{xx} et XIX, lendemain de la feste sainte Luce, fu pris le pain Jehan de Rumes a la Croiz Hemon a sa fenestre pour ce que il estoit trop petit, et fu justicié par frere Guillaume de Vaucresson, chamberier, mestre Guillaume le Petit, Guiart de Saint Benoit, present Pierre le Fournier, etc....

6. L'an de grace MCCIIII^{xx} et XVIII, le jeudi devant la Mareeche, fu resaisi en Garlande Jehan de Hanin, coutelier, par Pierre le Convert et Gieffroi dit Vit d'amours, serjant à verge de Chastelet, d'une chaudiere que ledit Pierre avoit pris chiés ledit Jehan de Hanin pour ce que ledit Jehan avoit ouvré trop tart en son mestier.... et fu ceste resaisine fete presenz frere Guill. Vaucresson, lors chamberier, etc...

267.   1293, 18 mai.

Vacations d'expertise des maçons et charpentiers jurés.

Le Roux de Lincy, *Hist. de l'Hôtel de Ville de Paris*, 2º partie, p. 119[1].

L'an de grace mil deus cenz quatre vinz et treze, le Dimanche après la feste Saint Nicolas d'esté, de par Guillaume de Hangest, prevost de Paris, et Jehan Popin, prevost de la Merchaandise de l'iaue de Paris, fu regardé et tassé que les jurés maçons et charpentiers de Paris auront touz ensemble, tant seulement por chacune vene, esgart et dist que il feront et diront en la ville de Paris, de chacune partie II sols, se il ne demeure par[2] lesdites parties que le dist desdiz jurez ne fust dist, et, se il demouroit par les parties a dire, lesdiz jurez auront touz ensemble por chacune

---

1. Ce document a été publié aussi par Depping, *Ord. relatives aux mét.* à la suite du *Livre des métiers*, p. 373, avec le quantième du 10 mai.
2. Édit. : *pas.*

jornée deux sols ; et plus non pouront avoir les jurés por lesdites veue, esgart et leur dist dire. Et se i demouroit par les juréz que il ne deissent leur dist sur ce que il auroient veu, il n'auroient que les II sols desus diz, combien que ils targassent a dire leur dist.

268. 1294, 10 juin.

Édouard I, roi d'Angleterre, accorde aux habitants d'Oléron les prises qu'ils pourront faire aux dépens de la France et une part sur celles qu'ils feront dans les expéditions dirigées par les barons des cinq ports.

Champollion-Figeac, *Lettres des rois, reines et autres personnages. Doc. inédits*, I, 405.

Rex omnibus ballivis ad quos, etc. salutem. Sciatis quod concessimus hominibus nostris de insula nostra Oleronis omnia bona que sibi per se adquirere poterunt, tam per terram quam per mare, super inimicos nostros de dominio et potestate regis Francie, ita quod sic adquisita sua sint, et suis popriis usibus applicentur. Volumus eciam et concedimus eisdem insulanis quod, de bonis que ipsos in comitiva baronum nostrorum Quinque Portuum seu aliorum hominum de regno et potestate nostra adquirere contigerit, suam racionabilem habeant porcionem, prout alii de comitiva illa porcionem suam habuerint de eisdem. In cujus, etc. Teste rego, apud Westmonasterium, X die junii. Per ipsum regem.

269 1294, juillet

Cession d'apprentis.

Depping, *Ord. relatives aux métiers....*, p. 360.

....

C'est assavoir que nuls du dit mestier ne puisse vendre son aprentiz a autre, devant que il ait esté entour lui an et jour, pour ce que aucuns, quant il avoient fet leur terme entour leur mestres, drecoient forges et mestier et prenoient aprentiz, et puis, au chief de III semaines ou d'un mois, le revendoient, et delesssoient leur forges, et revenoient en l'estat de devant, come ouvriers a autrui.

....

Ceste addition fu fete l'an de grace mil CC IIII^{xx} et quatorze, ou mois de juignet.

---

270. 1295, 11 février (n. s.).

Othon, comte de Bourgogne et Hugues, son frère, accordent leur sauvegarde et leur conduit, moyennant le paiement de certains péages, à la compagnie des marchands italiens fréquentant les foires de Champagne.

Chevalier, *Mém. hist. sur la ville et seigneurie de Poligny*, I, Pièces justif., n° LXXV.

Nos Lanzaloctus Cuccheria de Placentia, capitaneus et rector universitatis mercatorum Italie, nundinas Campaniae ac rengnum (*sic*) Franciae frequentantium, consilium et ipsa universitas notum facimus quod, cum magnifici et potentes viri dominus Otho, B[urgundiae] comes p[alatinus], d[ominus] Salinensis et d[ominus] Hugo de B[urgundia] miles, frater ejus eorum litteras et edictum dederint et concesserint pro nobis et nomine dictae universitatis discretis viris Palmerio de Roggo de Placentia et Marcho Bolano de Venetiis, delegatis, ambaxatoribus et commercatoribus nostris, ipsorum magnificorum sigillo munitas, formam sequentem continentes :

Nos Otho comes B[urgundie] P[alatinus], dominus de Salinis et Hugo de B[urgundia], miles, frater dicti comitis notum facimus quod nos ambo simul et uterque nostrum principaliter et in solidum, de bona voluntate et beneplacito nostris, considerata utilitate nostra et subjectorum nostrorum, recepimus et ex nunc recipimus in nostra salva protectione, custodia, guidagio et conductu, solventes infra scripta pedagia, conductus seu sostas, videlicet pro qualibet balla cujuscumque mercantiae seu rei et pro quolibet magno equo de custodia apud Gevriacum¹ quatuor den. bonorum denariorum Turonensium parvorum, et si mercatores eorum irent cum eorum mercantiis per Dolam, sicut vadunt per Gevriacum, ita solvant quatuor den. apud Dolam sicut solvunt apud Gevriacum; item apud Augerantem² octo solidos dictae monetae; item apud Salinas³ duos solidos dictae monetae; item apud Calciamontem⁴ viginti quinque den. dictae monetae; item apud Pontem Arliam triginta quatuor den. d. monetae et debet esse balla drapporum de viginti quatuor rubris⁵ de pondere et non plus et dimidia de duodecim rubris, et intelligatur quod duae d. midiae ballae transeant pro una; et, si plus esset vel minus, solvat pro rata et balla lanae et aliae ballae, cujuscumque rei debent esse, secundum morem consuetum, et ballae debent ponderari ad nostras expensas apud Augerantem et postea transire per totam terram nostram sine ponderatione.

2. Item volumus quod, cum quaelibet balla deberet pro sosta apud Laloam⁶ duos denarios quod, si dictae ballae ibi non deponerentur, ad d. sostam solvendam teneantur nequaquam; et si aliqua res vel mercantia esset usitata quae minus solvere deberet quam d. pedagia, conductus seu sostas, minus solvat. Sed apud Augerantem solvat minus pro rata de octo solidis, sicut de aliis d. pedagiis minus solvit.

3. Et res quae non sunt usitatae solvere, ad dicta pedagia solvenda, conductus vel sostas minime teneantur.

4. Omnes et singulos mercatores Romanos, Florentinos, Urbevetanos, Pistoricienses⁷, Lucanos, Jannenses⁸, Placentinos, Mediolanenses, Venitianos, Astenses, Albenses, Cumanos, Parmenses, Bononienses et Pratenses et caeteros

---

1. Gevry, Jura, ar. et c⁰⁰ Dôle.
2. Augerans, Jura, ar. Dôle, c⁰⁰ Montbarrey.
3. Salins, Jura, ar. Poligny.
4. Villers-sous-Chalamont, Doubs, ar. Pontarlier, c⁰⁰ Levier.
5. Voy. Du Cange, v° *Rubus.*
6. La Loye, Jura, ar. Dôle, c⁰⁰ Montbarrey.
7. Dans l'édit.: *Pistonenses.*
8. Dans l'édit.: *Ionuenses.*

mercatores Italicos et Provinciales eorumque nuntios, familiares, merces, res et mercantias quascumque, euntes, stantes, transeuntes, mercantes et negociantes per totam terram nostram, stratas, posse [1] et camina nostra et subjectorum nostrorum quorumcumque, unde convenimus et promittimus ambo simul, et uterque nostrum, principaliter et in solidum, vobis Palmerio de Roggo de Placentia et Marcho Bolano de Venetiis, ambaxatoribus et legatis universitatis dictorum mercatorum, petentibus et recipientibus vice et nomine omnium et singulorum mercatorum, et aliorum quorumlibet, quod, si aliqui dictorum mercatorum aut eorum nuntii vel familiares offensam, dampnum vel injuriam aliquam in personis vel rebus receperint vel incurrerint in terra, posse, stratis et juris dictionibus nostris per fures, praedones vel alios offensores, nos illud damnum, injuriam vel offensam mercatori damnum passo vel ejus nuntio emendabimus vel satisfaciemus infra quadraginta dies continuos, postquam injuria, offensa vel damnum probata vel probatum fuerit coram nobis vel mandato nostro, credituri super rebus ablatis vel deperditis solo juramento mercatoris injuriam aut damnum passi, seu ipsius socii vel nuntii ipsius mercatoris ab eo legitime constituti pro ea legitima taxatione praemissa : exceptis furtis privatis in hospitiis, de quibus tenemur tantum ad justitiam faciendam secundum jus vel consuetudinem loci.

5. Prohibemus etiam, publico statuentes, ne aliquis a victuralibus vel ca..ateribus [2] vel eorum nuntiis aliquid de mercantiis dictorum mercatorum emat, vel pignori accipiat; et si contra hoc factum fuerit, expresse concedimus quod mercator cujus res alienata vel pignori data fuerit, libere capiat per se vel nuntios aut socios suos et rehabeat sine custamento et difficultate; et nos hujusmodi res vel merces restitui faciemus nulla mei retemptione habenda.

6. Et quod aliquis de dictis terris, locis et partibus praedictis mercator vel viator in persona vel in rebus non

---

1. Seigneurie, territoire. Voy. Du Cange, *Posse*, n° 3.
2. Édit. : *carratonibus*.

impedietur vel detinebitur in terra, posse et jurisdictionibus nostris, ad instantiam alicujus personae de nostra vel aliena terra, ob aliquam causam, querimoniam vel offensam vel injuriam, laudum debitum aut contractum seu delictum commissum et comittendum, nisi esset specialis debitor vel fidejussor, aut delinquens in nostra terra, vel nisi justitiae[1] in quorum terra deliquisset insequerentur usque ad terram nostram hujusmodi delinquentem.

7. Si autem aliquis istorum mercatorum obierit in terra et jurisdictione nostris, aut nuntius aut serviens ipsorum, nos bona ipsius consignari faciemus et reddi ejus nuntio vel socio de quibus constiterit, aut nuntio universitatis dictorum mercatorum, aut capitanei, quam cito postulatum fuerit a nobis, vel baillivo nostro, seu locum nostrum tenente. Set ille qui bona receperit voluntatem (sic) defuncti exequatur.

8. Item volumus dictis ambaxatoribus et legatis [et] promittimus quod omnem monetam tam auri quam argenti in nundinis Campaniae usitatam vel usitandam accipi faciemus a pedageriis nostris pro solutione dictorum pedagiorum, conductuum et sostarum, pro tanto quanto illa moneta illis dabitur in dictis nundinis et accipietur inter mercatores Italicos.

9. Promittimus item facere construi apud Augerantem unam logiam sufficientem pro ballis deponendis et logiam de Salinis sufficienter reparari.

10. Omnes autem mercatores et viatores praedictorum locorum aequaliter tractabimus in pedagiis dictis; omnes insuper malas toltas et consuetudines pravas praesenti edicto cassamus et irritamus de cetero nuñ... nus innovandas, vel imponendas, nihilominus per fidem nostram promittentes dictis mercatoribus et ambaxatoribus quod de cetero nullum aliud pedagium, maletoltae, sostae, conductus, seu pravae consuetudines per nos vel successores nostros imponentur, fient vel elevabuntur in terra nostra et subjectorum nostrorum.

11. Volumus et nunc concedimus ne aliquis de dictis

---

1. Édit : *justitiam*.

mercatoribus pedagium solvat in terra nostra de equo quem duxerit pro usu suo vel equitaverit et servientis cum mala vel basto, data tamen fide per eum quod ipsum ducit pro usu suo et equitatura tantum vel servientis sui pro dicto cammino.

12. Item si quis mercatorum damnum sit passus extra jurisdictionem nostram, secundum posse nostrum, bona fide juvabimus et procurabimus quod ipsi integre sit satisfactum.

Praedicta quidem omnia et singula tenemur per fidem nostram attendere et observare [1]............ per nos et nostros successores et contra per nos vel per alios non facere vel venire, ita tamen quod, si contingeret guerram vel aliam causam emergere, propter quam videretur expediens nobis comiti et Hugoni fratri nostro de communi concordia et assensu seu successoribus nostris interdicere camminum, stratam seu iter mercatoribus praedictis in nundinis Campaniae, nos a die interdictionis tenemur ad conductum [et] gardiam usque ad sex menses solum modo, et post sex menses non tenemur quousque per nos vel per nuntios aut litteras nostras essent revocati..... In cujus rei testimonium praesentes litteras et edictum sigillorum nostrorum jussimus appositione muniri. Datum Parisius, anno Domini millesimo ducentesimo nonagesimo quarto, die veneris post octabas Purificationis B. Mariae virginis.

Quapropter nos Lanzaloctus praedictus, consilium et ipsa universitas concedimus et volumus quod dicti magnifici viri et eorum heredes habeant et percipiant et elevare possint dictum conductum de Augerante octo solidorum Turonensium pro qualibet balla et qualibet magno equo, ut in dictis litteris continetur, quorum octo solidorum dictus comes habebit quatuor solidos et dominus Hugo residuos quatuor solidos et dicta alia pedagia, conductus et sostas habeant dictus comes et illi qui habere sunt hactenus consueti a transeuntibus cum ballis et equis per dictam terram et posse ipsorum, ut in dictis litteris est distinctum, dummodo servent pacta et promissiones in ipsis litteris et edicto con-

---

1. Ce blanc est dans le texte.

tenta. Et si nos vel nostri dicti mercatores non transiremus vel iremus per dictam terram et camminum cum ballis, equis, mercantiis vel rebus nostris vel ire nollemus, ad dicta pedagia, conductus et sostas solvenda minime teneamur. Et haec promittimus bona fide attendere et observare..... In cujus rei testimonium praesentibus litteris sigillum nostrum et societatis mercatorum praedictorum duximus apponendum. Actum et datum Latiniaci super Matronam, Parisiensis diocesis, anno Domini M CC nonagesimo quarto, die veneris post octabas Purificationis B. Mariae virginis superius annotatis.

271. 1295, 22 mai.
Congé d'importation.
Arch. départementales du Nord, B, 367.

Philippus, Dei gratia Francorum rex, dilecto et fideli nostro comiti Flandrie salutem et dilectionem. Mandamus vobis quatenus Bindum Hugonis, Valori Orlandi de societate Circorum nigrorum, Bindum Scarchy, Bennium Bonacoursi de societate Circorum alborum, Tadeo Orlandi, Deffo de Bartholo de societate Bardorum, Chino Bozi et Benchio Davanci de societate Spinorum, Zaro Francesii de societate Mozorum, Tingo Barbadori de societate Johannis Frescobaldi, Guidonem Davanci de societate Frescobaldi, Philippum Scolay et Noffo Bonagaudi de societate Pulchium et Pachinum Fasi de societate Jacobi Fasi, mercatores de Florentia ac Gurum Gonterii et Bonaventure Jacobi de Seins et eorum socios, certos quantitates lanarum Anglie expressus in nostris litteris super hoc confectis, quas in Brabancia et Hollandia asserunt se habere, de locis predictis extrahere et ad partes regni nostri transvehi facere et adduci permittatis pacifice et quieto juxta tenorem concessionis eisdem mercatoribus de lanis predictis a nobis concessis, non apponendo super hoc impedimentum aliquod vel arrestum contra tenorem nostre concessionis predicte Actum apud abbatiam Regalem juxta Pontisaram, die sabbati in vigilia Penthecostes, anno Domini millesimo ducentesimo nonagesimo quinto.

(*Fragments de sceau en cire blanche*).

272.   1297, 30 juillet.

Statuts des deciers.

Reg. intitulé : *Statuts des corps de métiers* (1279-1311). Arch. municip. de Toulouse.

STATUTUM TAXILLORUM.

Noverint universi presentes pariter et futuri quod, cum cura et correctio mecanicorum artium seu fabrilium et in dictis artibus in civitate Tholose et suburbio operantium ad Tholosanos consules dinoscatur pertinere et ministeriales seu artifices delinquentes, in quibuscumque de predictis operibus peccaverint, corrigere....., idcirco domni consules Tolose urbis et suburbii videlicet Raimundus Arnaldus de Hugoleno, Raimundus de Fonte, affactator[1], Guillelmus de Blanhaco, camsor, Bernardus de Galliaco, Raimundus de Novilla, Poncius de Leraco, mercatores, Guillelmus de Amatis, notarius et Arnaldus Vasconis de Lusano....... statuerunt ordinaciones que secuntur.

1. In primis quod quisquis homo hujus ville Tholose daserius seu quicunque alius faciens taxillos seu *datzs* non sit ausus facere taxillos seu *datz longuestz* nec *tria voue* nec *dos voue*.

2. Item....... quod aliquis homo hujus ville... non sit ausus facere taxillos seu *datzs* nisi de XXI puncto (sic) quemlibet taxillum ne[c] de majori numero nec de minori.

3. Item....... quod aliquis homo hujus ville... non sit ausus vendere taxillos seu *datzs* cadratos nec talhatos albos quousque perpunctati sunt seu *ulhacz* et ex toto perfecti.

4. Item..... quod aliquis homo hujus ville.. .. non sit ausus facere taxillos seu *dacs* nisi septennos inter partem superiorem et inferiorem videlicet de VI punctis in una parte et in alia inferiori de uno puncto, item in alia parte de V punctis et in alia inferiori de duobus punctis,

---

1. Boucher. Voy. Du Cange, *hoc verbo*.

5. Item in illa parte dicti taxilli de IIII^{or} punctis et in illa parte inferiori de III punctis.

6. Item..... quod aliquis homo hujus ville... non sit ausus facere nec vendere nec donare nec acomodare nec credere[1] alicui persone taxillos seu *dacz* affracatos seu *affachaczs* nec vendere nec comodare aliquam rem cum qua taxilli seu *daczs* affaccentur.

8. Item..... quod aliquis homo hujus ville... non sit ausus vendere nec donare nec locare nec acomodare alicui persone aliquid i[n]strumentum seu i[n]strumenta vel ferramenta pertinentia officio seu ministerio daseriorum nisi personis que operabuntur de ministerio supradicto.

9. Item..... quod aliquis daserius non sit ausus vendere nec donare alicui persone ceram paratam ad adulhandum taxillos seu *dacz* nisi personis qui operantur de dicto ministerio nec hostendere alicui qualiter fit[2].

10. Item..... quod aliquis daserius non sit ausus recipere in suo operatorio vel in domo, causa operandi taxillos cum ipso, aliquem discipulum seu afirmatum[3] cum illo daserio, nisi hoc faceret de voluntate sui magistri cum quo se locaverat, quousque tempus collegii seu contentum in i[n]strumento dicti collegii compleverit, nisi contigerit ipsum ex juxta et rationabili causa quam prius hostenderit..... vel alias concordaret se cum suo magistro cum quo se collocasset.

11. Item..... quod aliquis discipulus collocatus cum magistro non sit ausus tenere operatorium per se nec incipiat operare taxillos quousque compleverit tempus su[i] collegii seu contentum in i[n]strumento sui collegii nisi hoc faceret de voluntate et assensu sui magistri et si forte aliquis daserius seu faciens taxillos seu *dacz* in villa... contra predictas ordinationes et statuta predicta fecerit....., quod pun[i]atur in duobus solidis Tolosanorum,[4] quorum medietas

---

1. Dans le texte : *cradere*.
2. Dans le texte : *sit*.
3. Ouvrier, *alloué*.
4. Dans le texte : *solidis et tal*.

sit domino curie parvo domus communis et alia medietas bajulorum dicti officii seu ministerii dazariorum.....

12. Item..... quod quolibet anno, in mutatione cujuslibet consulatus post quam novi consules creati fuerint, holigantur per dominos consules qui pro tempore fuerint duo bajuli ad regendum et gubernandum ministerium supradictum. Predicta vero ordinaverunt et statuerunt domini consules supradicti......, salva et reservata voluntate domini nostri regis. Acta sunt hec in domo communi dominorum consulum Tholose, secunda die exitus mensis junii, regnante Philippo rege Francorum et Lodoyco episcopo Tholosano, anno Incarnationis Domini M° CC° XC° septimo, in presentia et testimonio domini illustrissimi Ar. de Puialibus, legum doctoris, et magistri illustrissimi de Turre jurisperiti[1], et Ar. Venius, publicus Tholose notarius qui cartam istam scripsit..... In quorum omnium testimonium nos capitulum Tholose sigillum nostrum autenticum huic presenti publico instrumento duximus apponendum.

---

273. Vers 1297.

Crieurs jurés de Paris. — Sentence relative à leur organisation.

Le Roux de Lincy, *Hist. de l'Hôtel de Ville de Paris*, 2° partie, p. 183.

Il est ordené que les VI mestres des crieurs feront venir chacun en droit soi sa ballie, chacun XV jors, ou au mois au plus tart et, se il ne le funt, il seront tenus au doumages et perdront leur service a touz jors.

2. Item que chacun d'ices VI mestres paiera chacune III semenes, autant l'un com l'autre, du guet lou roy.

3. Item que, si tost come I crieur sera mis hors du crienge, il le feront asavoir a lour crieurs que tel, et il le nommeront, n'est mes crieur. Et se il le trevent crient en

---

1. Dans le texte : *jurisperitus*.

la terre lou roy, il le ferunt prenre par les serjans du Chastelet et mettre en prison, por ce que il crioit et n'estoit pas crieur.

4. Item se l crieur se remue d'une ballie en autre, et cil crieur qui remuera doie argent a la cort, cil qui du quel ballie il sera remué le suivra en l'autre ballie, por la dette que il aura fete en son tens, et le gajera et metra en prison, et jousticera ausi come se il feust en sa ballie. Ne n'entendons mie que les criages soient departis quant a la cort, ne ne furent onques, mes nous les ballons en cete maniere, por ce que i nous semble que ce est le profist de la cort.

5. Item chacun d'ices VI mestres auront chacun an XXIIII s. por sa paie.

274. 1298 (n. s.), 24 février.

Nomination d'une mesureuse de blé.

Le Roux de Lincy, *Hist. de l'Hôtel de Ville de Paris*, 2e partie, p. 143.

Aliz, la fame Hervi le Breton, mesurareise de blé faite par le prevost des marchans, a la requeste N. de la Court, plaisges Guist de Pontoise, Jehan de Villedieu, le lundi apres les Brandons, l'an IIII^{xx} et diz et huit.

275. 1299, 13 avril.

Construction d'un four.

Arch. des Bouches-du-Rhône. Liasse B 408.

Anno Domini M° CC° nonagesimo nono, mensse Aprilis die XIII, notum sit cunctis presentibus et futuris quod, cum tractatum esset de quodam furno costruendo (*sic*) in castro de Rochabruna[1] equis partibus inter Guillelmum Ocolum, bajulum regium in castro de Rochabruna, nomine curie regie et pro ea ex una parte et nobilem domicellum Bertrandum

---

1. Roquebrune, Var, cant. de Fréjus.

de Pugeto, dominum pro parte dicti castri de Rochabruna ex altera, predicti bajulus et Bertrandus, pro constructione dicti furni facienda, convenerunt et pactum fecerunt cum Guillelmo Savoya et cum Guillelmo Bartolomeo, lapicidis et magistris muratoribus dicti castri de Rochabruna in hunc modum infrascriptum, videlicet quod dicti magistri debent, suis propriis sumptibus, lapides ad opus dicti furni incidere seu tallare et a peyreria extrahere et extrahatos (*sic*) et incisos in furno et parietibus murare, solum et bucam dicti furni de lapidibus decenter incisis facere et boquetos supra bucam furni per modum furnacis facere nec non et parietes dicti furni et circumcirca domus ipsius furni de duobus palmis cum dimidio facere et de decem octo palmis unum ex illis scilicet altiorem reddere, reliquos alios parietes de duodecim palmis, secundum quod illud magisterium postulat et requirit. Furnus vero esse debet quantitatis seu quapacitatis decem sestariorum annone ad mensuram Draguignani, taliter quod dictus furnus et edificium ipsius debet esse bene costructus sive costructum ad cognitionem illius artis bonorum magistrorum..... Predicti vero bajulus [et] Bertrandus dare et solvere promiserunt dictis magisteriis, nomine et occasione artificii et suorum santuum dicti furni et domus ejusdem....., septem libras provincialium et insuper lapides, cementum et lateres et omnia alia necessaria habere, excepto dumtaxat eorum magisterio quod suis sumtibus facere debent quousque artificium dicti furni plenarie perfectum fuerit, juxta arbitrium illius artis bonorum magistrorum, quas siquidem VII libras predicti bajulus et Bertrandus dare et solvere promiserunt dictis magistris per terminos infrascriptos, videlicet, quando dictum furnum facere inquoaverint, medietatem et, sunto[1] opere dicti furni et domus ejusdem, aliam medietatem. Dicti vero magistri, uterque eorum insolidum, promiserunt predictis bajulo et Bertrando dictum opus perficere cum Dei voluntate et etiam nulli personne, postquam ipsum

---

1. Pour *sumpto, assumpto*.

opus incoaverint, operari, dum ipsis *atrach*[1] predicti bajulus et Bertrandus habuerint. Si tamen *atrach* non haberent, fuit actum inter ipsos bajulum et Bertrandum ex una parte et dictos magistros ex altera quod tunc possint aliis perssonis operari quo usque eis *atrach* haberent. Actum Rochabrunæ, in domo Bertrandi Gayberii, in presentia[2]... et mei Guillelmi Austanii notarii..... qui rogatus hanc cartam scripssi et meo signo signavi. (*Seing manuel du notaire.*)

276. 1299, août-décembre.

Mémoire des travaux exécutés au couvent des Augustins.

G. Fagniez, *Études sur l'industrie et la classe industrielle à Paris au XIIIe et au XIVe siècle. Append.*, n° XLII.

...Item tertia edomoda mensis Augusti, primo pro quinque maconnariis... 50 s. — Item pro quinque incisoribus lapidum... 50 s. — Item pro quatuor servitoribus... 19 s. — Item pro duobus diebuz ultime septimane mensis Augusti, et pro quinque diebuz prime edomade mensis septembris, primo tribuz maçonnariis, quilibet pro septem diebuz... 37 s. 4 d. — Item pro tribus incisoribuz, quilibet pro septem diebuz... 35 s. 8 d. — Item duobuz pueris pro incidendo I centum de quarrellis in taschia... 13 s. — Item pro quatuor adjutoribuz, quilibet pro septem diebus... 24 s. 6 d. — Item pro duabuz asseribuz ad faciendum moulas pro lapidibuz... 8 d.

Item secunda edomada mensis Septembris, primo pro tribuz maconnariis... 18 s. 8 d. — Item quatuor incisoribuz lapidis, quilibet pro quinque diebuz... 34 s. 10 d. — Item pro tribuz adjutoribuz quilibet [pro] V diebuz... 13 s. 9 d.

---

1. Probablement les matériaux et le matériel que le chatelain royal et le seigneur du château de Roquebrune, les *paragers* devaient fournir aux entrepreneurs. En provençal moderne *atra*, *atrach* désigne le cheptel et le matériel, l'*attirail* d'une ferme. Voy. Mistral, *Dict. prov. français*, *hoc verbo*.
2. Suivent les noms des témoins.

— ...Item pro fabricando martellos pro quinque septimanas... 4 s. 6 den.

Item tertia edomada mensis Septembris. — ..Item duobuz servientibuz pro faciendo cementum... 20 d. — Item tribuz incisoribuz lapidum, quilibet quinque diebuz... 27 s. 6 d.

Item quarta edomada Septembris. — Primo Teobaldo, pro scindendo centum quinquaginta octo quarellos... 22 s. 2 d. — Item quatuor incisoribuz de magnis lapidibuz... 38 s. 4 d. — Item tribuz maconnariis et duobuz servitoribuz... 20 s. 8 d. — Item magistro Roberto pro quatuor diebuz... 8 s. — Item pro fabricando martellos... 3 s.

Item prima edoma[da] mensis Octobris cum tribuz diebuz ultime edomade mensis septembris — Primo pro scindendo ducentos LXVI quarrellos... 37 s. 1 d. — Item quinque incinsoribuz de magnis lapidibuz quilibet quinque diebuz... 36 s. 6 d. — Item magistro Roberto et duobuz aliis maçonnariis, quilibet VI diebuz 21 s. — Item tribuz adjutoribuz, quilibet V diebuz.... 10 s. 3 d. — Item Galterio pro elevando terram fundamenti sacristie... 10 s. — ...Item pro fabricando martellos... 12 d.

Item secunda edomada Octobris. — Primo quatuor maconnariis quilibet quinque diebuz... 32 s. 4 d. — Item VI servientibuz quilibet quinque diebuz... 20 s. 3 d. — Item pro duobuz alveis ad portandum cementum... 6 d. — Item VI incisoribuz lapidum qui scinderunt X magnos lapides in taschia... 41 s. 10 d. — Item pro scindendo L quarellos in taschia... 7 s. — ...Item Galtero pro evacuando fundamentum... 8 s.

Item tertia edomada Octobris. — Primo quatuor maconnariis quilibet VI diebuz 40 s. — Item V servientibuz quilibet VI diebuz... 26 s. 8 d. — Item quatuor incisoribuz lapidum quilibet VI diebuz... 42 s. 6 d. — Item quidam (*sic*) puero pro cindendo lapides... 4 s. — ...Item pro cin-

dendo III quarterones de quarellis in taschia... 10 s. 6 d.
— Item pro fabricando martellos... 3 s. 6 d.

Item quarta edomada Octobris. — Primo quatuor maconnariis quilibet VI diebuz... 40 s. — Item tribuz incinsoribuz lapidum quilibet VI diebuz... 31 s. — Item VII servientibuz quilibet VI diebuz... 33 s. 6 d. — Item pro II hotariis quilibet III diebuz... 3 s. 6 d. — ...Item pro cindendo II° LX quarellos in taschia... 36 s. — Item pro fabricando martellos... 2 s. 6 d.

Item ultima edomada Octobris. — Primo IIII°ʳ maconnariis quilibet V diebuz.... 33 s. 4 d. — Item pro VI servientibuz quilibet V diebuz... 23 s. 6 d. — Item IIII°ʳ cinsoribuz lapidum quilibet V diebus... 33 s. 4 d. — Item Gileberto de Soissons, pro cindendo III diebuz... 4 s. 6 d. — Item pro cindendo V magnos lapides quelibet III solidos... 15 s. — ...Item duobuz incinsoribuz quilibet uno die... 2 s. 9 d. — Item pro cindendo IIII° L quarellos in taschia... 63 s. — Item pro fabricando martellos... 3 s. 8 d.

Item prima edomada Novembris. — Primo II maconnariis... 15 s. — Item tribuz incinsoribuz quilibet V diebuz... 25 s. — Item pro cindendo LXVI quarellos in taschia... 9 s. 3 den. — Item IIII servientibuz quilibet V diebuz... 12 s. 5 d. — ...Item pro fabricando martellos... 2 s.

Item secunda edomada Novembris. — Pro magistro Roberto maconnario V diebuz... 10 s. — Item pro Guillelmo cinsore lapidum V diebuz... 8 s. 4 d. — Item pro fabricando martellos... 12 d. — Item pro II servientibuz quilibet V diebuz... 6 s. 8 d. — Item pro VII hotariis quilibet V diebuz.... 20 s. 5 d. — Item pro cindendo LIIII *toises* de quarellis in tascia... 27 s.

...Item tertia edomada Novembris. — Pro magistro Roberto VI diebuz... 12 s. — Item pro II incinsoribuz lapidum, pro cindendo VIII magnos lapides in taschia... 20 s. — Item pro cindendo VI··VIII *toises* et IIII°ʳ pedes de quarellis in taschia... LXIIII s. — Item III servientibuz quilibet VI diebuz... 19 s. 10 d. — Item V hotariis, pro portando sablonem quilibet VI diebus... 17 s. 6 d.

Item quarta edomada Novembris. — Primo tribuz incinsoribuz lapidum pro X magnos lapides... 25 s. — Item pro cindendo centum duodecim cum dimidio *toisses* de quarelis in taschia... 55 s. 8 d. — ... Item III servientibuz quilibet V diebuz... 10 s. 10 d.

Item prima edomada Decembris. — Primo pro cindendo duos magnos lapides... 5 s. — Item pro cindendo LXII *toisses* de quarellis in taschia... 28 s. 6 d.

Item secunda edomada Decembris. — Primo pro cindendo quinque magnos lapides in taschia... 12 s. 6 d. — Item Guillelmo, filio magistro Roberti pro cindendo decem dies... 15 s. — Item pro cindendo LXVII *toisses* de quarellis in taschia... 30 s. 5 d.

Item ultima edomada Decembris. — Primo IIII^{or} valetis, pro vacuando curiam et preparando curiam ad descendendum calcem pro faciendo cementum... 8 s. 7 d. — Item II pueris qui cinderunt quarellos in iome... 3 s.

---

277.   XIIIe siècle.

Stationnement des vaisseaux à quai dans le port de Rouen.

Fréville, *Les Droitures, coustumes et apartenances de la visconté de l'eaue de Rouen* dans *Mém. sur le commerce maritime de Rouen. Pièces justif.*, II, n° XVIII, art. LIV.

DE METTRE LES NES A KAI OU A PORT [1].

La nef fermée a kais Rothom.. rien fesante ou volente rien feire, doit departir du kay por donner lieu et plache a 1 autre nef volente et preste a ouvrer et a laborer, ja ce soit il que le kai soit au mestre a cui la nef est. Et se il

---

1. Cf. usage de Danegate et de Londres dans Chéruel, *Hist. de la comm. de Rouen*, I, 215.

avient que l'en ne l'oste ne ne la veulle l'en oster du kai desus dit simplement et debonnairement, par le contredit d'aucun, au mandement des viscontes de l'eaue de Rouen, par leurs sergans, ni comme ce a esté acoustumé a feire, et les sergans truisent aucun rebelle et engrez, qui ne veulle ce feire ou le refuse a leur commandement, les dis sergans pueent couper la feste ou la corde de quoi ladite nef estoit fermée sus terre au kai et lessier ladite nef toute seule ou aler vagante par l'eaue et l'autre nef mettre a kai, en leu d'icelle nef. Et, se il avient que aucun eit damage por l'occasion d'icele nef lessié aler vagante, si comme il est desus dit, et que la nef desus dite perisse en quele maniere que ce soit, en alant vagante, les viscontes de l'eaue Roth. ou leurs sergans n'en sont tenus a respondre a nuli, por l'ocasion de tele action, mes iceus qui aront contredit e esté rebelles au commandement des viscontes de l'eaue Roth. aemplir, l'amenderont audis viscontes.

---

278.   XIII° siècle.

Droits de courtage et règles de la profession de courtier.

Inventaire des archives communales de Narbonne, p. p. M. Mouynès. Annexes de la série AA. Narbonne, in-4, 1871, n° CXXIX.

Aisso son las corraturas que om deu donar a corratiers per aquelas causas que vendon. — Raz, e Bruges, e barracans, e estansfortz de Sant Omier, e sayas, e ychartres, e draps de Rens, per cascuna pessa, deu hom donar a corratier III deniers. — Draps de color e blanx de Fransa, e estamforz de Arraz e de Paris, et estamforz pelos, VI deniers narbones la pessa. — Drap vermel de grana, de la pessa, XII deniers. — Carga de grana, de la carga, II sols. — Drap de Figac, e de Caortz, e d'Albi, la pessa, II deniers. — Drap de Lerida, e brunetaz, e sarlaz, de XX canas, III deniers. — Drap de Narbona ques venda mens de XL sols la pessa, I denier. — Vintenas grossas et canabaces, de la corda, 1ª pogesa. — Vintenas e telas de Campanha ques vendan XV sols o pus, don la corda una mesala. — Telas de Rens, que es de VII canas, la pessa don I denier. — Post de cendatz don VI deniers narbones. — Estamenhas de XII cordas, II deniers narbones. — Fustanis blanx e de color de Lombardia, la pessa, una mesala. — Fustanis vairs de Lombardia e de Barsalona, la pessa, I denier narbones. — Autres fustanis blanx et tenhiz de Barsalona, la pessa, una mesala narbonesa. — Tota pelisairia facha d'anhels, don una mesala narbonesa. — Cuer de buou don una pogesa narbonesa. — Becunas don lo cent XII deniers narbones. — Cordoan e moutoninas adobadas en adop de Cordoan, de la dotzena, II deniers narbones. — Cuers de cer, lo cent, XV deniers narbones. — Cordoan vermel, la dotzena, III deniers narbones. — Basanas don I denier narbones. — Conils, e esquirols, e anhinas, lo cent, II deniers narbones. — Penas de conils, la pena, I denier narbones. — Peloz d'anhels, e de ventres de conils, e garnack de lirons, per cascun, una mesala narbonesa. — Pel de luiria don I denier narbones. — Tavarz et volps, la dotzena, I denier narbones. — Cabritz, lo cent, I denier narbones. — Endi de Bagadel e de Chipre, la carga, II sols narbones. — Tot autre endi, e brazil, e essens, e totas autras espessias, la carga, XII deniers. — Cera, e sucre de pan, cascun, la carga, VI deniers. — Alum securum, e de Castelia, e d'Alap, e comin, e amenlos, e classa, e gala, e archiqua, e ris, e lana de pressez, e lin, e carbe, e coire, e laton, e roia, e estanh, e metal, e fil de Bergonha e autre fil, per cascuna carga, VI den. — Fer, del quintal, una pogesa narbonesa. — Acier, lo quintal, I denier narbones. — Alum de Bolcan, e cenres clavereiras, III deniers narbones la carga. — Cadarz, la carga, XII deniers narbones. — Ceda e safran, la livra de cascun, I denier narbones. — Blanquet e sabon dur, la carga, VI deniers narbones. — Sabon mol, del quintal, I denier narbones. — Pega de Tortosa, la sporta, I denier narbones. — Pega del Puei, del quintal, 1ª mesala narbonesa. — Flor, del quintal, II deniers narbones. — Plom, la carga, I denier narbones. — Figas, e rasims secs, e castanhas, e mel, e solpre, e fustet, e alquitran, e carn salada, del quintal, 1ª mesala narbonesa. — Sobresingles, de XII liams, 1 denier narbones. — Cordas dardeiras, la dotzena, 1ª mesala narbonesa. — Cordas miganas, la dozena, 1ª pogesa narbonesa. — Avolanas, del sac, II deniers narbones. — Datils, del quintal, II deniers narbones. — Amenlas ab closc, lo sestier, 1ª pogesa narbonesa. — Sayn, e ceu, e fromatge, del quintal, I d. narbones. — Oli, del sestier, I denier narbones. — Vin, lo mueg, II deniers narbones. — Blat, del sestier, 1ª pogesa narbonesa. — Caval ques venda XX libras o mais, II sols narbones. — Mul, o rocin, XII deniers narbones. — Ase, VI deniers narbones, e, si barata s'i fa, page cascun per aquo ques vendra. — Carga de lana lavada, que no sia de presez, III deniers narbones, e lana ab suc, III mesalas narbonesas. — Buou, VI deniers narbones. — Fedas e cabras, la dotzena, IIII deniers narbones. — Fers de lansa et fuelas, la dotzena grossa, III deniers narbones. — Estruops, la dozena pauca, III deniers narbones. — Esperons, la dozena, II deniers narbones. — Flassadas, la dozena, III deniers narbones. — Cepias, lo cent, I denier narbones. — Copons, lo milier, V deniers narbones. — Bois obrat, lo milier, III deniers narbones. — Bois cru, lo milier, I denier narbones. — Mirals, lo cent, I denier narbones. — Culiers, lo milier, III deniers narbones. — Argent, del marc, 1ª mesala narbonesa. — Aur, del marc, XII deniers narbones. — Tota honor dins vila, per libra de deniers, I dinier narbones. — Tota honor de fora vila, per libra de diniers, II diniers narbones. — Vendemia, de la saumada, 1ª mesala narbonesa. — Sarrazin o sarrazina, de la libra de deniers, II deniers narbones. — Ausberc e gonion, de la libra de deniers, II deniers narbones. — Aur filat, mostrat de XII canons, III d. narbones. — Aur de Luca, de XII escarpas, I denier narbones. — Papier, la caissa, VI deniers narbones. — Cabasses, la liassa, 1ª mesala narbonesa. — Sarrins, la dotzena, 1ª mesala narbonesa. — Sarriada de eruga e de serbe, lo quintal, una pogesa narbonesa. — Fers de foc, la dozena, 1ª mesala narbonesa. — Relas e aissadas, la dozena, 1ª mesala narbonesa. — Veire menut, lo cent, 1ª pogesa narbonesa. — Ampolas de mieja migeira, lo cent, I denier narbones. — Tota causa que portador de rauba, o portairiz, o encantador, vendra de II sols o de mens, aia 1ª mesala narbonesa. Item, de II sols en sus tro a X sols, I denier narbones. Item, de X sols en sus tro a XX sols, III mesalas narbonesas. Item, de XX sols, II deniers, e d'aqui en sus per la davandicha rason, sal e retengut so que es dig en autres luecs de draps de Narbona. — Et aia fermetat so que hom dira en rauba, quant hom encante, pus hom i aura prez promes, per tot lo dia que i o aura promes. E cel quel prez i aura promes no s'en puesca estraire per tot aqel dia. — De barata et de manleute ques fassa, de diniers de la libra, 1ª mesala. — Per barata de manleute ques fassa d'aver e que l'aver se venda aqui meteis, page hom per l'aver e non per deniers, el corratier non aia pus d'una reva de cascun, so es assaber del baratador que volra la barata, e del comprador e del vendedor. — Negun corratier non ause manlevar sobre penhora que li sia comandada, per metre en penhora otra so quel manlevador li manda manlevar. — Negun corratier no puesca aver campanho en fag de corrataduras mais un tansolament. — Negun corratier non aia part e negun aver que compre o venda per autrui, ni d'autri, ni cosenta que negus hom ab qui el aia companhia, ni tenga son captal, i prenda ni aia part. — Totas las corrataduras sobredichas es establit, aissi co dig es, ques pagon a narbones.

279.   XIIIº siècle.

Reddition de compte du commandité au commanditaire.
Pardessus, *Collection de lois maritimes*, IV, p. 255.

EXTRAIT DES ÉTABLISSEMENTS DE MONTPELLIER.

Establem que cascun que d'alcun persona pecunia o mersaria o autras cauzas, quals que sian, penra en comanda o en campanhia portador en viatge alcun per mar o per terra, apres lo retornament del dig viatge, a requisicion del commandant o d'autre per nom d'aquel o dels heres d'aquel, de tota la dicha comanda o companhia e del gazant fait ab aquela o per esgardament d'aquela far e randre drechurier comte sia tenguts, ses dilacion et excusacion qual que qual; et, fag lodit comte, la dicha comanda o companhia al dig senhor, tota dilacion et excepcion cessant, rendre et restituir pleinieirement sia tengutz.

Empero si a requista d'aquel de cui la comanda o companhia aquela rendre perlongava, o en alcuna cauza contradiria, la cort de Montpeslier, a la premieira requisicion del comandant, vist l'instrument de la dicha comanda o companhia o en autra manierra fe a lui facha de la dicha comanda o companhia, tota sollempnitat de dreg e quascuna autra cessant, lo sobredig comandatari o companhon encontenant a la dicha comanda o companhia demantenant restituidoira et a totas las autras cauzas de sobre escrichas complidoiras, tota appellacion o esperansa alcuna d'appellacion de tot en tot calant.

280. XIII° siècle.

Charpentier fieffé de l'évêque de Chartres.

Cartulaire de Saint-Père de Chartres, Bibl. nat. Lat. 10096, fol. xxi et Guérard, même cartul. I, *Proleg.*, p. lviii.

HIC EST FEODUS LEODINI CARPENTARII.

Ipse habet quinquaginta solidos census et ejus venditiones, et omnia penitus jura et placita, excepto sanguine et duello. Pro quo tenetur carpentare in propria persona, quotiens opus fuerit, in domo episcopi, sive in torculari ejus. Et singulis diebus quibus ibidem operatur, debet habere micam et prandium sufficienter et vinum de nona, et sero, ad hospicium suum duos albos panes et dimidium sextarium vini; et similiter debet habere singulis dominicis et diebus festivis, preter micam et vinum de nona. Qui infra tempus operationis sue contingerint scopelles omnes debet habere, qui non possunt mitti in opere; et etiam debet habere unam propriam cameram ad ponendum ferramenta sua sive scopellos suos. Et in vindemiis habet unum minotum plenum racemis et unum sextarium musti. Ferramenta autem sua qui in opere episcopi sive confracta fuerint sive pejorata, de proprio episcopi reformabuntur. Et cunctis diebus quibus episcopus Carnotensis Carnoti fuerit, in ejus curia prandebit, si voluerit, ad mensam sociorum. Tempore vindemiarum debet servare celarium de die et nocte, et debet habere expensam competentem, et de nocte II denarios *por haste*; et singulis diebus quibus moram facit in celario, debet habere, ad mittendum in hospicio suo, duos panes albos et dimidium sexturium vini. In festis beate Marie, in Natali, in Pascha, in die jovis Rogationum, in Pentecoste et in festo omnium Sanctorum debet habere IIII^{or} panes albos et unum sextarium vini, ad mittendum in hospitium suum; in die martis carniprivii IIII^{or} panes albos et unum sextarium vini et unam gallinam et unum frustrum carnis sallate.

TABLE DES MATIÈRES

		Pages
	Introduction.....................................	1
	Errata et addenda...............................	LXIII
1	Ier siècle av. J.-C. Hydrographie de la Gaule. Le Rhône. Fécondité du pays et de la population. Transit fluvial................................	1
2	— Relations commerciales entre la Gaule et la Bretagne insulaire...........................	3
3	— Les Venètes jaloux de se réserver le monopole du commerce avec la Bretagne insulaire........	3
4	— Lieu de production et transit de l'étain......	4
5	— César essaye d'ouvrir au commerce italo-gaulois la vallée du haut Rhône..................	5
6	— Produits échangés par les Ligures contre l'huile et le vin italiens............................	5
7	— Importation des salaisons gauloises en Italie..	5
8	— Commerce du vin entre la Gaule et l'Italie....	6
9	— Relations commerciales de la Gaule avec la Germanie, notamment avec les Suèves.........	6
10	— Mines des Cévennes et des Pyrénées. Concurrence des mines transalpines et ibériques.......	7
11	— Prospérité commerciale de Narbonne et d'Arles.	7
12	— Lyon tête de lignes commerciales............	8
13	Ier siècle ap. J.-C. Boulangerie gauloise et commerce des céréales entre Rome et la Gaule.....	8
14	— Froment gaulois.............................	9
15	— Vin transporté de Gaule en Italie.............	9
16	— Mélange de la poix avec le vin...............	9
17	— Falsification du vin de la Narbonnaise........	10
18	— Commerce de la Gaule romaine.............	11
19	— Teinture. Les Transalpins tirent des plantes, et non des coquillages, les substances colorantes; les teintures ainsi obtenues ne résistent pas à l'usage..	11

		Pages.
20	— Étamage. Son emploi. La ville d'Alise et les Bituriges s'y distinguent....................	11
21	— Fabrication du verre.....................	12
22	— Fabrication du savon. Son emploi pour teindre les cheveux............................	12
23	— Fabrication du sel......................	12
24	*14 à 37 ap. J.-C.* Les nautes parisiens..........	13
25	*120 ap. J.-C., avant le 11 août.* Nautes du Rhône. Statue élevée par eux à Hadrien, à Saint-Jean-de-Muzols (Ardèche).....................	13
26	*IIe siècle.* Nautes de la Moselle. Nautes de Valence. Naviculaires maritimes d'Arles................	13
27	— Nautes du Rhône naviguant sur la Saône et membres de la corporation des charpentiers; marchands de saumures........................	14
28	— Nautes de la Durance et utriculaires de Saint-Gabriel. Utriculaires de Vienne...............	15
29	*Date inconnue.* Patron de plusieurs corporations.	15
30	— Statue élevée par les négociants en vin de Lyon à un négociant en vin, patron de la corporation et de plusieurs autres.......	16
31	— Préséance des corporations.................	16
32	*146-211 ap. J.-C.* Situation juridique et privilèges généraux des collèges......................	17
33	*119, 1er octobre.* Don d'un patron à une corporation...............................	17
34	*190.* Dendrophores de Lyon. Dendrophore augustal...................................	18
35	*198-211.* Fabri exempts de la tutelle..........	19
36	*IIe siècle.* Condition de légalité des collèges......	20
37-38	— Situation juridique et privilèges généraux des collèges.............................	20
39	— Brodeur syrien sévir augustal..............	21
40	*Fin du IIe siècle.* Travaux exécutés aux frais des corporations.............................	21
41	*Date inconnue.* L'exploitation des mines de fer mise en adjudication.......................	22
42	— Épitaphe d'un potier de terre appartenant à la corporation des *fabri*.......................	22
43	— Épitaphe d'un charpentier, préfet du collège des *negotiatores* cisalpins et transalpins.......... .	22

		Pages.
44	— Épitaphe d'un ouvrier d'élite..................	23
45	— Épitaphe d'un apprenti bijoutier.............	23
46	*IIIe siècle.* Conditions de légalité des collèges....	24
47	— Legs aux collèges.	25
48	— Situation juridique des collèges.............	25
49	*315, 1er juin.* Solidarité des naviculaires et des boulangers...............................	25
50	*319, 13 août.* Les boulangers ne peuvent échapper à leurs obligations en vendant leurs biens.......	26
51	*326, 18 septembre.* Privilèges des naviculaires..	26
52	— Les biens des naviculaires morts intestats et sans héritiers sont dévolus au collège..........	27
53	*333.* Malversations des procurateurs du domaine privé, des directeurs de gynécées et de teintureries.......................................	27
54	*337, 2 août.* Gens de métiers exempts des fonctions publiques................................	28
55	*355, 6 juillet.* Agrégation par le mariage à la corporation des boulangers. Les chefs d'établissements exempts d'autres fonctions............	28
56	*364, 8 janvier.* Hérédité dans les boulangeries...	29
57	— *6 juin.* Boulangers décurions..............	29
58	— *8 octobre.* Retraite des chefs de boulangeries après cinq ans d'exercice......................	30
59	*365, 11 janvier.* Les naviculaires ne peuvent échapper par des fonctions publiques à leurs liens avec les corporations...........................	30
60	*365, 28 octobre.* La cléricature interdite aux boulangers..	30
61	*369, 25 février.* Le collège responsable de la désertion de ses membres......................	31
62	— *1er juin.* Biens du collège et des membres du collège..	31
63	— *3 et 18 juillet.* Monopole des manufactures impériales.....................................	32
64	*372, 6 avril.* Aliénation de biens-fonds de collèges...	32
65	*380, 6 février.* Les naviculaires élevés à l'ordre équestre.......................................	33
66	*386, 20 avril.* Immunité des naviculaires......	33

		Pages.
67	390, 8 septembre. Les obligations des naviculaires passent à leurs héritiers..............	33
68	391, 18 juillet. Jet maritime................	34
69	398, 13 décembre. Les ouvriers des manufactures impériales sont marqués au bras............	34
70	IVe siècle. Prospérité commerciale de Narbonne et d'Arles......................	35
71	400, 29 juin. Membres des collèges fugitifs. Dissolution des collèges à la suite de la misère publique......................	35
72	Commencement du Ve siècle. Fabriques d'armes impériales......................	36
73	— Ateliers de brodeurs et gynécées en Gaule.....	36
74	403, 8 mars. Mariages en dehors du collège.....	37
75	412, 18 mai. Conditions pour entrer dans les arsenaux de l'État......................	37
76	413, 21 mars. Les membres des collèges élevés au rang de consulaires..................	38
77	438, 1 novembre. Ouvriers des arsenaux........	39
78	Avant 506. Prêt à la grosse.................	40
79	— Juridiction consulaire.................	40
80	— Jet maritime......................	40
81	Commencement du VIe siècle — milieu du VIIe. Serfs artisans. Responsabilité du maître.......	41
82	623. Aventure de Samo...................	42
83	629, 30 juillet. Dagobert I crée sur la grand'route de Paris à Saint-Denis, au lieu dit *Pasellus Sancti Martini* un marché qui s'ouvrira le 9 octobre et durera quatre semaines. Il cède à l'abbaye de Saint-Denis les tonlieux et tous les autres droits perçus à l'occasion du dit marché. .	43
84	VIIe siècle. Industries et arts mécaniques.......	44
85	— Origine de la fortune de saint Éloi.........	45
86	721, 10 novembre. Tenures grevées de certains travaux et de certaines fournitures.............	46
87	759, 30 octobre. Jugement du roi Pépin, reconnaissant le droit de l'abbaye de Saint-Denis sur les tonlieux perçus à l'occasion de la foire de Saint-Denis......................	47
88	794, juin. Prix maximum du grain et du pain...	48

TABLE DES MATIÈRES

Pages.

89 *800 ou avant.* Personnel exerçant les arts mécaniques dans les *villæ* impériales............ 49

90 *805, à la fin de l'année.* Itinéraire des commerçants qui se rendent chez les Slaves et les Avares, et villes frontières où ils trouvent la protection des *missi*................ 50

91 *822.* Ateliers monastiques............ »

92 *827.* Œuvres serviles............ 51

93 *852.* Statuts d'Hincmar, archevêque de Reims, réprimant les abus dont les confréries étaient l'occasion............ 25

94 *IX⁰ siècle.* Travail des métaux précieux........ 35

95 — Création d'une ville............ 54

96 *X⁰ siècle.* Fabrication du savon........... 55

97 *Fin du X⁰ siècle.* Décoration d'une église....... 56

98 *1036.* Tarif du tonlieu de Saint-Vaast d'Arras... »

99 *Vers 1062.* Redevances consistant en produits industriels............ 65

100 *Entre 1081 et 1095.* Activité artistique dans les églises............ 67

101 *XI⁰ siècle.* Prêt à la grosse............ 68

102 *1080-1107.* Engagement de travail à vie...... »

103 *Après 1129.* Fournitures et services dûs par les corporations de Strasbourg à l'évêque de cette ville............ »

104 *1131.* Boutiques données par Louis VI à l'abbaye de Montmartre............ 71

105 *Vers 1140.* Décoration des portes de l'église de Saint-Denis............ 72

106 — Travaux d'orfèvrerie commandés par Suger... 73

107 *1148?* Redevances payées à l'abbaye de Saint-Vaast d'Arras par des charités de métiers....... »

108 *1149.* Thibaud, comte de Blois, dénonce à Suger la spoliation dont certains marchands ont été victimes de la part de Renaud de Courtenay............ 74

109 *1150.* Police de la navigation à Arles.......... 75

110 *1151.* Thierry, comte d'Alsace, donne aux bourgeois de Saint-Omer la halle communale ou gildhalle. Il en fait un lieu d'asile et le seul où

		Pages.
	les marchands étrangers pourront, en dehors du marché, se livrer au commerce............	77
111	*Milieu du XIIe siècle.* Fabrication du petit calice.	78
112	— L'émaillerie cloisonnée.....................	80
113	— Fabrication d'un encensoir fondu..........	83
114	*1162-1163.* Institution du *past* et de l'*aboirrement* et attribution de la juridiction à la corporation des boulangers de Pontoise........	88
115	*1170-1189.* Henri II, roi d'Angleterre, ayant égard aux services que lui rend leur industrie, confirme la ghilde des tanneurs de Rouen, son monopole et ses usages.....................	89
116	*1180.* Accord entre Raimond-Bérenger IV, comte de Provence, et Guillaume le Gros, vicomte de Marseille, réglant les conditions d'exploitation d'une mine de plomb argentifère sise dans le territoire de Toulon........................	90
117	*Entre le 1er novembre 1182 et le 16 avril 1183.* Anciennes coutumes des bouchers de la grande boucherie à Paris............................	91
118	*1187 août.* Privilèges accordés par Raymond V, comte de Toulouse, aux maîtres de pierre de Nîmes.......................................	92
119	*1189.* Interdiction des confréries............	93
120	*1190, entre le 5 avril et le 31 octobre.* Commerce du vin à Paris.............................	»
121	*Entre le 1er novembre 1193 et le 9 avril 1194.* Sauf-conduit accordé aux marchands d'Ypres.	94
122	*Entre juillet 1194 et mars 1195.* Les matières premières du crû peuvent être employées sans donner lieu à la perception des droits sur l'industrie.......................................	95
123	*1197.* Histoire d'une construction............	96
124	*1198, n. s., 25 mars.* Privilèges des Flamands à Cologne...................................	97
125	*1199, 21 mai.* Jean sans Terre accorde aux bourgeois de Rouen les privilèges commerciaux et civils déjà accordés en partie par Henri II......	»
126	*Seconde moitié du XIIe siècle.* Histoire d'une construction................................	100

		Pages.
127	— Opérations subies par le lin et le chanvre..	101
128	XIIe siècle. Concours enthousiaste des populations aux constructions religieuses..................	102
129	— Vêtements et autres objets liturgiques......	103
130	— Ghilde marchande.....................	105
131	— Serfs exercés dans certains métiers...........	107
132	— Concours de la population à la construction des églises................................	108
133	Vers le XIIe siècle. Glaçure plombifère de poteries................................	»
134	Fin du XIIe — commencement du XIIIe siècle. Métier à drap.........................	109
135	1200, 15 février. Lettre de change...........	110
136	Entre le 25 avril 1204 et le 9 avril 1205. Tisserands d'Étampes.......................	112
137	1204-1205. Validité des ventes et participation des tiers aux marchés...................	113
138	1208, 13 juin. Privilège honorifique des pelletiers de Lyon...........................	114
139	1210, n. s., janvier. Société de commerce entre les bourgeois de Paris et de Rouen.............	116
140	— 22 mars. Contrat de commandite..	»
141	— août. Ghilde marchande..................	117
142	1213, 30 novembre. Société d'assistance mutuelle et de partage des bénéfices, constituée par les armateurs de Bayonne...................	118
143	1218, de mai au 31 octobre. Banalité de moulin à tan................................	124
144	1219, 21 juillet. Traité de commerce et de navigation entre Marseille et le comte d'Ampurias..	125
145	— août. Les corporations font des acquisitions immobilières...........................	131
146	1222, 5 juillet. Étaux concédés en fief héréditaire.................................	132
147	1222, décembre. Fournisseurs de l'évêque de Paris................................	134
148	1223, 1er août. Mesures conservatoires prescrites aux exécuteurs testamentaires des commerçants de Montpellier morts à l'étranger.............	135

		Pages.
149	— octobre. Marché pour la construction du château de Dannemarche à Dreux..............	137
150	1224 juin. Tissage domestique...............	138
151	— 22 novembre. Franchise accordée à des industriels venus de l'étranger................	139
152	1228, novembre. Marché passé entre l'évêque de Beauvais et l'orfèvre fieffé de l'évêché....	»
153	— Banalités seigneuriales; prisée des denrées alimentaires destinées à la consommation du seigneur; son monopole pour la vente du charbon.................................	141
154	1233, 19 mai. Société en commandite..........	»
155	— 23 décembre. Société en commandite........	143
156	1234 n. s., janvier. Les corporations prennent des biens fonds à cens...................	144
157	1236 n. s., 29 mars. Sentence de l'official de Cambrai, condamnant les brasseurs de cette ville à payer au chapitre métropolitain le droit de maiere et ledit chapitre à leur fournir le ferment à raison duquel ce droit est dû..............	145
158	1237, n. s., 12 mars. Rapports des corporations avec les églises........................	147
159	1242, 7 octobre. Lettres de marque contre la France accordées par Henri III, roi d'Angleterre, aux habitants d'Oléron.....................	149
160	1243. Entrepreneurs de maçonnerie et de charpente.................................	150
161	1244 n. s., mars. Règlements de fabrique de la draperie de Châlons.....................	151
162	1244, juillet. Entreprise de la monnaie de Lyon.	153
163	1246, 27 décembre. Nomination du capitaine des marchands de Montpellier commerçant en France..................................	155
164	1247 n. s., mars. Esgardeurs des draps tondus....................................	157
165	— Statuts faits par la communauté de Poitiers pour les bouchers de cette ville...........	159
166	1247-1248, avril. Charité des barbiers d'Arras.	161
167	1248, n. s. 16 mars. Billet de change.........	»

TABLE DES MATIÈRES 345

Pages.

168 — *19 mars.* Procuration équivalant à l'endossement actuel de la lettre de change.......... 162
169 — *n. s., 18 mars.* Nolissement................. 163
170 — *23 mars.* Nolissement...................... 164
171 — Lettre de change avec aval................. 166
172 — Lettre de voiture........................... »
173 — *26 mars.* Société en commandite.......... 167
174 — Nolissement................................. »
175 — *28 mars.* Récépissé de dépôt payable à vue au déposant ou à son ordre.................. 169
176 — *31 mars.* Reconnaissance de dette hypothécaire....................................... »
177 *1248, mai.* Échéances assignées aux foires...... 170
178 *1248-1253.* Concurrence faite aux foires par le commerce en boutiques.................. 171
179 *1249, 13 septembre.* Coalition............... 174
180 *Vers 1250.* Police établie par la comtesse de Flandre dans les foires de Flandre........ »
181 *1253-1255.* Devoirs des consuls et des directeurs des fondiques dans les Échelles du Levant, table de mer, preuves en matière de commandite, gages spécialement affectés dans la cargaison à la garantie du commanditaire, commandes, nolissements, écrivains de navires, jet maritime..... 176
182 *Vers 1255?* Service de police fait par les corporations.. 194
183 *1256, août.* Police et juridiction de la boulangerie à Rouen.................................. »
184 *18 septembre, 1257.* Transaction au sujet de l'office ou fief de pannetier de l'abbaye de Saint-Remi de Reims................................ 195
185 *1258.* Hanse parisienne...................... 197
186 — Consuls de mer à Montpellier.............. 198
187 *1259, décembre.* Ouvriers nourris par le client.. 199
188 *Milieu du XIIIe siècle.* Foulage du drap........ 200
189 — Règlements de fabrication.................. 204
190 — Liste des vingt-deux villes drapières de la hanse de Londres............................. 205
191 — Ramage du drap à Douai.................... 206
192 — Teinturerie................................... 208

		Pages.
193	1261 n. s, février. Monopole du commerce des bougies...	209
194	— août. Commerce du vin à la Réole...	210
195	— octobre. Tisserands de toile...	211
196	Entre 1261 et 1270. Talemeliers de Paris...	213
197	— Banvin...	217
198	— Orfèvres de Paris...	218
199	— Fevres de Paris...	219
200	— Fin de la journée de travail...	220
201	— Contrat d'apprentisages. Fin de la journée de travail. Morte saison...	»
202	— Maître des œuvres de maçonnerie...	»
203	— Tisserands de drap de Paris...	222
204	— Ouvriers foulons...	231
205	— Cumul de métiers...	232
206	— Malfaçons et salaires à la tâche...	233
207	— Gardes jurés...	234
208	— Apprentis. Gardes jurés...	235
209	— Fils de patrons. Accaparement. Caisse de retraite pour la vieillesse...	236
210	— Participation des tiers aux marchés. Veuves de patrons...	237
211	— Devoirs des patrons entre eux au sujet de leurs apprentis...	»
212	— Juridiction du maître des fripiers...	238
213	— Chef-d'œuvre. Ouvriers...	241
214	— Jours fériés...	242
215	— Corporations placées sous la juridiction d'officiers de la maison du roi. Redevances pécuniaires représentant des redevances en nature...	243
216	— Apprentis. Filles de patrons. Ouvriers. Police du métier...	244
217	— Ouvriers étrangers...	246
218	— Maître des œuvres de charpenterie...	»
219	— Réglementation de la pêche dans l'eau du roi...	248
220	— Hauban...	249
221	— Boulangers et banalité des fours...	250
222	1262, juin. Privilèges accordés par Marguerite, comtesse de Flandre et de Hainaut, aux commer-	

	çants de La Rochelle, de Saint-Jean d'Angély, de Niort, du Poitou et de Gascogne venant trafiquer à Gravelines..........	251
223	*1263, novembre.* Veuves de maîtres............	258
224	*1264, 23 février.* Boulangerie domestique et boulangerie professionnelle...................	259
225	— *juin.* Veuves de maîtres remariées...........	260
226	*1265, 1 juin.* Teinturerie à Montpellier.........	»
227	*1265.* Suspension du travail. Solidarité dans les achats. Règlement adopté devant l'échevinage par les patrons et ouvriers éperonniers de Poitiers...	261
228	*1267 n. s. février.* Arrêt du Parlement autorisant l'entrée à Pontoise, tous les jours de la semaine, du pain fabriqué au dehors................	262
229	— *5 juin.* Participation des corporations aux cérémonies publiques.....................	263
230	*13 juin.* Fondation et police d'une boucherie.	264
231	*1270, mai.* Indemnité due par les patrons aux ouvriers et réciproquement pour travail promis et non fait............................	267
232	*novembre.* Itinéraire des marchandises au point de vue fiscal.....................	»
233	*1270-71, avril, 1285, 21 décembre.* Tarif du tissage des draps......................	269
234	*1271 n. s., février.* Examen des produits à la fabrication desquels ont concouru plusieurs industries...............................	271
235	*1271.* Guet à Paris.....................	»
236	*1273, 12 décembre.* Robert, évêque d'Orléans, seigneur de Nonancourt, renonce au droit de prises à Nonancourt....................	275
237	*1274, juin.* Droit des bourgeois de Rouen sur la navigation de la Seine. Jean, duc de Bretagne, demande à l'échevinage de Rouen de laisser passer sous le pont de cette ville quarante tonneaux destinés à sa consommation à Paris......	276
238	*1275, juin.* Détournement de la soie écrue par les ouvrières............................	277
239	*1277, n. s., mars.* La maîtrise de certains métiers	

		Pages.
	avec les revenus utiles y afférents devient propriété privée....................	279
240	— *juillet.* Cumul de métiers...................	280
241	— *novembre.* Fixation par un arbitrage du prévôt de Paris de la durée de la journée des ouvriers foulons...................	281
242	*1279, juillet.* Péage de Bapaume..............	282
243	*1279.* Place des corporations dans la constitution municipale de Cahors et police des métiers dans cette ville...................	287
244	*Entre 1279 et 1283.* Coalitions................	290
245	*Vers 1280.* Rôle des corporations dans les élections municipales. Police des métiers.........	»
246	*1281, n. s., 29 février.* Gui, comte de Flandre, accorde à des Lombards l'autorisation de s'établir et de trafiquer à Bergues jusqu'à ce qu'ils aient été remboursés par lui...................	292
247	— *9 octobre.* Étalon du lé des toiles.........	293
248	— *novembre.* Juridiction du grand panetier sur les boulangers...................	294
249	*1282, juillet.* Monopole des bouchers..........	296
250	— Privilège politique des changeurs à Beauvais..	»
251	— Situation des commerçants ultramontains.....	297
252	*1284, 1er trimestre.* Lucquois établis à Paris....	298
253	*1285, mai.* Octroi aux bourgeois de Niort d'un port franc et de droits de navigation sur la Sèvre...................	299
254	*1285.* Conflit entre les corporations...........	300
255	— *septembre.* Coalitions...................	301
256	— *31 octobre.* Commerce de Nîmes............	302
257	*1287.* Métiers fieffés...................	304
258	— Juridiction du grand chambrier..............	»
259	*1287, 30 août.* Constructions entreprises à l'étranger par des architectes et des ouvriers en bâtiment français...................	305
260	*1288, vers le 21 juin.* Apprentis et ouvriers....	306
261	*1288, du 16 au 23 août.* Translation des commerçants lombards de Montpellier à Nîmes.	307
262	*1290, 11 décembre.* Ouvriers................	309
263	— Ouvriers. Travail des femmes...............	310

264	— Ouvriers..	»
265	*1292 n. s., 11 février.* Monopole des bourgeois de Paris pour le commerce du vin............	311
266	*1292-1298.* Procès-verbaux de resaisine dressés par les soins de l'abbaye de Sainte Geneviève pour établir sa juridiction en matière industrielle et commerciale........................	312
267	*1293, 18 mai.* Vacations d'expertise des maçons et charpentiers jurés............................	313
268	*1294, 10 juin.* Édouard I, roi d'Angleterre, accorde aux habitants d'Oléron les prises qu'ils pourront faire aux dépens de la France et une part sur celles qu'ils feront dans les expéditions dirigées par les barons des cinq ports...........	314
269	*1294, juillet.* Cession d'apprentis................	»
270	*1295 n. s., 11 février.* Othon, comte de Bourgogne et Hugues son frère, accordent leur sauvegarde et leur conduit, moyennant le paiement de certains péages, à la compagnie des marchands italiens fréquentant les foires de Champagne..	315
271	— *22 mai.* Congé d'importation...............	320
272	*1297, 30 juillet.* Statuts des déciers............	321
273	*Vers 1297.* Crieurs jurés de Paris. Sentence relative à leur organisation......................	323
274	*1298, n. s., 21 février.* Nomination d'une mesureuse de blé...................................	324
275	*1299, 13 avril.* Construction d'un four.........	»
276	— *août-décembre.* Mémoire des travaux exécutés au couvent des Augustins.........................	326
277	*XIIIe siècle.* Stationnement des vaisseaux à quai dans le port de Rouen............................	329
278	— Droit de courtage et règles de la profession de courtier..	330
279	— Reddition de compte du commandité au commanditaire.......................................	333
280	— Charpentier fieffé de l'évêque de Chartres.....	334

LIBRAIRIE ALPHONSE PICARD ET FILS, ÉDITEURS
82, Rue Bonaparte, 82.

COLLECTION DE TEXTES

POUR SERVIR A

L'ÉTUDE ET A L'ENSEIGNEMENT DE L'HISTOIRE

La *Collection de textes pour servir à l'étude et à l'enseignement de l'histoire*, fondée en janvier 1886 par l'initiative d'un certain nombre de membres de l'Institut, de l'Université, de l'Ecole des Chartes et de l'École des Hautes-Études, et placée sous le patronage de la Société his... ...que, est publiée par les soins d'un comité composé de MM. G... ...lliffier, Langlois, Lavisse, Lemonnier, Luchaire, Molinier, Prou, Thévenin et Thomas.

Elle se compose d'éditions de sources historiques importantes, annales, chroniques, biographies, documents divers, ainsi que de recueils de textes propres à éclairer l'histoire d'une époque déterminée ou d'une grande institution.

Sans exclure aucune période ni aucun pays, l'histoire de France doit cependant y occuper la place principale. Chaque document ou recueil forme un volume, publié séparément, dont le prix, pour les souscripteurs à la collection, est établi à raison de 0 fr. 25 c. la feuille d'impression, sans que le prix des publications d'une année puisse dépasser la somme de 10 francs. La collection s'adressant entre autres personnes aux étudiants, il a paru que le montant de la souscription ne devait pas être plus élevé. Chaque volume est du reste vendu séparément.

Nous avons publié les ouvrages suivants :

GRÉGOIRE DE TOURS, *Histoire des Francs*, livres I-VI ; texte du manuscrit de Corbie, publié par H. OMONT ; livres VII-X ; texte du manuscrit de Bruxelles, publ. par G. COLLON (fasc. 2 et 16).
    Les deux fascicules réunis .... 12 fr. 50
    Pour les souscripteurs à la collection .... 9 fr. »

GERBERT, *Lettres* (983-997), publ. par Julien HAVET (fasc. 6) ; ne se vend plus séparément.
    Pour les souscripteurs à la collection.................... 5 fr. 50

RAOUL GLABER, *Les cinq livres de ses Histoires* (900-1044), publiés par Maurice PROU (fasc. 1). Ne se vend plus séparément.
    Pour les souscripteurs à la collection..................... 2 fr. 50

Chronique de Nantes (570 environ-1049), publiée par René MERLET, archiviste du département d'Eure-et-Loir (fasc. 19)............... 5 fr. 50
    Pour les souscripteurs à la collection .... 3 fr. 75

ADHÉMAR DE CHABANNES, *Chronique*, publiée par Jules CHAVANON, archiviste du département de la Sarthe (fasc. 20)............ 6 fr. 50
    Pour les souscripteurs à la collection........ .... 4 fr. 50

EUDES DE SAINT-MAUR, *Vie de Bouchard-le-Vénérable, comte de Vendôme, de Corbeil, de Melun et de Paris* (X^e et XIe siècles), publiée par Ch. BOUREL DE LA RONCIÈRE (fasc. 13)....................... 2 fr. 25
    Pour les souscripteurs à la collection..................... 1 fr. 50

HARIULF, *Chronique de l'abbaye de Saint-Riquier* (ve siècle-1104), publiée par Ferdinand LOT (fasc. 17)................................ 10 fr. »
    Pour les souscripteurs à la collection.................... 7 fr. »

SUGER, *Vie de Louis le Gros* suivie de *l'Histoire du roi Louis VII*, publiées par A. MOLINIER (fasc. 4) ; ne se vend plus séparément.
    Pour les souscripteurs à la collection.................... 4 fr. »

GALBERT DE BRUGES, *Histoire du meurtre de Charles le Bon, comte de Flandre* (1127-1128) suivie de poésies contemporaines, publiées par H. PIRENNE (fasc. 10)... 8 fr. »
    Pour les souscripteurs à la collection...... .... 4 fr. 25

PIERRE DUBOIS, *De recuperatione Terre sancte*, traité de politique générale du commencement du XIVe siècle, publiée par Ch.-V. LANGLOIS (fasc. 9)... 4 fr. »
    Pour les souscripteurs à la collection..... .... 2 fr. 75

Annales Gandenses (1296-1310), publiées par Frantz FUNCK-BRENTANO, (fasc. 18).. 4 fr. 25
    Pour les souscripteurs à la collection.................... 3 fr. »

Textes relatifs aux institutions privées aux époques mérovingienne et carolingienne, publiés par M. THÉVENIN (fasc. 3).................... 6 fr. 50
    Pour les souscripteurs à la collection..................... 4 fr. 50

Chartes des libertés anglaises (1100-1305), publiées par Ch. BÉMONT (fasc. 12), directeur adjoint à l'École des Hautes-Études................. 4 fr. 50
    Pour les souscripteurs à la collection..................... 3 fr. 25

Textes relatifs à l'histoire du Parlement depuis les origines jusqu'en 1314, publiés par Ch.-V. LANGLOIS (fasc. 5)........................ 6 fr. 50
    Pour les souscripteurs à la collection..................... 4 fr. 50

Les grands traités de la guerre de Cent Ans, publiés par E. COSNEAU (fasc. 7).. 4 fr. 50
    Pour les souscripteurs à la collection..................... 3 fr. 25

Ordonnance Cabochienne (mai 1413), publiée par A. COVILLE, professeur à l'Université de Lyon (fasc. 8)............................ 5 fr. »
    Pour les souscripteurs à la collection..................... 3 fr. 50

Documents relatifs à l'administration financière en France de Charles VII à François Ier (1443-1523), publiés par G. JACQUETON (fasc. 11).. 8 fr. 50
    Pour les souscripteurs à la collection..................... 5 fr. 75

Les grands traités du règne de Louis XIV (1648-1659), publiés par H. VAST (fasc. 15)... 4 fr. 50
    Pour les souscripteurs à la collection..................... 3 fr. 25

Documents relatifs aux rapports du clergé avec la royauté de 1682 à 1740, publiés par M. MENTION (fasc. 14)........................... 4 fr. 50
    Pour les souscripteurs à la collection..................... 3 fr. 25

EXERCICE 1895

Liber miraculorum sancte Fidis, publié d'après le manuscrit de la Bibliothèque de Schlestadt, avec une introduction et des notes par M. l'abbé A. BOUILLET (fasc. 21)... 7 fr 50
    Pour les souscripteurs à la collection..................... 5 fr. 25

Documents relatifs à l'histoire de l'Industrie et du Commerce en France, depuis le Ier siècle avant Jésus-Christ, jusqu'à la fin du XIIIe siècle publ. avec une introduction par G. FAGNIEZ (fasc. 22)........
    Pour les souscripteurs à la collection.....................

Les publications suivantes sont en préparation :

ROBERT DE SORBON, *De conscientia*, publié par M. Chambon, sous-bibliothécaire à la Bibliothèque de l'Université. (*Sous presse.*)

Vie et miracles de saint Louis, par le Confesseur de la reine Maguerite, publ. par M. Fr. DELABORDE, sous-chef de la section historique aux Archives nationales. (*Sous presse.*)

BEAUMANOIR, *Coutumes de Beauvoisis*, publiés par M. A. SALMON. (*Sous presse.*)

Documents relatifs à l'histoire de l'Industrie et du Commerce en France, aux XIVe et XVe siècles, par M. G. FAGNIEZ. (*Sous presse.*)

Les grands traités du règne de Louis XIV (1660-1697), publ. par M. H. VAST, docteur ès lettres. (*Sous presse.*)

SPANHEIM, *Relation de la cour de France sous le règne de Louis XIV*, publiée, d'après les mss. originaux, par M. E. BOURGEOIS, maître de conférences à l'École normale (*Sous presse*).

Recueil de documents sur l'histoire et la géographie de l'Afrique chrétienne, publ. par M. l'abbé DUCHESNE, membre de l'Institut.

*Vie de Louis le Pieux par l'*ASTRONOME, publ. par MM. A. MOLINIER, professeur à l'École des Chartes, et A. VIDIER.

Annales de Flodoard, publiées par M. COUDERC, bibliothécaire au Département des Manuscrits à la Bibliothèque nationale.

LÉTALD, *Le livre des miracles de saint Mesmin, abbé de Micy*, publié par M. M. POETE, bibliothécaire de la ville de Besançon.

Recueil d'Annales normandes, publié par M. J. TARDIF, archiviste-paléographe.

ANDRÉ DE FLEURY, *Vie de Gauzlin, abbé de Saint-Benoît-sur-Loire et archevêque de Bourges*, publiée par M. A. VIDIER, ancien élève de l'École des Chartes et de l'École des Hautes-Études.

HELGAUD, *Vie du roi Robert le Pieux*, publiée d'après le manuscrit original par M. F. SOEHNÉE, ancien membre de l'École française de Rome.

GUIBERT DE NOGENT, *Histoire de sa vie*, publiée par MM. LEFRANC, secrétaire du Collège de France, et LEVILLAIN, archiviste-paléographe, professeur agrégé au lycée de Brest.

Gesta Innocentii III, publiés par M. Paul FABRE, professeur à la Faculté des lettres de Lille.

Chronique artésienne, publiée par M. Fr. FUNCK-BRENTANO, Docteur ès lettres, bibliothécaire à la bibliothèque de l'Arsenal.

Extraits des chroniqueurs néerlandais relatifs à l'histoire de France, traduction française, publiée par M. Frantz FUNCK-BRENTANO, docteur ès lettres, bibliothécaire à la bibliothèque de l'Arsenal.

MICHEL DU BERNIS, *Chronique des comtes de Foix*, publiée par M. H. COURTEAULT, archiviste aux Archives nationales.

PHILIPPE DE COMMYNES, *Mémoires*, publiés par M. B. DE MANDROT, archiviste-paléographe.

MARIE MANCINI, connétable Colonna, *Mémoires*, publiés par M. A. MOREL-FATIO, professeur suppléant au Collège de France.

Recueil des principales règles des hôpitaux du moyen âge, publié par M. L. LEGRAND, archiviste aux Archives nationales.

Textes relatifs aux rapports de la royauté avec les villes en France depuis le XIVe jusqu'au XVIIIe siècle, publiés par M. A. Giry, membre de l'Institut.

Textes relatifs à l'histoire des institutions de la France depuis 1515 jusqu'en 1789, publiés par M. J. Roy, professeur à l'École des Chartes.

Textes relatifs à l'histoire des colonies françaises (xviie et xviiie siècles), publiés par M. Ch. Grandjean, secrétaire-rédacteur au Sénat.

Documents relatifs aux rapports du clergé avec la royauté de 1705 à 1789, publiés par M. Léon Mention, docteur ès lettres.

Cette liste peut donner une idée du caractère de la collection : Grégoire de Tours, Gerbert, Raoul Glaber, Suger, Galbert de Bruges, ont inauguré les textes originaux dont nous nous proposons de donner des éditions nouvelles; les recueils de textes, comprenant des diplômes, des chartes, des formules, des actes législatifs ou judiciaires, groupés de manière à éclairer l'histoire d'une époque ou d'une institution, mettront à la portée de tous une catégorie de documents depuis longtemps en faveur auprès des historiens, mais restée jusqu'ici assez difficilement accessible en dehors des bibliothèques aux étudiants et aux travailleurs.

Dans le choix des documents et des recueils que nous nous proposons de publier, nous nous préoccupons avant tout de créer des instruments de travail utiles et commodes, analogues à ceux qui existent depuis longtemps pour l'étude de l'antiquité. Nous ne recherchons ni les textes inédits ni les curiosités vaines, notre choix s'est porté et se portera de préférence sur les documents qui nous paraissent les plus utiles, les plus propres à fournir la matière d'explications dans les chaires d'enseignement supérieur, ou la base d'études nouvelles pour les étudiants.

La faveur avec laquelle nos éditions ont été accueillies nous a prouvé que notre tentative répondait à un véritable besoin. En province surtout, où les travailleurs sont moins favorisés qu'à Paris, nous avons recueilli des adhésions et des encouragements précieux. Beaucoup de nos souscripteurs sont entrés en relation avec nous pour nous presser de publier tels ou tels documents ou pour nous conseiller certaines améliorations. Nous avons ainsi décidé, à la demande de plusieurs d'entre eux, que nos éditions de chroniques seront accompagnées de courts sommaires en français, qui faciliteront la lecture du texte et y rendront les recherches plus aisées.

Nous ne saurions, en revanche, comme on nous l'a demandé de divers côtés, augmenter le nombre de nos publications, ni en développer beaucoup les notes grammaticales et historiques. Nous sommes liés, en effet, par les conventions acceptées par nos souscripteurs, et, d'autre part, nous proposant de créer des instruments d'études, nous ne devons pas, en multipliant les notes, prévenir tout effort pour l'intelligence des textes. Nous voulons avant tout donner des éditions correctes et maintenir à l'ensemble de l'œuvre l'unité de la méthode et un caractère rigoureusement scientifique. En parlant d'unité dans la méthode, nous ne voulons pas dire — et les volumes publiés jusqu'ici le montrent assez — que nous entendons imposer à nos collaborateurs un cadre et des procédés uniformes. Il nous a paru que chacune de nos publications, selon les textes qu'elle contient, devait au contraire avoir son individualité propre et que l'unité résulterait de l'application à tous nos recueils des méthodes scientifiques les meilleures et les mieux appropriées. Un index alphabétique de noms propres, nécessaire aux éditions des chroniques, nous paraît avantageusement remplacé par des tables de matières, méthodiques ou alphabétiques, dans des recueils de textes, comme ceux qu'ont publiés MM. Thévenin, Langlois et Cosneau. Les notes explicatives qui peuvent être très rares dans des textes relativement faciles comme ceux de Raoul Glaber et de Suger, ou souvent commentés et traduits comme celui de Grégoire de Tours, nous ont paru, au contraire, indispensables pour les lettres si souvent énigmatiques de Gerbert. Les biographies de Grégoire de Tours, de Raoul Glaber, de Suger, sont assez connues pour qu'il ait paru suffisant d'en rappeler seulement les faits principaux ; celle de Gerbert, au contraire, demandait à être écrite avec détail, car elle a pour objet de justifier les dates attribuées à chacune de ses lettres.

Notre intention est de ne publier que des éditions critiques, dont les textes doivent reposer sur le classement des manuscrits; nous avons cru cependant pouvoir déroger exceptionnellement à cette règle pour l'*Histoire des Francs* de Grégoire de Tours : la valeur, l'autorité et l'intérêt philologique des deux manuscrits employés nous ont paru une justification suffisante.

Nous n'avons plus besoin d'insister aujourd'hui sur l'utilité de cette Collection. Nos volumes ont servi à des explications et à des exercices dans les Facultés et dans les Écoles; plusieurs d'entre eux ont été choisis pour les épreuves du concours de l'agrégation d'histoire. Réunis, ils formeront une bibliothèque qui convient non seulement aux professeurs, aux étudiants des Facultés, aux élèves de l'École normale, de l'École des Chartes et de l'École des Hautes-Études, mais aussi à tous ceux qui sont curieux d'étudier l'histoire à ses sources mêmes.

A. GIRY, Membre de l'Institut, professeur à l'École des Chartes et à l'École des Hautes-Études;
H. JALLIFFIER, professeur au lycée Condorcet;
Ch.-V. LANGLOIS, chargé de cours à la Faculté des lettres de Paris;
E. LAVISSE, de l'Académie française, directeur d'études pour l'histoire à la Faculté des lettres de Paris;
H. LEMONNIER, professeur d'histoire à l'École des Beaux-Arts;
A. LUCHAIRE, Membre de l'Institut, professeur à la Faculté des lettres de Paris;
A. MOLINIER, professeur à l'École des Chartes;
M. PROU, bibliothécaire à la Bibliothèque Nationale;
M. THEVENIN, directeur d'études adjoint à l'École des Hautes-Études;
A. THOMAS, chargé de cours à la Faculté des lettres de Paris.

Adresser les souscriptions à MM. Alphonse Picard et fils, éditeurs, rue Bonaparte, n° 82, à Paris.

Mâcon, Protat frères, imprimeurs.

COLLECTION DE TEXTES
POUR SERVIR A L'ÉTUDE ET A L'ENSEIGNEMENT DE L'HISTOIRE

VOLUMES PUBLIÉS :

GRÉGOIRE DE TOURS. Histoire des Francs, Livres I-VI, texte du manuscrit de Corbie, publié par H. Omont. Livres VII-X; Texte du manuscrit de Bruxelles, publié par G. Collon (fasc. 2 et 10).
Les deux fascicules réunis.................................. 13 fr. 50
Pour les souscripteurs à la collection......................... 9 fr.
GERBERT. Lettres (983-997), publiées par J. Havet (fasc. 6); ne se vend plus séparément.
Pour les souscripteurs à la collection......................... 5 fr. 50
RAOUL GLABER. Les cinq livres de ses histoires (900-1044), publiés par Maurice Prou (fasc. 1). Ne se vend plus séparément.
Pour les souscripteurs à la collection......................... 3 fr. 50
La Chronique de Nantes (570 environ-1049), publiée par René Merlet, archiviste d'Eure-et-Loir.................................. 5 fr. 50
Pour les souscripteurs à la collection......................... 3 fr. 75
ADHÉMAR DE CHABANNES, Chronique, publiée par Jules Chavanon, archiviste du département de la Sarthe.................................. 6 fr. 50
Pour les souscripteurs à la collection......................... 4 fr. 50
EUDES DE SAINT-MAUR. Vie de Bouchard le vénérable, comte de Vendôme, de Corbeil, de Melun et de Paris (X{e} et XIe siècles), publiée par Ch. Bourel de la Roncière (fasc. 13).................................. 2 fr. 25
Pour les souscripteurs à la collection......................... 1 fr. 50
HARIULF. Chronique de l'abbaye de Saint-Riquier, publiée par F. Lot, ancien élève de l'École des Chartes et de l'École pratique des Hautes-Études (fasc. 17). 10 fr.
Pour les souscripteurs à la collection......................... 7 fr.
Liber miraculorum sancte Fidis, publié d'après le manuscrit de la Bibliothèque de Schlestadt, avec une introduction et des notes, par l'abbé Bouillet. 1 vol. in-8 (fasc. 21).................................. 7 fr. 50
Pour les souscripteurs à la collection......................... 5 fr. 25
SUGER. Vie de Louis le Gros, suivie de l'Histoire du roi Louis VII, publiée par A. Molinier (fasc. 4); ne se vend plus séparément.
Pour les souscripteurs à la collection......................... 4 fr. 50
GALBERT DE BRUGES. Histoire du meurtre de Charles le Bon, comte de Flandre (1127-1128), suivie de poésies contemporaines, publiée par H. Pirenne (fasc. 10).................................. 6 fr.
Pour les souscripteurs à la collection......................... 4 fr. 25
PIERRE DUBOIS. De recuperatione Terre sancte, traité de politique générale du commencement du XIVe siècle, publié par Ch.-V. Langlois (fasc. 9)...... 4 fr.
Pour les souscripteurs à la collection......................... 2 fr. 75
Annales Gandenses, publiées par F. Funck-Brentano, bibliothécaire à la Bibliothèque de l'Arsenal (fasc. 18).................................. 4 fr. 25
Pour les souscripteurs à la collection......................... 3 fr.
Textes relatifs aux Institutions privées aux époques mérovingienne et carolingienne, publiés par M. Thévenin (fasc. 3).................................. 9 fr. 50
Pour les souscripteurs à la collection......................... 6 fr. 50
Documents relatifs à l'histoire de l'industrie et du commerce en France depuis le Ier siècle avant Jésus-Christ jusqu'à la fin du XIVe siècle, publiés avec une introduction par Gustave Fagniez (fasc. 23).................................. 9 fr. 50
Pour les souscripteurs à la collection......................... 6 fr. 50
Chartes des libertés anglaises (1100-1305), publiées par Ch. Bémont (fasc. 12).................................. 1 fr. 50
Pour les souscripteurs à la collection......................... 3 fr. 25
Textes relatifs à l'histoire du Parlement depuis les origines jusqu'en 1314, publiés par Ch.-V. Langlois (fasc. 5).................................. 6 fr. 50
Pour les souscripteurs à la collection......................... 4 fr. 50
Les grands traités de la guerre de Cent ans, publiés par E. Cosneau (fasc. 7).................................. 4 fr. 50
Pour les souscripteurs à la collection......................... 3 fr. 50
Ordonnance Cabochienne (mai 1413), publiée par A. Coville (fasc. 8). 5 fr.
Pour les souscripteurs à la collection......................... 3 fr. 50
Documents relatifs à l'administration financière en France de Charles VII à François Ier (1443-1523), publiés par G. Jacqueton (fasc. 11).................................. 8 fr. 50
Pour les souscripteurs à la collection......................... 5 fr. 75
Les grands traités du règne de Louis XIV (1648-1659), publiés par H. Vast (fasc. 2).................................. 4 fr. 50
Pour les souscripteurs à la collection......................... 3 fr. 25
Documents relatifs aux rapports du clergé avec la royauté de 1682 à 1705, publiés par L. Mention (fasc. 14).................................. 4 fr. 50
Pour les souscripteurs à la collection......................... 3 fr. 25

MACON, PROTAT FRÈRES, IMPRIMEURS

www.ingramcontent.com/pod-product-compliance
Lightning Source LLC
Chambersburg PA
CBHW070924230426

43666CB00011B/2297